대상관계이론을 중심으로

쉽게 쓴 정신분석이론

최영민 저

학지사

머리말

프로이트는 정신분석을 정립해 가면서 그 시대까지 서구에서 익히 알려진 모습과는 전혀 다른 인간의 모습을 보게 되었다. 당시 서구에서 바라보던 인간은 스스로 자기 경험과 행동을 결정하고 책임질 수 있는 주체적 존재였다. 그러나 프로이트는 인간 행동의 근원적인 동기는 유아적 성과 공격성, 즉 원초적 본능으로서 인간이 다른 동물들과 전적으로 다르지 않다고 주장하였다. 뿐만 아니라 인간이 의식하는 것은 단지 빙산의 일각에 지나지 않고, 인간은 무의식적인 힘에 의해 꼭두각시처럼 움직이는 존재라고 생각하였다. 그 스스로 자신의 정신분석이론을 심층심리학이라고 한 것처럼, 프로이트의 삶은 인간의 무의식에 대한 탐구 그 자체였다고 해도 과언이 아니다.

Anna Freud와 Hartmann은 프로이트의 이론에서 취약했던 부분을 보완한 초기 분석가들이다. 프로이트는 자아심리학의 지평을 열었지만 궁극적으로 원본능(이드)에 근거한 정신분석 기법에 머물렀다. 그러나 Anna Freud는 자아와 초자아에 대해서도 동일한 무게를 둠으로써 아버지 프로이트에게 미진했던 분석의 기법들을 보완하였다. Hartmann은 자아심리학의 아버지라 불릴 만큼 환경에 대한 적응 등 자아 개념을 확장하였다.

인간의 심층 심리 이해에 미친 프로이트의 공헌은 실로 막대하다. 그러나 그는 인간 심리의 심층, 즉 내면에만 몰입하였기에 심리가 형성되는 외적 관계에 대해서는 거의 관심을 기울일 수 없었다. 늑대에게 양육된 아이가 사람보다는 늑대에 가까운 본성을 보이고 행동한다는 보고들을 간혹 접하게 된다. 진짜 늑대는 아니지만 늑대와 같은 부모 밑에서 양육받은 아이들이 그렇게 성장한다는 것은 더 쉽게 접하는 사실이다. 이는 양육환경이 인간의 심리 형성에 미치는 영향을 단적으로 보여 주는 예다. 프로이트는 이 환경 요소를 단지 본능적 욕동을 만족시키는 이차적인 것으로 소홀히 취급하였다. 심지어 어머니도 그 존재가 중요한 것이 아니며 어머니가 제공하는 기능 때문에 심리적으로 중요하다고 생각하였다.

발달심리학자들은 프로이트 이론에서 이와 같은 결핍된 부분들을 보완하였다. 즉, 그들은 인간의 심리 형성에 미치는 어머니-유아 관계의 중요성을 세밀하게 연구하였다. Spitz는 특히 생애 초기 어머니가 유아의 심리성장을 어떻게 도울 수 있는지에 대해 자세히 연구하였다. 아무런 심리적 능력이 없는 이 시기의 유아는 어머니와 심리적으로 융합하여 성장할 수밖에 없다. Mahler는 유아가 어머니와 심리적 융합에서 분리-개별화를 이루어 가는 과정을 드라마처럼 아름답게 서술하였다. Jacobson은 초기 어머니-유아 관계가 단지 욕동을 만족시키는 관계가 아니라 의미 있는 대상 형성이 수반되는 관계임을 밝혀 미국의 대상관계이론가로 불린다.

Klein은 프로이트에 뿌리를 두고 연구를 시작하였지만 결국 대상관계이론을 출발시킨 분석가로 인정받는다. 그녀는 소아를 정신분석 하면서 아이 내면 심리세계의 불안정한 모습과 더불어 풍요로운 대상관계를 펼쳐 보였다. 흔히 프로이트가 성인 안에 있는 아이를 발견했다면 Klein은 아이 안에 있는 유아를 발견했다고 말한다.

Fairbairn과 Winnicott은 가장 현저한 이론적 혁신을 이룬 분석가들이다. 이들은 욕동 추구를 인간의 기본 동기로 보는 전통적인 프로이트 학파와 달리 대상 추구가 인간의 기본 동기라고 생각하였다. 대상관계이론가들의 연구는 단지 초기 대상관계의 중요성을 밝힌 것에 머물지 않는다. 프로이트는 정신분석을 신경증을 치료하는 이론이자 기법이라고 스스로 정의하였다. 그리고 신경증은 오이디푸스 갈등에 뿌리를 둔다고 생각하였다. 그렇기에 오이디푸스 갈등 이전 시기에 대한 관심과 이해는 매우 빈약하였다. 반면에 대상관계이론은 초기 심리 형성과정, 즉 오이디푸스 갈등 이전 시기에 대한 깊고 폭넓은 이해를 제공해 주었다.

예전에 비해 오늘날 환자군에는 많은 변화가 생겼다. 고전적인 신경증 수준의 환자는 줄어드는 대신, 인격장애를 비롯하여 보다 깊은 정신병리를 가진 환자가 상대적으로 증가하였다. 그들의 정신병리는 오이디푸스기 이전에 뿌리를 두고 있기 때문에 그들의 치료에는 대상관계이론에 대한 이해가 꼭 필요하다. 이것이 이 책을 쓰게 된 동기 중의 하나다.

언급한 바와 같이, 프로이트에 의해 창시된 정신분석은 이드심리학(id psychology), 자아심리학(ego psychology), 대상관계이론(object relations theory) 등으로 그 이론이 꾸준히 확대되거나 수정 · 발전되어 왔다[이 책에서 자기심리학(self psychology)은 포함하지 않았다.]. 이제 현대정신분석학은 일치된 하나의 사상이라기보다 많은 다른 이론과 지식들이 정교하고 복잡한 관계 속에 공존하면서 진화해 온 집합체라고 할 수 있다.

이러한 맥락에서, 정신분석 이론에 대한 포괄적인 견해를 갖기 원하는 사람들을 위해 이 책은 이드심리학에서부터 자아심리학 그리고 대상관계이론에 이르기까지 각 이론들을 깊이 있게 통합적으로 이해할 수 있도록 기술하였다. 이 책이 구슬을 꿰어 제대로 된 보석을 만드는 데 도움이 되었으면 한다.

이 책은 대상관계이론의 해설서가 될 수 있도록 대상관계이론에 대해 특히 더 자세히 설명하였다. 현대 자아심리학과 프로이트 분석이론도 실전적인 도움을 줄 수 있도록 상세히 설명하였다. 아울러 모든 정신분석이론이 실제 분석사례에서 어떤 의미를 갖고, 어떻게 적용될 수 있는지를 사례 중심으로 설명하려고 노력하였다. 아무쪼록 이 책이 다양한 분야의 심리치료에 관여하는 모든 분들께 도움이 되기를 바란다.

2010년 7월
북한산, 도봉산, 수락산, 불암산이 보이는 진료실에서
최영민

■ 차 례

Part 2 현대 자아심리학

Part 3 | 대상관계이론

Part 4 | 사례 분석: 심리역동의 이해

Part 1

프로이트 정신분석이론

'열 길 물속은 알아도 한 길 마음속은 알 수 없다' 란 속담이 있다. 사람의 마음을 이해하는 것이 그만큼 어렵다는 뜻이다. 또한 열 길 물속에 비유하는 것에서 알 수 있듯이 사람의 마음에는 쉽게 헤아리기 어려운 어떤 깊이가 있음을 의미한다. 그 깊이는 바로 시간의 깊이다. 살아 온 많은 시간은 없어지지 않고 마음 깊은 곳에 쌓여 있다. 행복하고 기뻤던 시간, 슬프고 마음 아팠던 시간, 사랑하고 미워했던 시간이 수십년의 깊이로 쌓여 있다. 그리고 그 마음의 깊이는 너무 깊어서 대부분 나도 모르는 마음, 즉 무의식으로 지금 나의 생각과 느낌, 행동에 영향을 주고 있다.

지금이야 이러한 무의식에 대한 개념이 일반인에게도 익숙하지만, 프로이트 당대에는 그것이 매우 낯선 것이었다. 당시에 인간은 스스로 자기 경험과 행동을 결정하고 책임질 수 있는 주체적 존재라고 생각되었다. 정신분석을 수립해 가면서 프로이트는 그 시대까지 익히 알려진 인간의 모습과는 전혀 다른 모습을 보게 되었다. 그는 인간 행동의 근원적인 동기는 유아적 성과 공격성, 즉 원초적 본능으로서 인간이 다른 동물들과 전적으로 다르지 않다고 주장하였다. 뿐만 아니라 의식하는 것은 단지 빙산의 일각에 지나지 않고, 사람은 무의식적인 힘에 의해 꼭두각시처럼 움직인다는 것을 알게 되었다.

물론 이러한 깨달음이 하루아침에 이루어진 것은 아니다. 프로이트의 출판물 중에 무의식이란 용어가 처음 등장하는 것은 그의 나이 39세 때인 1895년(SE-2, SE는 프로이트 전집 Standard Edition의 약자)이다. 그리고 정신분석이란 용어는 그다음 해인 1896년(SE-3)에 비로소 나타난다. 프로이트는 최초의 정신분석가로서 50년 가까운 경력을 쌓아 오는 동안 자신의 생각을 계속 발전시켰다. 그 결과로 지금 우리가 알고 있는 프로이트 정신분석이 수립된 것이다.

1 서론: 프로이트의 개인사와 가족 배경

내 삶의 이야기와 정신분석의 역사, 그들은 밀접하게 뒤엉켜 있다. 이 자서전적 연구는 정신분석이 어떻게 내 인생의 전부가 되었는지를 보여줄 것이다. 그 과학(정신분석)과 관련성을 배제한다면, 나의 개인적인 경험들은 아무런 흥미가 없는 것이라고 생각해도 무방하다.

『자서전적 연구』(*An Autobiographical Study*, SE−20) 1935년 판이 미국에서 출판되었을 때, 프로이트가 이 책의 후기에서 쓴 글이다. 정신분석이 자신의 삶 그리고 개인적 경험들과 밀접한 관련성 속에 형성되었다는 것을 나타내는 말이다. 뒤집어 말하면, 프로이트의 정신분석을 이해하기 위해서는 그의 생애에 대해 알아야 한다는 뜻이 된다. 그의 일생은 몇 권의 책으로 기술될 만큼 많이 알려져 있다. 프로이트 인생의 많은 부분이 정신분석과 연관되었지만, 그의 가족관계와 배경이 특히 정신분석의 형성과정에 많은 영향을 주었다. 그중에서도 프로이트의 어머니와 아버지와의 관계 그리고 유대인으로서 가족적 배경에 초점을 맞추어 그의 개인사를 살펴보는 것은 정신분석을 이해하는 데 도움이 될 것이다.

프로이트는 자신의 출생을 다음과 같이 기술하며 그의 이야기를 시작한다. "나는 1856년 5월 6일, 지금은 체코슬로바키아에 있는 조그만 마을인 모라비아의 프라이베르크에서 태어났다. 내 부모는 유대인이고 나 자신도 계속 유대인으로 살았다." 이 짧은 도입부는 두 가지 이야기를 전하고 있다. 바로 그의 출생에 관한 것과 유대인으로서의 정체성과 유대적 배경에 관한 것이다.

프로이트는 8남매 중 장남으로 태어났다. 모직물 상인인 아버지 Jacob Freud는 그의 나이 40세에 당시 20세였던 Amalia Nathansohn과 결혼하였다. Amalia는 프로이트를 낳은 후 계속해서 7명의 자녀를 더 낳았다. 바로 아래 동생이었던 Julius가 태어난 지 8개월 만에

비엔나 시절 프로이트 가족 사진:
뒷줄 왼쪽에서 세 번째가 프로이트다.

사망하였지만, 프로이트는 Anna, Rosa, Mitzi, Dolfi, Paula 그리고 Alexander 등의 동생을 거느리게 된다.

어머니 Amalia

Abraham(1982)은 프로이트의 삶에서 가장 영향력을 끼친 인물이 그의 어머니였음을 지적하였다. 어머니 Amalia는 8남매를 낳았지만, 프로이트는 언제나 그녀에게 특별한 존재였다. 『꿈의 해석』에서 프로이트는, 어린 시절 가끔 들었던 이야기를 떠올린다. 자신의 출생과 관련된 이야기였다. 그가 태어났을 때 한 늙은 시골 부인이 첫 아기를 낳고 행복해하는 그의 어머니에게 예언하였다. 그 내용은 그녀가 이 세상에 위대한 남자를 보냈다는 그런 이야기였다. 프로이트는 '위대하고자 하는 자신의 갈망' 이, 이 이야기를 들은 것에서 비롯되었는지 스스로 질문하였다. 프로이트는 자신의 다른 경험이 오히려 위대하고자 하는 자신의 갈망을 더 잘 설명해 주는 것 같다며 어린 시절의 다른 기억을 소개하였다. 그가 11, 12세 부모님이 프로이트를 자주 데려가던 식당이 있었다. 그곳에는 테이블 사이를 다니며 약간의 돈을 받고 즉흥시를 지어주는 사람이 있었다. 부모님은 프로이트에게 그 사람을 그들의 식탁으로 데려오게 했다. 그는 감사하며 프로이트에게 짧은 운율을 들려주었다. 만약 그의 영감이 틀림없다면, 프로이트는 어느 날 장관이 될 것이라는 예언이었다. 프로이트는 지금까지 이 '두 번째 예언' 이 준 느낌을 분명히 기억할 수 있으며, 이때 받은 인상이 잠깐 법학을 전공하고픈 마음을 불러일으켰음에 틀림없다고 말하였다. "하지만 지금 생각해 보면, 그런 것이 암울한 당시 현실로부터 부유한 장관이 되었으면 하고 바랬던, 젊은 시절의 야망을 완전히 만족시켜 주는 것이었다." 고 프로이트 스스로 해석하였다(아버지 수입이 넉넉하지 못하여 어린 시절 프로이트는 가난했었다.).

어머니는 프로이트를 "my golden Sigi" (나의 황금빛 Sigi, Sigi는 프로이트의 이름인 Sigismund를 의미한다)라고 불렀다. "Sigi" 는 프로이트 나이 17세까지 어머니가 그를 불렀던 애칭이다. 프로이트 또한 어머니에게 빛나는 아들로 성장하였다. 김나지움 8년 중 7년 동안 일등을 하였다. 어린 프로이트는 어머니에게 그 무엇과도 비견할 수 없는 큰 희망이었다. 그는 어머니의 총애를 받았다. 여동생이 치는 피아노 소리가 그가 집중하는 데 방해가 된다고 말하자, 어머니는 피아노 레슨을 중단시켰다. 프로이트는 그의 어머니를 활기차고 매력적인 아름다운 부인이라고 항상 강조하였다(Gay, 1989).

Jacobs(2003)는 프로이트가 자기 분석에서 어머니보다 주로 아버지에게 집중했던 점을 지적하였다. 어머니의 사랑을 순전히 독점하고 있다는 생각을 보존하기 위해 프로이트는 어머니와 관계를 결코 깊이 들여다보려 하지 않았다. 만약 현실과 다른 이상적인 어머니의 이미지를 갖고 있는 자녀라면, 어느 누구도 실제 어머니의 현실적인 모습을 보려하지 않을 거라는 설명이다. 프로이트의 어머니는 95세에 사망하였는데, 이때가 프로이트 나이 74세였다. 어머니가 돌아가실 때까지, 성인이 된 프로이트는 매 주일마다 꽃을 들고 어머니를 방문하였다. 그리고 그녀의 칭찬을 기뻐하였다. 프로이트는 스스로 "만약 어떤 사람이 의심할 바 없이 확실한 어머니의 사랑을 받는다면, 일생을 통하여 승리감을 느끼지 않겠는가? 이것이야말로 모든 인간관계에서 양가감정으로부터 벗어나 완전하고 동시에 자유로워지는 것이다."라고 말하였다.

Bergmann(1993)은 어머니가 자신을 "my golden Sigi"라고 불렀다는 프로이트의 표현은, 아마 어머니의 "golden-haired Sigi"(황금빛 머릿결을 가진 Sigismund)이기를 바랐던 프로이트 자신의 소망적 환상을 표현한 것일 수도 있다고 생각하였다.

어찌되었든 어머니의 총애는 프로이트에게 긍정적인 영향과 부정적인 영향을 다 끼친 것으로 보인다. "어머니의 유난스러운 사랑을 받고 있다는 것을 알고 있는 사람은 특별한 자기 신뢰와 흔들리지 않는 낙관주의의 삶을 살아갈 수 있다. 그런 점들은 실제 삶의 성공을 가져다주기도 한다."는 프로이트 자신의 말처럼, 어머니로부터 총애를 받은 경험은 세상의 수많은 비난을 이겨나갈 수 있게 해 준 자기 신뢰와 자부심의 터전이 되었던 것으로 보인다. 부정적인 측면에서 보면, 어머니의 사랑을 계속 독점하기 위해 지속적으로 좋은 모습을 보여줘야 한다는 강박적인 불안을 갖게 된 것으로 보인다. 또한 타협을 모르는 고집스럽고 자기애적인 성향도 어머니 관계에서 형성된 것으로 이해할 수 있다.

프로이트가 어머니의 애정과 관심 속에서 성장하였다는 의견과 달리, 어머니의 결핍 속에서 성장하였다는 의견도 있다(Breger, 2000). 프로이트에게 모성 돌봄이 결핍되었다는 것은 몇 가지 점에서 유추할 수 있다.

첫째, 어머니 Amalia는 함께 지내기 어렵고, 불평이 많으며, 지배적이고, 독재적인 여성이었다(Jacobs, 2003). 즉, 위로해 주고 안정감을 주며 달래 주는 정서적 경험을 주지 못했다는 것이다. 반대로 어머니의 입장에서 아들 프로이트의 성공을 통하여 자기중심적인 성취감을 느꼈을 것이라는 의견이다. Breger(2000)는 프로이트의 아들 Martin의 말을 인용하여, Amalia의 거친 성격이 종족의 특성에서 유래하는 면도 있다고 설명하였다. Amalia는 Galicia 유대인(주로 Yiddish 유대어를 사용하는 동유럽 유대인)이다. Martin은 "만약 어느 유대인이 순하지 않고 거칠고 공격적인 모습을 보이면, Amalia 종족으로 생각해도 될 것이다."라고 말하였다.

둘째, 실제적인 어머니의 부재를 들 수 있다. 프로이트의 아버지 Jacob은 시골에서 양털로 짠 모직물을 받아서 다른 도시의 소비자들에게 파는 중간상인이었다. 사업의 특성상 프로이트의 어머니 Amalia를 비롯한 모든 가족들이 일에 매달려야 했다. 어린아이인 프로이트는 체코에서 온 보모에게 맡겨졌다. 약 두 살 반까지 프로이트는 어머니가 아닌 유모의 손에서 성장하였다.

셋째, 어머니는 19세기 당시 무서운 질병이었던 결핵으로 인해 종종 집을 비워야 했다. 무엇보다 어머니는 많은 동생을 낳았다. 이러한 질병과 잦은 출산으로 인한 어머니의 실제적 공백과 정신적 박탈감을 들 수 있다. 프로이트가 태어난 다음 해부터 거의 1~2년 터울로 동생들이 태어났다. 프로이트가 열 살 때, 막내 동생 Alexander가 태어났다. 동생이 태어날 때마다 실제 어머니의 공백이 생겼고, 어머니의 사랑을 잃을지 모른다는 불안감과 경쟁심을 느껴야 했다. 바로 밑 동생인 Julius가 8개월 만에 죽었을 때, 어린 프로이트는 자신의 질투심 때문에 죽었다는 강한 죄책감을 느꼈다.

프로이트가 자기 분석에서 어머니 Amalia에 대해 집중하지 않은 것에 대해 Jacobs(2003)은 일종의 저항이라고 생각하였다. 앞서, 어머니의 사랑을 순전히 독점하고 있다는 생각을 보존하기 위해서 어머니 관계를 깊이 들여다보지 않았다고 지적한 바 있다. 다른 한편으로 생각하면, 프로이트와 Amalia 간에 그만큼 강렬한 정서적 관계가 존재하였다는 것을 의미한다. 프로이트에게 어머니와의 관계는 일종의 원초적 관계로 느껴졌던 것으로 보인다. 이러한 어머니 관계는 자기 분석 부분에서 다시 다루도록 하겠다.

아버지 Jacob

프로이트의 아버지 Jacob은 1815년 갈리시아(Galicia) 지방의 티스메니츠에서 태어났다. 그는 프로이트의 어머니 Amalia와 결혼하기 전 이미 두 번 결혼한 경력이 있었다. 17세에 첫 부인인 Sally Kanner와 결혼하여 네 자녀를 두었다. 그중 둘이 죽고, 두 아들이 생존하였는데 Emanuel과 Philipp 두 아들이다. 이복형 Emanuel은 어머니 Amalia와 나이가 같았고, 그의 아들 John(즉 프로이트의 조카)은 프로이트보다 한 살 위였다. 그의 딸 Pauline(즉 프로이트의 또 다른 조카)은 프로이트보다 7개월 아래였다. 그들은 프로이트의 최초의 놀이동

무였다. 프로이트는 John과 함께 Pauline을 괴롭히곤 했었다고 Fliess에게 보낸 편지에서 밝히고 있다. 첫 부인과 사별한 아버지 Jacob은 두 번째 부인인 Rebecca와 결혼하였다. 그녀 역시 사망한 것으로 보이지만 그녀에 대한 자료는 충분하지 않다. Jacob은 그의 나이 40세에 프로이트의 어머니 Amalia와 결혼하였다. 아버지 Jacob은 키가 크고 잘생긴 유머러스한 사람으로 알려져 있다(Breger, 2000).

1910년 「정신분석치료의 미래 전망」이란 논문에서 프로이트는 남자 환자들을 치료할 때 부딪치는 가장 중요한 저항이 '부성 콤플렉스(father complex)'라고 설명하였다. 아버지와 관련된 죄책감과 거세 불안을 지칭하기 위하여 이 용어를 처음 도입하였다. 같은 해 보다 발전된 용어인 '오이디푸스 콤플렉스(oedipus complex)'를 사용하며 부성 콤플렉스는 거의 사용하지 않았다. 환자에 적용하여 이야기하였지만, 프로이트 스스로 오이디푸스 갈등에 시달렸고 그의 삶은 이를 극복하는 과정의 기록처럼 보여지기도 한다.

프로이트의 아버지에 대한 반감은 아주 어린 시절부터 있었던 것으로 보인다. 어머니의 빈번한 출산과 그에 대한 불안은 그렇게 아기를 자주 낳게 하는 아버지에 대한 적대감을 유발했던 것으로 보인다. 또 프로이트는 비엔나의 도시생활을 싫어했던 것으로 나타난다. 가난한 유대 지역에서의 열악한 환경과 좁은 집도 일조를 하였을 것이다. 4세 이후 비엔나에서 성장한 그는 고향 모라비아 지방의 들판과 산을 그리워하였다. "나는 어린 시절의 신비한 숲을 항상 그리워하였다. 한 기억이 떠올랐는데, 내가 겨우 걸음마를 하게 되었을 때부터 마치 아버지로부터 벗어나기 위한 것처럼 뛰어가곤 했었다." 라고 기술한 것을 볼 수 있다.

프로이트가 7세경, 아버지에 대해 크게 반감을 갖게 되는 경험을 하게 된다. 『꿈의 해석』에 나오는 여러 꿈 중에 'Thun(혹은 Taafe) 백작'으로 알려진 꿈이 있다. 그 꿈의 후반부 일부는 다음과 같다. "백내장 때문에 한쪽 눈을 못 보는 나이 많은 신사가 내 앞에서 소변을 보았다. 그가 잘 보지 못하였기 때문에 나는 유리로 된 소변기를 대주었다. 나는 백내장에 걸린 그를 조롱하였다." 이 꿈을 해석하며 프로이트는 어린 시절의 한 기억을 떠올렸다. 그가 7~8세였을 때, 그는 부모의 방에 슬며시 스며들어 갔다. 그곳에서 성교하는 부모의 모습을 보고 어린 프로이트는 소변을 보았다. 아버지는 그런 프로이트의 모습을 보고, "저 놈은 나중에 아무짝에도 쓸모가 없겠어."라고 질책하였다. 프로이트는 이 사건을 얘기하면서, 아버지의 질책이 깊은 상처를 주었다고 언급하였다. 이 사건은 프로이트의 꿈을 통해 자주 나타났는데, 위에 제시한 꿈은 아버지와 아들(프로이트) 관계가 바로 반전된 것을 나타낸다. 늙은 신사는 그의 아버지를 나타낸다. 이제 아들 앞에서 소변을 보는 사람은 아버지이다. 그는 눈을 잘 못 봐서 소변도 제대로 보지 못하는 '아무 짝에도 쓸모없는 사람'이다.

프로이트가 3세경일 때, 가족들은 라이프치히에서 비엔나로 이주하게 된다(프로이트가 약 2세 반일 때 프라이베르크에서 라이프치히로 이사를 갔었다.). 그 과정 이후 아버지는 어린 프로이트에게 히브리 성경을 주었다. 대략 7~8세경에 성경을 받았을 것으로 추정된다. Philippson Bible로서 많은 그림들이 포함된 히브리어 성경이었다.

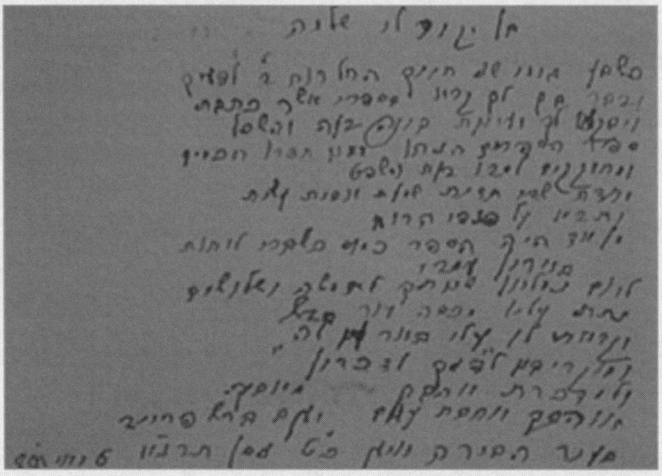

프로이트 아버지가 프로이트에게 35세 생일 선물로 준 Philippson Bible 안에 적어 준 글. 성경, 탈무드 등에서 발췌한 문장들로 구성하여 글을 완성하였다. 이런 식의 글을 'Melitzah'라고 한다.

아버지는 그 성경에 프로이트가 태어난 요일과 날짜 등을 적고, '출생을 통하여 프로이트가 유대의 언약에 들어왔다.'고 기록하였다. 아버지는 나중에 이 성경을 새 가죽으로 다시 장정하여 프로이트의 35세 생일선물로 주었다. 이번에도 역시 책에 히브리어로 글을 적어 주었다. 그것은 'Melitzah' 였는데, 성경과 탈무드 그리고 유대 전례들로부터 발췌한 문장들로 모자이크를 만들어 전체 글을 완성하는 방식을 말한다.

17개의 문장으로 구성된 글은, "나의 사랑하는 아들, Schlomo"로 시작해서, "너를 영원히 사랑하는 너의 아비로부터, Rabbi Schlomo Freud의 아들 Jacob"으로 끝을 맺는다. 세 번째, 네 번째 문장에는 "성경을 읽도록 해라. 그곳에는 지혜와 지식 그리고 이해의 근원이 열려 있다." 등의 내용이 들어 있었다. 아버지가 선택한 모자이크 방식의 글은 마치 프로이트가 내던져서 깨뜨려버린 유대 가치를 다시 회수하여 회복시킨 것을 연상시킨다(Ostow, 1989).

아버지 Jacob의 의도는 비교적 분명해 보인다. 그는 아들 프로이트가 어릴 때부터 프로이트에게 유대 전통을 많이 전수해 주었다. 그런데 지금은 프로이트가 그 유대 전통을 버렸다고 생각하였다. Melitzah로 된 이 명문은 아버지로서 그동안 아들이 유대 전통을 버린 것에 대한 실망감을 보여주고 있다. 35세가 되는 지금, 그의 아들이 다시 마음을 새롭게 잡고, 유대 전통에 대해 관심을 가질 뿐만 아니라, 아버지에 대한 사랑을 어린 시절처럼 회복하기를 바라는 것이다.

프로이트가 이 글을 충분히 읽고 이해하였는지에 대해 의문을 제기할 수 있다. 왜냐하면 프로이트는 자신이 히브리어를 제대로 모른다고 주장하였기 때문이다(Ostow, 1989). 프로이트가 7~9세 사이에 유대 사립학교 혹은 초등학교를 다녔다는 설과, 학교에 다니지 않고 아버지로부터 교육받았다는 설이 있다. 적어도 아버지가 Philippson Bible을 가지고 많은 이야기를 해 주었을 것이라는 점과 어머니는 Yiddish어만을 사용하였기 때문에 어린 시절부터 어머니가 돌아가실 때까지 계속 Yiddish어로 대화하였던 점 등을 들어 프로이트가 히브리어를 아주 모르진 않았을 것이라고 추정한다. 프로이트가 히브리어를 모른다고 하는 것은 유대전통에 대한 부정 혹은 저항이라고 판단하는 것이다(Ostow, 1989).

아버지 Jacob의 글을 읽고, 프로이트는 전통을 지키지 않는 자신을 질책하는 것으로 받아들였던 것으로 보인다. 아버지로부터 질책을 받는 이때의 느낌을 프로이트는 마치 모세로부터 질책을 받는 유대 민족처럼 느꼈다. 아버지로부터 성경을 받은 후 약 10년이 지난 뒤 즉 45세경에 프로이트는 성 베드로 성당을 방문하였다. 그곳에서 미켈란젤로의 모세상을 보게 되는데, 이때 자기 자신이 금송아지를 만들고 그를 숭배하는 이스라엘 민족의 무리 속에 섞여 있는 느낌을 받는다. 그리고 야훼 하나님을 믿으라는 모세의 뜻을 따르지 않고 우상을 만들고 숭배하는 무리들을 질책의 눈으로 바라보는 모세의 시선을 느낀다.

> 나는 조심스럽게 성당으로 몰래 스며들어갔다. 나는 환상의 우상을 다시 만들어 놓고 기뻐하는 무리들 속에 속한 느낌이었다. 그 무리를 모세가 내려다보고 있었다(Freud, 1914a).

1904년 프로이트는 아테네를 여행하며 아버지와 관련된 극적인 경험을 하게 된다. 그해 여름 꽤 망설인 끝에 프로이트는 동생 Alexander와 함께 불현듯이 아테네로 여행을 떠났다. 아크로폴리스 위에 올라섰을 때, 그 광경에 감탄이 절로 나올 것이라는 그의 예상과 달리 프로이트는 이상한 의문감에 휩싸였다. 그가 학교에서 배운 것이 실제 존재한다는 것에 놀랐다. 그는 마치 자신이 두 사람으로 나누어진 것처럼 느껴졌다. 한쪽은 지금 아크로폴리스에 서 있는 자신을 바로 경험하고 있는 사람이고, 다른 쪽은 현실을 부정하듯 그것을 믿지 못하는 사람이었다.

이 경험은 프로이트가 Romain Rolland에게 보낸 편지 '아크로폴리스 위에서의 기억의 장애' 에 들어 있는 내용이다(편지 내용은 1933년 저술(SE-22)인 『New Introductory Lectures on Psycho-Analysis and Other Works』에 묘사되고 있다.). 프로이트는 이 글 속에서 자신이 경험한 이상한 느낌을 설명하려고 애썼다. 그리고 마침내 아테네 여행은 죄책감이 뒤섞여 있는 소망의 문제였다고 설명하였다. 아테네로 떠나는 먼 여정은 어려서부터의 소망 즉 협소하고 가난했던 가족 환경을 피해 멀리 떠나고 싶었던 바람이 표현된 것이라고 생각하였다. 한편으로는, 아테네 여행은 죄스러운 것이었다. 왜냐하면 그것은 여행을 하기에 너무 가난하고 또 이런 장소에 흥미를 느낄 만큼 교육받지 못한 아버지를 능가하는 것이기 때문이었다. 아크로폴리스 언덕을 오르며 프로이트는 명백하게 자신이 아버지를 능가하고 있다는 것을 느꼈다. "그것은 아들에게 금지된 것이었다."

프로이트의 아버지 Jacob은 1896년 81세의 나이로 사망하였다. 프로이트는 아버지 장례식에 지각을 하였다. 나중에 프로이트는 이를 자기 분석을 통해 아버지에 대한 저항의 의미로 해석하였다. 아버지 죽음 이후 프로이트는 더욱 자기 분석에 몰입하였고 결국 오이디푸스 콤플렉스를 발견하는 계기가 되었다. 그러나 그것이 프로이트의 한계였다. 모든 갈등의 뿌리가 남근기에 있다는 생각에 고착되어 오이디푸스 전 단계, 즉 초기 모자관계에는 미처 관심을 기울일 수 없었다. 무엇보다 오이디푸스 갈등의 원인인 어머니와의 근친상간적인 관점 보다는 갈등의 결과인 아버지 관계(살해와 그에 뒤따르는 거세불안)에 중점을 두었다.

프로이트와 유대적 배경

프로이트의 증조부는 Rabbi Ephraim Freud이고, 조부는 Rabbi Schlomo Freud이다. 프로이트는 조부의 이름인 Schlomo를 부여받았다. 유대인으로서 그의 정체성은 그의 삶에 큰 영향을 미쳤다. 동시에 삶 속에서 지속적으로 접해야 했던 반유대주의 또한 그의 성격 형성에 영향을 주었다. "나는 독일어를 쓴다. 나의 문화와 지식도 독일 것이다. 나는 나 스스로를 지식적으로는 독일인이라고 간주하였다. 그러나 독일과 오스트리아에서 반유대주의의 편견이 일어나는 것을 본 이후, 나는 나 자신을 기꺼이 유대인이라 불렀다." (Freud, 1925)

프로이트가 청소년기에 유대교 혹은 유대주의에 얼마나 반감을 가지고 있었는가 하는 것은 그의 이름을 바꾼 것을 보면 알 수 있다. 유대교에서 성인식을 하게 되는 나이인 13세를 막 지나자, 프로이트는 그의 이름을 Sigismund에서 Sigmund로 바꿨다. Sigismund는 16세기 헝가리 군주로서 유대인들에게 관용을 베풀었기 때문에 유대인들에게 존경을 받던 인물이었다. 1860년대에 유대인들을 조롱할 때 흔히 쓰이던 말이었다. 프로이트는 그의 이름을 독일식 이름으로 바꿈으로써, 유대적 배경과 연결을 끊고 점진적으로 독일식의 자유로운 문화를 받아들이기 시작하였다.

프로이트의 대중적인 이미지는 그 시대 속에서 깨어 있는 인물이고 전통에 얽매이지 않는 자유인이다. 또 정신분석에 의해 종교는

프라이베르크
프로이트가 태어난 곳. 교회 첨탑이 중앙에 서 있고, 숲이 주위를 감싸고 있다. 어린 프로이트는 이 숲을 사랑했고 결코 잊지 못했다.

프로이트가 태어난 집

정신병이라는 '사실을 밝혀낸' 반종교인이다. 그는 반종교적인 면에서 열정적이었지만, 유대주의에도 깊이 관여하였다. 얼핏 상반되어 보이는 이 모습은 프로이트의 반유대주의적 성향을 설명해 준다. 즉, 그가 반종교적인 것은 기독교에 대한 반감을 말하는 것이다. 결국 유대주의에는 더 열정적이게 된다. 나이를 먹어가며 프로이트 자신이 종교로서 유대교를 믿지는 않았다. 하지만 유대 문화와 전통은 그의 생각에 중요한 영향을 미쳤다. 1895년 의학계에서 따돌림을 당할 때, 프로이트는 B'nai B'rith Society(유대인 문화교육 촉진협회)에 참여하여 일생 동안 여기에 속하여 일했다.

프로이트는 어려서부터 그가 압도적인 가톨릭 공동체에 둘러싸여 있다는 것을 경험하며 성장하였다. 프로이트가 태어날 당시 프라이베르크의 인구는 약 5000여 명으로 알려져 있었다. 그들 중 대부분이

가톨릭 신자였고, 도시의 중심에는 성 마리 성당이 자리 잡고 있었다.

『꿈의 해석』에서 프로이트는 최근까지 그의 모든 감정들과 꿈에 여전히 영향을 미치고 있는 어린 시절의 한 경험에 대해 이야기하였다.

사례 1

아마 내가 열 살 혹은 열두 살경이었다. 그때부터 아버지는 산책을 갈 때 나를 데리고 갔다. 아버지가 들려주는 이런 저런 얘기를 통해서 세상을 바라보는 그의 견해를 알 수 있었다. 한 번은 아버지가 살던 시절에 비해 얼마나 행복한 때에 내가 태어났는지를 설명하기 위해 다음과 같은 이야기를 들려주었다. '내가 젊었을 적 이야기다. 어느 토요일 오후, 나는 정장을 하고 새로 산 모피 모자를 쓴 채 네가 태어난 마을길을 걷고 있었다. 그때 한 기독교인이 다가와서 모자를 쳐서 진흙탕에 빠뜨렸다. 그리고 야, 유대인, 인도에서 꺼져 버려! 라고 소리쳤다.' 나는 아버지에게 '그래서 어떻게 하셨어요?' 라고 물었다. 아버지는 '나는 도로로 내려가서 모자를 주웠지.' 라고 조용히 대답하였다. 조그만 아이의 손을 잡고 걷고 있는 크고 강한 어른이라 보기엔 너무나 용감하지 못한 모습이었다. 그 상황은 나를 실망시켰다. 대신 내 정서에 맞는 다른 장면이 떠올랐다. 한니발의 아버지 Hamilcar Barcas의 얘기였다. 그는 집에 설치한 제단 앞에서 아들 한니발에게 로마에 복수하기를 맹세하게 하였다. 이 사건 이후 한니발은 내 환상의 인물로 자리 잡았다.

이 사건을 묘사하기 전 프로이트는 "젊은 나의 눈에 비친 한니발과 로마는, 유대인의 강인함과 가톨릭교회의 조직 사이의 투쟁을 상징하는 것으로 보인다."고 기술하였다. 그리고 프로이트 자신은 한니발의 족적을 따라가고 있으며, 한니발과 마찬가지로 자신도 결코 로마를 볼 수 없는 운명이라고 말하였다. 프로이트는 김나지움 때에 이미 이런 유사성을 알았고, 한니발은 그 시절 자신의 가장 좋아하는 영웅이었다고 회상하였다. 그 당시 프로이트는 포에니 전쟁의 두 당사자 중 로마 편을 들지 않고 카르타고를 동정하였다. 소수인 카르타고 편에 섰듯이, 프로이트는 소수 민족인 유대인으로서 반유대주의 흐름을 직면해야 했다.

> 반유대주의 조류가 우리 정서에 미친 심각한 영향이 어린 시절에 받은 생각과 인상을 고착시킨 것으로 생각된다. 그렇기 때문에 꿈속에서 로마로 가고자 하는 나의 욕망은 소중한 열망들을 상징하는 것이다. 그 소망들을 이루기 위해서는 포에니 전쟁의 한니발 장군처럼 강인하고 오직 한 마음을 가져야 한다. 비록 그의 생애에 로마에 입성하는 것이 멀어보일지라도.

프로이트가 한니발과 자신을 동일시하는 것을 볼 수 있는 글이다.

프로이트는 반유대주의가 노골적으로 때론 은근하게 매우 만연해 있다고 보았다. 이에 대항하여, 프로이트는 일생 동안 자랑스러운 애국자였고 복수심에 불타는 유대인이었다. Szasz(1978)는 프로이트의 삶을 움직인 가장 강력한 동기 중 하나가 전통적으로 반유대주의 태도를 보이는 기독교에 복수하는 것이었다고 주장하였다. 그리고 한니발이 로마를 코끼리로 쳐부수었듯이, 프로이트는 정신분석으로 기독교를 격파하였다고 묘사하였다.

Szasz에 의하면, 1938년 나치를 피해 영국으로 떠나려고 준비하고 있을 때, 프로이트는 그의 아들 Ernst에게 'Ahasuerus가 어딘가에서 휴식을 취하기에 아주 좋은 때다.'라고 편지를 보냈다고 한다. Ahasuerus는 예수가 갈보리로 십자가를 지고 갈 때 비웃으며 쉬지 못하게 한 것 때문에, 예수 재림 때까지 떠돌도록 저주받았다고 하는 민담(wandering Jew)에 나오는 인물이다. Szasz는 프로이트가 기독교를 지속적으로 공격했던 자신을, 예수를 모욕한 Ahasuerus와 동일하게 생각한 것이라고 보았다.

2 정신분석 형성과정

프로이트가 비엔나대학 의과대학에 입학한 것이 1873년 그의 나이 17세였다. Fine(1979)은 진정한 정신분석이론이 전개되기 시작한 시기를 1897년, 즉 프로이트 나이 41세였을 때로 본다. 조금 폭을 넓혀 1895년부터 1897년 사이를 정신분석의 탄생시기로 본다. 의과대학에 입학한 후부터 정신분석이론이 본격적으로 펼쳐지기 시작하기까지 20여 년간 프로이트의 정신분석 형성과정에 미친 중요한 영향들을 꼽으라면, 다양한 신경생리학자로서의 경험들(1876~1885년 사이)과 최면치료자로서 경험(1885~1895년까지 약 10년)을 들 수 있다.

프로이트는 유명한 생리학 연구소에서 일했으며, 그 시대의 과학적 사고를 대표하는 인물들의 영향을 받았다. 무엇보다 당시 시대적 조류로서 프로이트에게 영향을 준 것은 다윈의 진화론이었다. 진화론을 배경으로, '모든 자연현상을 생리 화학적이고 기계론적 원리로 설명할 수 있다.' 는 19세기 과학자들의 낙관주의 영향하에 프로이트는 자신의 연구를 수행하였다.

1885년 파리로 간 프로이트는 약 5개월간 Charcot의 수련생으로 일할 기회를 갖게 된다. Charcot의 최면치료에 크게 감명 받은 프로이트는 이후 약 10년 동안 최면치료에 매진하게 된다. 최면치료 경험은 프로이트에게 무의식의 실마리를 찾을 수 있는 기회를 제공해 주었다.

프로이트의 학문적 배경과 시대적 배경 그리고 최면치료를 비롯한 신경증 환자들에 대한 임상경험이 정신분석의 형성과정에 많은 영향을 준 것은 사실이다. 그러나 프로이트 정신분석이론은 이러한 요소들과 함께 철저한 자기분석(self-analysis)을 통해 이루어졌다는 데에 이의를 제기하는 사람은 별로 없다. 프로이트의 많은 이론이 자기분석에 기초하고 있고, Fliess와 서신왕래에 의해서만 조율되었다는 Masson(1985)의 의견은, 프로이트에게 끼친 자기분석의 영향을 잘 대변하고 있다. 실제로 프로이트의 가장 대표적인 저서인 『꿈의 해석』은 철저한 자기 꿈 분석에 기초하고 있다. 오이디푸스 콤플렉스 이론도 아버지 사망 이후 자신의 신경증적 경향에 대한 깊은 자기분석이 있었기에 가능한 일이었다. 프로이트가 자기 내면의 심층을 깊이 파고들 수 있었던 것은 그 자신의 신경증적 증상과 가족배경 때문이었다. 즉 가족관계에서 스스로가 오이디푸스 갈등을 경험할 수 있었기에 자기분석을 통해 그런 갈등을 발견할 수 있었다. 이와 같이 프로이트 자신의 개인사와 가족 배경, 자기분석, 학문적 경험과 시대적 배경, 최면치료와 임상경험 등을 프로이트의 정신분석 형성과정에 영향을 준 주요 요인들로 꼽을 수 있다.

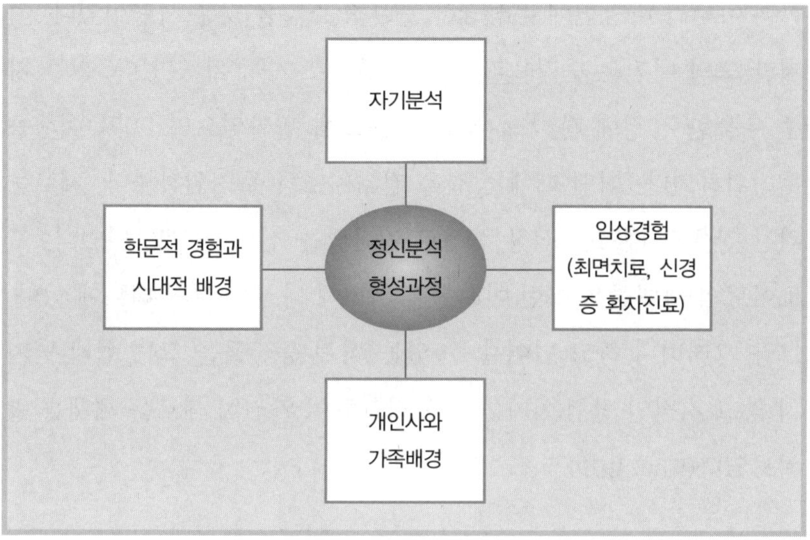

프로이트 정신분석 형성에 영향을 준 요인들

자기분석

Fine(1979)의 표현처럼, 정신분석의 역사에서 프로이트의 자기분석의 역할을 과대평가하는 것은 거의 불가능하다. 자기분석을 통해 정신분석의 기초가 세워졌고, 프로이트의 핵심 저서인 『꿈의 해석』이 바로 자기분석의 결과물이다.

프로이트가 집중적으로 자기분석을 시작한 시기는 1895년이다. 프로이트 나이 39세로, 이때의 그는 겉으로 볼 때 행복한 사람이었다. 성공한 신경학자였고, 다섯 아이를 두고 있었으며 그해 12월에 여섯째 아이가 출산 예정인 행복한 결혼 생활을 하고 있었다. 그는 충실하게 개업의로서 일하고 있었고, 가정에도 충실했다. 전공인 의

학뿐 아니라 다방면에서 상당한 문화적 소양을 갖춘 사람이었다. 하지만 그의 내면은 두려움과 여러 감정들로 가득 차 있었다. 그는 자주 우울한 감정에 빠졌고, 격렬한 분노에 휩싸였으며, 기차 여행을 두려워하였다. 어떤 때에는 길을 건너기조차 두려워하였다. 때로는 위장 장애로 때로는 심장 장애로 진단받는 신체 증상도 있었다. 프로이트의 위대함은 이런 어려움을 처리해 나가는 그의 태도에 있다. 그냥 그러려니 하고 넘어갈 수 있는 이런 증상들을 그는 쉽게 넘기지 않고 지적인 탐험(자기분석)을 시작하여 완전히 새로운 세계를 펼쳐보였다(Fine, 1979).

Irma의 주사 꿈

최초의 자기분석은 프로이트 자신의 꿈인 'Irma의 주사 꿈(The dream of Irma's injection)'을 해석하면서부터 시작된다. 1895년 7월 24일 프로이트는 비엔나 근처에 있는 한 호텔에서 휴가를 보내는 중이었다. 그는 그날 새벽 자신의 환자 중 한 명인 Irma에 대한 꿈을 꾸었다. 꿈의 내용을 간추려 요약하면 다음과 같다.

사례 2

큰 홀에 많은 사람들이 있었다. 그중에 Irma가 있었다. 나는 내 처방을 받아들이지 않는 것에 대해 그녀를 책망하였다. 나는 그녀에게, 아직도 아픈 것은 순전히 너 자신의 잘못 때문이라고 말했다. 그녀는 "내 목구멍과 위의 통증에 대해 당신이 알아냈으면 좋았을 텐데." 라고 응답하였다. 그 말이 내 목을 조르는 것 같았다. 놀라서 그녀를 쳐다보니, 얼굴이 창백하고 부어 보였다. 나는 뭔가 기질적인 문제를 놓치고 있는 것이 분명하다고 생각하였다. 그녀를 창가로 데려가서 그녀의 목구멍을 살펴보았다. 그녀가 제대로 입을 벌리자 비개골 모양을 따라 광범위한 하얀 회색빛 딱지가 보였다. 나는 즉시 M 박사를 불렀고 그도 그것을 확인하였다. M 박사는 평소와 달리 창백했고, 다리를 절었으며 그의 턱은 말끔하게 면도를 하고 있었다. 내 친구 Otto 역시 그녀 옆에 서 있었다. 그는 그녀의 상체를 타진하고, 왼쪽 아래 부위에서 둔탁한 부분이 있다고 말하였다. M 박사는 이 상태는 의심할 바 없이 염증임에 틀림없다고 말했다. Otto는 trimethylamin이 함유된 주사를 그녀에게 놓았다. —그런 종류의 주사는 그렇게 생각 없이 놓는 것이 아니었다. —아마 주사기도 깨끗하지 않은 것 같았다.

꿈에서 프로이트의 친구로 나오는 Otto는 실제 소아과 의사인 Oskar Rie를 나타낸다. 그는 프로이트의 오랜 친구로 실제로 프로이트가 꿈을 꾸기 전날 그를 방문하였다. Rie가 Irma의 집에서 그녀를 치료하고 왔기 때문에 프로이트는 그에게 그녀의 상태가 어떠냐고 물었다. Rie는 그녀가 좀 나아졌지만 아주 좋은 상태는 아니라고 대답하였다. 그 말을 들으며 프로이트는, 그녀를 제대로 치료하지 못한 것에 대해 Rie가 자신을 책망하는 것처럼 들렸다. 그렇지만 Rie에게 그런 내색을 하진 않았고, 그날 저녁 프로이트는 M 박사(나중에 Josef Breuer로 밝혀졌다)에게 편지를 썼다.

이런 식으로 꿈의 실제 배경이 되는 사건들을 설명하는 등 꿈의 여러 요소들을 꽤 장황하게 연상한 후, 프로이트는 꿈을 꾸게 만든 주된 동기는 자신이 Irma의 치료에 대해 무책임하다는 것을 밝히려는 것이었다고 결론지었다. 자신에게 책임이 없다는 것을 입증하기 위해 ① 자신의 처방을 받아들이지 않은 것에 대해 Irma를 책망하였다. ② 통증이 기질적인 원인이라는 것을 명확하게 밝혔다. 즉 원인이 기질적이기 때문에 처음부터 심리적인 방법으로는 치료될 수 없는 상태라는 것이다. ③ Otto가 사려 깊지 못하게 주사를 놓았고 그것도 더러운 주사기를 사용했기 때문에 제대로 치료를 못했다고 비난하였다. 이렇게 함으로써 그 전날 자신이 제대로 치료를 못했다고 비난한 Otto에 대해 복수를 한 셈이 된다.

프로이트는 '꿈은 소망을 성취하려는 것' 이라는 가설 위에 자기분석을 하였다. Irma의 꿈을 해석하며 프로이트는 그런 가설을 확인할 수 있었고 또 자기분석에서도 자유연상이 가능하다는 것을 알게 되었다. 이런 이유로 Irma의 꿈은 흔히 '표본 꿈(dream specimen)' 으로 불린다. 프로이트는 Irma 꿈의 해석이 갖는 의미와 가치가 얼마나 큰 것인지 잘 알고 있었다. 그는 Fliess에게 보낸 편지에서 농담처럼 다음과 같은 명판을 만들어 집에 걸어 두어야겠다고 말하였다.

> 1895년 7월 24일
>
> 꿈의 비밀이
>
> 프로이트 박사에게 밝혀졌다.

Fliess와 서신 교환

1895~1896년 사이 프로이트는 Breuer와 결별하였다. 그는 프로이트의 성욕 이론에 매우 놀라워하던 차였다. 대신 Fliess와 가까워졌는데, 프로이트는 그를 성욕 과정에 대한 생물학과 화학적 지식의 전문가로 간주하였다. 프로이트는 그로부터 그런 지식에 대한 깨달음을 얻기를 기대하였다. Fliess는 베를린에서 개업의로 일하는 이비인후과 의사였다. 그가 프로이트를 처음 만난 것은 1887년인데 그해부터 1902년까지 서신 왕래를 하였다. 서신 왕래는 1899년 절정에 달하였다. 서신 왕래가 있던 시기들은 프로이트에게 매우 힘든 시기였다. Fliess는 프로이트보다 두 살 아래였지만, 신경증 상태로 괴로워하던 프로이트에게는 일종의 정신적 치료자 역할도 하였다. 일부에서는 두 사람이 동성애적인 관계가 아닌지 의구심이 들 정도로 그 관계가 긴밀하였지만, 1906년 두 사람은 결국 결별하게 된다. 결별한 후 프로이트는 Fliess에게 받은 편지들을 다 파기하였지만, Fliess는 프로이트의 편지를 보관하고 있었다.

Fliess가 사망한 후 그의 부인이 베를린의 서점상인 Stahl에게 프로이트의 편지들을 팔았다. 나치 정권하에 있던 Stahl은 프랑스로 도망갔고, 그곳에서 Marie Bonaparte를 만났다. 그녀는 나폴레옹의 후예로서 당시 프랑스에서 손꼽히는 정신분석가였다. 그녀는 즉시 그 편지들을 구입하였다. 프로이트는 그녀에게 편지들을 없애버리라고 충고하였지만, 그녀는 편지를 보관하고 있다가 마침내 출판하였다.

Fliess와 나눈 서신 속에는 그 어느 곳에서도 볼 수 없는 엄청난 프로이트의 내적 투쟁들이 그려지고 있었고, 개인의 세밀한 부분까지 노출하고 있었다. Masson(1985)은 프로이트가 Fliess에게 보냈던 284개의 서한을 묶어 책으로 펴냈다. 이들 중에는 전에는 볼 수 없었던 새로운 편지 133통이 포함되어 있었다. Standard edition에도 수록되어 있는 'Project for a Scientific Psychology' 를 제외한 거의 모든 편지들이 빠짐없이 포함되어 있다.

프로이트의 신경증

1896년 9월, 아버지 Jacob의 사망은 프로이트의 마음속에 엄청난 소용돌이를 일으켰다. 그것을 극복하기 위해서 프로이트는 3년에 걸치는 지난한 자기분석을 해야만 하였다. 그의 꿈은 더욱 세밀해졌고 끊임없이 그를 건드렸다. 꿈들은 마치 그의 깊은 내적 갈등에 대화를 나누고 싶어 하는 것 같았다. 프로이트는 가장 사랑받는 아버지의 아들이었지만, 아버지에 대한 격렬한 적개심을 느꼈다. 이 적개심은 프로이트가 잊고 있었던 것이고 부정하고 있던 것이었다. 아버지의 죽음에 의해 이제 그의 마음속에서 새로 깨어났다. 그는 '억압된 것의 귀환(return of the repressed)' 이 어떤 것인지 그 정수를 경험한 것이다. 억압되었던 것이 다시 의식으로 떠오른다는 개념은 이후 프로이트의 생각에서 가장 중심적인 역할을 하게 된다. Irma의 주사 꿈 이후 프로이트는 죄책감이 적개심에 의해 생긴다는 것을 이해하게 되었다. 프로이트는 그 자신의 적개심을 인식하고 그와 연관된 다양한 감정들—질투심, 경쟁심, 야망, 분개하는 마음—을 분석하기 시작하였다.

1897년 여름이 지나면서 모든 것이 악화일로에 접어들었다. 그는 더 이상 연구를 재대로 수행할 수 없었다. 이론도 치료도 모두 위축되고 중단되었다. 환자들에 대한 분석을 제대로 이끌어가지 못하면서 만만치 않은 부정적인 시선에 시달려야 했다. 확실하지 못한 미래에 대해 프로이트는 다시 위협을 느끼게 되었다. 아버지에게 느꼈던 양가감정을 Fliess에게 똑같이 느끼기도 하였다. 이런 모든 위기감이 그의 가장 취약한 부분을 악화시켰다. 심장병에 대한 두려움, 죽음이 다가오는 공포, 기차여행의 공포 등이 몰려 왔다. 그리고 신경증에 걸려 고통당하지 않을까 하는 우울감에도 시달렸다.

Breger는 프로이트가 느끼는 질병에 대한 불안과 죽음의 공포가 아주 어린 시절에 경험한 상실에 뿌리박고 있다고 생각하였다. 어머니 Amalia는 프로이트를 출산 후 곧바로 두 번째 임신을 하고 동생 Julius를 출산하였다. 프로이트 나이가 불과 11개월밖에 되지 않았을 때였다. Julius는 본래 어머니 Amalia의 친동생 이름이었다. Amalia가 자기 동생의 이름을 따서 자기 아이의 이름을 지은 것이다. 불행하게도 두 명의 Julius는 1년 사이에 모두 사망하게 된다. 어머니의 친동생 Julius는 그녀가 Julius를 출산하기 바로 한 달 전에 결핵으로 사망하였다. 그리고 그녀가 출산한 프로이트의 동생 Julius는 8개월을 채 살지 못하고 장염으로 사망하였다. 이런 모든 일들이 방이 하나뿐인 아파트에서 일어났다. 프로이트는 이런 모든 상황들을 직접 목격했음에 틀림없다(Breger, 2000). 매우 어렸던 프로이트는 애도와 비탄 그리고 우울감정에 휩싸인 가족 분위기에 고스란히 노출되고,

이해할 수 없는 그런 상황들 속에서 죽음과 질병 혹은 없어짐(소멸)의 느낌에 매우 취약하게 되었다. Breger는 어머니의 죽음과 부재에 대한 공포가 이후 지속적으로 프로이트를 괴롭히게 되었다고 생각하였다.

프로이트는 점차 자기분석의 내용들을 확대하였다. 자신의 꿈을 분석하며 많은 어린 시절의 기억들을 취합할 수 있었다. 꿈의 무의식적 소망이 최근 사건뿐만 아니라, 어린 시절에도 뿌리를 두고 있다는 것을 알게 되었다. 프로이트는 어른의 무의식의 많은 부분이 어린 시절의 무의식으로 구성되어 있다는 것을 확신하게 되었다. 어린아이일수록, 욕동과 충동이 아이들을 주도한다. 아이들은 풍성한 환상 속에서 상상의 만족을 만들어 낸다. 그 결과 어른이 된 지금도 환상과 현실을 구분하지 못하게 된다고 생각하게 되었다.

1897년 가을, 환상과 어린 시절이라는 두 핵심 영역을 중심으로 프로이트는 더욱 집중적인 자기분석에 몰입하였다. 다음은 1897년 10월 3일, Fliess에게 보낸 편지의 내용이다.

사례 3

내 경우 아버지는 (나의 신경증 형성에) 주도적인 역할을 하지 못했다. 내 신경증을 일차적으로 만든 사람('primary originator of neurosis')은 못생기고 나이 먹은, 그러나 현명한 여자(유모)다. 그는 나에게 신과 지옥에 대해 대단히 많은 이야기를 해 주었고, 나의 잠재력을 높이 평가하였다. 내가 두 살 반에서 세 살 사이였을 때(Jones는 실제 네살이라고 추정한다), 어머니(matrem)를 향한 내 리비도가 불러일으켜졌다. 그것은 라이프치히로부터 비엔나로 가는 기차 안이었다. 나는 어머니와 밤새 같이 있었고 어머니의 벌거벗은 몸(nudam)을 보게 되는 기회가 있었음에 틀림없다. 그리고 나보다 한 살 아래 동생(Julius)이 태어났을 때, 나는 유아적인 질투와 나쁜 소망을 가지고 있었다. 그는 몇 달 안에 죽었는데 그로 인해 내 마음속에 죄책감의 씨앗이 뿌려진 셈이다.

10월 4일 Fliess에게 보낸 편지에는, 프로이트가 나이든 유모에 대하여 어머니가 기억하고 있는지 물어본 내용이 들어 있다.

사례 4

물론이지. 어머니는 대답하였다. 그 늙은 여자(유모)는 정말 기민한 사람이었다. 그녀가 항상 너를 교회에 데리고 갔었다. 교회를 갔다가 집에 돌아오면, 너는 우리에게 설교를 하곤 했다. 신이 어떻게 세상을 다스리는지 얘기하였다. 내가 Anna를 막 출산하였을 때(Anna는 프로이트보다 두 살 반 어렸다), 그 여자가 도둑으로 판명되었다. 나의 형 Philipp이 경찰을 불러 왔고, 그녀는 10개월간 옥살이를 하였다. …… 만약 그 여자가 그렇게 갑자기 사라졌다면, 내 안에 어떤 인상을 남겼음에 틀림없다고 혼자 생각하였다. 지금 어디에 그 영향이 남아 있을까? 그러자 지난 29년간 의식의 기억 속에서 반복해서 나타났던 한 장면이 떠올랐다. (그 장면에서) 나는 어머니가 어디에도 없기 때문에 정말 슬프게 울고 있었다. 형 Philipp(나보다 스무 살이 많다)이 나를 위해 벽장을 열어 보여 주었다. 그곳에도 어머니는 없었다. 나는 더욱 서럽게 울었다. 어머니가 문으로 들어오는 것을 보면서 울음을 그칠 수 있었다. 어머니는 날씬하고 아름다웠다. 이게 무엇을 의미할까? 왜 형은 어머니가 없는 것을 뻔히 알면서 벽장을 열어주었을까? 나는 갑자기 내가 그렇게 해 달라고 떼를 썼던 것을 알 수 있었다. 나는 어머니가 보이지 않자, 얼마 전 사라진 유모처럼 어머니도 사라졌을까 봐 두려워했던 것이다. 나의 형 Philipp이 그 여자는 "상자에 갇혔어."라는 식으로 재미있게 표현하길 좋아했었다. (그렇기 때문에 어머니가 사라졌을 때 벽장에 갇힌 것을 연상하였던 것이다.)

약 2세 반경에 프로이트는 두 명의 중요한 양육자를 동시에 잃어버리는 경험을 하였다. 그의 어머니와 유모다. 어머니는 동생 출산과 관련되어 그를 돌보지 못했고, 유모는 사소한 도둑질을 한 죄 때문에 잡혀 갔다. 어머니는 이전에도 19세기 당시 만연했던 결핵 때문에 가끔씩 집을 비우곤 했었다. 이런 상황에 대해 Breger(2000)는, 어머니는 질병과 죽음 그리고 애도의 분위기 속에서 사라졌고, 유모는 죄와 죄책감의 분위기를 풍기며 사라졌다고 묘사하면서, 프로이트가 일생 동안 질병과 죽음에 집착하였던 것이 이 경험에 기인한다고 주장하였다.

프로이트 스스로 유모가 자신의 신경증을 만든 장본인이라고 묘사하고 있듯이, Grigg(1973)는 유모가 프로이트의 신경증과 오이디푸스 콤플렉스 형성에 매우 의미 있는 영향을 미쳤다고 생각하였다. 프로이트는 2세 반까지 체코 출신의 유모에 의해 양육 받았다. 가톨릭 신자인 그녀의 이름에 대해 학자에 따라 'Monika Zajic' 이라는 설과 'Resi Willek' 이라는 설이 있다. 유모는 어린 프로이트를 성당에 데리고 갔고 경건한 이야기를 들려주었다. 아주 어린 시절 프로이트의 교육의 일부를 담당한 셈이다. 프로이트의 어머니 Amalia는 그녀를 '못생기고 나이 먹은 그러나 현명한' 여자라고 묘사하였다. 그런데 Fliess에게 보낸 편지에서 프로이트는 유모를 사뭇 다른 느낌으로 묘사한다.

> 그녀는 나에게 신의 전능함과 지옥에 대해 많은 이야기를 들려주었다. 나 자신의 잠재력에 대해 높은 자부심을 갖게 해 주었다. …… 그녀는 성적인 문제의 선생님이었다.
>
> 그렇게 어린 나이임에도 불구하고 사는 의미와 사는 것이 무엇인지를 알게 해준 늙은 부인을 기억하며 매우 감사하게 생각한다. 오래전에 좋아했던 감정이 오늘 다시 뚫고 나오고 있다.

'오래전에 좋아했던 감정이 다시 뚫고 나온다.' 는 식의 표현은 프로이트가 그의 어머니에게는 결코 사용하지 않은 것이다. 어린 시절 상당한 애착이 유모에게 있었던 것을 짐작케 하는 대목이다. 어린 시절 유모가 들려준 종교적 이야기가 프로이트의 신경증에 미친 영향이 뒤이어 나타난다. 프로이트가 3세 때, 프로이트 일가는 프라이베르크를 떠나야 했다. 아버지 Jacob의 사업이 망했기 때문이다. 그때까지 이복형 Emanuel은 결혼하여 몇 구역 떨어지지 않은 곳에 살았고, 또 다른 이복형 Philipp은 그의 집 길 건너편에 살았다. 어른들은 모두 아버지 Jacob의 일을 도왔다. 한 살 위 조카 John과 그의 여

동생 Pauline은 더 없이 가까운 프로이트의 놀이친구였다. 프라이베르크를 떠나는 것은 프로이트에게 "나의 모든 존재를 뒤흔드는 최초의 대파국이었다."

Emanuel과 그의 가족들 그리고 Philipp은 영국으로 건너갔다. 프로이트와 그의 부모 그리고 동생 Anna는 프라이베르크를 떠나 독일의 라이프치히를 향했다. 이때 어느 한 기차역에서 경험했던 불안을 1897년 12월 Fliess에게 보낸 편지에서 다음과 같이 묘사하고 있다.

사례 5

내가 세 살 때, 우리가 프라이베르크에서 라이프치히로 이동하는 중 한 기차역을 통과하였다. 나는 생전 처음 가스등을 보았다. 가스등의 불꽃이 지옥에서 불타는 영혼을 생각나게 하였다. 이 경험이 나의 여행에 대한 불안과 밀접하게 연관되어 있다는 전후 맥락을 알게 되었다.

Jones나 Grigg, Breger 등에 의하면, 이 여행은 어머니의 벌거벗은 몸을 본 여행(라이프치히로부터 비엔나로 가는 여행)보다 1년 앞선 것이다. 그럼에도 프로이트는 같은 시기라고 기억하였다. 그 이유를 Grigg은 근친상간적인 소망에 대한 처벌로 영혼이 지옥에서 불타는 것을 연상하였기 때문이라고 설명하였다. '지옥에서 불타는 영혼'의 이미지는 유대적인 것이 아니다. 그것은 유모의 기독교에서 말하는 지옥의 이미지다. 종합하면 프로이트는 어머니를 향한 근친상간적인 소망이 있었고 그 결과 처벌의 두려움이 있었다. 그 처벌로 영혼이 지옥에서 불탄다는 내용은 유모의 종교인 기독교의 지옥 이미지로부터 빌려온 것이다.

로마 신경증

프로이트의 여행에 대한 불안은 성인이 되어서도 지속되었다. 유아였을 때 프로이트는 기차가 그를 버려두고 떠날까봐 두려워하였다. 어른이 되어서는 기차시간보다 충분히 일찍 역에 도착하려고 안절부절못하였다. 1909년 강연을 하기 위해 미국으로 떠날 때에도 출발하기 직전에 잠깐 졸도를 하였다. 여행 중에도 많은 불안 증상과 함께 위장 증상, 설사 등으로 고생해야 했다. 이런 증상은 그 후에도 상당 기간 지속되었다(Breger, 2000).

여행의 불안이 가장 극적으로 나타난 것은 '로마 신경증(Rome neurosis)' 이다. 그는 1895년부터 1898년 사이에 이탈리아를 다섯 번 방문하였으나 로마에는 들어가지 못하였다. 그는 로마를 방문하고자 하는 열망이 '깊이 신경질적(deeply neurotic)' 일 정도로 점점 더 커졌으나 그를 가로막는 것이 있었다. 프로이트에게 로마는 어떤 의미가 있었기에 그렇게 가려고 열망하였을까? 그리고 무엇이 로마에 입성하는 것을 막았을까?

자신이 꾼 일련의 로마와 연관된 꿈을 해석하면서 프로이트는, "젊은 나의 눈에 비친 한니발과 로마는, 유대인의 강인함과 가톨릭 교회의 조직 사이의 투쟁을 상징하는 것으로 보인다."라고 기술하였다. 그리고 프로이트 자신은 한니발의 족적을 따라가고 있고, 한니발과 마찬가지로 자신도 결코 로마를 볼 수 없는 운명이라고 말하였다. 자신이 이탈리아까지는 왔으나 로마에 들어가지 못하는 것을, 한니발이 이탈리아를 유린하면서도 막상 로마에 입성하지 않고 이탈리아 남부 지방에 있었던 것과 비교한 것이다.

Neu(1991)는 프로이트가 시대적으로 다른 세 로마를 뚜렷하게 구분하였다고 지적하였다. 현대 로마와 중세 로마 그리고 고대 로마가 그것이다. 현대 로마는 프로이트에게 '희망차고 호감이 가는' 도시였다. 반면 중세 가톨릭의 중심지로서 로마는 프로이트에게 '그 자신의 모든 불행을 떨쳐버릴 수 없게 만드는' 고통스러운 도시였다. 가톨릭 로마가 프로이트에게 주는 고통은 당시 만연해 있던 반유대주의와 오이디푸스 갈등에 기인한다.

앞서 기술하였듯이, 프로이트의 삶을 움직인 가장 강력한 동기 중 하나가 전통적으로 반유대주의 태도를 보이는 기독교에 복수하는 것이었다. 그렇기 때문에 한니발이 로마를 코끼리로 쳐부수었듯이, 프로이트는 정신분석으로 기독교를 격파하고자 하였다. 가톨릭 로마는 교황이 있는 곳이다. 기독교에 대한 자신의 증오와 분노에 대해 교황이 징벌하고 보복할 것을 두려워하여 로마에 입성하지 못했다는 설명이다.

프로이트가 교황을 보다 오이디푸스적인 상징으로 느꼈을 수도 있다. 교황은 상징적인 '큰 아버지'다. 젊은 시절 프로이트는 아버지가 유대 전통을 지키지 않는 자신을 질책한다고 생각하였다. 유대인 아버지의 연장선상에 유대 전통이 있다. 유대 전통은 확장된 아버지의 상징이다. 유대 전통을 지키지 않는 것은 무의식적으로 그의 아버지를 부정하는 것이다. 보다 깊은 오이디푸스 갈등의 환상 속에서 아버지를 살해하는 것이 된다. 이 시점보다 훨씬 뒤 이야기지만, 1912년 오이디푸스 갈등의 보편성을 설명하기 위해 프로이트는 『토템과 터부』를 저술하였다. 최초 인류 상태를 가정한 후, 오이디푸스 콤플렉스 때문에 아들들이 친부를 살해하는 이야기다. 프로이트 또한 무의식의 환상 속에서 아버지를 살해하고, 『토템과 터부』의 내용처럼 심히 후회하고 속죄의 필요성을 느꼈을 것이다. 동시에 프로이트의 마음속엔 매우 가학적이고 징벌적인 복수하는 아버지 상을 갖게 되었을 것이다. 이것이 교황(아버지 상징)의 가학적인 보복과 거세를 두려워하여 로마 신경증을 유발하게 한 또 다른 이유일 것이다.

Grigg(1973)는 로마 신경증을 어머니와 연관된 오이디푸스 갈등으로 해석하였다. 1897년 11월 5일, 프로이트는 Oedipus Rex와 Hamlet에 대한 자신의 해석에 대해 아무런 응답이 없는 것을 비난하는 편지를 Fliess에게 보냈다. 비난하는 내용에 바로 이어 프로이트는 로마와 연관된 꿈들을 기술하였다. 처음 꿈은 기차 창밖으로 티베르(Tiber)강과 이를 가로지르는 산타젤로 다리(Ponte Sant' Angelo, 성 천사의 다리)를 보았지만, 기차가 움직이기 시작하였을 때 도시에 발조차 들여 놓지 않은 것을 알게 되었다는 내용이다. 다른 꿈은 언덕 위에서 안개에 반쯤 가려진 로마를 바라보는 내용이다. 그는 세밀한 부분을 표현할 수 없으나 그 주제는 '멀리 있는 아득한 약속의 땅을 바라보는 것' 이라고 설명하였다. 세 번째 꿈의 내용은 다음과 같다.

검은 물줄기가 좁게 흐르고 있었다. 강의 한쪽은 검은 절벽이고 다른 쪽은 커다란 흰 꽃이 있는 풀밭이었다. Zucker 씨를 발견하고 도시로 가는 길을 물어보았다.

프로이트는 꿈을 연상하며 라베나 지역의 검은 물속에서 자라는 사랑스러운 수련을 떠올렸다. 검은 절벽에 대해서는 칼스바드 근처의 계곡과 협곡을 연상하였다. Grigg은 계곡과 협곡은 여성의 성기를 상징하며 절벽은 음순을 나타낸다고 해석하였다. 성 천사의 다리는 젊은 프로이트를 마녀이며 천사인 어머니(로마)와 연결시켜 주는 다리(페니스)라고 설명하였다. 즉, 프로이트에게 로마에 입성하는 것은 어머니와 근친상간을 하는 것을 의미하기 때문에 로마에 들어가지 못했다는 설명이다. '멀리 있는 아득한 약속의 땅을 바라보는 것' 으로 만족할 수밖에 없었다는 것이다.

고통스러운 자기분석의 과정을 거치고 『꿈의 해석』을 출간한 후 마침내 프로이트는 로마에 입성할 수 있었다. 앞서 프로이트가 시대적으로 다른 세 로마를 명확하게 인식하고 있었음을 지적하였다. Neu(1991)는 프로이트가 고대 로마에 깊이 빠져들었다고 설명하였다. 1902년 로마를 방문하였을 때, 프로이트는 "볼품없이 널려 있는 미네르바 사원의 잔해 앞에서 경배를 표하였다." 미네르바는 아버지 주피터의 진정한 창작품이다. 그녀는 한때 지혜의 여신이었고 도시국가의 수호신이었다. 1902년 당시 비엔나의 의회의사당 건물 앞에는 미네르바의 동상이 서 있었다. 자유 · 이성 정치를 나타내는 오래된 상징이었다. 미네르바는 또한 남성적인 여성이었다. 창과 제우스의 방패를 가지고 적을 물리친 여신이었다. 프로이트에게 미네르바는 남성성과 여성성을 함께 가지고 있는 양성이 통합된 존재였다.

프로이트는 당시 유럽의 주요 도시였던 런던과 파리에 대해 사뭇 상반된 인상을 갖고 있었다. 런던은 남성적이며 매우 청교도적이고 이성적인 도시라는 시각으로 묘사되고 있는 반면, 파리는 여성적인 아름다움과 비합리적인 힘이 풍겨지는 여성적인 도시로 바라보았다. 로마는 이 둘을 합하여 남성성과 여성성, 윤리와 반윤리가 함께 하는 한마디로 말해, 자아 세계인 런던(ego-world of London)과 이드 세계인 파리(ego-world of Paris)가 융합을 이룬 도시, 영원한 도시였다. 그가 미네르바의 손상된 잔해 앞에 섰을 때, 심리 고고학자인 프로이트는 그 자신이 성취한 것에 대해 자축하였다. 즉, 남성성과 여성성의 양극을 화해시킨 것과 의식과 본능, 자아와 이드를 융합한 것, 런던과 파리를 융합한 것 이 모두를 과학(정신분석)이란 이름 아래 융합한 것을 자축하였다.

오이디푸스 콤플렉스

오이디푸스 콤플렉스(Oedipus complex)라는 용어 자체는 1910년 논문인 「남성들이 하는 대상 선택의 특별한 유형(A special type of object-choice made by man)」에 처음 등장하지만, 그 내용은 자기분석의 기간 중에 나타난다. 프로이트는 자기분석을 통하여 스스로 오이디푸스 콤플렉스가 어떻게 형성되었는지 설명하고 있다.

그의 가족사를 보면 프로이트가 어린 시절부터 성적 혼란을 겪을 수밖에 없었던 첫 이유를 알 수 있다. 프라이베르크에서 프로이트 가족은 아버지 어머니 외에 두 명의 이복형 가족과 같은 생활 터전을 가진 대가족이었다. 어머니 Amalia와 20세 차이가 나는 아버지 Jacob은 오히려 할아버지 모습에 가까웠다. 젊은 어머니는 이복형인 Philip과 나이가 같았고, 적어도 나이가 주는 외모로는 이복형이 어머니에게 더 적합한 젊은 아버지처럼 보였다. 또 다른 이복형 Emanuel의 아들, 즉 프로이트에게 조카가 되는 John은 프로이트보다 한 살이 많았고 또 다른 조카인 Pauline은 한 살 적었다. 이런 상황은 부모, 자식, 삼촌, 조카 등의 개념과 의미 그리고 가족 정체성에 혼란을 느꼈을 가능성이 크다. 즉 Amalia를 어머니로 생각하지만 동시에 그냥 한 아름다운 여자로 느낄 수 있는 환경이었다고 볼 수 있다.

이를 지지하는 내용들을 찾아볼 수 있다. 앞서 소개한 1897년 10월 4일 편지에서 프로이트는 어머니를 날씬하고 아름다웠다고 기술하였다(이 당시 어머니는 임신하였거나 아니면 막 출산한 뒤였을 시점이다.). 매력적인 어머니에 대한 프로이트의 이미지는 훨씬 전으로 더 거슬러 올라간다. 1883년 12월 프로이트는 드레스덴 박물관을 방문한 후 약혼녀였던 Martha Bernay에게 편지를 보냈다. 라파엘이 그린 Madonna를 보고 난 감상을 쓴 것이었다. 프로이트에게 Madonna는 성모 마리아였지만, 한편으로는 16세 소녀였다. 신선하고 순결한 표정으로 세상을 바라보고 있는 Madonna를 보면서, 프로이트는 "거의 의지와 상관없이 하늘이 아니라 이 세상에서 온 매력적이고 동정적인 유모를 떠올렸다." Grigg(1973)는 '의지와 상관없이' 동정녀 Madonna와 유모를 동일시한 것은, 프로이트가 소망하는 어머니 즉 임신하지 않은 어머니에 대한 무의식적인 바람을 나타낸 것이라고 해석하였다. 드레스덴의 젊은 Madonna는 프로이트에게 '실질적인 유모' (어머니), 즉 그가 태어났을 때 겨우 20세였던 젊은 어머니의 인상으로 받아들여졌던 것을 알 수 있다.

앞서 기술한 1897년 10월 3일 편지에는 날씬하고 아름다운 어머니의 벌거벗은 몸을 직접 목격하게 되는 사건이 기록되어 있다.

> 내가 두 살 반에서 세 살 사이였을 때(Jones는 실제 네 살이라고 추정한다), 어머니(matrem)를 향한 내 리비도가 불러일으켜졌다. 그것은 라이프치히로부터 비엔나로 가는 기차 안이었다. 나는 어머니와 밤새 같이 있었고 어머니의 벌거벗은 몸(nudam)을 보게 되는 기회가 있었음에 틀림없다.

프로이트는 어머니와 벌거벗은 몸을 독일어로 쓰지 않고 'matrem'과 'nudam'이라는 라틴어로 표기하였다. 이에 대해 Gay(1989)는, "프로이트는 금지된 성 영역에서 가장 자유로운 탐험가다. 그럼에도 불구하고 (감정적으로) 안전하게 거리를 두게 하는 라틴어를 사용하지 않고서는 그렇게 흥분되는 사건을 기술할 수 없었다."라고 설명하였다.

어머니에 대한 근친상간적인 소망이 직접적으로 표현된 것은 프로이트가 7, 8세 때 꾸었던 꿈이다. 이 꿈을 꿀 당시 어머니는 여전히 동생들을 출산하고 있었다. 그리고 결핵 때문에 종종 집에 없었다. 어머니가 간간히 사라지는 이런 실제 상황이 꿈의 배경이 된 점을 먼저 고려할 필요가 있다.

사례 6

나는 사랑하는 어머니의 얼굴을 보았다. 특히 평화로운 얼굴이었고, 전체 모습이 잠자는 인상이었다. 새 부리를 가진 두세 사람이 어머니를 방으로 옮겨 침대에 눕혔다.

프로이트는 꿈에서 장례의 모습을 연상하고 울면서 깨어서 비명을 질렀다. 그리고 부모님의 잠을 깨웠다. 프로이트는 어머니의 모습에서 받은 인상이 외조부가 돌아가시기 며칠 전에 보였던 의식불명 상태를 복사한 것 같았다고 기록하였다. 프로이트는 어머니의 얼굴을 보고, 마치 어머니가 죽지 않았다는 확신이 필요했던 것처럼 곧 진정이 되었다고 회상하였다.

Anderson(2001)은 새 부리를 한 사람에 대해, 어린 시절의 경험이 몽환적으로 표현된 것으로 추측하였다. 새 부리를 한 사람의 이미지는 Philippson Bible에서 연상된 것이다. 성경에 있는 고대 이집트 장례식을 묘사한 그림에서 매의 머리를 한 사람들의 모습과 연관된 것이다. 프로이트에게 성행위를 한다는 의미로 'vöeln' 이란 단어를 처음 말해 준 아이가 Philipp이라는 악동이었다. 이 아이의 이름이 Philippson Bible에 그려진 삽화를 연상하게끔 유발하였을 것이다. 성경의 삽화는 이집트 왕의 장례식 그림이다. Anderson은 어린 시절 프로이트 역시 적지 않은 장례경험을 직 · 간접적으로 하였을 것이라고 추정한다. 특히 질병에 걸린 사람을 옮기거나 시신을 운반하는 사람들의 모습에 주목하였다. 가운을 입거나 넓은 가리개를 덧입고 얼굴에 마스크를 쓴 어른들의 모습이 어린 프로이트에게 뾰족한 부리를 한 커다란 새처럼 보였을 것이라고 생각한다. 특히 대부분 연약한 여자나 어린아이가 두세 사람에 의해 들것에 실려 옮겨지는 풍경이나 삽화들을 경험하였을 것으로 추정된다. 즉, 어머니 죽음의 환상 또한 중요한 의미를 갖는다는 뜻이다.

그러나 프로이트가 자신의 꿈에 대해 해석한 것은 Anderson이 생각한 것과는 전혀 달랐다.

> 나는 어머니가 죽어가는 꿈을 꾸었기 때문에 불안한 것이 아니었다. …… 불안의 내용이 억압되어 있다는 것을 고려할 때, 불안이 애매하지만 또한 명백하게 성적 갈망에 연결되어 있음을 추적할 수 있다. 꿈의 시각적 내용에서 성적 갈망이 적절하게 표현되고 있는 것을 발견할 수 있다.

새 부리를 뜻하는 'vöeln' 은 성행위를 뜻하고, 문자적으로 '새처럼 짝짓기를 하다' 를 의미한다. 수탉이 부리로 암탉을 쪼다가 격렬한 짝짓기를 하는 모습을 연상할 수 있다. 이런 이유로 새 부리를 한 사람들이 잠자는 어머니를 침대에 눕히는 것을 어머니와 근친상간을 하고 싶은 프로이트의 욕망이 표현된 것으로 해석하였다.

'여름 위기'를 겪으면서, 프로이트는 그 자신의 어린 시절 성적 감정들에 대해 다시 검토를 할 수 있었다. 그의 어린 시절 성적 감정은 여성들에 대한 것과 남성들에 대한 것으로 재구성되었다. 어머니에 대한 근친상간적 소망, 8개월 어린 조카 Pauline에 대한 가학성, 유모의 처벌에 대한 수치심과 공포 등을 확인하였다. 한편으로는 이런 것들에 대응하는 공격성의 요소들, 즉 아버지에 대한 질투심과 막내 동생 Alexander를 죽이고 싶은 욕구, 한 살 위 조카 John에 대한 격렬한 경쟁심 등을 떠올렸다. 여성과 남성들에 대한 자신의 심리의 두 측면을 통합하여, 1897년 10월 프로이트는 마침내 오이디푸스 콤플렉스 이론을 수립하게 된다(Fine, 1979). Fliess에게 보낸 편지에서 프로이트는 다음과 같이 그의 확신을 기술하고 있다.

> 내 경우도 그렇지만, 어머니를 사랑하고 아버지를 질투하는 것을 발견하였다. 이제 나는 그것이 어린 아이에게 보편적으로 나타나는 것이라고 간주하게 되었다.

자기분석의 후기

1897년 가을부터 1898년 여름 사이, 프로이트는 그동안 자기분석을 통해 알게 된 자기 이해를 자신의 신경증, 친구 관계, 직업 등에 적용하며(훈습 'working through'의 과정을 거친 것과 같다) 상당한 증상의 호전을 경험하게 된다. 심장 신경증과 여행 공포가 사라졌다. Fliess에 대해 의존적이었던 것이 경쟁관계로 바뀌었다. 가장 중요한 것은 최면치료를 버리고, 꿈과 자유연상 그리고 어린 시절의 기억에 초점을 두고 치료하기 시작한 것이다.

불행하게도, 1898년 가을 다시 증상이 재발하였다. 내적 고통이 다시 나타났고 지적 마비 상태를 경험하였다. 이 우울상태로부터 프로이트를 구출해 준 것 역시 꿈이었다. 꿈을 통하여 모호했던 어머니 이미지가 뚜렷해졌다. 생명과 영양분을 공급해 주는 한편, 동시에 죽음을 가져오는 어머니. 사랑과 쾌감을 주지만 동시에 그것들을 금지하고 처벌하는 어머니. 이런 어머니의 모습을 그의 아내에게서 다시 경험하였다. 이러한 꿈들을 해석하며, 프로이트는 그의 조카 Pauline에 대한 애착을 갖게 되고 사이가 좋지 않던 아내에 대해서는 분노를 느끼게 되었다.

다행히 어린 시절 그를 지배했던 평화로운 아버지상과 장남인 자신에게 숭고한 자기 신뢰를 느끼게 해 주었던 어머니상을 재발견하면서 우울감정을 극복할 수 있었다. 1899년 마침내 일에 복귀하여 『꿈의 해석』을 집필할 수 있었다. 대부분의 증상들이 좋아졌지만, 우울감정과 신체 증상들은 프로이트의 일생 동안 간간이 나타났다.

프로이트에게 영향을 준 학문적 배경

점차 임상자료들이 늘어나고 치료기법에 대한 경험이 축적되자, 프로이트는 그런 관찰 결과들을 설명하기 위한 이론들을 고안하기 시작하였다. 이론을 형성하는 데는 임상 경험이 일차적으로 관여하지만 그 과정에서 당대의 학문적 조류가 영향을 준다는 것 또한 자연스러운 일이다. 프로이트의 경우 동시대의 생리학과 신경학에 특히 많은 영향을 받았다. 일단 어떤 이론이 형성되면 그 이론으로 임상자료들을 관찰하고 평가하고 이해하려 하기 때문에 임상 경험과 이론은 상호작용을 통해 정교하게 가다듬어진다. 또한 새로운 관찰 결과들이 나오면 그 결과를 포함할 수 있는 새로운 이론으로 확대된다. 결국 이론은 정교화될 뿐만 아니라 확장되어 간다. 프로이트의 정신분석 역시 이러한 과정의 산물이다.

잠시 프로이트의 개업 이전으로 돌아가서 정신분석을 수립해 가는 과정에서 그에게 영향을 준 학문적 배경을 살펴보자. 비엔나 의과대학을 졸업한 프로이트는 1876년부터 1882년까지 Brucke 생리학연구소에서 일했다. Brucke는 당대의 유명한 생리학자로 Helmholtz 등과 함께 그 시대의 새로운 과학적 사고를 대표하는 인물이었다. 이런 환경 속에서 프로이트는 엄격하고 실증적인 과학적 방법으로 연구하는 것을 배워 갔다. 즉, 인간의 정신활동이나 문화적 삶을 '본질과 관계없는 활력적인' 아이디어를 통해 이해하지 않고 생리-화학적 법칙에 근거하여 엄격하게 이해하도록 훈련받았다. 그러나 Helmholtz 학파의 과학자들이 인간의 심리에 접근하는 방법은 순전히 기계적인 것만은 아니었다. 신경체계를 객관적이고 과학적으로 엄격하게 연구하면 부피, 속도, 에너지와 같은 양적 특성만을 다뤄야 한다. 그러나 주관적 인식처럼 현상학적인 방식으로 바라보면 색깔, 냄새, 맛과 같은 질이 드러난다. Helmholtz 학파는 단일 물질을 이런 두 가지 다른 측면(dual-aspect monism)에서 이해할 수 있다고 생각하였다. 프로이트 또한 이상적인 심리학은 정신적 생활을 양적이고 질적으로 설명할 수 있어야 한다고 생각하였다(Paul, 2003).

1882년 프로이트는 대가족을 부양하기 위해 연구소 생활을 접고 비엔나종합병원에서 근무하기 시작하였다. 내과의사인 Nothnagel 교수와 유명한 뇌신경해부학자이며 정신과 의사인 Meynert 교수 밑에서 일했는데, 이때의 경험이 프로이트에게 결정론적(deterministic) 생각을 심어 주었다.

정신결정론

정신결정론(psychic determinism)은 정신분석의 가장 기본적인 개념 중의 하나이기 때문에 잠깐 언급하고 넘어갈 필요가 있다. 정신결정론은 과거의 여러 가지 경험에 의하여 현재의 생각과 행동과 느낌 등이 영향을 받는다는 것을 의미한다. 과거의 경험들은 무의식에 있기 때문에 결국 현재의 행동과 느낌이 무의식에 의해 결정된다는 뜻이 된다.

사례 7

6개월 된 두 남자 아이 A와 B가 있다. A의 어머니는 육아에 관한 책을 많이 읽었다. 책에 나와 있는 대로 3시간마다 규칙적으로 우유를 먹이며 A를 키웠다. A가 중간중간에 보채거나 울 때도 여러 가지 방법을 사용하여 A를 달랬고, 가능한 한 정해진 시간 외에는 우유를 주지 않았다. 반면 B의 어머니는 마음이 여릴 뿐 아니라 특별한 육아방법 등에 관심이 없었다. B가 울 때마다 대부분 우유를 먹여 달랬다. 결과적으로 B는 울 때마다 우유를 먹으며 성장한 셈이다.

이 사례의 A와 B가 성장하였을 때 두 사람의 성격에는 차이가 있을 것으로 예상할 수 있다. 규칙적인 양육을 받은 A는 아마 조직적인 성격을 보일 것이다. 자신이 원하는 대로 항상 젖을 먹을 수는 없었기 때문에 자기중심적으로 요구하기보다 상황에 맞추어 생각하는 면이 발달했을 것이다. 또 자신의 요구를 지연할 수 있는 힘도 어느 정도 있을 것이고, 자신의 요구가 좌절되었을 때에도 그것을 견디는 능력이 형성되어 있을 것이다. 자신의 관점과 함께 타인의 관점을 고려할 수 있는 역량도 꽤 있을 것이다. 반면에 쉽게 감동을 받기는 어려울 것이다. 그리고 인간적으로 주고받기보다는 다소 사무적으로 대인관계를 맺어 갈 것으로 예상된다. 정확한 사람이라는 얘기는 들을지 모르나 호인이라는 말을 듣기는 어려울 것이다.

한편 원하는 대로 우유를 먹어 왔던 B는 자기의 요구를 지연시키는 힘이 좀 부족할 것이다. 그리고 언제나 자기 뜻대로 이루어진 셈이므로 사물을 볼 때 자기중심적으로 보지 타인의 관점에서 보는 면은 약할 것이다. 그러나 상황이 자기가 원하는 대로 돌아가기만 하면 아주 홍이 나서 신바람 나게 일할 것이다. 만족을 많이 누렸던 경험을 통해 유하고 따뜻한 일면도 생겼을 것이고 다소 기분파처럼 행동할 것이다. A와 B의 30년 뒤의 모습은 다음과 같이 그려 볼 수 있다.

사례 7 계속

A와 B는 잘 성장하여 아이를 각각 하나씩 둔 30대 초반의 가장이 되었다. 둘은 어느 작은 벤처회사에서 같이 일하고 있다. 마침 큰 프로젝트가 들어와서 회사의 전 직원이 일주일 이상을 합숙하며 밤샘 작업을 할 처지가 되었다. 모두 열심히 일해서 프로젝트를 잘 마무리하였고, 합숙을 끝내고는 뒤풀이 회식을 가졌다. 저녁 9시경이 되어 모두 얼큰히 취기가 돌 즈음 A와 B가 서로 다른 반응을 보였다. A가 일어나며 말했다. "우리만 고생한 것이 아니라 집사람도 아이 데리고 많이 힘들었을 거예요. 오늘은 이 정도로 하고 집에 들어가서 아내도 위로해 주고 아이들과도 오랜만에 좀 놀아 주는 게 좋겠어요." 이에 B는 오늘 같은 날이 자주 있는 것도 아니니 이런 날은 2차, 3차까지 가야 된다고 주장하였다. 직장 동료들은 이런 분위기에서도 A는 참 냉정하게 모든 것을 판단하고, B는 순전히 분위기에 따라 행동한다고 생각하였다.

A와 B의 성장과정을 생각해 보면, A는 지금 이 순간 냉정하게 판단한 것이 아니라 그렇게 판단할 수밖에 없도록 성장한 것을 알 수 있다. B 또한 마찬가지다. 말하자면 '지금 이 순간(here and now)' A와 B의 행동은 '그때 그곳에서(there and then)' 그렇게 성장한 결과다. 즉, A는 냉정하게 판단하고 반응할 수밖에 없도록 과거에 그렇게 성장하였고, B는 분위기에 휩쓸릴 수밖에 없게 성장한 것이다. 이와 같이 두 사람이 현재 나타내는 성격과 행동과 반응의 차이가

과거의 경험에 의해 결정된다는 것이 정신결정론이다.

다시 프로이트에게 영향을 준 시대적 상황으로 돌아오면, 시대적 조류로서 프로이트에게 큰 영향을 준 것은 다윈의 진화론이었다. 당시 유럽 생물학은 다윈의 진화론으로 커다란 충격을 받은 상태였다. 프로이트는 스스로를 다윈의 사고를 따르는 사람이라고 여겼다.

프로이트는 그의 논문 「정신분석에 대한 서론적 강의」(SE-15)에서 인간의 과대망상은 세 번 커다란 타격을 받았다고 주장하였다. 코페르니쿠스와 다윈에 의해 밝혀진 과학적 사실에 의해 두 번 타격을 받았고, 프로이트 자신이 만든 정신분석이 마지막 강타를 날렸다는 것이었다. 이런 자신감은 '모든 자연 현상은 생리-화학적이고 기계론적인 원리로 설명할 수 있다.' 는 당시 19세기 과학자들의 낙관주의를 반영하는 것으로 보인다. 또한 19세기 과학의 경향에 따라 프로이트는 그의 이론에서 목적론적인 설명을 배제하려고 노력하였다. 즉, 정신 기능은 궁극적인 어떤 목적을 가지는 것이 아니라 자연적인 이유에 따라 적응하는 것으로 보았다. 그리고 정신기제(mental apparatus)는 물리학의 원리에 따라 작동하는 것으로 파악하였다. 특히 에너지에 초점을 두고 심리 작용을 설명하려 했으며, 생성된 에너지가 방출되고 소모되는 측면에 초점을 두고 연구하였다(Paul, 2003).

프로이트는 그가 고안한 정신분석을 새롭고 혁신적인 과학이라고 생각하였다. 그는 자신의 정신분석에 신뢰성을 높이기 위하여 이미 널리 인정받고 있는 물리학과 생물학의 개념과 용어들을 도입하였다. 물리학으로부터는 기계역학과 유체역학의 개념을 차용하였다.

그는 마음을 힘에 의해 작동되는 기계장치처럼 생각하였다. 장치를 움직이는 힘은 에너지를 가지며 마치 용기 안에 담겨있는 유체처럼 반응한다고 보았다. 만약 유체가 차단 당하면 수압이 올라가듯이, 심리 에너지도 가로막힐 경우 압력이 올라가면서 방출하려고 한다는 것이다.

프로이트는 에너지의 기원을 설명하기 위하여 생물학적 개념을 빌려 왔다. 프로이트가 1900년 『꿈의 해석』을 발간하기 훨씬 전인 1859년 다윈은 유기체는 그들 자신과 그들의 종을 유지하려고 한다는 이론을 제시하였다. 프로이트는 다윈의 생물학적 이론을 적용하여 두 본능이 인간 행동에 에너지와 동기를 부여한다고 추론하였다. 종족 보존을 위한 성적 본능과 개인 보존을 위한 공격적 본능이다(공격성의 본능은 1920년 이후 새로 추가되었다.).

마지막으로, 당대에 프로이트에게 영향을 미친 철학적 사고는 '무의식의 마음(unconscious mind)' 이라는 일반적인 개념이었다. 많은 저자들은 '무의식의 마음' 이라는 개념이 프로이트의 학창시절 비엔나에서 일반화된 생각이었다고 지적하고 있다(Sandler, Dare, & Holder, 1972).

프로이트의 임상 경험 1: 최면치료 시기

환자를 치료하는 의사로서 프로이트가 처음 사용한 치료기법은 정신분석이 아닌 최면이었다. 그는 약 10년간 최면치료를 시행한 후에 비로소 정신분석 기법을 사용하기 시작하였다. 프로이트가 최면을 처음 접한 것은 1885년이었다. 그해 그는 당시 신경병리학으로 유명했던 프랑스 파리 살페트리에르 병원의 Charcot에게 수련을 받을 수 있는 기회를 갖게 되었다. 프로이트는 최면과 암시로 히스테리 증상을 유발시키거나 제거하는 Charcot의 시술에 큰 감명을 받았다. 또 Charcot가 치료하는 히스테리 환자들이 최면 상태에서 어린 시절의 성적 상처를 얘기하고는 최면에서 깨어나면 그것을 기억하지 못하는 것을 목격하였다. 프로이트는 최면치료를 통해 의식에서 통제되지 않는 마음, 즉 무의식이 있다는 것을 어렴풋이 느끼게 된 셈이다. Charcot와의 경험을 통해 프로이트는 '정신적 장애가 심리적 원인을 가질 수 있다는 것' 과 '심리 기능의 다른 부분들이 각각 해리될 수 있다는것' 에 대해 확신을 갖게 되었다. 해리 개념은 이후로도 이런저런 형태로 정신분석의 핵심적인 부분으로 계속 남게 된다.

1886년 파리에서 비엔나로 돌아온 프로이트는 신경병리 의사로 개업을 하였다. 그가 주로 치료하게 된 환자들은 '신경성' 환자들이었는데 대부분이 히스테리아로 분류될 수 있는 이들이었다. 프로이트는 그들을 잘 치료하고 싶었고 재정적인 이유에서라도 많은 환자를 보고 싶었다. 하지만 막상 실제 효과적이라고 할 만한 치료방법이 없었다. 당시 사용할 만한 방법으로 전기충격 요법, 병실 내 격리, 진정제 등이 있었으나 그는 곧 포기할 수밖에 없었다. 결국 프로이트는 최면치료를 시행하여 환자의 신경증적 증상을 제거하려고 노력하였다. 다음은 프로이트 시대에 가장 흔하게 접할 수 있었던 히스테리 환자 증례다. 이 사례는 과중한 업무를 앞두고 장갑을 낀 부위를 따라 마비가 오듯, 실제 신경분포와 맞지 않게 '장갑마비' 가 온 사례다.

사례 8

비서로 일하고 있는 한 젊은 여성이 갑자기 손의 마비 증상을 호소하며 병원을 방문하였다. 상사로부터 주말까지 급한 서류를 작성해 놓으라는 지시를 받고 타이프라이터를 치던 도중 갑자기 손에 마비가 온 것이다. 의사는 자세한 병력 청취를 통해 직장 상사가 지시한 서류의 양이 주말까지 다 하기엔 너무 많다는 것을 알게 되었다. 그뿐 아니라 은근히 상사가 자신을 골탕 먹이고 있다는 생각이 드는 순간 환자의 손이 마비되었다는 것도 알게 되었다. 특이한 것은 손의 마비 양상이었다. 팔과 손의 신경 분포를 고려할 때, 손에 마비가 온다면 신경 분포에 따라 마비가 와야 한다. 예를 들어, 엄지와 검지의 일부만 마비가 오거나 검지와 중지 그리고 약지 부분만 마비가 와야 한다. 그런데 젊은 비서는 손 전체에서 장갑을 꼈을 때 해당되는 부위만 마비를 보였다. 만약 손 전체가 마비된 경우라면 팔 전체에 같이 마비가 오지 장갑을 낀 부위만큼만 마비가 올 수는 없다. 이 여성 환자는 최면 상태에서 그러한 마비 증상이 생기기도 하고, 반대로 최면에 의해 그 증상이 소실되는 것도 관찰되었다.

당시 서구 사회에서는 인간이 자신의 생각과 행동을 충분히 통제하고 조절할 수 있다고 생각하였다. 그런데 최면 현상이나 장갑마비증과 같은 증상은 의식에 의해 통제되지 않는 심리 상태가 있다는 것을 시사한다. 이 사례의 젊은 여성은 상사가 지시한 서류가 도무지 감당할 수 없을 정도로 많은 양이라고 생각하였다. 거기에다 상사가 자신을 괴롭히려는 의도까지 있다고 느꼈다. 하지만 선불리 항의를 하거나 사표를 집어 던질 수도 없는 노릇이다. 그녀에게는 상사가 시키는 일을 하지 않으면서 동시에 자신이 피해를 보지 않는 방법, 즉 일을 할 수 없는 합당한 이유가 필요한 순간이다. 신체적인 마비 때문에 어쩔 수 없이 일을 할 수 없다면, 일을 하지 못해도 비난을 받지 않게 된다. 또한 일을 하지 않음으로써 자신을 골탕 먹이려 했던 직장 상사에게 근사하게 복수하는 것이 된다. 이런 심리적 의미를 고려할 때, 장갑마비와 같은 현상은 환자의 생각이 손의 기능에 영향을 줄 수 있다는 것과 손상된 것은 실제 신경이 아닌 환자의 생각이라는 것을 알게 해 준다.

1889년 프로이트는 최면기술을 향상시키기 위해 프랑스를 다시 방문하여 파리의 Charcot와 경쟁관계에 있던 낭시의 Bernheim으로부터 몇 주 동안 수련을 받았다. 1890년 초에 프로이트는 최면치료를 스스로 수정하기 시작했는데, 부분적인 이유는 자신이 특별히 훌륭한 최면가가 아니기 때문이라는 것이었다. 그는 최면 상태를 유도하는 대신에 환자를 소파에 반듯이 눕게 한 후 자신은 환자가 보이지 않는 곳에 앉아 목소리로만 소통하려고 시도하였다(Paul, 2003).

당시 프로이트의 선배였던 Breuer는 직접적인 암시 대신에 환자로 하여금 불쾌했던 기억들을 상기시켜 히스테리 증상을 제거하는 시술을 하고 있었다. 그동안 최면치료의 단조로움과 별로 좋지 않은 결과에 지쳐 있던 프로이트는 1889년 Emmy von N을 치료하면서

Breuer 식의 '카타르시스(catharsis) 방법' 을 처음으로 사용하기 시작하였다(카타르시스란, 본래 그리스 비극을 본 후 정서적으로 정화되는 효과를 표현하기 위해 아리스토텔레스가 사용한 용어다. 같은 이치로 최면 상태에서 증상의 원인인 상처가 되는 상황을 회상하고 그와 연관된 감정을 카타르시스를 통해 정화시키려는 것이 이 치료방법의 목적이다. 이때 심리적 상처와 연결된 감정이 발산되면서 증상이 좋아지는 것을 제반응[abreaction]이라고 한다.). 그러나 규칙적인 최면 유도가 잘 되지 않았을 뿐더러, Emmy von N은 프로이트에게 자신이 말하는 동안 질문을 해서 끊지 말고 자유롭게 말할 수 있게 해 달라고 요청하였다. 프로이트는 최면을 사용하는 것을 점차 포기하였고, 1892년 Elizabeth von R을 치료하면서 '압박기법(pressure technique)' 을 시도하였다. 이 기법을 사용하면서 프로이트는 환자의 앞이마를 눌렀다 놓는 순간 그들이 원하는 기억이 나타날 것이라고 교육시켰다. 그러다 그는 이 기법이 "자신을 단지 궁지로 몰아넣었을 뿐" 이라며 더 이상 사용하지 않았다(SE-II). 점차 프로이트는 환자에게 단지 증상이 시작된 순간부터 시작해서 증상과 연관하여 즉각적으로 떠오르는 것을 얘기해 달라고 요청하기 시작하였다. 나중에는 증상에서부터 시작하는 것도 중단하고 단지 의식의 '표면' 에 떠오르는 것부터 말하도록 하였다. 바로 자유연상(free association) 기법이 시작된 것이다.

프로이트의 임상경험 2: 신경증에 대한 초기 이해

1890년 초에 프로이트는 신경증적 장애가 언제나 성적 생활의 장애 혹은 성애적 생각이나 기억에 대한 갈등 때문에 생긴다고 믿게 되었다. 『정신분석 운동의 역사』(SE-14)에서 프로이트는 파리 연수 당시 Charcot이 한 말을 다음과 같이 기록하고 있다. "이런 사례들에선 항상 성기가 문제가 된다. 항상, 항상, 항상." 이런 기록을 보면 파리 시절의 경험이 그에게 영향을 주었을 수도 있다. 무엇보다 프로이트의 이론 형성에 모델이 되었던 환자군은 비교적 균질한 그룹이었다. 그들은 거의 대부분 상류층의 오스트리아 여성으로서 19세기 후반의 성적으로 억압된 사회에서 살고 있었다. 이런 환자군이 프로이트로 하여금 성적 원인에 초점을 두게 만들었을 가능성이 크다. 그러나 무엇이 프로이트로 하여금 성적 원인에 대한 굳은 믿음을 갖게 하였는지는 명확하지 않다. 다만 프로이트 자신은 '오래전부터 공개되지 않았던 최고 개업의들의 비공식적인 임상 지혜'를 명시적으로 명확히 한 것뿐이라는 주장을 하였다(Paul, 2003).

이 시기에 프로이트는 실질신경증(actual neuroses)과 정신신경증(psychoneuroses)을 구분하였다. 프로이트에 의하면 실질신경증은 성적 에너지와 관련된 아직 알려지지 않은 어떤 물질(프로이트는 이를 리비도[libido]라고 불렀다)이 해로울 정도로 쌓여서 생기는 것이다. 실질신경증에는 여성에게 많은 불안신경증(anxiety neuroses)과 남성에게 많은 신경쇠약(neurasthenia)이 속한다. 이것들은 고통스러운 기억과 같은 '심리적인' 혹은 '질적인' 요소에 의한 것이 아닌 실제 신경조직의 증상이란 점에서 실질신경증이라고 할 수 있다. 한편 히스테리아와 강박신경증은 정신신경증에 속하는 것으로 분류되었다(SE-3).

프로이트는 40세인 1896년에야 비로소 정신분석에 매진하기 시작하였다. 그렇기에 출판물 중에 '무의식(unconscious)' 이라는 용어를 처음 발견할 수 있는 것은 1895년이고, '정신분석(psychoanalysis)' 이라는 용어는 1896년에 처음으로 나타난다.

안나 오 사례

'무의식' 이라는 용어가 처음으로 나타나는 『히스테리아에 대한 연구』는 최초의 정신분석학 책으로 간주된다. 이 책에 소개된 다섯 사례 중 첫 번째로 제시되는 안나 오(Anna O) 사례는 Breuer와 함께 쓴 논문이다. 안나 오 사례는 Breuer가 1880년부터 1882년 사이에 치료한 사례다.

사례 9

안나 오는 똑똑하고 지적이며 직관력을 가진 젊은 여성이었다. 남들에게 친절하였으며 가난하고 병약한 사람들을 돌보기를 좋아하였다. 1880년 그녀가 21세 되던 해에 아버지가 병석에 눕게 되었다. 그녀는 1881년 아버지가 사망할 때까지 어머니와 함께 아버지를 간호하였다. 아버지를 간호하기 시작하고 몇 달 후부터 안나 오는 심한 기침을 하기 시작하였다. 이후 그녀는 다양한 증상들을 나타냈다. 예를 들어, 시각장

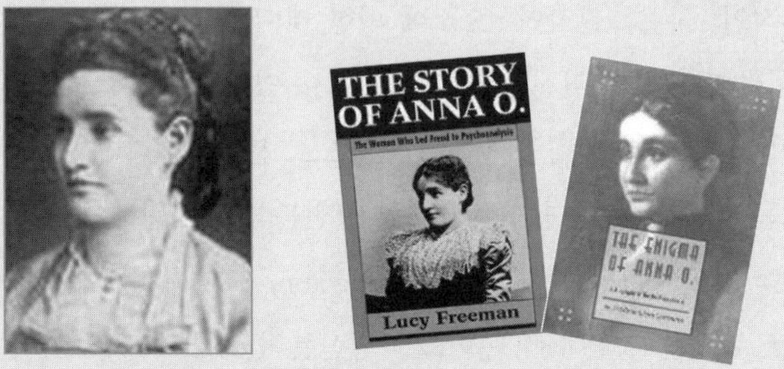

안나 오의 모습과 그녀에 관한 사례 책

애나 팔의 마비 증상, 환각 현상, 의식의 장애 등을 보였다.

아버지가 사망한 후 안나 오는 더욱 증상이 악화되어 비엔나 시내의 저택으로부터 교외에 있는 별장으로 옮겨 치료를 계속하였다. 주치의인 Breuer는 낮에는 자신의 병원에서 일하고 저녁에는 안나 오를 왕진하였다. 그는 환자에게 최면을 유도한 후 증상이 나타난 가장 최근 시점부터 시작하여 시간을 거슬러 회상하게 하였다. 환자는 전체 개별 단계들을 밟아가서 최종적으로 증상의 발단이 된 순간을 회상하였다. 그리고 증상이 처음 시작된 상황을 재생한 다음 그것을 치료자에게 말로 표현하고 당시의 감정을 경험하였다. Breuer는 이런 과정을 통해 그녀의 히스테리아 증상이 소실되는 것을 발견하게 되었다. 환자 자신도 이런 사실을 인식하면서 왕진치료를 말하기치료(talking cure)라고 불렀고, 때론 농담하듯이 굴뚝 청소(chimney sweeping)라고 말하기도 하였다.

1881년 Breuer는 매우 결정적인 경험을 하게 되었다. 그해 여름에 안나 오는 갑자기 물을 마시지 못하는 증상을 나타냈다. 더운 날씨에도 불구하고 이런 증상은 6주나 지속되었는데, 어느 날 최면 상태에서 그녀는 자기가 부리는 영국인 하녀에 대한 기억을 떠올렸다. 하루는 그녀가 하녀의 방에 들어갔더니 하녀가 기르는 개가 방바닥에 놓여 있는 물잔을 핥고 있었다. 그녀는 최면 상태에서 "에이, 더러운 개!"라고 버럭 소리를 질렀다. 이렇게 화를 내고 불쾌한 감정을 표현한 후, 안나 오는 Breuer가 넘겨 준 물잔을 받아 자연스럽게 마셨다.

이와 같은 방식으로 관심을 가지고 들어주는 Breuer에게 말을 하고 때론 질문에 대답을 하면서 안나 오는 여러 증상들이 좋아지는 것을 경험하게 되었다. 예를 들어, 그녀가 아버지 간병을 하던 어느 날 창문 밖에서 축제 소리가 요란하게 들렸다. 안나 오는 나가서 어울리고 싶다는 마음과 그래서는 안 된다는 생각으로 깊은 갈등에 빠졌다. 그녀는 그런 자신을 애써 억제하느라고 침을 꿀꺽 삼키고 기침을 하였는데 그 후로 기침 증상이 나타났다는 것을 기억해 내었다. 그리고 이런 내용들을 표현한 후에 기침 증상은 호전되었다.

또 다른 예로, 안나 오가 아버지를 간호하던 어느 날 아버지가 심한 고열을 보였다. 그녀는 왕진을 요청하고는 오른쪽 팔을 의자에 걸친 채 꾸벅꾸벅 졸고 있었다. 비몽사몽간에 그녀는 벽에서 검정 뱀 한 마리가 기어 내려와 아버지의 침대로 다가가는 것을 보았다. 뱀은 아버지를 물려고 하였고, 그녀는 황급히 뱀을 쫓으려고 하였으나 팔이 말을 듣지 않았다. 놀라서 자기 손을 보니 손가락과 손톱이 죽은 사람의 얼굴을 한 새끼 뱀으로 보였다. 다행히 뱀은 사라졌고, 그녀는 마음을 진정시키기 위해 기도를 하려고 하였다. 그러나 기도문이 목에서 나오지 않아 당황하게 되었다. 문득 어려서 배운 영어 기도문이 떠올라 겨우 영어로 기도를 드릴 수 있었다. 그 후로 안나 오는 오른쪽 팔의 마비 증상을 보였고 모국어인 독일어는 하지 못하고 영어로만 말을 할 수 있게 되었다. 그러나 이런 원인이 되는 상황을 Breuer에게 이야기한 후에 독일어로 다시 말을 할 수 있게 되었다.

안나 오 사례가 갖는 가장 큰 의미는 치료자가 환자의 말을 호기심을 갖고 따라가고, 환자는 말을 함으로써 치료적 효과를 얻을 수 있다는 것을 발견한 것이다. 이를 통해 Breuer는 말을 하면서 감정적인 발산이 이뤄지고 이것이 치료 효과를 가진다는 것을 알게 되었다. 처음으로 정신치료라고 할 수 있는 방법을 써서 환자의 증상이 좋아진 사례다(조두영, 1988).

유혹가설

발표된 안나 오 사례는 Breuer가 주로 쓰고 프로이트는 가벼운 가필만 한 것으로 알려져 있다. 같이 논문을 발표하였지만, 히스테리아의 원인에 대한 두 사람의 견해에는 차이가 있었다. Breuer는 환자의 의식 전체가 변화되어, 즉 최면양 상태(hypnoid state)에 빠지며 증상이 나타난다고 보았다. 반면 프로이트는 의식의 일부인 병적인 기억과 감정이 해리되어 떨어져 나가 증상이 생긴다고 보았다. 그리고 기억과 감정이 떨어져 나가는 이유는 의식의 변환 때문이 아니라 그 내용이 난처하고 받아들일 수 없는 것이기 때문이라고 생각하였다. 이러한 난처한 기억과 감정은 환자 의식의 다른 부분들과 양립

될 수 없어 의식에서 인식되지 못하게 차단되고, 통제를 벗어난 그런 감정들에 의해 히스테리 증상이 나타난다고 보았다(Greenberg & Mitchell, 1983).

'그렇다면 환자의 증상을 불러일으킬 만큼 위협적인 과거의 경험들은 무엇일까?' 에 관심을 두고 연구를 계속하던 프로이트는 환자의 상처가 어린 시절의 성적 유혹과 연관되어 있음을 알게 되었다. 환자들의 과거 이야기에서 부모나 삼촌 등 아이를 보살피는 책임을 지고 있던 사람들로부터 성적 유혹을 당했던 기억들을 발견하게 된 것이다. 프로이트는 아이로서는 감당하기 힘든 과도한 성적 유혹의 자극으로부터 성적 욕구가 생기고, 이에 대해 심리적인 방어를 한 결과가 히스테리 증상이라고 생각하게 되었다. 이와 같은 프로이트의 유혹가설(seduction theory)은 매우 보수적이었던 비엔나 사회에서 심한 비난을 받아야 했다(1902년 비엔나 의과대학 교수로 임용되기까지 프로이트는 10여 년 동안 사회적 · 학문적으로 심각한 고립 상태에 빠졌어야 했다.).

3 욕동심리학

1895년경부터 자기분석을 시작한 프로이트는 1896년 아버지가 사망한 이후에 더욱 철저한 자기분석에 몰입했다. 이런 과정에서 그는 가족 내에 전혀 성적 유혹의 사실이 없었는데도 그 자신 속에 신경증적 증상이 있음을 발견하게 되었다. 이 일을 계기로 프로이트는 '성적 유혹이 그렇게 광범위한 것일까?' '점잖고 도덕적으로도 올바른 사회의 저 많은 사람들이 모두 근친상간적인 성적 경험을 했다는 말인가?' 등을 자문하게 되었다. 이런 고민을 하던 중, 그는 환자들이 실제적인 유혹의 사건을 그에게 얘기하는 것이 아니고 어린 시절의 유아적 소망을 이야기하는 것이라는 생각이 떠올랐다. 다시 말해, 환자가 보고하는 성적 유혹들이 항상 실제 사건을 반영하는 것은 아니며, 오히려 환자의 환상과 성적 소망의 산물이라는 것을 깨닫게 된 것이다. 그리하여 어느 환자가 근친상간적인 사건을 기억해 냈을 때 그것을 액면 그대로 받아들여서는 안 되고, 환자의 근친상간적인 소망이 환상 속에서 충족되는 것으로 이해해야 한다고 보았다. Sandler, Dare와 Holder(1972), Bergmann(1993)은 이러한 깨달음에 가장 강력하게 영향을 미친 것은 임상자료가 아니라, 프로이트 자신의 자기분석(self-analysis)이라고 지적하였다. Sadow 등(1968)과 Bergmann(1993)은 '유혹가설' 은 처음부터 가설이라기보다 '믿음' 이었다고 주장하였다. Ferenczi는 유혹가설과 관련하여, "프로이트는 히스테리아 환자가 거짓말을 한다는 것을 발견하곤 자신이 치료하던 환자를 더 이상 사랑하지 않았다."라고 나중에 발견된 그의 일기에서 언급하였다(Bergmann, 1993).

환자가 말하는 성적 상처가 실제 사건이 아닌 환자의 환상이라는 이해는 유혹가설(seduction theory)에서 유아성욕설(infantile sexuality)로 히스테리아의 원인이 바뀐다는 것을 의미한다. 이 변화는 정신분석에서 매우 중요한 순간으로 간주된다. 왜냐하면 유혹가설은 신경증의 원인이 외부 사람들에게 있다는 것을 뜻하는 반면, 유아성욕설은 환자 자신의 내면에 있다는 것을 뜻하기 때문이다. 이것은 또한 어린 시절에 있었던 실제 사건에 대한 반응으로 억압이란 방어를 사용한다는 생각을 수정할 수밖에 없게 만들었다(프로이트는 초기에 억압을 방어[defence]와 거의 같은 의미로 사용하였는데, 의도적으로[intentionally] 혹은 신중하게[deliberately] 등의 부사를 앞에 붙여 사용한 경우를 볼 수 있다(SE-2 각주). 이후에는 "의지[will]의 노력에 의해 억압이 시작된다."라고 표현하기도 하였다.즉, 억압을 무의식적인 방어기제로 보는 후기 개념과 차이가 있다.).

성적 유혹의 상처를 억압하는 것과 내면의 성욕을 억압하는 것에는 차이가 있다. 성적 유혹의 상처를 받은 경우, 그 경험은 의식에서 뚜렷하게 감지된다. 하지만 성욕은 그 자체를 자신이 인식하지 못하고 있는 것이다. 그렇기에 현실 경험이 그 중심 역할을 잃게 된다. 대신 무엇이 성적 환상을 창조하고 그 심리적 과정은 어떻게 이뤄지는지에 대해 관심이 집중되었다. 이는 이후 본능적 욕동을 발견하게 되는 계기가 되었다.

유아성욕설은 방어에 대한 개념에도 영향을 주었다. 프로이트의 초기 시절에 방어의 개념에서 방어의 주체는 원시적 개념의 자아였다. 초기에 자아의 개념은 사람 혹은 의식을 지칭하는 것이었고, 의식은 지배적 사고에 의해 명령을 받는다고 여겨졌다. 그래서 지배적 사고에 부합되지 않는 기억들은 방어에 의해 해리되고 이런 기억과 감정들이 막혀서 증상으로 나타난다고 보았다. 반면 성욕설은 처음부터 자신도 인식하지 못하는 욕동을 자신도 모르게 억압하는 심리적 힘 혹은 기능이 있다는 것을 의미한다. 다시 말해, 무의식이 무의식을 억압한다는 것이다.

이러한 깨달음은 정신분석에서 매우 중요한 관점의 변화를 초래하였다. 그것은 억압된 무의식적인 기억을 되살리고 제반응(abreaction: 증상을 일으킨 상황을 감정적으로 다시 경험하면서 그와 연관된 감정들이 해소되는 것)을 통하여 연관된 감정을 배출하는 것에서 억압 자체의 심리기제와 동기를 밝히려는 것으로 분석의 초점이 옮겨지게 된 것이다. 즉, '억압된 내용이 무엇인가' 하는 것에서 '억압하는 것

혹은 억압의 과정이 무엇인가' 하는 것으로 관심의 초점이 바뀐 것이다.

억압은 받아들이기 힘든 욕동을 무의식적 수준에서 보존하려 한다. 또 그것들을 밝혀내려는 치료에 저항한다. 그러므로 정신분석은 억압의 기제를 다루는 것이 반드시 필요하다. 또한 치료 상황에서도 지속되는 억압과 저항의 동기와 과정에 대해서 계속 다뤄 줘야 한다. 이러한 것들이 갖는 의미는 환자의 심리과정과 분석과정을 진정한 의미에서 '역동적' 으로 보게 되었다는 것이다(SE-2).

이런 이유로 1897년 이후를 진정한 정신분석이론이 전개되기 시작한 시기로 본다(Fine, 1979). 이후 프로이트는 1900년『꿈의 해석』(SE-4)과 1905년『성욕 이론에 관한 세 가지 에세이』(SE-7) 라는 두 편의 중요한 논문을 발표하였다.『꿈의 해석』에서는 무의식의 개념이 세밀하게 다루어졌다.『성욕 이론에 관한 세 가지 에세이』에서는 리비도 이론이 처음으로 발표되었고, 정신분석의 '본능이론(instinct theory)' 이 처음으로 소개되었다. 본능적 욕동(instinctual drives)이 아이들과 성인의 모든 성적 소망의 근원이라는 견해를 밝힌 것이다. 이렇게 본능적 욕동에 근거한 초기 프로이트 이론을 현재는 모두 이의 없이 욕동심리학(drive-psychology)이라 부른다(Sandler et al., 1972). 시기적으로는 1897년부터 1923년 사이가 해당되는데, Fine(1979)은 이 시기를 '이드심리학(Id Psychology)' 의 시기라고 칭하면서 최초의 정신분석 체계는 무의식(지형학적 이론), 리비도 이론, 전이와 저항의 세 개념에 기초를 둔다고 설명하였다.

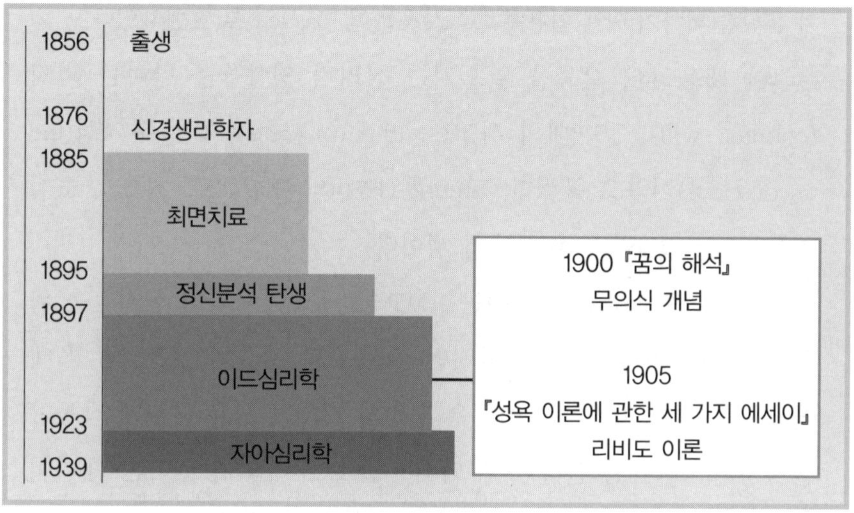

프로이트 연대기

무의식과 지형학적 이론

19세기 심리학은 의식(conscious)의 심리학이었다. 자기(self) 또한 의식 수준에서 다루어졌다. 물론 프로이트 이전에도 마음의 무의식적인 측면에 대한 생각이 없었던 것은 아니다. 예를 들어, Nietzsche는 정말 역동적인 무의식의 개념을 갖고 있었다. 하지만 무의식에 대한 그의 철학적 사고를 타당하게 입증하지 못했다. 반면에 프로이트는 무의식을 수긍이 가게 입증할 수 있었다.

프로이트는 인간의 마음속에 존재하는 어떤 힘들과 그에 반대하는 힘들 사이의 갈등을 끈기 있게 탐구하였다. 한쪽의 힘들을 프로이트는 의지(will), 자유 의지(volition), 의식(consciousness), "das Ich" 등으로 다양하게 불렀다(초창기 프로이트는 철학에서 사용하는 das Ich

와 혼란을 피하기 위해 인용부호를 사용하여 "das Ich"로 표현하였다.)

그에 대응하여 갈등을 일으키는 심리적 영향들을 반하는 의지(counter-will), 정반대의 사고(antithetical ideas) 혹은 무의식(the unconscious)이라고 불렀다. Brenner(1980)의 표현대로, 최초로 초심리학(metapsychology)을 구축한 셈이다.

정신의 지형학적 아이디어는 1895년 논문인 「과학적 심리학을 위한 프로젝트」에 이미 나타나지만, 처음으로 기술된 것은 『꿈의 해석』(1900)이다. 지형학적 이론은 정신의 기제가 서로 다르게 작동하는 '영역' —의식, 전의식, 무의식—들로 구성되어 있다는 개념이다. 의식은 직접 심리를 인식할 수 있는 영역이다. 전의식은 비교적 쉽게 의식화될 수 있는 심리 영역을 말한다. 무의식은 의식으로부터 억압되어 있어서 의식에서 접근할 수 없는 부분을 뜻한다. 이렇게 인간의 심리기능을 의식, 전의식, 무의식으로 설명하는 것은 마치 사람의 마음을 지도처럼 나눠 묘사한다 하여 지형학적 이론(topographical theory)이라고 한다.

꿈의 해석 이후 약 20년간 프로이트의 정신분석이론은 지형학적 이론의 토대 위에 발전하였다. 지형학적 이론은 그전에는 의식할 수 없었던 기억이나 동기들을 최면이나 자유연상을 통해 의식에서 인식할 수 있게 되는 현상을 설명해 주었다. 이런 요소들이 증상 형성에 원인적으로 작용하는 것도 이해할 수 있게 해 주었다. 그리고 무의식적 요소들을 인식하는 것에 저항하는 심리도 알게 해 주었다.

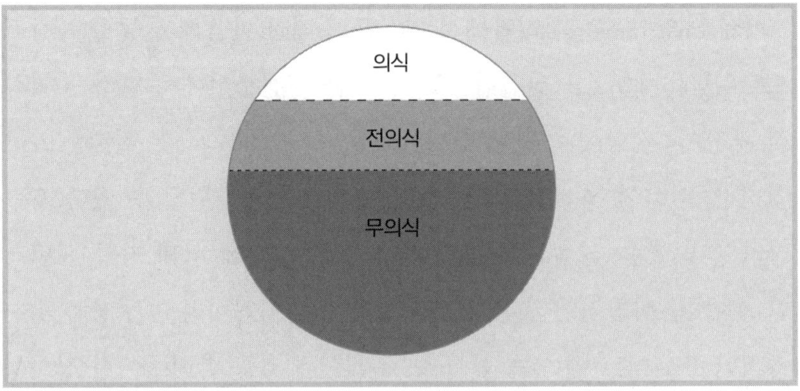

지형학적 이론

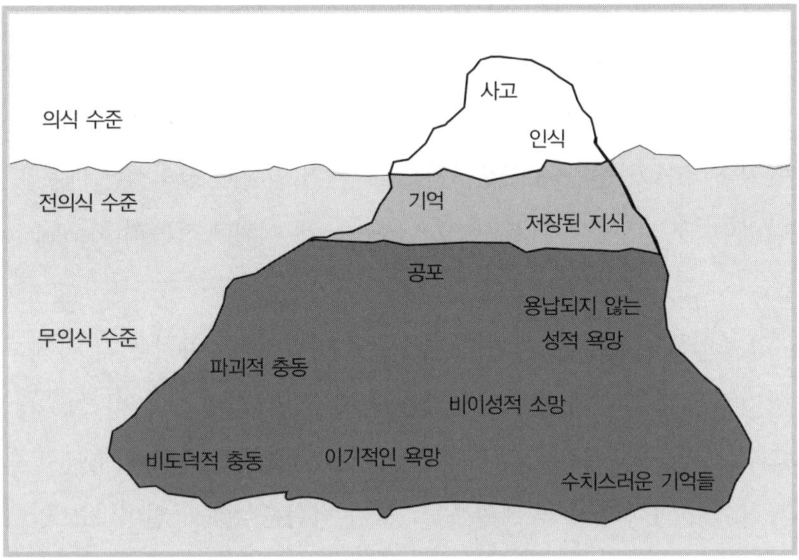

빙산으로 표현한 지형학적 이론

전의식과 무의식은 의식에서 인식되지 않지만, 실제 인간의 행동에 미치는 영향은 의식에 비해 훨씬 크다. 이것은 눈에 보이는 물위의 부분보다 물 밑에 있는 부분이 훨씬 많은 빙산과 유사하다.

의식(conscious) 심리학에서 의식은 주체가 마음의 활동을 즉각적으로 인식하는 것을 말한다. 프로이트는 정신분석에서 말하는 의식적 과정이 "철학이나 일상적으로 쓰이는 의식의 개념과 같다."고 하였지만, 의식이 정신적 삶의 '본질(essence)'로 간주될 수 없다고 주장하였다. 그는 의식을 심리의 가장 깊은 심층에 비해 가장 표면적인 것이며, 심리적인 것은 본질적으로 무의식적이라고 주장하였다. 하지만 프로이트(1915)는 의식을 "우리의 통로를 밝혀주어서 정신생활의 어두움 속에서 우리를 인도해 주는 것"이라고 강조하였다.

의식은 외부 세계로부터 오는 감각들과 내부 과정으로부터 오는 억압되지 않은 감정과 사고들을 인식하고 등록한다. 동시에 보통 각성 시 생각들을 담당한다. 프로이트는 의식을 인식(perception)과 나눌 수 없게 연결되어 있다고 생각하였다. 실제 인식-의식 체계라는 단일 구조를 형성한다고 생각하였다. 한편 의식과 전의식은 매우 밀접하여 둘 다 현실원리(reality principle)와 이차과정논리(secondary process logic)를 주로 사용한다.

프로이트는 의식은 회피하려는 성질이 있어서 "의식은 그 자체로 끊어지지 않는 연속적인 연결성을 형성하지 못한다."고 생각하였다. 그렇기 때문에 "무의식의 과정을 의식의 과정으로 번역해 주어서 결과적으로 의식의 틈을 메워주는 것"이 정신분석에서 일어나는 일이라고 생각하였다.

전의식(preconscious) 1896년 Fliess에게 보낸 편지에서, 프로이트가 전의식을 언어의 표상과 연결 지어 생각하는 것이 나타나지만,

본격적인 설명은 지형학적 이론에 의해 제시되었다. 전의식은 무의식과 대조를 통하여 이해될 수 있다. 전의식은 무의식에 반대하는 것이다. 전의식은 검열 기능과 억압의 장벽 역할을 한다는 점에서 무의식과 구별된다. 억압의 에이전트로서, 전의식은 무의식의 표상들을 무의식에 머물 수 있도록 하는 데 필요한 힘을 제공한다.

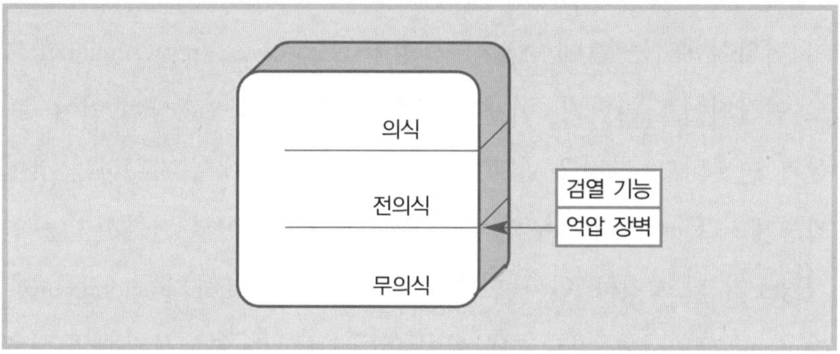

전의식의 억압 기능

전의식은 무의식을 억압하고, 무의식에 대해 검열 기능을 갖는다.

전의식 기능의 작동방식은 이차과정과 현실원리가 지배적이라는 점에서 무의식의 작동방식과 다르다. 전의식은 의식에서 포착되지 않는다는 점에서 현상학적으로 무의식으로 간주된다. 그렇지만 즉각적으로 의식화될 수 있는 부분이다. 한편 전의식은 무의식의 내용들이 의식으로 침투하는 것을 막는다. 이런 차단은 의식화 과정을 밟아갈 수 있게 도와주는 분석에 의해 극복될 수 있다. 즉, 전의식은 무의식의 내용들을 의식에서 인식할 수 있게 연결시켜 주는 중간 역할을 한다.

연결고리로서 전의식의 특성은 언어와 연관성이 있다. 이를 이해하기 위해 분석의 과정을 살펴보는 것이 도움이 될 것이다. 앞에서 다루었던 안나 오 사례인데, 그녀는 하녀가 기르는 개가 물잔을 핥는 것을 보고 물을 마시지 못하는 증상이 나타났다. 그녀의 무의식에는 혐오감과 분노가 억압되어 있다. 혐오감과 분노의 사물-표상(representations of thing)은 '개'와 '물컵'이다. 무의식의 사물-표상이 전의식에서는 그에 해당하는 언어-표상(word-representation)으로 연결되어 나타난다. 이제 분석을 통하여 사물-표상이 언어-표상과 연결되고, 그것을 말로 표현함으로써 의식에서 지각하는 것이 가능해진다. 전의식이 무의식의 내용(사물)을 언어로 전환시키는 연결장소가 되고 있다. 안나 오가 스스로 '말로 치료하기(talking cure)'라고 표현한 것이, 바로 전의식이 언어-표상과 연관시키는 특성을

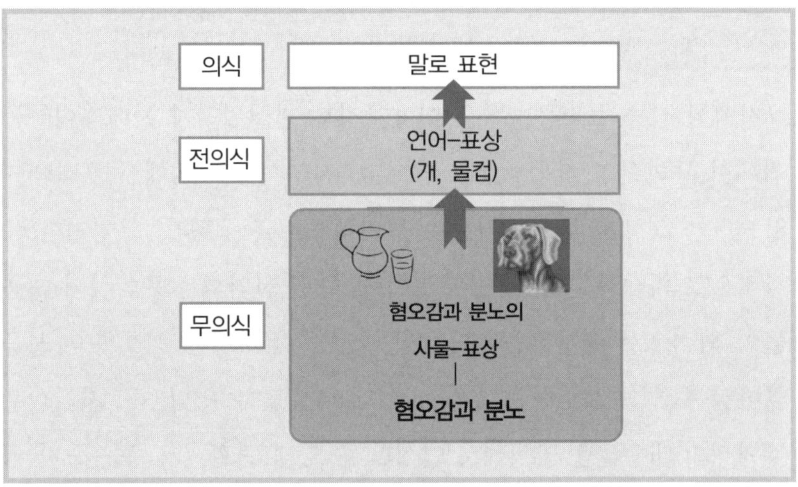

전의식의 기능

잘 나타낸 것이다.

전의식이 의식과 무의식의 중간지역이라는 언급은 여러 가지 의미를 내포한다. 전의식은 사물-표상과 언어-표상의 중간 영역이고 일차과정과 이차과정의 중간지역이다. 이러한 전의식의 중간지역 역할은 정신분석 과정 중에 지속되고 확대된다. 지금은 전의식이 심리적 작업에서 변화가 일어나는 장소로 간주된다. 프로이트의 초심리학에서 전의식은 충분히 설명되지 않았다. Pierre Marty(세계 정신분석사전)는 심리기능에서 전의식이 중심적 역할을 한다고 강조하였다. 그는 전의식이 심리적인 영역뿐 아니라 신체적 균형의 조절자라고 생각하였다. Marty는 전의식에 존재하는 다양한 성질들—풍성함, 유동성, 폭, 영속성—을 제시하였다. 풍성함(richness)과 유동성(mobility)은 무의식 내의 상징적 파생물의 다양성을 말한다. 언어 자체가 그런 표상들을 나타내는 것이기 때문에 전의식이 무의식의 상징적 파생물을 많이 갖고 있고 유동성이 많다는 것은 그만큼 말을 통하여 분석이 가능하다는 것을 의미한다. 전의식의 폭(breadth)이 넓다는 것은 전의식 내의 표상들의 연결망이 충분하고 촘촘하다는 것을 의미한다. 그렇기 때문에 무의식의 욕동으로부터 자아를 보호하는 역할을 잘 수행할 수 있게 된다. 영속성(permanence)은 전의식의 기능이 지속적이고 안정되게 기능하는 것을 의미한다. 그렇기 때문에 전의식에 존재하는 이러한 성질들 즉 풍성함, 유동성, 폭, 영속성은 분석의 가능성을 측정하는 중요한 기준이 된다. 결국 전의식의 건강한 조직화는 건강한 심리기능과 직접 연결된다고 볼 수 있다.

무의식(unconscious) 프로이트의 모든 정신분석 출판물에서 무의식은 가장 중요한 역할을 한다. 그는 흔히 정신분석을 '심층심리학(depth psychology)' 혹은 '무의식의 심리학(psychology of the unconscious)'이라고 지칭하였다. 프로이트에게 무의식은 무의식적 심리과정을 의미하였다. 무의식은 해부학적으로 존재하거나 구체화된 어떤 대상이 아니라는 뜻이다.

무의식의 개념은 실제 임상 경험과 억압(repression) 이론 그리고 성(sexuality) 이론 등으로부터 비롯되었다. 『히스테리아에 대한 연구』에서 프로이트는 무의식이란 용어를 세 번 사용하였다. "환자들은 가장 심층으로부터 유래한 생각들과 병리적인 핵심으로부터 유래한 생각들을 잘 기억하지 못했다. …… 그런 생각은 무의식적이라고 말해 주는 것이 편했다." 그는 점차 그런 무의식적인 생각들이 충족되기를 바라는 본능적 소망과 충동들로 구성된 것을 알게 되었다. 프로이트(1917)는 무의식이 신체와 정신 사이의 사라진 연결고리라고 기술하였다.

무의식 이론을 형성하는 데에는 많은 요소와 출처들이 관여했지만, 가장 결정적인 영향을 준 것은 꿈이었다. 그래서 프로이트는 '꿈은 무의식에 이르는 왕도' 라고 불렀다.

무의식을 구성하는 내용물에 대해 프로이트(1915)는 다음과 같이 기술하였다. "무의식의 내용물은 마음에 거주하는 토착 원주민에 비교할 수 있다. 동물의 본능처럼 인간의 마음에도 처음부터 갖고 태어나는 것이 있다면, 그런 것들이 무의식의 핵을 형성할 것이다. 이후 아동기 성장과정에서 용납되지 않아서 폐기된 것들이 무의식에 더해질 것이다."

무의식은 세 가지 측면에서 정의 내릴 수 있다. 서술적 측면(Descriptive point of view)으로는, 의식 외의 모든 정신작용을 포함하며 무의식의 내용은 의식에서 인식할 수 없다. 역동적 측면(Dynamic point view)으로, 무의식의 내용이나 과정은 정신 에너지를 사용하는 대가를 치르면서 능동적으로 억압되거나 검열되고 있다. 왜냐하면 무의식의 내용이 의식화될 때 불안이나 불쾌함이 나타날 수 있기 때문이다. 다시 말해서 무의식은 전의식과 의식에 대항하는 것으로 인간의 심리가 항상 갈등 속에 있다는 것을 의미한다. 마지막으로 정신기제 측면(Economic point of view)으로, 무의식은 의식의 논리를 벗어나는 쾌락원리(pleasure principle)를 따르고 일차과정 논리(primary process logic)를 사용한다. 이에 대해 프로이트(1915)는 "무의식의 체계는 상호 모순과 일차과정과 시간이 지나도 변치 않는 것(timelessness)으로

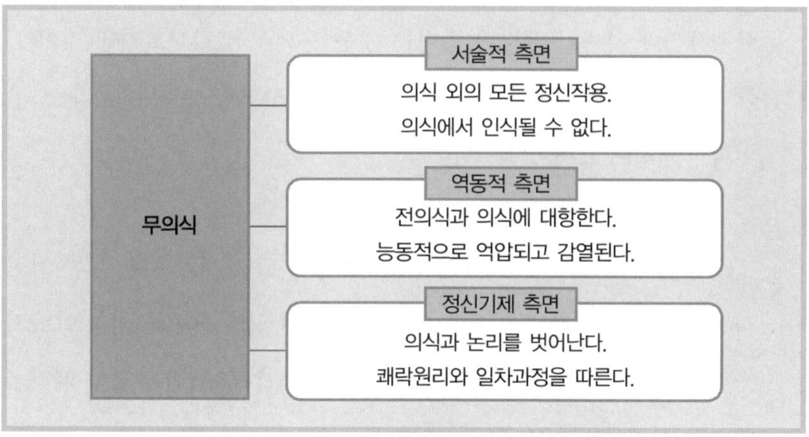

무의식의 정의

부터 면제된다. 그리고 외부 현실이 심리적 실재에 의해 대체된다." 고 설명하였다.

일상생활 중에 무의식의 작용을 느낄 수 있는 경우로는 꿈, 말실수, 깜박 잊어먹음 등을 들 수 있다. 이러한 현상들을 일상생활의 정신병리(psychopathology of everyday life)라고 부른다.

사례 10

(1) 한 학생이 교실 청소를 하고 있는데 근처에 있던 화분이 떨어져 깨졌다. 분명히 본인과 무관하게 화분이 깨졌지만, 선생님은 학생이 잘못해서 깨진 것이라며 반성문을 써오라고 했다. 학생은 자세히 상황 설명을 하였지만 받아들여지지 않았다. 할 수 없이 반성문을 쓰게 된 학생은 내용을 적은 후 끝부분에 "잘못에 대해 **사과**드립니다." 라고 썼다. 학생은 분명히 그렇게 기록하였지만, 막상 반성문에는 "잘못에 대해 **사고** 드립니다." 라고 적혀 있었다. 의식에서는 반성문을 썼지만, 내심으로는 반성하거나 사과할 생각이 없다는 것을 무의식적으로 드러낸 것이다. 즉 '그것은 제가 사과할 일이 아니라 우연한 사고일 뿐입니다.' 라는 무의식적 생각이 표현된 것이다.

(2) A는 잘 교육받은 사회적으로 지도층에 있는 사람이다. 그는 어린 시절 아버지에 의해 맞았던 기억을 떠올리며 입술을 깨물었다. 아버지는 까닭 없이 방에 들어와 책가방을 뒤지고는 억지 트집을 잡아 때리곤 하였다고 말하였다. 아주 화가 날 땐 허리 벨트를 빼서 자신을 때렸다고 말하였다. 그는 이 상황을 치료자에게 말하면서 다음과 같이 표현하

였다.

"아버지가 가죽 채찍으로 때렸습니다."

아버지는 **가죽 벨트**로 그를 때렸지만, 그는 아버지를 **가죽 채찍**으로 때리는 무시무시한 괴한처럼 무의식적으로 느꼈던 것이다.

꿈의 해석

꿈을 꾼 사람이 회상하는 내용을 발현몽(manifest dream)이라 하고, 발현몽을 형성하는 무의식적인 생각이나 소망들을 잠재몽 내용(latent dream contents)이라 한다. 프로이트는 잠재몽 내용들을 발현몽으로 변환시키는 무의식적인 심리 작동을 꿈 작업(dream work)이라 하였다.

잠재몽 내용

잠재몽에 영향을 주는 요소들로는 야간 감각자극(nocturnal sensory stimuli), 주간 잔재(day residues), 억압된 유아 욕동(repressed infantile drives) 등을 들 수 있다. 갈증, 배고픔, 통증, 배변 충동 등의 다양한 야간 감각자극들은 꿈의 내용에 영향을 줄 수 있다. 예를 들어, 어떤 사람이 잠을 자면서 갈증 때문에 잠이 방해받기 시작하면, 꿈속에서 잠자리에서 일어나 부엌으로 가서 물을 한 컵 마시고 다시 침실로 돌아오는 꿈을 꿀 수 있다. 이런 꿈을 꿈으로써 갈증 때문에 깨지 않고 잠을 유지할 수 있게 된다. 주간 잔재는 전날 혹은 그날 있었던 일 때문에 마음 한구석에 찌꺼기처럼 남아 있는 감정과 생각들을 말한다. 주간 잔재는 그 내용 자체로는 별로 중요하지 않은 요소이지만 그것이 위장된 표현의 수단으로 사용된다. 이를 확대하여 생활환경 혹은 인생 상황(life situation)을 잠재몽 내용의 한 근원으로 포함시키기도 한다. 꿈은 어린 시절 무의식적 소망의 위장된 만족이라는 말처럼, 프로이트는 억압된 어린 시절의 소망과 충동들이 꿈을 꾸게 하는 근본적인 요소라고 보았다. 오이디푸스 시기와 이전 시기에 시작된 주로 욕동적이고 공격적인 억압된 소망들이 주간 잔재와 야간 감각자극들에 녹아들어 최종적인 결과물을 만들어 낸다.

꿈 작업

잠재몽 내용을 발현몽 내용으로 변환시키는 일련의 과정을 꿈 작업이라고 한다. 프로이트는 꿈 형성(dream formation)을 하는 근본적인 동기를 소원 성취(wish-fulfillment)라고 보았다. 프로이트는 수면 상태가 억압을 느슨하게 한다고 생각하였다. 억압하는 힘이 느슨해지면 무의식적인 충동이나 소망들이 방출되거나 충족되기가 쉬워진다. 수면 중에는 동작을 통한 표현이 막혀 있기 때문에 억압된 소망과 충동은 사고나 환상을 통한 표현방법을 찾아야 한다. 주간 잔재나 야간 감각자극들은 그리 어렵지 않게 발현몽으로 표현될 수 있다. 어린 시절의 무의식적인 소망이나 충동의 경우는 복잡하다. 무의식적인 소망과 충동이 억압된 이유는 그것들이 고통스럽거나 스스로 용납되지 않기 때문이다. 그리고 수면 중 억압이 느슨해졌다고 하나 꿈의 검열 기능은 여전히 활발하여 충동이 방출되는 것을 적극적으로 억제하고 본래 성질과 다르게 위장하도록 저항한다. 그 결과 억압된 소망과 충동들이 중립적이고 문제가 없다고 느껴지는 이미지들에 부착한다. 흔히 일상생활 중 사소하고 별로 중요하지 않은 이미지들 중에 어떤 유사성을 띤 것들로 표현된다.

농축(condensation)은 여러 충동과 소망 및 욕동들이 한 발현몽의 이미지로 나타나는 것을 의미한다. 예를 들어, 어떤 긴 수염을 기른 화가가 붓 대신 바이올린을 연주하는 꿈속 이미지는 그 사람의 세 가지 다른 충동들이나 욕동을 나타내는 것일 수 있다.

전치(displacement)는 어떤 대상과 연관된 충동이나 소망을 보다 수용될 만한 다른 대상으로 전환하는 것을 뜻한다. 예를 들어, 어머니에 대한 파괴적 공격성을 가진 사람이 중립적인 대상인 항아리를 깨뜨리는 꿈을 꾸는 경우를 들 수 있다. 전치의 특수한 경우라고 할 수 있는 투사(projection)에서는 자신에게 용납되지 않는 충동을 다른 사람에게 돌릴 수 있다. 그 결과로 자신에게서 동성애적 충동을 발견한 환자의 꿈에 동성애 성향을 가진 분석가가 나타날 수 있다.

상징 표상(symbol representation)은 추상적이고 복합적인 감정들이 단순하고 집약된 감각 이미지로 상징된 것을 의미한다. 프로이트는 상징이 가진 무의식적인 의미는 상징 표상에 대한 연상을 통해서 알 수 있다고 생각하였다. 동시에 어떤 상징들은 보편적인 의미를 가진다고 믿었다. 예를 들어, 꽃은 여성의 성기를 상징하고 뱀은 페니스를 상징한다고 가정하였다.

이차 각색(secondary revision)은 꿈을 보다 논리적으로 그럴듯하게 보이게끔 만드는 과정을 말한다. 농축(응축)과 전치 그리고 상징 표상들은 일차과정 사고에서 특징적으로 사용되는 방식들이다. 일차과정 사고는 비논리적이고 기이하며 부조리한 것이 특징적이고 서로 연관성이 없다. 프로이트는 보다 성숙하고 이성적인 자아의 측면들이 일차적인 꿈의 내용들을 좀 더 응집된 형태로 조직화한다고 믿었다. 이 과정을 이차 각색이라고 한다.

사례 11

(1) 다음은 비교적 쉽게 심리적 내용을 연상할 수 있는 중년 기혼 여성의 꿈이다.

그녀가 촛대에 초를 꽂으려 하는데 촛대가 부러져 있어 초를 똑바로 꽂을 수 없다.

남편의 발기부전 때문에 성적 만족의 좌절을 겪고 있는 것을 알 수 있다. 또 초를 꽂으려는 모습에서 자위행위의 충동도 엿볼 수 있다.

(2) 딸만 넷을 둔 부인이다. 남편은 아들을 낳을 때까지 계속해서 임신하기를 원하고 있다.

작은 가방에 책을 가득히 집어넣고 닫으려는 데 잘 닫히지 않아 혼나는 꿈을 꾸었다.

가방은 자궁을 상징한다. 더 이상 임신은 무리이고 임신을 원하지도 않는다는 부인의 마음을 알 수 있다.

(3) 30대 기혼 여성이다. 부인은 어린 시절 아빠와 같이 목욕을 하며 아빠의 품에서 느꼈던 기분 좋은 자극을 몰래 그리워하고 있다. 벌거벗은 채 아빠의 품에서 느꼈던 것은 따뜻하면서도 성적인 자극을 주는 것이었다. 남편과의 관계에서도 그런 자극을 원하나 아직 충족되지 않고 있다. 어느 날 부인은 다음과 같은 꿈을 꾸었다.

낯선 여성이 고등학교 때 교장선생님과 함께 교실에서 얘기를 나누고 있다.

이 꿈이 형성되는 과정은 다음과 같이 설명될 수 있다.

- 벌거벗은 채 아빠의 품에 안겨 성적 자극을 느끼는 것은 어린 시절에는 가능한 일이나 성인에게는 용납되지 않는 일이다. 그러므로 아빠의 품에 안긴다는 무의식적인 소망은 다른 형태로 변형되어야 한다.
- 예를 들어, 자신과 아빠가 서로 엎치락뒤치락하는 성적인 자극을 주는 놀이를 하는 것으로 꿈 작업이 이뤄진다.
- 놀이의 형태라도, 여전히 성적인 자극을 주는 것은 받아들이기 곤란하므로 단순히 자신과 아빠가 나란히 걷고 있는 것으로 꿈의 내용이 나타날 수 있다.
- 아빠와 단 둘이 걷는 것도 아빠를 독점한다는 느낌을 주므로(아직 근친상간적인 이미지가 남아 있으므로) 아빠 대신 다른 사람, 예를 들어 고등학교 때 선생님과 걷는 내용으로 바뀐다.
- 젊은 고등학교 선생님도 어느 정도 성적 이미지를 떠올리기 때

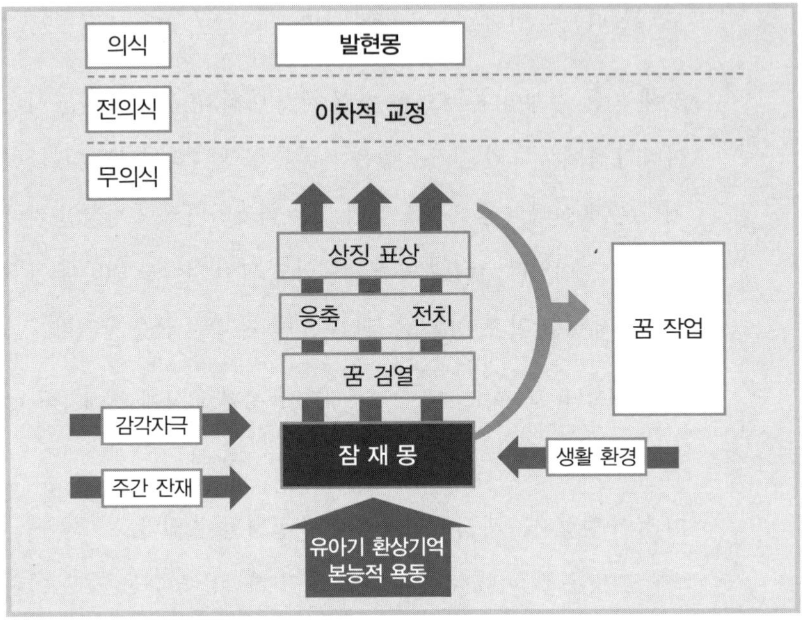

꿈의 형성과정

문에 보다 안전한 교장선생님으로 변형된다. 그리고 걷는다는 행동도 얘기를 나눈다는 것으로 변형된다.

리비도 이론

초기 정신분석, 즉 이드심리학의 두 번째 초석은 정신성욕설(psycho-sexuality)인 리비도 이론이다. 프로이트는 sexual을 신체나 장기로부터(꼭 성기뿐만 아니라) 비롯되는 관능적인 쾌감을 지칭하는 데 사용하였다. 그리고 리비도(libido)는 그러한 관능적 쾌감의 기저에 있는 가설적인 에너지의 의미로 사용하였다. 리비도 이론은 일차적으로 내부 과정에 의해 생성되는 행동이나 정신활동을 설명하려는 시도에서 나온 것이다. 생리학자로서 프로이트는 정신활동의 신체적 기원을 찾기 원했고, 그 결과 본능(instinct, 독일어로는 Treib, drive로도 번역 가능하다)의 개념을 사용하였다. 생물학에서 본능은 종 특유의 유전적으로 타고나는 행동 메커니즘을 말한다. 물론 정신분석학에서 말하는 본능은 생물학에서 말하는 것과는 다른 의미를 갖는다. 프로이트(1915)는 본능을 "정신과 신체 사이의 경계 개념" "조직 안에서 시작된 자극의 심리적 표상이 정신에 도달하는 것" "마음이 작용하도록 요구하는 것" 등의 의미로 정의하였다. 생리학적으로 어디서 시작되었든 상관없이, 본능은 정신적으로는 강제적인 충동 또는 자극으로 경험된다.

이후 프로이트는 1921년 「집단심리학과 자아의 분석」에서 리비도는 사랑 혹은 사랑-힘처럼 보다 광의적으로 고려되어야 하고, 성욕동은 단지 리비도의 한 표현으로 봐야 한다고 말하였다. 그러나 실제 임상적 의미에서 리비도는 넓은 뜻의 성욕동, 성적 욕동과 상호교환적으로 쓰이고 있는 것이 현실이다(Tyson & Tyson, 1990).

리비도 이론이 처음 발표된 것은 1905년의 『성욕 이론에 관한 세 가지 에세이』에서다. 이 시기의 리비도 이론은 다음과 같은 가설들로 구성되었다.

- 리비도는 주된 심리적 에너지다.
- 여러 리비도 단계로 구성된 발달단계가 있다.

- 리비도 욕동은 만족되거나 억압되거나 반동형성 또는 승화로 처리될 수 있는데, 이 가운데 승화(sublimation)가 가장 정상적인 적응이다.
- 생물학적으로 결정된 본능을 다루는 방식에 의해 성격 구조가 형성된다.
- 신경증은 유아 성욕의 어떤 시기에 고착되거나 퇴행한 것이다. 보다 초기에 고착되거나 퇴행이 깊을수록 정신병리도 커진다.

프로이트는 리비도 욕동을 근원(source), 목적(aim), 대상(object) 그리고 압력(pressure)의 네 가지 관점으로 개념화하였다. 그는 리비도의 근원이 신체적인 것(somatic)이라고 생각하였다. 그리고 목적은 만족(gratification)이고, 그러한 만족을 얻을 수 있게 해 주는 것은 대상이라고 생각하였다. 그렇기에 초기 유아는 '전체 대상으로서 어머니'에게 반응하는 것이 아니라 '어머니가 만족시켜 주는 기능'에 반응하는 것이라고 볼 수 있다. 그리고 본능적 욕동은 강제적 · 충동적 성질을 갖고 있는데 압력이 그런 힘의 양적 측면이라고 볼 수 있다.

프로이트(1915)는 리비도가 마음속 타인 표상이나 심리 구조 자체에 투입되거나 배속될 수 있다는 이론을 제시하였다. 그리고 이런 현상을 리비도 부착(libido cathexis)이라 하였다. 타인의 심리적 표상에 부착되는 리비도는 대상 리비도(object libido)이며, 자아 혹은 자기 표상에 부착되는 리비도는 자아 리비도(ego libido)다. 리비도 이론은 19세기 독일 과학에 근거한 것이라는 이유 때문에 비난받고 있지만, 쾌락과 애착 그리고 정신활동을 역동적으로 이해할 수 있는 유용한 비유로 사용되고 있는 것도 사실이다.

정신성적발달이론

프로이트는 사람의 성적 인생을 세 단계로 나눴다. 첫 번째 단계는 생후 약 5세까지의 유아 성욕기(infantile sexuality)이고, 두 번째 단계는 잠복기(latency period)이며, 세 번째 단계는 성기기(genital stage)다. 초기 유아 성욕기는 다시 세 시기로 구분되는데, 구강기(oral)와 항문기(anal) 그리고 남근기(phallic)다. 유아 성욕은 3~5세 사이의 오이디푸스 갈등에서 절정에 이르게 된다. 프로이트는 다른 성을 가진 부모와의 성적 관계를 소망하고 같은 성을 가진 부모에게는 적대적인 오이디푸스 갈등이 신경증 환자에게든 정상인에게든 모든 성격 구조의 근원이라고 보았다.

유아 성욕기

① 구강기(oral stage): 0~1, 1/2세

정신성적 발달의 가장 초기 단계다. 유아의 욕구나 인식, 표현이 주로 입과 입술, 혀 등의 구강기 주위와 연관된다.

- 구강기 성애(oral erotism): 젖을 빠는 구강기 만족과 젖을 빨아 먹은 이후의 이완(relaxation) 상태에 도달하려는 욕구가 포함된다.
- 구강기 공격성(가학증, oral aggression, sadism): 물어뜯고, 먹어 치우고, 파괴하는 원시적 소망 혹은 환상과 연관된다.

- 구강기 병리적 특성: 지나친 구강기 만족이나 결핍은 구강기 고착을 가져와 지나친 낙관적 성향, 반대로 우울증을 유발할 때는 비관적 성향, 자기애적 성향, 지나친 욕구적 성향과 같은 병리적 특성을 갖게 한다. 구강기 의존성은 받으려고만 하고 되돌려 주지 못하는 성향을 말한다. 때로 질투와 시기심이 구강기 성향에 동반된다.
- 성공적 해소: 지나친 의존이나 시기심 없이 타인과 주고받는 능력이 형성되고, 신뢰하며 또 자기 신뢰를 잃지 않고 타인에게 의지할 수 있는 능력을 얻게 된다.

고착과 퇴행 고착은 심적인 에너지가 정신성적 발달의 특정 시기의 문제를 해결하는 데에만 집중적으로 투입되는 상태를 말한다. 그 결과 그다음 단계의 발전에 사용될 에너지 양이 부족하게 된다. 즉, 고착은 정신성적 발달의 특정시기에 성장이 머물게 되는 것을 나타낸다. 퇴행은 대소변 가리기를 잘하던 아이가 동생이 태어난 후 다시 대소변을 가리지 못하게 되는 경우처럼 이전 상태로 되돌아가는 현상을 말한다. 고착은 ① 지나치게 빨리 이유를 하거나 수유를 제대로 안 해 줄 때와 같이 지나친 좌절을 경험한 경우, ② 너무 오랜 기간 수유를 할 때와 같이 지나치게 만족을 누린 경우, ③ 한동안 엄격한 대소변 가리기를 시키다가 한동안은 무관심할 때와 같이 아이에 대한 부모의 태도가 일정하지 않은 경우에 생긴다.

사례 12

구강기 고착 성격 사례

B는 항상 신경질적이고 쉽게 긴장을 하는 24세 여성이다. 어떤 일에 대해 판단하고 결정해야 할 상황이 오면 스스로 결정을 못하고 안절부절못하며 남에게 의존하려 한다. 주변 상황이 뜻대로 안 되면 쉽게 짜증을 내고 화를 내서 친구도 많지 않다. 줄담배를 피워 하루에 3갑의 담배를 피우는데 건강에 좋지 않다는 것을 알면서도 도무지 끊지를 못했다. 금연 클리닉을 갔다온 후 담배를 끊었는데 그 후로 음식을 닥치는 대로 먹기 시작하였다. 입속에 무언가를 넣지 않으면 심한 불안을 느끼며 견딜 수 없어하였다. 결국 몸무게가 너무 불어나서 차라리 담배를 다시 피우기로 하였다.

B가 유아기 때, 어머니는 B가 울기만 하면 무조건 우유를 먹이곤 하였다. 경제적으로 여유가 있었던 B의 부모님은 외동딸인 B를 위하여 유모를 두었고, B가 원하는 것은 무엇이든지 다 들어주었다. B가 초등학교 3학년이 될 때까지 부모나 유모가 얼굴을 씻겨 주었다.

② 항문기(anal stage): 1~3세

괄약, 특히 항문 괄약을 조절할 수 있는 신경 근육의 성장으로 대변을 보유하거나 배설하는 조절과 연관된 항문기 욕구와 연관된 시기다.

• 항문기 성애(anal erotism): 귀중한 변을 보유하고 부모에게 그것을 귀중한 선물로 보여 주는 항문기 기능 속에서 성적 쾌감을 얻

는다.

- 항문기 가학증(anal sadism): 강력하고 파괴적인 무기로서 변을 배출한다. 이런 소망은 아동의 놀이에서 폭격이나 폭발의 환상으로 표현된다.
- 항문기 병리적 특성: 지나친 대소변 훈련은 질서정연함, 완고함, 강퍅함, 외고집, 인색함, 극도의 절약 등을 초래할 수 있다. 그리고 이에 대한 비효율적인 방어의 결과 지나친 양가적 태도, 지저분함, 반항적 성향, 격노하는 성향, 가학-피학성 등을 보일 수 있다.
- 성공적 해소: 개인적 자율성, 독립적인 능력, 죄책감을 느끼지 않고 개인적으로 주도적일 수 있는 능력, 수치심이나 자기의심 없이 자기 결정적인 행동을 할 수 있는 능력, 양가감정 없이 수행할 수 있는 능력, 다른 사람에게 지나치게 고집 부리지 않고 자기비하 없이 협력할 수 있는 능력 등을 얻게 된다.

사례 13

항문기 고착 성격 사례

안 씨는 항상 정확한 시간에 직장에 나오기로 유명하다. 항상 잘 다림질 되어 있는 옷, 단정하게 빗은 머리 등 전혀 흐트러짐이 없다. 사무실도 빈틈 하나 없이 잘 정돈되어 있고 더러운 것은 그냥 넘기지 못한다. 사무의 처리 또한 매우 꼼꼼하다. 사무적인 협조는 잘하는 편이나 사람이 재미가 없다는 소리를 듣는다. 근엄하고 완고한 성격을 보이고, 돈을 쓸 때도 정확하고 철저해서 실수가 없다. 너무 절약해서 인색

할 정도다.

③ **남근기(phallic stage, infantile genital stage): 3~5세**

성기 영역이 성적 흥미와 자극 그리고 흥분의 초점이 되는 시기다. 아이들에게 페니스가 주된 관심이 된다. 여자 아이는 자신에게 페니스가 없음을 알고 거세 콤플렉스(castration complex)를 느낀다.

- 남근기의 성애와 공격성: 오이디푸스 갈등과 연관된다. 오이디푸스 갈등이란 남자 아이가 어머니에 대해 성애적 사랑을 느끼며 아버지에 대해서는 시기와 적개심을 갖는 것을 의미한다. 성기 자위행위가 증가하며 이성의 부모와 성적 관계를 맺는 무의식적인 환상이 주로 동반된다. 자위행위와 오이디푸스 소망과 연관된 거세공포가 생겨난다. 오이디푸스 갈등에서 비롯되는 근친상간적인 소망은 거세공포에 의하여 억압된다. 공격자와의 동일시를 통해 남자 아이는 아버지를 동일시함으로써 거세공포가 상당 부분 완화된다. 이후 부모상을 지속적으로 동일시하며 초자아 형성을 이뤄 간다.
- 남근기 병리적 특성: 남근기-오이디푸스 시기의 병리적 성향은 거의 모든 신경증 발달과 연관된다. 초점은 남자 아이의 거세공포(castration fear)와 여자 아이의 남근 선망(penis envy)이다. 남아의 경우 아버지상(father figure)에 해당하는 사람, 예를 들어 윗사람을 만나면 주눅 들어 한다든지 불안을 경험하게 되는 소위

거세공포를 느끼게 된다. 반면 여아의 경우는 성장하면서 히스테리 성격이 된다. 즉, 말이나 행동이 매우 연극적이고 과장되게 표현하며 항상 남의 관심을 끌려는 유혹적인 모습을 보인다. 이는 아버지의 관심을 독점하고자 하던 욕망이 다른 뭇 남성에게 옮겨 간 것으로 이해된다. 이러한 남자 아이의 거세공포와 여자 아이의 남근 선망에 대한 방어와 동일시 형태 등이 그 사람의 성격을 결정짓는 요소가 된다.

- 성공적 해소: 이 시기를 적절히 보내면 성 주체성이 굳건해지고, 건전한 호기심과 건강한 지적 욕구가 발달하게 된다. 그리고 주위 환경의 대상을 통제할 수 있다는 느낌을 얻게 된다. 오이디푸스 갈등의 해소에 의해 충동을 조절하고 건전한 목적으로 사용할 수 있는 강력한 내부 자원인 초자아가 탄생하게 된다.

사례 14

남근기 고착 성격 사례

한 양은 26세 된 직장 여성이다. 중학교 때부터 신앙생활을 잘해 왔는데 얼마 전에 부목사님이 새로 교회에 부임하시면서부터 매우 힘들어하였다. 그녀는 현 교회 담임목사님이 꼼꼼하고 여성적이면서도 강하게 성도들을 이끄시는 분인 반면, 새로 오신 부목사님은 아주 남성적인 외모에 걸맞게 털털하면서도 부드럽게 성도들을 대한다고 하였다. 그녀는 부목사님의 그러한 남성답고 털털하면서도 부드러운 면이 처음부터 너무 좋았다. 그래서 부목사님 방에 꽃을 갖다 놓기도 하고 스승의 날에는 만년필을 선물하기도 하였다. 점차 시간이 지나면서 한 양은 부목사님이 이성적으로 좋아지는 것을 느끼게 되었다. 사실 부목사님은 한 양에 대해 어떤 표현을 한 적도 없고 단지 한 사람의 성도로서 공적으로만 대할 뿐이었다. 하지만 한 양은 일상생활 중에도 보고 싶은 마음이 들고, 교회에 가서도 부목사님 생각 때문에 예배에 집중할 수가 없었다. 부목사님은 40대 초반에 이미 결혼한 분이었기에 그녀 자신이 부목사님을 일방적으로 좋아하는 것은 도무지 있을 수 없는 일이었다. 하지만 마음속으로 다짐을 하여도 정리가 되지 않아서 괴로워하였다.

한 양은 무남독녀 외동딸로서 특히 아버지의 사랑을 독차지하면서 성장하였다. 그녀의 아버지는 일류대학 토목과를 졸업한 현장소장으로 남자답고 털털한 성격의 소유자였다. 외동딸을 매우 예뻐하였으며 한 양이 중고등학교를 다닐 때까지도 무릎에 앉히고 뺨에 뽀뽀를 해 줄 정도였다. 한 양은 어머니에 대해선 늘 못마땅해했으며, 초등학교 때부터 어머니와 경쟁하는 눈치가 뚜렷하였다. 아버지가 늦게 들어오는 날엔 자지 않고 기다리고 있다가 문을 열어 주면서, "엄마는 아버지를 진정으로 사랑하지 않아요."라고 말하곤 하였다. 그러면서 자신이 더 훌륭한 어머니의 역할을 할 수 있다고 주장하곤 하였다. 중고등학생이 되어서도 새벽에 잠옷 차림으로 부모가 자는 사이에 끼어들어 잠을 자기도 하였다. 성적은 항상 1등을 유지했고 대학도 아버지가 다녔던 학교에 입학하였다. 그러나 한 양이 대학 1학년 때 아버지는 간경화로 돌아가셨다. 그 후 그녀는 경제적으로 어려움이 없었는데도 학교를 그만두고 직장생활을 시작하였다.

잠복기

오이디푸스 갈등이 해소된 이후부터 사춘기 전까지의 시기로 성적 욕동이 상대적으로 활발하게 보이지 않는 시기다. 5~6세경부터 11~12세 사이의 시기가 여기에 해당된다.

- 잠복기의 성애와 공격성: 본능적 충동을 상당히 조절할 수 있게 되어 성적인 흥미가 일반적으로 조용한 시기라고 여겨진다. 일차적으로 동성 친구와 동성애적인 연합을 이룬다. 리비도 에너지와 공격적 에너지를 승화시켜 배움과 활동에 사용하고, 이를 통해 중요한 기술들을 습득하게 된다. 오이디푸스 동일시를 더 확대해 가며 (선생님, 운동부 코치, 다른 성인들과) 성 역할을 배우고, 한편으로 자아 기능을 발달시키게 된다.
- 잠복기 병리적 특성: 내부 욕동 조절이 결핍되면 충분한 에너지를 얻을 만큼 승화를 해내지 못해 학습과 기술 습득에 실패하게 된다. 반대로 지나치게 욕동을 조절하다 보면 인격발달이 조기에 멈추게 되고 강박적인 성향을 갖게 된다.
- 성공적 해소: 이전에 획득했던 정신성적 발달들을 통합하고 더욱 공고히 하는 시기다. 이전에는 정신성적 발달과정에서 덜 중요한 시기로 생각되었는데, 지금은 잠복기 또한 중요한 시기로 간주되고 있다. 승화를 통해 얻은 에너지를 자아발전에 사용하여 학업과 기술 습득 그리고 교우관계 등에 전념하게 된다. 그래서 실패나 패배의 큰 두려움 없이 자율적인 기능을 할 수 있는

근면성을 얻게 된다. 이는 이후의 시기에서 계속 통합되어 궁극적으로 일과 사랑에서 만족을 얻을 수 있는 기본이 된다.

성기기

사춘기부터 초기 성인기까지의 시기다. 생리학적으로는 어른으로서 성적 기능을 갖게 되고 호르몬 기관도 성숙하며 특히 리비도 욕동이 강화된다. 이 시기에는 부모로부터 독립하여 근친상간적이지 않은 성숙한 대인관계를 형성해야 한다.

- 성기기의 성애와 공격성: 성-생식 기능이 생리적으로는 성숙한 단계에 이르렀기 때문에 강렬한 리비도 욕동에 이끌린다. 강렬한 욕동 때문에 사춘기 청소년은 인격이 일시적으로 퇴행된 모습을 보일 수 있다. 이 시기는 부모에게 의존하고 애착했던 것으로부터 궁극적인 독립을 이루는 것이 중요하다. 이성과 친밀감을 느끼며 성인으로서 어른스러운 성적 관계를 나눌 수 있어야 한다.
- 성기기 병리적 특성: 이전 정신성적 발달이 부분적으로 다시 개방되고 새로 작업되는 시기이므로 이전에 해소되지 못한 모든 단계의 문제들이 나타날 수 있다. 이 시기에 보다 특정한 문제는 Erikson이 청소년기 문제로 얘기한 정체성 혼란(identity diffusion)이다.
- 성공적 해소: 성적 욕동을 다스리는 능력과 성숙한 대상관계를 형성하게 된다. 또 적절한 상대와 만족스러운 성적 관계를 형성

하는 것도 필요하다. 부모로부터 독립하여 자아정체성을 확립하게 된다. 이 단계에 도달한 사람은 자기실현 능력을 갖게 되고 일과 사랑에 의미 있는 참여를 하게 된다. 또 창조적이고 생산적인 일과 만족할 만한 의미 있는 목표와 가치를 추구할 수 있게 된다.

전이와 저항

프로이트에 따르면 전이(transference)는 '환자의 본능에 근거한 소망이나 충동을 재현하려는 것' 이다. 즉, 전이는 정신분석 상황에서 자신의 어려움을 냉정하게 심사숙고하지 않고 치료자와 강렬한 관계에 들어가 자신의 욕동을 충족시키려는 것이다. 치료자와의 관계는 일차적으로 오이디푸스 갈등을 중심으로 형성된다. 오이디푸스 갈등을 가진 아이가 다른 성을 가진 부모에게 이끌리듯, 환자는 치료자에게 이끌리는 것이다. 환자는 용납되지 않는 이러한 무의식적인 욕동을 억압한다. 정신분석 치료과정에서 이런 억압은 저항(resistance)으로 나타난다. 프로이트는 1914년에 발표한 「정신분석 운동의 역사에 대하여」라는 논문에서, 전이와 저항을 탐구의 출발점으로 삼는 것이라면 그것을 정신분석이라고 부르는 것이 정당하다고 말하였다.

프로이트 최초의 정신분석 체계인 이드심리학의 핵심 개념들인 무의식, 욕동 이론, 전이와 저항이란 세 가지 초석들은 서로 밀접하게 연결된다. 먼저 무의식은 주로 유아 성욕의 잔재를 다루게 된다. 왜냐하면 유아기 성욕은 개인에게 용납되지 않아 무의식으로 억압되기 때문이다. 그 결과로 개인은 무의식 속에 억압되어 있는 엄청난 비이성적인 충동에 의해 동기화되면서도 그 자신은 그것을 깨달을 수 없고 충분히 조절할 수도 없다. 결국 이런 상태에서 환자는 정신분석 치료를 받으러 온다. 그런데 실제 생활에서 그런 욕동들을 의식되지 못하게 억압한 것처럼 분석 상황에서도 그것들이 밝혀지는 것을 무의식적으로 저항하게 된다. 특히 그러한 생각들이 분석가와 관련된 것일 때, 즉 전이와 연관될 때는 더욱 강하게 저항하게 된다. "전이는 본질적으로 환자가 현재의 분석가를 마치 과거에 자신이 경험한 사람인 것처럼 대하게 되는 것이다. 전이는 일차적으로 환자의 무의식적 현상이며, 환자는 이런 왜곡을 인식하지 못한다." (Greenson, 1967) 그러므로 의식 수준의 이성적인 치료는 실패할 수밖에 없고, 이러한 저항과 전이를 분석함으로써 무의식의 병리적 측면을 밝혀야 한다. 즉, 억압된 무의식의 비밀스러운 기억과 감정들 그리고 그것들을 거부하고 억압하는 사고와 감정들을 동시에 이해할 수 있어야 한다. 당연히 정신분석의 모든 초점은 피분석가의 무의식, 즉 단일체로서 개인의 심층심리가 된다.

분석 상황에서 환자의 심층심리가 가장 잘 표현될 수 있도록 고안된 기법 중의 하나가 치료자의 중립성과 절제의 규칙이다. 치료자의 중립성(neutrality)이란 환자의 갈등에 대해 판단하지 않는 태도를 말한다. 즉, 치료자가 자신의 가치관이나 종교관 혹은 자신이 선호하는 것으로 환자를 판단하지 않는 가치관의 중립성을 의미한다. 대개 환자에 대한 감정을 이야기하지 않고 치료자 자신에 대한 정보를 제공하지 않는 것(익명성)이 포함된다. 치료자가 중립성을 지키는 이유는 환자가 치료자의 반응에 관심을 갖지 않고 자신의 무의식적인 주제에 집중할 수 있게 하려는 것이다.

절제의 규칙(rule of abstinence)은 "분석적 치료는 가능하면 절제의 상태와 박탈하에서 수행되어야 한다."라는 프로이트의 말 속에 가장 잘 표현되어 있다. 환자의 증상은 결국 만족을 추구하는 욕동에서 비롯된다. 환자는 분석 상황에서 전이 만족을 하게 되면 분석을 지속할 동기를 잃게 된다. 그렇기에 환자의 욕동 만족은 절제되어야 하고 분석가는 환자의 전이를 만족시켜 주지 않아야 한다는 것이 절제의 규칙이다.

중립성을 지키고 절제의 태도를 보일 때, 치료자는 환자가 자신의 무의식적 내용들을 마음껏 투사할 수 있는 텅빈 스크린의 역할을 하게 된다. 즉, 치료자는 환자의 깊은 심리가 제한 없이 있는 그대로 전이되는 대상이 될 수 있다. 궁극적으로 치료자의 절제와 중립성의 태도는 환자의 자아가 무의식적 갈등을 이해하는 데 몰입할 수 있게 만들어 준다.

꿈은 무의식을 이해하는 왕도라는 말처럼, 꿈은 무의식 자체의 표현이라고 할 수 있다. 꿈을 형성하는 가장 중요한 재료 자체는 어린 시절의 무의적인 소망과 충동들이다. 그러므로 환자의 꿈은 그 자체로서 무의식을 탐구할 수 있는 가장 중요한 자원이 된다.

요약하면, 환자의 무의식을 이해하기 위해서는 저항과 전이를 분석하여야 한다. 그리고 꿈 해석을 하여야 한다. 아울러 환자는 자유연상을 통하여 의식으로부터 최대한 무의식적 요소들이 드러날 수 있게 해야 한다.

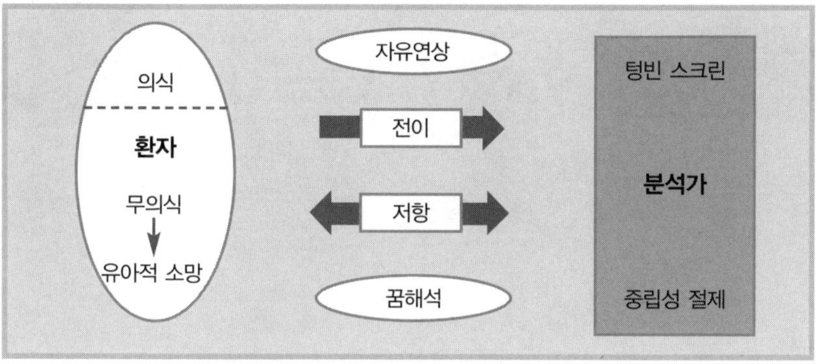

무의식을 이해하기 위한 분석적 개념

프로이트의 분석 사례: 도라 사례

도라(Dora) 사례는 프로이트가 1901년 세 달에 걸쳐 분석한 사례다. 분석이 중간에 중단되었으나 욕동(이드)심리학에 근거하여 환자의 심리를 이해하는 것이 어떤 것인지, 초기 정신분석에서 꿈은 어떻게 다루고, 분석은 어떤 식으로 진행되는지를 이해하게 해 주는 적절한 사례다.

사례 15

도라는 부모님, 오빠와 함께 살고 있는 18세 소녀다. 그녀의 아버지는 부유한 유대인 상인으로 지배적인 아버지였다. 그녀는 유난히 아버지를

도라와 그녀의 오빠

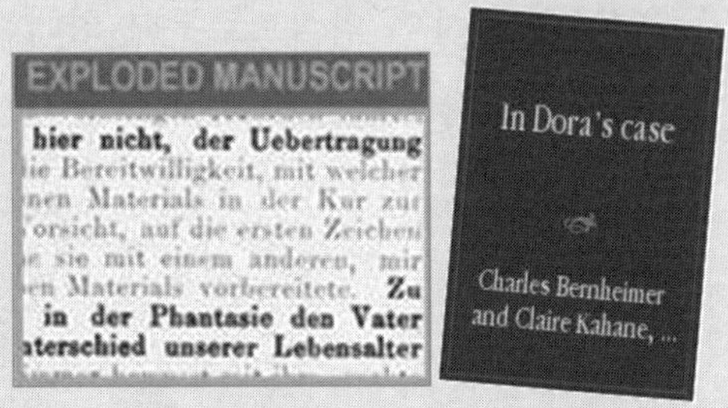

도라와 관련된 자료

좋아했다. 도라가 6세부터 아버지는 결핵을 앓았는데 그 때문에 아버지에 대한 그녀의 애착이 더욱 강했다. 도라가 10세가 되었을 즈음, 아버지는 망막박리로 어두운 방에서 생활해야 했으며 나중에까지 시력장애로 고생하였다. 아버지의 가장 심각한 증상은 2년 뒤에 나타났다. 도라의 아버지는 의식 혼탁과 마비 증상이 나타나서 프로이트에게 치료를 받고 회복되었다. 약 4년 후에 도라는 호흡곤란, 목소리가 나오지 않는 등 다양한 증상을 보이기 시작하였다. 그녀의 아버지는 이런 증상을 히스테리 증상으로 생각하여 프로이트에게 데려왔다. 이때가 도라의 나이 16세 때였다.

프로이트는 당시에 도라의 고모를 알고 있었는데, 그녀는 특징적인 히스테리 증상은 보이지 않았으나 명백하게 심한 정신신경증을 앓고 있었다. 프로이트는 도라가 아픈 것이 고모를 모델로 삼은 것 때문이라고 생각하였다.

도라의 어머니는 프로이트가 볼 때 '주부 정신병(housewife' s psychosis)' 의 양상을 보이고 있었다. 이는 집에만 격리된 채 하루 종일 집안일에만 강박적으로 매달리는 것을 의미한다. 도라는 어머니를 무시하였고 어머니의 영향으로부터 완전히 벗어나 지냈다.

도라는 좀 더 어렸을 때 한 살 반 위의 오빠를 따랐다. 그러나 최근에 둘의 사이가 멀어졌다. 오빠는 집안에 별로 관심을 보이지 않고 있지만 대체적으로 어머니 편에 서 있다. 결과적으로 아버지와 딸이 한편이고 어머니와 아들이 다른 편인 흔히 보는 성적 끌림이 나타났다.

프로이트는 도라의 신경증 증상이 유년기에 시작되었다고 생각했다. 도라는 8세에 만성적인 호흡곤란을 호소하였다. 처음 증상은 산을 올라가는 짧은 가족 여행 중에 나타났다. 12세 때엔 편두통과 신경성 기침으로 고생하기 시작하였다. 그녀가 프로이트에게 치료받으러 왔을 때 그녀의 기침발작은 지속되고 있었다. 근래 몇 년간 보였던 가장 심각한 증상은 완전히 목소리가 나오지 않는 증상이었다. 프로이트에게 오기 전에 수치료(hydrotherapy)나 국소 전기치료 등을 시행하였으나 아무 효과가 없었다. 프로이트는 도라의 증상이 심하긴 하지만 단지 모든 신체증상과 정신 증상을 가진 'petite hysterie' 사례일 뿐이라고 생각하였다. 주 증상은 호흡곤란, 신경성 기침, 무성증, 편두통, 우울증, 히스테리성 사회격리 등이었다.

프로이트는 히스테리 증상의 기원이 부모의 성생활에서 나타난 정신적 상처나 문제에서 비롯된다고 가정하였다. 그녀의 증상을 설명하기 위해 프로이트는 그녀의 아버지가 B*에서 지냈던 경험들을 탐색하기 시작하였다.

B*에서 요양을 하면서 도라의 아버지는 K씨 부부와 친하게 지냈다. K부인은 도라 아버지의 병간호를 해 주었고, K씨는 도라에게 항상 친절

하였다. 도라는 K씨와 산책도 가고 K씨로부터 선물도 받는 등 가깝게 지냈다. 16세에 도라는 K씨가 호숫가 산책 중에 자신에게 성적인 접근을 했다고 아버지에게 말했다. 그녀의 아버지와 삼촌은 K씨를 불러 따졌다. K씨는 매우 공감적인 어투로 자신은 그런 적이 없다고 부인하였다. 그러고는 오히려 도라에게 의심의 시선을 던지듯 이야기하였다. 그는 도라가 Mantegazza(이태리의 신경학자 겸 생리학자)의 『사랑의 생리』라는 책을 보곤 하였다는 이야기를 자기 부인에게 들었다고 말했다. 그리고 아마 도라가 그런 책에 지나치게 흥분하여 모든 상황을 단지 공상한 것 같다고 부언하였다. 도라의 아버지는 이 상황의 책임은 도라에게 있으며 자신은 자기를 돌봐 준 K부인의 마음을 아프게 하길 원치 않는다고 말하였다.

치료 중 도라는 프로이트에게 K씨와 있었던 또 다른 일에 대해 얘기하였다. 그녀가 14세 때의 일이었다. K씨는 그의 아내와 도라와 같이 그의 사무실에서 만나자고 약속을 하였다. 그러고는 도라 몰래 아내가 집에 머무르도록 설득하였다. 도라가 그의 사무실에 도착했을 때, K씨는 그녀를 부둥켜안고 키스를 하였다. K씨의 행동에 도라는 구역질을 느끼며 사무실을 뛰쳐나왔다. 프로이트는 이에 대해 "이것은 전에 구애를 받아 본 적이 없는 14세 소녀에게 성적 흥분의 감정을 불러일으키는 바로 그런 상황임에 틀림없다. 그러나 도라는 그의 행동에 강한 구역질을 느끼며 사무실에서 뛰쳐나왔다."라고 기술하였다.

프로이트의 입장에서 볼 때 그 상황은 도라가 성적 흥분을 느껴야만 하는 상황이었다. 그런데도 그녀가 혐오감을 느꼈다는 것이 프로이트에게는 이상하게 느껴졌다. 그는 이것이 감정의 반전(reversal of affect)이라고 생각하였다. 성적 쾌락을 부정적인 감정으로 반전하는 것은 도라의 히스테리를 이해하는 데 중요할 뿐 아니라 일반적인 신경증을 이해하는 데에도 중요하다고 믿었다. 도라 사례를 특별히 이해하기 위해서 프로이트는 감정의 반전과 함께 감각의 전치(displacement of sensation)에 관심을 가져야 한다고 주장하였다. "그런 상황에서 건강한 소녀라면 느꼈어야만 했던 성기의 감각 대신에 소화기관의 입구인 점막의 불쾌한 감정, 즉 구역질로 그것을 처리했다. 키스에 의해 입술을 자극받은 것이 특정 부위에 느낌을 국한시키게 된 중요한 요인이라는 점에는 의문의 여지가 없다." 이처럼 프로이트는 그녀가 성기의 흥분을 느끼는 대신에 입안 점막에 국한된 감각인 구역질을 느낀 것이라고 주장하였다.

도라는 그 당시 경험을 얘기하면서 K씨가 포옹할 때 상체에서 느꼈던 압박감을 지금도 느낄 수 있다고 말했다. 또다시 프로이트는 전치가 일어났다고 믿었다. 그는 K씨가 끌어안았을 때 도라가 발기된 K씨의 성기를 느꼈을 것이라고 추측했다. 이러한 감각의 기억은 억압되고 가슴의 압박감으로 전치되었다고 주장하였다. 프로이트는 그 사건 이후 도라가 남성과 다정한 대화를 기피하는 것도 알게 되었다. 그는 이 또한 성적인 신체 자극을 피하기 위한 것이라고 생각하였다.

프로이트는 한 경험으로부터 세 가지 증상이 생겨난 것에 대해 주목할 가치가 있다고 하였다. 첫 번째 증상인 구역질은 구강 성감조성대(erotogenic oral zone)에 억압된 증상이다. 프로이트는 면담을 통해 도라가 이미 유아기 때부터 육감적인 빨기(sensual sucking)의 버릇이 있어서 구강 성욕에 대한 지나친 탐닉이 있었다는 것을 지적하였다. 두 번째 증상인 가슴의 압박감은 전치에 의한 증상이다. 발기된 남성 성기의 압박은 그것에 해당하는 여성의 기관인 클리토리스에 같은 변화를 초래한다. 두 번째 성감조성대의 흥분은 가슴(thorax)의 압박으로 전치되고 그곳에 고착되었다. 세 번째 증상인 성적으로 흥분되어 보이는 남성을 피하는 것은 공포(phobia)의 기제를 유발한다. 그렇게 함으로써 억압된 감각이 재생되는 것을 막으려는 것이 목적이다.

도라는 K씨와 있었던 일 때문에 아버지에게 K씨 부부와 관계를 끊으라고 재촉했다. 그녀의 아버지는 자신이 아팠을 때 돌봐 준 K부인에게 특히 빚진 감정을 느끼고 있었다. 그런 연유로 그는 그녀와의 관계를 끝내기를 거부했다. 도라는 아버지와 K부인의 관계가 불륜이라 의심해서 몹시 격분했다. 그렇게 의심할 만한 증거는 충분했다. 도라의 아버지와 K부인은 기회만 되면 둘이서만 있으려 했다. 가족 여행 중에 그들은 다른 사람들로부터 떨어진 숙소를 정해 지냈다. B*에서 집으로 돌아온 후에도 도라의 아버지는 기침만 나면 여기는 공기가 나쁘다고 불평하면서 K부인이 있는 B*로 떠났다.

프로이트는 아버지에 대한 도라의 비난이 어느 정도 사실이라고 인정하였다. 그렇지만 아버지에 대한 반감의 이면에는 그녀 자신의 잘못을 감추려는 의도가 있다고 믿었다. 도라는 아버지가 기침을 핑계로 K부인을 만나러 갔다고 주장하였지만, 프로이트는 그녀 역시 똑같은 일을 하게 될까 봐 두려워하고 있다고 지적했다. 도라는 K부인으로부터 원하는 것을 얻기 위해 아픈 척하는 것이 유용하다는 것을 알게 되었다. K부인은 아픈 척을 해서 그녀 남편과의 섹스를 피했다. 도라 또한 아버지와 K부인을 떼어놓기 위해 아픈 척을 했다. 프로이트는 도라가 기침을 하고 목소리가 나오지 않는 것이 K씨와 관련이 있다고 주장하였다. 아픈 것을 가장하는 것은 사랑하는 대상의 주의를 끌기 위한 강력한 수단이며, 아이들과 버림받은 아내들이 자주 이용하는 방법이라고 하였다. 한편 도라의 목소리가 나오지 않았던 것은 약 3~6주 정도였는데 이는 K씨가 여행을 떠난 시간과 일치한다. 프로이트는 도라의 증상이 K씨를 향한 그녀의 사랑을 보여 주는 것이라 결론지었다. 그가 여행을 떠나자, 즉 그녀를 떠나자 도라는 사랑하는 사람에게 더 이상 이야기할 수 없었고 그런 상황에서 말은 더 이상 가치가 없어진 것이다.

프로이트는 도라의 기침이 그녀가 아버지를 비판하면서부터 시작되었음을 인식하였다. 그는 이 증상이 아버지와 관련되어 있을 가능성에 주목하였다. 프로이트는 히스테리 증상이 종종 성적 환상을 나타내는 것이라고 주장하였다.

도라는 단지 아버지가 재산을 가진 남자(ein vermogender Mann; a man of means)이기 때문에 K부인이 좋아한다고 주장하였다. "그녀가 표현하는 세밀한 방식은 나로 하여금 정반대로 느끼게 하였다(세밀한 방식에 대해서는 다른 대부분의 순수한 분석 기술적인 부분에 대해 그랬듯이 여기서는 생략하고 넘어가겠다.). 그녀의 표현은 정반대로 아버지가 재산이 없는 남자(ein unvermogender Mann; a man without means)란 것을 숨기고 있는 것으로 보였다. 이것은 그녀의 아버지는 남자로서 재산이 없는 사람, 즉 발기 불능이란 성적인 의미로 해석될 수밖에 없다."(여기서 'unvermogender'는 문자적으로 'unable'을 의미하며, 일반적으로 'not rich'와 'impotent'를 동시에 의미한다고 각주가 달려 있다.) 이와 같이 프로이트는 도라의 아버지가 성적으로 무능했음을 발견하였다고 주장하였다. 이런 생각을 바탕으로 그는 도라가 아버지와 K부인이 불륜을 저지르고 있다고 주장하는 것과 아버지가 성적으로 무능하다는 것 사이에 모순이 있음을 지적하였다. 그녀는 성적 만족을 얻는 데에는 하나 이상의 방법이 있다고 말했다. 프로이트가 성교 목적으로 다른 기관을 사용하는 것을 뜻하는 것이냐고 다시 질문했을 때, '그녀는 긍정적으로 대답하였다.' 프로이트가 그녀의 경우 가슴과 구강 부위를 생각하고 있는 것이 틀림없다고 재차 언급했을 때, 도라는 더 이상 들으려 하지 않았다. 프로이트는 "그러나 발작적 기침은 성기를 흥분시키는 자극이 목구멍의 간질거림으로 옮겨 갔다는 것을 뜻한다. 또 발작적 기침이 그녀 스스로 두 사람 사이에 구강을 통한(per os) 성적 만족을 얻는 장면을 그리고 있다는 것과 그런 성교 장면이 그녀의 마음에 끊임없이 떠오르고 있다는 것을 의미한다는 결론은 필연적이다."라고 주장하였다. 프로이트는 그녀가 이런 설명을 무언으로 받아들였다고 생각하였다. 그리고 잠시 후 기침이 사라진 것이 자신의 설명과 잘 맞아떨어지는 것이라고 했다. 그러나 전에도 자연스럽게 기침이 좋아진 적이 매우 많았기에 이 부분을 너무 강조하고 싶지 않다고 하였다.

이어서 프로이트는 도라가 아버지의 이성관계에 집중하고 있는 것을 언급하였다. 그는 도라가 아버지와의 관계에서 걱정하는 딸이기보다는 질투로 가득 찬 아내와 같이 행동했다고 주장했다. 도라는 K부인(아버지의 현재 사랑)과 그녀의 어머니(아버지의 과거 사랑)를 모두 동일시하였다. 이로써 프로이트는 도라가 아버지를 사랑하고 있다고 하였다. 프로이트는 도라가 7세 때 자신은 어머니를 싫어한다고 사촌에게 이야기한 점과 어머니가 돌아가시면 아버지와 결혼할 것이라 말했던 점을 지적하였다.

도라는 수년간 아버지에 대한 열정을 잊고 지냈다. 프로이트는 이 시점에 왜 아버지에 대한 열망이 되살아났는지 궁금해하였다. 그는 도라가 K씨에게 애정을 느낀다고 보았다. 그 느낌을 피하기 위해 오래전 아버지에게 가졌던 애정을 강화하고 있는 것이라 생각했다. 프로이트는 또한 도라가 무의식적으로 K부인에게 매력을 느꼈을 것이라고 믿었다. 프로이트의 견해에 의하면 도라는 아버지의 불륜에 대한 관심을 내세우며 자신의 질투심을 숨기고 있다. 그리고 그 질투의 대상은 K부인이다. 치료시간 중에 도라는 K부인을 '찬탄할 만한 하얀 몸매' 라는 성적인 용어를 사용하여 표현하였다. K부인과 아버지의 관계에 대해 매우 화가 나 있으면서도 도라는 K부인을 비난하지 않았다. 프로이트는 남성에 대한 성적 욕구가 억제되면 도라와 같은 히스테리 환자들은 종종 동성으로 감정을 바꾼다고 주장하였다.

다음은 도라가 말한 첫 번째 꿈의 내용이다.

> 집이 불타고 있었다. 아버지가 내 침대 옆에 서 있었고 나를 깨웠다. 나는 옷을 급히 입었다. 어머니는 걸음을 멈추고 그녀의 보석함을 챙기고 싶어 했다. 아버지는 보석함 때문에 자기 자신과 두 아이를 죽일 수는 없다고 말했다. 우리는 서둘러 계단을 내려왔다. 그리고 밖으로 나오자마자 잠이 깼다.

프로이트는 이 꿈과 관련되었다고 생각되는 최근 사건들을 얘기해 달라고 요청하였다. 도라의 어머니는 밤에 식탁 쪽 문을 잠갔다. 아버지는 문을 잠근 것에 대해 어머니와 말다툼을 벌였다. 오빠 방으로 가는 유일한 통로는 식당을 지나는 것이었는데 '만약 어떤 사건이 발생하면' 오빠가 갇히게 될까 봐 걱정했기 때문이었다. 이 이야기를 한 후 도라는 L*에 도착했을 때의 일을 기억했다. 가족이 머물고 있는 나무로 만든 집에 불이 나지 않을까 걱정된다는 말을 아버지가 했다는 것이다.

16세 때 K씨가 도라에게 성적 접근을 했던 곳이 L*이었기 때문에 프로이트는 이 꿈이 K씨와 관련된 것이라고 확신했다. 하지만 프로이트는 도라가 어째서 L*에서 매일 밤 꿈을 꾸지 않았는지 궁금했다. K씨 사건 이후 나흘 밤이 지났지만 도라는 단지 세 번 꿈을 꾼 것만 기억하였다. 도라는 프로이트의 질문을 무시하고 L*에서 있었던 또 다른 사건을 얘기했다. 어느 날 도라는 낮잠을 자고 있었다. 문득 깨어난 도라는 K씨가 자기 옆에 서 있는 것을 보았다. 그녀는 K씨에게 거기서 무엇을 하고 있느냐고 물었다. 그는 이곳은 자기 침실이고 자신이 원할 때 못 들어올 이유가 없다고 대답했다. 도라는 K씨의 행동에 놀라서 K부인에게 문을 잠글 열쇠를 요구하였다. 그날 오후 그녀는 문을 잠그고 옷을 입을 수 있었다. 다음 날 아침에도 분명히 문을 잠근 기억이 있는데, 도라는 오후에 문을 다시 잠그려고 할 때 열쇠가 분실된 걸 알았다. 그녀는 K씨가 가져갔다고 확신했다.

프로이트는 도라 사례의 분석을 잠시 멈추고 자신의 꿈 이론에 대해 설명했다. 프로이트에 의하면 꿈은 무의식적인 소망을 실현하는 것이다. 억압 때문에 꿈의 내용은 왜곡되므로 해독을 통해 의미를 찾아야 한다. 프로이트는 꿈은 욕구 충족이라는 이론에 예외가 존재한다는 것을 인정했다. 도라 사례에서 그녀의 꿈은 낮에 형성된 생각의 연속으로 나타난다.

꿈을 광범위하게 다룬 후, 프로이트는 보석함의 의미를 탐색했다. 보석함과 관련된 주목할 만한 두 가지 정보를 얻었다. 첫째, 도라는 어머니가 보석을 매우 좋아하며 진주 귀걸이를 선물받기를 원했다고 말했다. 도라 아버지는 어머니에게 진주 귀걸이 대신 팔찌를 사 주었다. 그런데 어머니는 아버지가 자신을 무시했다고 화를 내며 선물을 거절했다. 둘째, K씨가 도라에게 보석함을 선물로 준 적이 있다. 그녀가 선물에 대해 말하자, 프로이트는 답례 선물을 주는 게 적절했을 것이라고 말했다. 또 '보석함' 이란 단어가 속어로 여성의 성기를 뜻한다고 지적했다. 도라는 자신도 그런 말을 들은 적이 있다고 말하고, 프로이트가 그 용어의 성적인 의미를 언급할 줄 알았다고 했다.

이 부분에서 도라의 꿈이 지닌 의미가 프로이트에게 명확해졌다. 도라는 자신의 '보석함' 이 K씨 때문에 위험한 상태에 있다고 걱정한다. 만일 무슨 일이 일어난다면 그것은 아버지의 잘못이라고 염려한다. 프로이트가 보기에 꿈속에서 도라는 자신의 모든 감정을 반대로 표현했다. 도라는 아버지가 자신을 위험에서 구해 주는 상황을 창조했다. 그리고 아버지는 K씨를 흉내 내듯 그녀의 침대 옆에 서 있었다. 프로이트는 도라가 K씨에게 매력을 느끼는 것이 이 꿈의 실제 내용이라고 믿었다. 도라의 어머니는 아버지가 준 보석 선물을 거절하였다. 프로이트는 도라가 K씨가 준 '보석함' 에 대해 답례 선물을 주어야 한다는 느낌을 억압하고 있다고 보았다. 다시 말해서, 도라는 K씨에게 느끼는 성적 매력을 억압하고 있다.

그다음 프로이트는 '만약 어떤 사건이 발생하면' 오빠가 방에 갇힌다는 얘기에 초점을 맞추었다. 프로이트는 때로 꿈이 어린 시절의 중요한 사건과 현재의 사건들을 연결시킨다고 주장하였다. 그는 사건에 관한 도라의 진술이 그녀의 과거에 관해 중요한 뭔가를 드러낸다고 믿었다.

프로이트가 이에 대해 질문을 하자, 도라는 보통 애들보다 나이 먹어서까지 잠을 자다가 오줌을 싸는 일이 있었다고 말하였다.

프로이트가 도라의 꿈에 관한 자신의 해석에 만족하고 있을 때, 도라는 뜻밖의 새로운 정보를 제공하여 분석을 복잡하게 만들었다. 그녀는 자신이 꿈에서 깨었을 때 연기 냄새를 맡았다고 말했다. 이를 통해 프로이트는 이 꿈이 자신과 특별한 관련이 있다고 결론지었다. 프로이트와 K씨 그리고 도라의 아버지는 모두 '애연가들'이다. 이는 도라도 알고 있는 사실이다. 그녀 역시 L*에 있는 동안 담배를 피웠다. K씨는 성적 접근을 하기 전에 도라에게 담배를 말아 줬다. 프로이트는 담배가 남성과 키스하려는 도라의 갈망을 상징한다고 믿었다. 흡연가의 경우에는 냄새도 같은 의미라고 믿었다. 프로이트는 도라가 심리치료를 하는 동안 자신과 키스하는 생각을 했으며 자신에 대한 감정을 키워 왔다고 믿었다. 여기서 프로이트는 전이의 개념을 설명하였다. 전이는 한 사람에 대한 감정이 무의식적으로 다른 사람에게 옮겨 가는 것인데, 도라의 경우는 그것이 치료자에게 향했다고 언급하였다.

프로이트는 도라의 야뇨증 및 아버지와의 관계에 다시 집중하였다. 그는 야뇨증의 가장 일반적인 원인은 자위인데 도라가 어린 시절부터 자위를 했다는 걸 인정했다고 주장했다. 도라는 아버지의 병이 성병이란 걸 알고 있고 아버지가 어머니도 감염시켰다고 의심하고 있다. 그리고 자신도 유전적으로 감염될까 봐 걱정하고 있다. 프로이트는 도라가 전염성이 있는 임질과 유전성이 있는 매독을 혼동한 것인지 모른다고 설명했다. 어찌됐든 프로이트는 도라가 고름과 진물이 나는 카타르로 고통 받는다는 것을 알게 되었다. 그는 도라가 자신에게 질병을 감염시킨 아버지를 질책하고 있지만 사실은 그녀 자신에 대해 자책하고 있다고 믿었다. 프로이트의 견해에 의하면 도라는 카타르의 원인이 자위 때문이라고 믿고 있다.

다음은 도라가 제시한 두 번째 꿈이다.

> 나는 생소한 마을을 돌아다니고 있었다. 낯선 길들과 광장들이 보였다. 그때 나는 내가 살던 집에 들어가서는 내 방으로 갔다. 거기서 어머니가 쓴 편지가 놓여 있는 것을 발견하였다. 어머니는 내가 부모님께 알리지 않고 마을을 떠났기 때문에 아버지께서 편찮으시다는 편지를 보내고 싶지 않았다고 쓰셨다. "이제 아버지가 돌아가셨으니 원한다면 너는 올 수 있다." 그다음 나는 역으로 가서 백 번쯤 물었다. "역은 어디 있나요?" 돌아오는 대답은 늘 "5분."이었다. 나는 그때 내 앞에 있는 울창한 숲을 보았고, 그곳에 들어갔을 때 만난 남자에게 물었다. 그는 "두 시간 반 더 걸려요."라고 말했다. 그러고는 함께 가 주겠다고 했으나 나는 거절하고 혼자 갔다. 역이 내 눈 앞에 보였지만 닿을 수가 없었다. 동시에 꿈에서 보통 그렇듯 앞으로 나아갈 수 없다는 느낌을 받았다. 그다음 나는 집에 있었다. 그동안 집까지 오고 있었던 것이 틀림없는데 그것이 전혀 기억나지 않았다. 관리인에게 가서 우리 방을 달라고 했다. 하녀가 문을 열어 주었고 어머니와 다른 사람들은 벌써 묘지에 가 있다고 대답했다.

이 꿈은 도라가 첫 번째 꿈을 꾸고 나서 몇 주 뒤에 꾼 꿈이다. 꿈에서 도라는 낯선 마을을 거닐다가 갑자기 그녀가 살고 있던 장소에 도착한다. 그녀는 자기 방으로 가서 어머니가 보낸 편지를 발견한다. 어머니는 편지에 아버지가 돌아가셨으니 원한다면 장례식에 와도 좋다고 썼다. 도라는 기차역을 찾아 떠나고, 가는 길에 사람들에게 위치를 묻는다. 수 없이 물을 때마다 역까지 5분 정도 남았다는 같은 대답이 반복된다. 그 다음 숲 속으로 들어가서는 거기서 만난 한 남자에게 묻는다. 그는 도라에게 역까지 두 시간 반 더 걸린다고 말해 준다. 도라는 계속 걷다가 눈앞에 있는 역을 보게 되지만 그곳에 닿을 수는 없었다. 갑자기 도라는 집에 도착해 있고, 역에서 집까지 온 사실은 기억나지 않는다. 도착했을 때 하녀는 어머니가 벌써 묘지로 떠났다고 말해 준다.

프로이트는 도라가 낯선 마을을 돌아다니는 것에서부터 꿈 분석을 시작했다. 그는 아마 도라가 그 마을을 사진에서 보았을 것이라고 결론짓는데 그 예측이 맞았다. 도라는 크리스마스 선물로 독일의 한 헬스리조트 앨범을 받았는데 거기에 그 마을의 사진이 들어 있었다. 그 선물은 한 젊은 기술자가 준 것이었다. 그는 능력을 갖추게 되면 도라에게 구애할 생각이었다. 그러므로 낯선 마을을 돌아다닌 것은 그 앨범에서 자취를 찾을 수 있었다.

프로이트는 도라의 꿈속에 나타난 편지의 내용으로 넘어갔다. 도라는 이전에 부모님에게 집을 떠나겠다고 썼던 편지를 기억했다. 편지를 쓴 목적은 아버지를 겁줘서 K부인과의 관계를 끝내게 하려는 것이었다. 프로이트는 도라의 꿈은 또한 아버지에게 복수하고자 하는 환상에서 비롯된다고 주장했다. 환상 속에서 그녀는 집을 떠났고, 그녀가 없는 동안 아버지는 비탄에 젖어 돌아가셨다.

프로이트의 몇 번에 걸친 격려 끝에, 도라는 꿈속의 편지 내용이 다른 편지와 비슷하다는 사실을 깨달았다. 그 편지는 K부인이 도라에게 L* 을 방문해 달라고 보낸 초대장이었다. 이 사실을 통해 프로이트는 K씨와의 사건이 도라에게 강한 인상을 남겼다는 것을 확인하였다. 프로이트는 도라에게 그 사건을 자세히 묘사해 보라고 요청하였다. 도라는 K씨가 자신을 유혹하고 있다는 사실을 깨닫자마자 빰을 때렸다고 말했다. 그리고 L*까지 혼자 걸어서 돌아가려고 시도했다. 가는 길에 한 남자를 만나 마을까지 얼마나 남았는지 물어보았고, 그는 '두 시간 반' 이라고 답했다.

도라는 꿈에 대한 또 다른 정보를 얘기했다. 꿈속에서 자기 방으로 들어가서 테이블 위에 놓인 큰 책을 읽기 시작했다는 것이다. 프로이트는 그 책이 혹시 백과사전이 아니었는지 물었다. 이 질문에 도라는 사촌이 맹장염에 걸렸을 때 자신이 백과사전에서 증상을 찾아보았던 사실을 떠올린다. 프로이트는 그 일이 있고 얼마 후에 도라가 맹장염 증상을 겪은 것을 기억해 내었다. 그가 맹장염 증상이 언제 있었는지 묻자, 도라는 호숫가 사건이 있은 지 9개월 뒤에 시작되었다고 답했다. 이에 프로이트는 도라의 맹장염 증상이 출산의 환상이라고 결론지었다.

프로이트는 도라의 히스테리 사례를 더 깊이 분석하길 원했다. 그러나 예상 밖으로 도라는 치료를 끝내기로 결심하였다. 프로이트가 그녀에게 언제 치료를 끝낼 것을 결심했냐고 묻자, 그녀는 약 2주 전이라고 대답하였다. 프로이트는 마치 가정교사나 하녀가 주인에게 2주 후에 그만두겠다는 통고를 하는 것처럼 들린다고 말했다. 그의 말을 들은 도라는 K씨에게 2주 전에 통고를 했던 한 가정교사에 대해 말했다.

그 가정교사도 유난히 치근덕거리는 K씨 때문에 난처해했다. 그가 그녀에게 접근할 때마다 그녀는 단호하게 거절하곤 했다. 가정교사는 자신의 부모님께 이런 사실을 알렸고 부모님은 당장 집으로 돌아오라고 했다. 도라가 프로이트에게 가정교사에 대해 이야기하는 순간, K씨가 호숫가에서 도라를 유혹했을 때 왜 그녀가 그의 뺨을 때렸는지가 프로이트에게 분명해졌다. 도라는 K씨가 그 가정교사에게 사용했던 같은 수법과 심지어 같은 말을 할까 봐 모욕감을 느꼈던 것이다. 프로이트는 도라가 자신을 가정교사와 얼마나 동일시하였는지에 대해 지적하였다. 도라도 가정교사가 그랬던 것처럼 K씨와의 사건 이후 부모님께 편지를 썼던 것이다. 또한 그녀는 심리치료를 끝내기 2주 전에 프로이트에게 통보하였다.

프로이트는 도라가 겉으로 보이는 것보다 더 심각하게 K씨 사건을 염두에 두고 있다고 추측하였다. 그가 접근했을 때 질투심과 난처함으로 어쩔 줄 몰랐지만 마음속 깊은 곳에서는 그의 사랑이 진실이기를 바랐던 것이다. 프로이트는 도라가 자신이 좀 더 나이를 먹은 다음에 K씨가 이혼하고 자신과 결혼하기를 기다리고 있었다고 추측하였다. 그리고 그는 K씨가 호숫가에서의 사건을 부정하면서 로맨틱한 의도가 없었다고 했을 때 도라의 마음이 찢어졌을 것이라고 생각하였다.

도라는 프로이트의 이론적인 설명을 다 들었음에도 치료를 그만두고 돌아오지 않았다. 프로이트는 자신이 그녀의 사례를 성공적으로 해결할 수 있다고 생각하는 순간에 그녀가 치료를 그만두기로 결심한 것에 대해 애석해했다. 프로이트는 도라의 결정이 그녀 나름의 복수라고 주장하였다. 그리고 그가 도라의 치료가 그 자신에게 얼마나 중요한지 매우 강조했다면 그녀가 치료를 계속하도록 설득할 수 있지 않았을까 궁금해하였다.

이 글의 원제는 'Dreams and Hysteria' 이다. 히스테리 환자를 이해하고 치료하는 데 꿈이 중요한 역할을 한다고 생각하였기 때문에 붙인 제목으로 생각된다. 프로이트는 도라의 꿈을 분석함으로써 그녀의 무의식적인 욕망을 이해할 수 있고 히스테리 증상이 좋아질 것이라고 믿었다.

도라의 본래 이름은 이다 바우어(Ida Bauer)다. 도라는 프로이트의 딸 로사(Rosa)의 하녀 이름에서 따온 것이다. 병력에서 알 수 있듯이, 도라는 어려서부터 다양한 히스테리 증상을 보였던 것으로 보인다.

프로이트는 히스테리 증상은 환자의 성적 생활에서 그 원인을 찾을 수 있다고 주장하였다. 히스테리 환자의 경우는 억압된 성적 욕망이 히스테리 증상을 통해 나타난다. 그러나 성적 욕동은 무의식으로 억압되기 때문에 환자의 감춰진 성적 비밀을 밝혀내는 것이 쉽지는 않다. 그럼에도 무의식적인 감정을 노출하게 되는 말실수처럼 성적 비밀도 결국은 드러나기 마련이라고 생각하였다. 예를 들어, 프로이트는 분석 중 도라가 핸드백을 열고 손가락을 반복적으로 넣었다 뺐다 하는 행동을 관찰하였다. 이것을 보고 그는 핸드백은 여성 자궁을 나타내고 도라의 행동은 자위를 하고 싶은 소망을 표현하는 것이라고 단정하였다.

프로이트는 16세 때의 호숫가 사건이 도라의 히스테리 증상에 영향을 줄 만큼 그 상처가 컸을 것이라고 믿었다. 그러나 상세히 설명을 덧붙이지는 않았다. 이 사건에서 도라 아버지가 왜 K씨 편을 들어주었는지가 궁금한 부분이다. 아마 그 자신을 또 다른 K씨로 느꼈을 것이다. 도라의 아버지는 K부인에게 성적으로 접근하여 불륜을 저지르고 있다. 아버지가 K씨의 성적 행동을 부인한 것은 바로 자기 자신의 불륜을 부인한 것이다. 도라가 16세에 경험한 이 사건의 기억은 14세에 K씨 사무실에서 있었던 성적 추행에 대한 차폐기억(screen memory)으로 볼 수 있다.

프로이트의 전체적인 분석적 접근을 보면 그가 억압된 기억에 도달함으로써 히스테리 증상을 치료할 수 있다는 확신으로 도라를 분석하는 것을 볼 수 있다. 그는 마치 심리 탐정처럼 도라의 기억을 탐색하고 있다. 그리고 탐정이 그러하듯 도라가 하는 말을 액면 그대로 믿지 않고 숨은 뜻이 있다고 생각한다. 이 사례 연구에서 프로이트는 '감정의 반전' 과 '전치' 의 개념을 소개하였다. 두 방어기제는 모두 참된 감정과 내용은 의식에서 감춰진다는 점에서 공통점을 갖고 있다.

프로이트는 도라의 행동을 있는 그대로 받아들이지 않는다. 그는 성인 남자의 키스는 '건강한' 14세 소녀에게 성적 흥분을 불러일으켜야만 한다고 믿고 있다. 그것은 쾌감임에 틀림없다고 믿는다. 남성의 성적 접근에 여성은 성적으로 같이 흥분할 수밖에 없고, 남성의 성적 욕구에 여성은 같이 성적 욕구를 느끼는 것이 당연하다고 믿는다. 프로이트는 도라가 K씨에게 끌리지 않을 수도 있다는 것을 이해하지 못한다. 남성 성기의 자극은 그에 해당하는 도라의 성기 자극을 유발해야 한다고 믿는다. 그렇기 때문에 그녀가 성기 자극 대신 구역질을 느낀 것이 전치라고 생각한다.

프로이트가 바라보는 도라는 마치 성적 자극에 반응하는 성적 기관처럼 보인다. 장소가 사무실이든 어디든, 대상이 성인이든 젊은이든, 분위기가 어떻든 간에 성적 자극을 받으면 쾌감을 느끼며 흥분하는 것이 당연하다고 생각한다. 성적 자극과 흥분의 관점으로만 남녀관계를 바라볼 뿐 인격체끼리의 만남 같은 것을 찾기는 어렵다.

프로이트는 도라의 꿈이 무의식적인 욕망을 깨닫게 해 줄 것이라고 믿었다. 그래서 히스테리 증상이 해소될 것으로 기대하였다. 그가 꿈을 해석하는 방식은 환자로 하여금 다시 꿈에 대해 말하게 하고 꿈의 내용에 대해 자유연상을 하게 하는 것이었다. 융통성 있는 자유연상 기법에 비해, 프로이트는 때로 자신의 해석에서 경직된 면을 보이기도 하였다. 첫 꿈에서의 보석함에 대해 여성 성기를 상징한다고 주장하며 다른 가능성에 대해서는 일체 거부한 것이 그 예다.

프로이트가 도라의 심리과정을 파악하는 방식은 주로 성(sexuality)에 근거한 것이었다. 그런 방식들은 때로 도가 지나치다는 느낌을 주고 입증되지 않은 결론을 내렸다는 비판을 받기도 한다. 사례 전체를 통하여 프로이트의 해석에 대해 도라가 동의하지 않는 부분들을 찾을 수 있다. 도라는 K씨를 사랑하지 않는다고 말했지만 프로이트는 그렇지 않다고 주장하였다. 그가 도라의 무의식에 대해 그녀보다 더 잘 알고 있다고 주장할 때, 도라는 특히 좌절감과 무력감을 느꼈다. 프로이트는 정신분석가로서 숨겨진 욕망을 찾아내는 기법을 갖고 있다고 단언하였고, 이러한 권위가 분석에 무게를 실었다. 심지어 도라가 'No' 라고 했을 때에도 프로이트는 'Yes' 라고 주장하였다. 무의식에서는 'No' 가 아니기 때문이라는 주장이었다. 자신이 도라의 무의식을 옳게 이해하고 있다는 프로이트의 주장에 대해서는 논란이 많은 것이 사실이다. 페미니스트들은 도라를 대하는 프로이트의 태도가 가부장적이고 여성을 경시하는 것이라고 비판하였다.

4 프로이트 자아심리학

정신분석 이전 시기에 자아(ego)는 개인(person), 자기(self), 의식(consciousness) 등의 의미로 사용되었다. 그리고 방어(defense)는 의식으로부터 기억을 해리시키는 것을 의미했다. 당시에는 억압(repression)도 이러한 단순한 개념의 방어를 지칭하는 것으로 사용되었다. 억압이 요즘 알려진 의미로 변화되고 다양한 방어기제 중의 하나로 자리 잡은 것은 그로부터 약 40년이 지난 후다.

프로이트는 『꿈의 해석』(1900)에서 인간의 심리가 상반되는 두 힘, 즉 소망하게 하는 힘과 그것을 검열하는 힘으로 구성되어 있다고 기술하였다. 그래서 꿈은 왜곡된 모습으로 소망을 표현하고, 깨어 있는 중에도 비판적인 기능이 있어서 일상생활을 지도하고 우리의 의도적인 행동을 결정한다고 말하였다. 이전 시기에 비해 자아의 기능에 대한 보다 발전된 생각을 읽을 수 있으나, 프로이트는 여전히 자아를 의식과 동의어로 생각하였다. 그래서 자아를 감각기관으로서 인식하고, 사고과정을 담당하고 내외부의 자극을 수용하는 기관으로 정의하였다.

초기 프로이트 연구에서 가장 초점이 된 것은 자아의 방어 기능이었다. 방어가 무의식적인 기능이라고 뚜렷하게 얘기한 것은 1923년이지만, 프로이트는 1896년경에 이미 그럴 가능성을 생각한 것으로 보인다. 1909년에 출간된 『강박신경증 사례에 대한 기록』에는 퇴행(regression), 취소(undoing), 격리(isolation), 전치(displacement) 등의 방어기제가 기술되고 있다.

1911년에 출판된 「심리 기능의 두 원칙에 관한 공식들」에서 프로이트는 일차과정과 이차과정에 대해 보다 발전된 생각을 표현하였다. 그는 이차과정과 현실원리를 같은 의미의 기능으로 생각하였다. 의식, 즉 자아는 쾌락과는 다른 것을 고려한다고 생각한 것이다. 이 논문에서 프로이트는 자아 본능(ego instincts)이란 용어를 사용하면서 그것이 성적 본능(sexual instincts)에 비해 더 현실원리를 따른다고 구분하였다. 그러나 그 후 프로이트 자신이 자아 본능이란 용어를 폐기하였다. 이 논문에서 프로이트는 쾌락 자아(pleasure ego)가 소망만 하고 고통은 피하려 하는 반면에 현실 자아(reality ego)는 유용한 것을 추구한다고 하였다.

프로이트는 1914년에 자기애(narcissism)의 개념을 도입하면서 그의 이론을 또다시 개정하기 시작하였다. 욕동심리학의 본능이론에서는 본능을 리비도 본능(libidinal instinct)과 자아 본능(ego instinct, self preservative instinct)으로 구분하고 이들 사이의 갈등을 초점으로 삼았다. 그래서 숨겨진 이드 소망을 노출시키는 것에 초점을 두었다. 자아는 성적 욕동에 저항하는 힘(counterforce to the sexual drive)으로서만 간주하고 크게 관심을 기울이지 않았다. 그러나 자기애는 리비도가 바로 자아 자체에 투입되는 것을 의미한다. 그래서 영아기에는 리비도 자체가 자아 리비도(ego-libido)로서 자기 자신에게 전적으로 투입된 상태다. 한마디로 일차 자기애(primary narcissism) 상태다. 성장하면서 유아는 점차 자신의 욕동을 만족시켜 주는 대상을 별개의 대상으로 인식하기 시작한다. 그에 따라 리비도는 점진적으로 자아에서 외부 대상으로 옮겨 간다(object libido). 그러나 고통으로 좌절되거나 상처를 받는 경우 대상으로 향했던 리비도가 자아 자체로 철수(withdraw on to the ego)하여 이차 자기애(secondary narcissism) 상태를 이룬다(Freud, 1914b). 그러므로 자기애의 개념은 자아 자체를 부각시킴으로써 자아심리학에 초석을 놓은 것으로 볼 수 있다(Fine, 1979).

구조이론

프로이트 자아심리학의 등장을 촉진시킨 것은 반복강박(repetition compulsion)을 비롯한 새로운 임상 양상들에 대한 경험이었다. 지형학적 모델은 자기 패배적(self-defeating) 행동이나 무의식적인 처벌의 욕구를 설명하기에 불충분하였다. 특히 반복강박 현상은 쾌락원리를 무시하고 불쾌한 경험들을 반복하는 것으로 보였다. 이런 것들

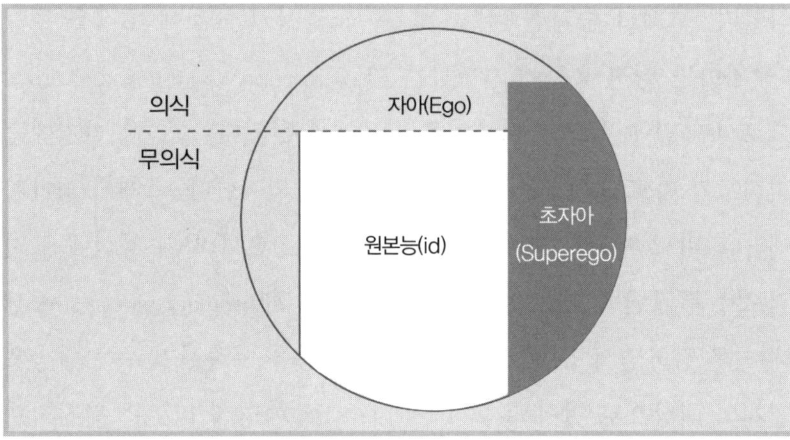

구조이론

을 고려하면서 프로이트는 지형학적 이론을 수정하여 구조이론(structural theory)이란 새로운 심리이론을 제시하였다. 프로이트는 1923년에 『자아와 이드』를 출간하였는데, Gabbard(1995)는 "이 책 이후에 자아심리학이 실제적으로 시작된 셈이고, 지형학적 이론에서 구조이론으로 이행되었다고 볼 수 있다."라고 말하였다. 여기서 구조이론이란 원본능(id), 자아(ego), 초자아(superego)의 세 구조로 심리 기능을 설명하는 것을 말한다.

원본능

원본능(id)은 무의식 기능의 중요한 부분을 차지한다. 본래 이드(id)란 영어의 it과 같은 의미로서, 전적으로 자아와는 성질이 다르고 낯설다는 것을 의미하기 위해서 고안된 용어다. 이드는 모든 심리적 기능의 에너지원이다. 자아와 초자아에 필요한 에너지도 여기서 제공된다. 원본능은 구조화되지 않은 본능적 욕동들의 저장소와 같다. 프로이트(1933)는 원본능에 대해 다음과 같이 표현하였다. "접근할 수 없는 우리 인격의 어두운 부분이다. 우리는 단지 이드에 대해 유추할 수 있을 뿐 달리 접근할 길이 없다. 그것은 펄펄 끓는 흥분의 가마솥과 같으며, 끓어오르는 자극과 흥분으로 가득 찬 혼돈 상태라고 할 수 있다." 프로이트의 말처럼, 이드는 구조화되지 않은 본능적 욕동들의 저장소와 같다. 원본능은 일차과정 사고에 따라 작동되기 때문에 이드 스스로는 본능적 욕동을 지연시키거나 수정할 수 있는 능력이 없다.

일차과정 논리

일차과정 논리(primary process logic) 혹은 일차과정 사고(primary process thinking)는 쾌락원리(pleasure principle)에 의하여 지배된다. 쾌락원리란 원하는 욕동이 무조건 충족되기를 바란다는 것을 의미한다. 그렇기에 일차과정 사고는 논리의 법칙을 따르지 않는다. 상반되고 서로 모순되는 것들이 동시에 존재할 수 있으며, 반대되는 증거를 제시하여도 자신이 원하는 대로 밀어붙인다. 꿈속에 나타나는 요소들 사이에 논리나 형식적 연관성이 없는 것과 같다. 공간적 · 시간적 연관성이 유지되지 못하고, 생각과 행동이 동일한 의미를 갖는다. 즉, 주로 비언어적으로 표현된다. 마치 꿈에서 볼 수 있듯이 심리적 에너지가 아무런 제한 없이 이 대상 저 대상으로 마음대로 옮겨 다닌다. 한마디로 '꿈언어(dream language)' 라고 할 수 있다. 일차과정 사고는 꿈이나 예술작품과 같은 창조적 활동 그리고 정신질환 등에서 찾아볼 수 있다.

결과적으로 원본능은 스스로 자제하고 조절할 수 있는 힘이 결여되어 있고, 현실의 여러 요인을 무시하면서까지 욕동이 발산되거나 충족되기를 요구한다. 다음의 사례를 보자.

사례 16

A는 항상 1등을 하는 남자 중학생이다. 다른 학생들에겐 시험이 고통이지만 A에게는 자신의 능력을 확인하는 즐거운 놀이와 같다. 기말고사가 끝난 후 아이들이 운동장에서 축구를 하고 있다. A도 담임선생님을 도와 학급 일을 끝내고는 아이들과 어울려 축구를 하고 싶어 한다. A는 공부는 너무나 잘하지만 몸이 약하고 운동신경이 상당히 없는 편이다. 다른 학생들은 운동 못하는 A가 끼면 재미가 없어지기 때문에 껴 주려 하지 않는다. 공부 잘하는 것에 대한 간접적인 보복이기도 하다. 아무리 껴 달라고 하여도 껴 주지 않자, A는 시무룩하게 집으로 돌아올 수밖에 없다.

이 경우에 A가 '그래, 나는 공부 잘하는데 운동까지 잘할 순 없지.' 하고 마음을 정리한다면 현실원리를 따르는 이차과정 사고이고 자아의 기능이다. 그러나 쾌락원리는 아이들이 껴 주지 않는다고 쉽게 포기하지 않는다. 원본능의 욕동은 어떻게든 원하는 욕구를 만족시키기 위해 다음과 같이 일차과정 사고를 따른다.

사례 16 계속

집에 온 A는 자기 방에 들어가 가방을 던지고 침대에 벌렁 눕는다. 시간이 조금 지나자 혼자 빙긋 웃기 시작한다. 머릿속에서 공상을 하기 시작한 것이다. A가 독일 월드컵대회에 우리나라 국가대표로 나간다. 한국이 승승장구하여 결승에 오른다. 브라질과 결승전을 치르고 있다. 전반 23분 1 대 0으로 뒤진 상황에서 A가 교체선수로 출전한다. A는 경기에 투입되자마자 동점골을 넣고 전반 35분에 역전골을 넣는다. 후반 18분 쐐기골까지 넣은 A의 대활약에 힘입어 한국이 브라질을 3 대 1로 꺾고 마침내 우승을 차지한다. 귀국 후 우승을 축하하는 거리 퍼레이드에서 A는 자기 반 아이들의 부러워하는 시선을 마음껏 즐기고 있다.

몸이 약하고 운동신경이 없는 A가 국가대표 축구선수가 된다는 것은 도무지 이치에 닫지 않는 일이다. 시간과 공간이 다 무시되고 월드컵에 나간다는 것도 말이 안 되는 소리다. 하지만 이렇게 무슨 수를 써서라도(공상 속에서라도), 즉 일차과정 사고를 통해서 만족을 얻으려고 하는 것이 쾌락원리다.

자아

쾌락원리에 의해 움직이는 원본능은 현실에 맞게 적절하게 조절되어야만 사회생활이 가능하다. 그와 같이 원본능의 본능적 욕동을 현실에 맞게 조절하고 통제하는 것이 자아(ego)다. 자아는 지형학적

이론의 의식과 전의식 그리고 무의식의 모든 영역에 걸쳐 있다. 그것은 인간이 의식적으로 조정할 수 있는 마음의 부분이며, 내가 현실과 관계를 수립하는 마음의 부분이다. 자아의 대부분은 의식에 있고, 방어기제는 자아의 무의식적인 기능이다. 논리적이고 추상적인 생각을 하는 부분이고, 말로 표현을 하는 것도 자아의 의식적-전의식적 기능이다. 자아는 현실원리에 따라 움직이며, 자아가 약화되면 신경증과 정신병이 생긴다.

자아의 기원

프로이트에 의하면 막 태어난 신생아에게는 자아라고 할 만한 것이 없다. 그러다 외부 세계의 여러 요구들에 의하여 이드가 수정되면서 자아가 형성되기 시작한다. 아기에 대한 외부 현실의 영향력이 커지는 것에 비례하여 자아도 형성되어 간다. 자아는 현실원리를 따르기 때문에 자아가 형성됨에 따라 점점 쾌락원리에서 현실원리로 대체된다. 자아가 성장하는 데 가장 중요한 것은 갈등의 역할이라고 프로이트는 생각하였다. 갈등은 처음에는 이드와 외부 세계 사이에서 발생하지만 나중에는 이드와 자아 사이에서 발생한다.

자아의 기능

① 본능적 욕동의 조절 및 규제

자아는 이드와 외부 현실 사이에서 중재자 역할을 한다. 심리 기능이 쾌락원리에서 현실원리로 점차 대체됨에 따라 욕동을 발산하는 것을 지연시킬 수 있는 힘이 발달한다. 이에 따라 자아는 외부 현실에 맞추어 이드 욕구를 처리해 가는 힘이 커진다. 아울러 언어가 발달하고 생각을 논리적이고 추상적으로 할 수 있는 능력이 생기면서 욕동을 행동으로 발산하지 않고 말로 우회적으로 표현할 수 있게 된다.

② 판단

이차과정 사고가 발달하면서 자신의 행동이 타인에게 어떻게 영향을 주는지를 평가할 수 있게 된다. 즉, 자기중심적인 만족만 추구하지 않고 자신의 행동이 타인에게 어떤 영향을 주고 자신은 어떻게 영향을 받는지를 알게 된다. 이렇게 한 사람의 행동의 결과를 예측할 수 있게 됨에 따라 판단 능력이 생긴다. 그리고 판단 능력이 발달함에 따라 충동적으로 본능을 방출하는 것을 예방할 수 있게 된다.

③ 현실과의 관계 맺기

내부 세계와 외부 현실 사이를 연결하는 것은 자아의 중요한 기능 중의 하나다. 자아는 현실 감각(sense of reality), 현실 검증(reality testing), 현실 적응(adaptation to reality)이라는 세 가지 측면에서 외부 현실과 관계를 맺는다.

- 현실 감각: 영아의 신체적 감각이 증가하면서 같이 발달해 간다. 무엇이 신체 외부에서 느껴지는 것이고 무엇이 신체 내부의 감각인지를 구분하는 것은 현실 감각의 매우 중요한 부분이 된다.
- 현실 검증: 내면의 환상과 외부 현실을 구분하는 능력을 뜻한다. 이는 한 사람이 정신병 상태인지 아닌지를 판별하는 중요한 잣

대가 된다. 예를 들어, 꿈속의 내용과 현실에서 벌어지고 있는 일을 구분하는 것이나, '나는 대통령이 되고 싶다.' 는 내면의 소

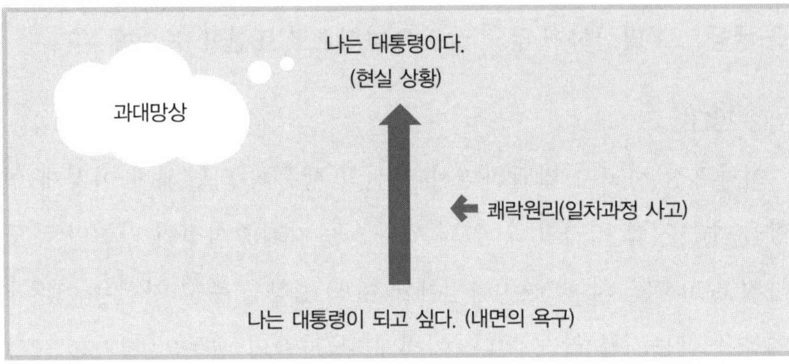

이드의 쾌락원리(일차과정 사고)

원본능의 욕구는 쾌락원리에 따라 무조건 충족되기를 바란다. 일차과정 논리에 따라 현실적인 여러 상황들을 무시하고 자신이 대통령이라고 믿는다. '대통령이 되고 싶다.' 는 내면의 욕구와 '나는 대통령이다.' 라는 현실 상황을 구분하지 못하는 것이다.

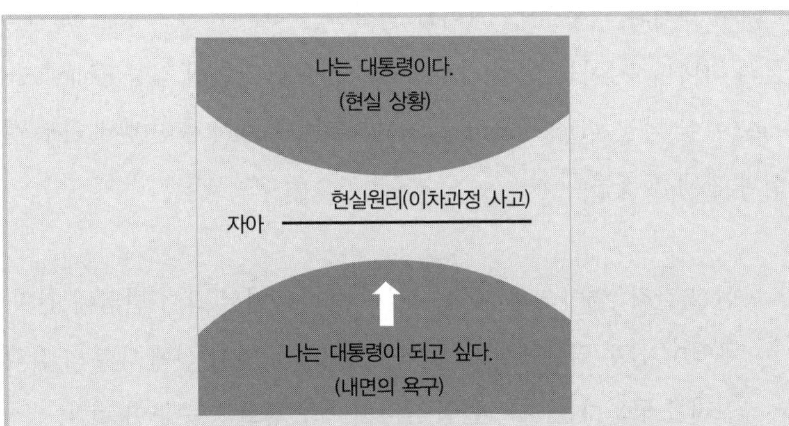

자아의 현실원리(이차과정 사고)

자아는 '대통령이 되고 싶다.' 는 것은 어디까지나 내면의 욕구이고 실제 현실은 그렇지 않다는 것을 인식할 수 있게 해 준다.

망과 '나는 지금 대통령이다.' 라는 현실 상황을 구분할 수 있는 것이 현실검증 능력이다. 이는 쾌락주의가 점차 현실주의로 대체해 가면서 발달해 간다.

- 현실 적응: 전에 경험했던 것을 바탕으로 새로운 환경의 변화에 적응해 갈 수 있는 능력을 말한다. 이를 위해서는 충동을 조절할 수 있고 외부에서 부과되는 책무를 수행할 수 있어야 한다. 그리고 현실 적응 능력은 자아 방어기제의 운용과 밀접하게 연관된다. 자아가 현실을 다루기 위해서는 중립적인 탈성화(desexualized)한 리비도가 필요한데 이를 승화된 에너지(sublimated energy)라고 부른다. 이로부터 프로이트는 승화(sublimation)라는 방어기제 개념에 도달한다. 프로이트는 자아를 몇 개의 방어기제—승화, 반동형성, 퇴행, 억압, 격리 취소—로 구성된 심리 구조라고 생각하였다.

④ **대상관계 맺기**

현재의 대상관계는 어린 시절 성장과정에서 부모를 내재화(internalization)했던 방식과 부분적으로 연관되어 있다. 외부 대상과 상호 만족스러운 관계를 유지하기 위해서는 외부 대상의 긍정적인 측면과 부정적인 측면을 통합할 수 있어야 한다. 동시에 외부 대상과 관계하는 자기 자신의 긍정적인 측면과 부정적인 측면도 통합할 수 있어야 한다. 이와 함께 욕동을 처리할 수 있는 힘도 만족스러운 상호관계를 위해 꼭 필요한 일이다.

⑤ 종합

자신과 타인의 여러 측면들을 일정한 표상으로 종합하여 지속적으로 유지할 수 있는 능력을 말한다. 또 일정한 많은 정보들을 조직화하고 연결시키고 일반화하고 때로는 단순화시킬 수 있는 능력도 자아의 종합 능력에 포함된다.

프로이트는 구조이론이 점점 정교화되면서 자아의 무의식적인 방어 기능이 임상적으로 중요하다는 것을 알게 되었다. 자아의 중요성이 부각되자 자연히 자아가 접촉하는 현실의 중요성도 강조된다. 심층심리(주로 원본능)에만 주목하며 별로 현실에 관심을 보이지 않았던 프로이트는 1926년에 이르러 내면적 위기가 외부 현실에서 비롯된다고 생각하기 시작하였다. 이후 자아는 점점 더 그 중요성을 인정받게 되었다.

심리 구조로서 자아 개념이 도입되면서부터 분석적 치료이론에도 변화가 생겼다. 무의식과 의식으로 마음을 이해했던 지형학적 이론의 시기에 분석적 기법이 추구하던 것은 무의식에 억압된 부분을 의식이 경험하고 이해할 수 있게 하는 것이었다. 한마디로 무의식을 의식화하는 것이었다(make the unconscious conscious). 세 심리 구조로 구성된 구조이론이 도입되며 신경증은 자아와 원본능 사이의 갈등으로 이해되기 시작하였다. 당연히 자아가 치료이론에 포함되면서 분석이 추구하는 목표도 다음과 같이 변화되었다. "이드가 있는 곳에 자아가 있게 하라(where the id was, the ego shall be)." 즉, 강박적으로 이드에 의해 휘둘리는 행동이 자아에 의해 통제되는 합리적인 헤아림으로 바뀌어야 한다는 것이다.

초자아

초자아(superego)는 구조이론에서 새롭게 등장한 개념이다. 1914년의 「자기애에 관하여: 서론」에, 자아 이상(ego-ideal)을 그 자신의 행동을 판단하는 기준으로 삼는다는 설명이 있지만 초자아라는 용어를 일관성 있게 사용한 것은 1923년부터다.

아이는 부모로부터 다양한 이상과 가치들을 내재화한다. 초자아는 이런 이상과 가치들로 구성된 복합적인 심리 구조로서, 간단히 말해 도덕적 양심의 기능을 한다고 할 수 있다. 그래서 초자아는 사람의 행동, 생각, 감정들을 평가하고 조사한다. 그리고 기대했던 기준과 비교하여 결과를 인정하거나 인정하지 않는다. 비판과 비난은 다양한 고통스러운 감정을 유발하고, 칭찬과 인정은 자존감을 높여 준다. 이러한 초자아의 기능은 대부분 무의식적으로 이루어진다.

초자아는 자아 이상과 협의의 초자아로 세분되기도 한다. 자아 이상은 올바르고 따를 만한 것을 따라 하는 양심(즉, 이렇게 해야지 하는 양심)이고, 협의의 초자아는 그릇되고 잘못된 것을 금지하는 양심이다. 자아 이상은 크게 세 가지 심리 표상들의 혼합물이라고 이해할 수 있다. 첫째는 존경스럽고 전지전능한 부모의 표상이고, 둘째는 부모나 그 밖의 다른 사람들로부터 크게 인정받거나 칭찬받은 일들이 토대가 되어 형성된 이상적인 자기상이다. 마지막은 중요했던 인물과 이상적인 관계를 맺었던 관계 자체다. 반면에 협의의 초자아는 아이가 자신의 언행에 대해 부모나 그 밖의 다른 사람들로부터 비난 또는 벌을 받았던 일들이 토대가 되어 형성된다. 이는 자아 이상과 밀접하게 연관되어 내면의 자기 기준을 형성한다. 자아 이상에 따라서 살지 못한다고 느낄 때 수치심을 갖게 되고, 초자아가 금지하는 것을 위반했다고 느낄 때는 죄책감을 갖게 된다.

초자아의 형성 프로이트는 초자아를 오이디푸스 갈등의 유산이라고 생각하였다. 남자 아이의 경우는 어머니를 사랑하게 됨으로써 아버지에 대한 살해 욕구(murderous wish)가 발생한다. 특히 남자와 여자가 서로 성기 모양이 다른 것을 알게 되면서, 남아는 아버지로부터 거세당하는 처벌을 두려워하게 된다. 그래서 남아는 자신의 근친상간적인 소망을 포기하고 아버지를 동일시하게 된다. 이런 과정을 통해서 오이디푸스 갈등은 해소되고, 남아는 아버지의 도덕적 가치관을 주입하여 초자아를 형성하게 된다.

여자 아이의 경우는 아버지의 사랑을 획득하여 어머니에게 승리하는 것이 곧 어머니를 상실하는 것이라는 것을 알게 되면서 오이디푸스 소망을 포기한다. 프로이트는 여아의 경우 거세공포를 느끼지 않기 때문에 도덕적 신념이 남아보다 약하다고 생각하였다. 그러나 이러한 의견은 요즘에는 인정받지 못하고 있다. 근래의 연구들은 단지 남자 아이와 여자 아이의 도덕적 발달의 관점이 다를 뿐이라고 생각한다. 즉, 남아는 성취(achievement)와 공정한 행동(fair play)에 높은 도덕적 가치를 두는 반면, 여아는 우호관계(affiliation)와 타인과의 관계(relateness to others)에 근거하여 도덕적 기준을 발달시킨다.

초자아가 너무 강한 사람(가혹한 초자아, harsh superego) 자아 이상이 너무 이상적이어서 자기 자신에게 너무 높은 기대를 요구한다. 동시에 자신의 행동의 결과에 대해서는 지나치게 냉혹하게 비난하고 자책한다. 결과적으로 기대가 너무 높으니까 기대한 만큼 성취하기가 쉽지 않다. 또 성취하지 못한 부분에 대해서는 매우 냉혹하게 자책하게 된다. 자책이 큰 만큼 더더욱 잘하기 위해 더 철저하게 계획을 세운다. 그러나 그 계획이 더 높고 완벽한 만큼 완수하기가 더욱 어려워진다. 이에 또다시 실패의 위험이 커지고 완수하지 못한 결과에 대해 더 심한 자기 질책을 한다. 결국 악순환이 반복되는 것이다.

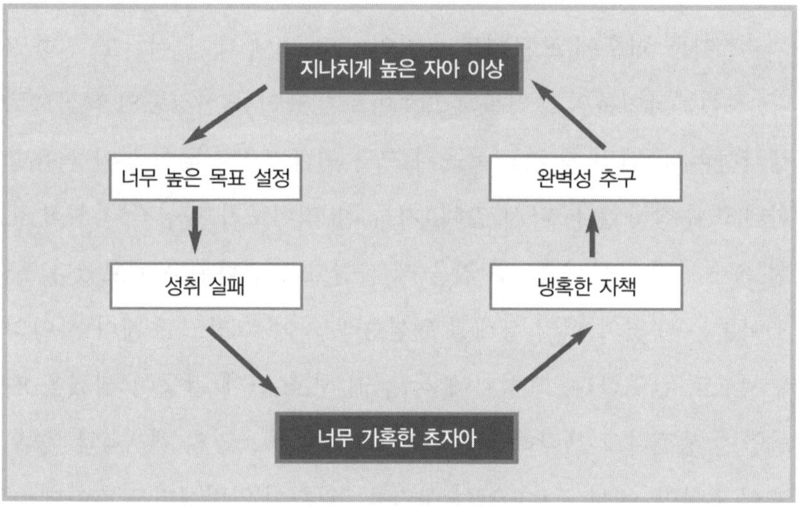

가혹한 초자아의 악순환

초자아가 너무 낮은 사람(초자아 결손, superego lacunae) 반사회적인 행동을 보인다. 도덕적이고 윤리적인 면이 떨어진다. 말하자면 비양심적인 사람인 셈이다.

Fine(1979)은 프로이트가 구조이론을 형성해 가는 과정에서 본능과 불안에 대한 개념도 바뀌었다고 지적하였다. 프로이트의 본능이론에서는 원래 성적 욕동, 즉 리비도 하나만이 인간의 기본 본능이라고 가정하였다. 즉, 단일본능이론이었다. 그러다 1920년에 출간된 『쾌락원리를 넘어서』 이후로 프로이트는 인간의 기본 본능을 궁극적으로 리비도와 공격성의 두 가지로 제시하였다. 단일본능이론에서 이중본능이론(dual instinctual theory)으로 변하게 된 것이다.

불안

구조이론 이후에 프로이트의 불안(anxiety)에 대한 이론도 변하였다. 정신분석이론의 초기부터 프로이트는 불안을 신경증의 핵심으로 생각하여서, 견딜 수 없는 욕동과 그와 연관된 생각들이 불안을 유발한다고 주장하였다. 다시 말해, 가득 찬 리비도가 정상적인 성적 표현 속에서 출구를 찾을 수 없을 때 불안으로 변화된다고 보았다. 구조이론은 내면의 심리 상태를 원본능과 자아 그리고 초자아 사이의 투쟁으로 간주한다. 그렇기에 각 심리 구조 간에 갈등이 생겼을 때 불안이 생긴다고 생각하게 되었다. 그래서 1926년의 책 『억압, 증후 그리고 불안』에서 프로이트는 불안을 "위험이 임박했다고 자아에 의해 제공되는 신호"라고 그 개념을 수정하였다. 이러한 신호 불안(signal anxiety)에 의해 자아는 처리되지 못한 갈등과 그에 뒤따르는 임박한 위험을 감지하게 되고 방어기제를 사용하게 된다. 방어는 원본능과 자아 사이에 절충이 이뤄지도록 한다. 그 결과로 증상이 나타나게 되는데, 이런 증상은 위장된 형태로 이드 소망을 충족시키는 절충형성(compromise formation)으로서의 결과물이다(Brenner, 1994, 2002).

다음은 불안의 다양한 종류와 사례들이다.

초자아 불안

사례 17

ㅎ씨는 40세 가정주부다. 결혼 후 시어머니로부터 너무나도 힘든 시집살이를 하다가 5년 전에 분가하여 살고 있다. 시어머니는 분가한 후에도 기회만 나면 ㅎ씨를 괴롭혔고, 이에 그녀는 항상 불안한 가운데 살고 있다. 전화벨 소리만 나도 시어머니가 아닌가 하여 가슴이 철렁한다. ㅎ씨에게 극심한 불안 증상이 생긴 것은 약 1달 전이다. 시어머니가 갑자기 교통사고로 사망했다는 소식을 듣고 그녀는 자신도 모르게 '그런 사람은 죽어도 싸지!' 라는 생각이 스쳐 지나갔는데 그때부터 극심한 불안이 생겼다.

이 사례에서는 억압되었던 시어머니에 대한 살의가 순간 방어가 약화되며 의식에서 포착된 것을 볼 수 있다. 용납될 수 없는 살의에 대한 죄책감, 초자아의 가혹한 처벌심리 등을 자아가 충분히 방어하지 못한 결과로 불안 증상이 나타났다고 볼 수 있다.

거세 불안

사례 18

32세 기혼 남성인 O씨가 심한 불안증을 호소하며 치료를 받으러 왔다. 증상은 만성적인 긴장 상태와 사이사이에 나타나는 극심한 불안 증상이다. 치료 초기에 O씨는 병나기 전까지는 항상 긴장되긴 했어도 회사 업무를 잘해 왔다. 다만 새로운 프로젝트를 받을 땐 실패하면 어떻게 하나 심하게 걱정하였다. 어느 날 그는 송곳이 그의 성기를 뚫고 지나는 환상을 느끼면서 심한 불안발작을 일으켰고, 며칠 후에 어린 시절의 기억을 회상하게 되었다. O씨는 7세 때 그의 어머니가 옷을 입는 모습을 보고 아주 매혹된 기억이 있다. 그 후 어머니가 집에 없을 때 그는 혼자서 어머니 옷을 입어 보곤 하였다. 청소년이 되고 어른이 된 후에도 O씨는 여성의 속옷을 보면 매혹되곤 했고, 때로는 그것을 입어 보고 싶은 충동이 들곤 했다.

이 사례에서 송곳이 성기를 뚫고 지나간다는 환상은 거세 불안을 나타낸다. 어린 시절 어머니에 의해 성적으로 자극받은 것을 볼 수 있는데, 어머니 옷은 어머니 신체의 전치(displacement)다. 그러므로 어머니 옷을 입는다는 것은 어머니와 신체적으로 연합하는 것으로서 근친상간적인 소망이라고 할 수 있다. 전체적으로 오이디푸스 갈등 상태가 해소되지 않은 것을 알 수 있다.

분리 불안

사례 19

ㅂ씨는 여행을 갈 때마다 떠나기 며칠 전부터 긴장이 되고 불안을 느낀다. 소화도 안 되고 손에선 땀이 나고 생각이 평소처럼 맑지 못하다는 느낌을 받는다. 특히 낯선 곳을 여행하려 할 때 심해진다. 이런 증상들은 여행 전날에 가장 심해지나 막상 여행을 떠나면 사라지곤 한다.

흔히 볼 수 있는 분리 불안의 사례다. 사람에게 첫 분리는 자궁으로부터의 분리다. 익숙한 곳에서 낯선 곳으로 떠나는 것은 궁극적으로 어머니와의 분리를 상기시킨다. 분리 불안은 자아 불안이라고 볼 수 있다.

이드 불안

사례 20

ㄷ씨는 결혼한 지 2년째로 아직 새댁의 티를 못 벗은 주부다. 분가하여 살고 있으나 하나밖에 없는 손위 시누이의 괴롭힘이 심하여 항상 맘고생을 하고 있다. 좋은 말로 얘기해도 전혀 통하지를 않고 경우에 없는 짓을 너무나도 뻔뻔스럽게 하기 때문에 그녀는 요즘 거의 우울증에 걸린 상태다. 그런데 얼마 전에 그 시누이가 교통사고를 당하여 병원에 입원하였다. ㄷ씨는 가고 싶은 마음은 전혀 없었지만 후환이 두려워 병문

안을 갔다. 실제로 가 보니 아주 심하게 다친 것은 아니었다. 그런데 병문안을 갔다 나오는 길부터 그녀는 왠지 심한 불안을 느끼기 시작하였다. 그녀로서는 도무지 이유를 알 수 없는 불안 때문에 매우 고통스러운 상태에 놓이게 되었다.

이 사례에서 ㄷ씨는 시누이에게 심한 심리적 고통을 당하였다. 심리학적으로 표현하면 많은 리비도 좌절을 경험하였다. 여기서 리비도는 올케로서, 며느리로서 시댁의 사랑과 인정을 받는 것을 의미한다. 또 그 나이에 적합한 한 여성으로서 존중받는 것을 뜻한다. 그녀는 그러지 못했기에 무의식(이드)에 충족되지 못한 리비도와 함께 많은 분노와 적개심 등 공격성이 과도하게 억압되어 있었다. 병문안을 마치고 나오면서 ㄷ씨는 불안을 느끼기 시작하였다. 이를 통해 그녀는 자신이 괴롭힘을 당했던 만큼 시누이가 많이 다쳤기를 무의식적으로 기대했음을 알 수 있다. 즉, 억압되었던 분노와 적개심이 자아에 의해 충분히 통제되지 않으면서 불안 증상이 나타난 것이다.

마음 기능의 원리와 사례

마음 기능의 원리

자아는 이드의 욕구와 초자아의 요구 그리고 현실이란 세 힘 사이를 중재한다. 그 중재가 실패할 때 갈등이 생기고, 갈등이 적절히 해

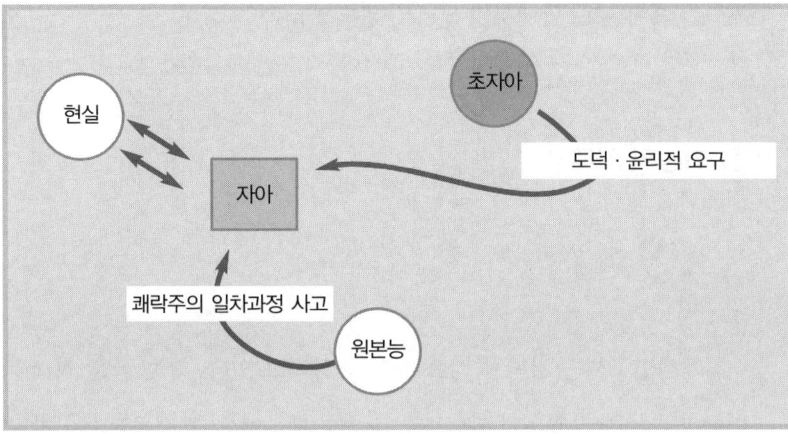

마음 기능의 원리

소되지 못할 때 불안해진다. 자아는 불안을 방어하고 처리하며 절충 형성을 해나간다.

여행을 하거나 출장을 가게 되면 마음이 느슨해져서 실수를 하게 되는 경우를 종종 본다. 마음 기능의 원리에 비추어 그 이유를 생각하면 다음과 같다.

사례 21

여행을 하거나 지방 출장을 갈 경우 앞의 그림에서 변화되는 것은 현실 상황이다. 현재 사는 곳에서는 자신이 실수를 하거나 잘못된 행동을 했을 때 주위 사람들의 눈에 금방 띄게 된다. 그러나 여행지는 자신이 누구인지 잘 모르는 곳이다. 이런 현실 상황의 변화는 초자아의 도덕성 요구를 약화시키고, 그 결과 원본능의 욕구가 좀 더 강하게 표출되어 평소보다 욕구를 더 자제하지 못하는 행동을 하게 된다.

마음 기능의 사례

사례 22

회계사인 C씨는 강박 증상으로 고통 당하고 있다. 그는 작은 회계법인에서 근무하고 있는데 까다로운 고용주 때문에 크게 스트레스를 받고 있다. 요즘엔 분노가 너무 강해서 일하는 중에 간간이 고용주를 죽이는 공상을 하기도 한다. 그는 자신이 실제로 고용주에 대한 분노를 폭발하게 되지는 않을까 걱정하고 있다. 몇 주 전부터 C씨에게 침을 끊임없이 삼키는 증상이 나타나기 시작하였다. 특히 고용주에 대해 분노를 느낄 때는 침을 백 번씩 삼켜야만 분노가 가라앉고 불안한 마음이 사라졌다.

이 사례에서 침을 연속적으로 백 번 삼키는 강박 증상은 원본능의 분노가 표출되는 것을 방어하면서 동시에 고용주에 대한 공격성을 약하게나마 만족시키고 있는 것이다. 침을 계속 삼키다 보면 결국 일을 효과적으로 할 수 없게 된다. 이것은 결과적으로 열심히 일하기 바라는 고용주를 부인하는 것이 되고, 그로부터 독립되어 있다는 것을 표현하는 것이 된다. 또 이런 식으로 공격성을 표현하는 것은 초자아의 비난으로부터 자유롭게 할 수 있다. 결국 침을 반복적으로 삼키는 것은 절충형성의 결과물이라는 것을 알 수 있다.

사례 23

H씨는 얌전하나 엄격한 종교적 도덕관을 갖고 있는 30대 미혼 여성이다. 이 여성은 마른 체격에 빈약한 가슴을 갖고 있는데 어느 날 다음과 같은 꿈을 꾸었다.

내가 유방암에 걸렸다고 한다. 여의사가 유방 절제술을 해야 한다고 설명했다. 나는 너무 두려워서 어찌할 바를 몰랐다.

이 여성의 무의식적인 원본능의 소망은 가슴이 커져서 성적으로 매력적인 여성이 되는 것이다. 반면 이런 성적인 것을 추구하는 것은 그녀의 엄격한 초자아에 의해 죄책감을 불러일으키는 것이다. 이드의 소망과 초자아의 정죄하는 비판을 동시에 처리하는 자아의 타협 결과는 유방암의 수술이었다. 암으로 가슴이 부풀어오름으로써 가슴이 커졌으면 하는 이드의 소망이 이뤄졌다. 동시에 그것을 도려내는 수술을 함으로써 벌을 받은 셈이다. 즉, 초자아의 처벌을 받은 것이 된다. 이 여성의 꿈 또한 절충형성의 산물임을 알 수 있다.

사례 24

K는 30대 초반의 유능한 연구원인데 최근 연구논문을 쓰지 못해서 승진을 못하고 있다. 분석을 통해, 그가 논문을 쓰지 못하는 것은 두려움과 죄책감 때문이라는 것을 알게 되었다. 그는 그동안 다른 사람의 아이디어를 몰래 사용하고 싶은 욕구로 시달려 왔다. 특히 오랫동안 연구에

대해 대화를 나눠 왔던 뛰어난 동료 연구원의 아이디어를 도용하고 싶은 욕구를 느끼고 있음을 깨닫게 되었다. 분석가는 K의 이러한 욕구가 유아의 본능적 소망과 동일하며 그런 유아적 소망의 표현이 상징적으로 표절로 나타난 것이라고 해석했다. 즉, 표절하고자 하는 소망은 다른 사람의 아이디어를 훔쳐서 공격적으로 삼켜 버리고 싶은 원본능의 충동을 담고 있다고 보았다. 그래서 K의 유아적인 본능의 소망을 밝히는 데 초점을 두고 분석을 진행하였다. 오랜 분석 끝에 분석가는 마침내 K가 아주 초기의 무의식적인 구강기 공격성에 의해 계속 영향을 받아 왔음을 알게 되었고, 이를 K가 이해할 수 있게 해석해 주었다. 그러나 원시적 구강기 원본능이 충분히 밝혀졌음에도 불구하고 K의 연구 능력이 억제되는 양상은 계속되었다. 그래서 새로운 분석가와의 새로운 정신분석이 시작되었다.

두 번째 분석가도 첫 번째 분석가가 K의 심리적 문제를 원본능 측면에서 이해한 것은 타당하다고 생각하였다. 그러나 K가 여전히 제대로 연구활동을 하지 못하는 것으로 보아 자아의 무의식적인 방어기제가 아직 관여하고 있음을 인식하게 되었다. 즉, 꿈에서 잠재 내용이 실제와 다르게 변형된 모습으로 나타나듯이 K가 실제 일어난 일이라고 말하고 있는 내용들이 무의식적인 방어에 의해 왜곡된 것은 아닌지 의문을 갖게 되었다. 그래서 그가 표절하고 싶어 하는 동료 연구원과의 관계를 광범위하고 세밀하게 살피기 시작하였다. 그가 표절하고자 하는 내용은 어떤 것인지, 처음 동료 연구원의 연구 아이디어는 어떻게 알게 되었는지, 그동안 그와는 어떤 대화를 나누었는지 등을 세밀하게 살펴 갔다. 결국 분석가는 놀라운 사실을 발견하게 되었다. K가 표절하려 했던 아이디어는 사실은 동료 연구원의 아이디어가 아닌 바로 K 자신에게서 처음 나왔다는 것이었다. K는 자신의 아이디어에 대해 과학적으로 뛰어난 동료에게 처음 의논했던 것이고, 오히려 그 동료가 그것을 마치 자기의 아이디어인 것처럼 발전시켜 출판해 버린 것이다. 물론 K에게는 아무런 공도 돌리지 않았다. 뿐만 아니라 K는 동료의 출판된 내용을 읽고 나서도 그 아이디어를 처음 알게 된 것처럼 착각하였다.

분석가는 이런 복잡한 방어적 왜곡의 이면에 소년 시절부터 지속되어 온 아버지에 대한 소망이 있음을 알게 되었다. 실제 K의 아버지는 실망스러운 사람이었다. 그렇기 때문에 K는 상상 속에서 존경스러운 아버지를 그려 왔고 그로부터 무언가 배우기를 갈망해 왔다. 어린 시절의 실망을 보상해 줄 수 있는 존경스러운 아버지를 창조하고자 노력해 왔던 것이다. 이런 무의식적인 소망이 K로 하여금 그의 뛰어난 동료에게 자신의 지적인 능력을 주입하여 존경할 만한 대상으로 만들게 하였다. 동시에 자기 자신의 능력은 억압하여 더욱 무능한 입장에 묶어 둠으로써 동료를 더욱 존경할 만한 대상으로 만들었다.

아버지와의 관계는 궁극적으로 오이디푸스 갈등으로 이어진다. 아버지를 존경하고 그로부터 무언가를 배운다는 것은 결국 시간이 지남에 따라 오이디푸스 경쟁과 아버지의 페니스를 훔치려는 금지된 소망으로 연결된다. 이런 오이디푸스 소망은 죄책감을 유발하고 자기 비난과 처벌의 감정을 느끼게 만든다. 그래서 K는 동료의 중요한 아이디어를 표절하려는 자기 자신에 대해 죄책감을 느끼며 괴로워하였던 것이다.

이 사례는 Kris가 분석한 사례로, Mitchell과 Black(1995)에서 발췌하였다. 겉으로 드러나는 문제는 연구논문을 쓰는 것이었지만, 궁극적으로 오이디푸스 갈등과 연관된 것으로 밝혀졌다. K의 심리역동에 대해서는 비교적 설명이 잘되어 있다.

K는 논문이 잘 써지지 않아 승진을 못하고 있다. 그는 동료의 논문을 표절하려는 욕구로 시달리고 있다. 논문이 잘 안 될 때 처리하는 방식은 사람마다 다를 수 있다. 성숙한 처리방법부터 퇴행된 미숙한 방법까지 예를 들면, 우선 성숙한 해결방식은 교수님과 의논하고 주위 전문가들의 조언을 들으며 하나하나 논문을 진행하는 것이다. 남근기적인 해결방식은 실제 논문을 쓰는 것보다 교수님에게 잘 보인다든지 하는 방식으로 교수님과의 독점적 관계를 통해 논문 문제를 처리하는 것이다. 그리고 항문기적인 해결방식은 어떤 규율과 방법만 잘 지키면 문제가 해결될 것이라고 믿는 것이다. 그렇기 때문에 자료만 계속 모으고 계획 세우는 것에만 매달리거나 연구방법론에 매달려 생산적인 진행을 하지 못하게 될 것이다.

이 사례에서 K가 보이는 방식은 구강기적인 문제해결 방식이라고 할 수 있다. 표절한다는 것은 손 하나 까딱하지 않고 꿀꺽 삼켜 버리는 것이다. 그야말로 '날것으로 먹으려는 것' 을 의미한다. 내 아이디어와 남의 아이디어가 구분되지 않는 상태, 즉 내 것 네 것이 구분되지 않는 상태다. 다시 말해, 자기와 타인의 경계가 뚜렷하지 않은 경험방식으로서 구강기적으로 합일화(incorporation)하는 것이다.

정신분석운동

정신분석이 이론적으로 어떻게 발전해 왔는가 하는 내적 성장과정을 살펴보는 것과 함께, 외적인 확산과정을 살펴보는 것은 정신분석을 전체적으로 조망하는 데 도움이 된다.

프로이트 자신의 저술(SE-14)과 많은 정신분석 선구자들의 자서전 그리고 Jones(1953)의 기념비적인 프로이트 일대기를 통해 정신분석운동의 초기 역사를 살펴볼 수 있다. Fine(1979)에 의하면 이러한 자료와 별도로 비엔나 정신분석협회(Vienna Psychoanalytic Society)의 의사록에 정신분석운동의 초기 사건들에 대한 생생한 기록들이 들어 있다. 그 내용은 1962부터 1975년까지 4권의 책으로 출간되었다.

최초의 정신분석 모임은 1908년 공식적인 협회가 설립되기 이전인 1902년으로 거슬러 올라간다. 그해 10월 프로이트는 Adler, Stekel, Kahane, Reitler와 함께 그의 아파트에서 모임을 갖기 시작하였다. 매주 수요일에 모였기 때문에 '수요저녁모임(Wednesday Evening Meetings)' 으로 알려져 있다. 1910년부터는 대학 안의 장소(Doktoren Collegium)로 옮겨 모였는데, 의사록 첫 권에 나열되어 있는 22명의 참여 인물들은 매우 다양한 직종의 사람들로 기록되어 있다. 정신분석을 시행하고 있는 치료자는 10명뿐이었고, 그 외 음악가나 출판업자, 성병 전문가, 소아과 의사 등 여러 직업을 가진 사람들로 구성되어 있다. 모임이 계속되면서 나중에 Federn, Adler, Nunberg,

Fenichel, Eitingon, Jung, Jones 등 많은 유력한 정신분석가들이 참여하였다.

점차 국제적인 인정을 받기 시작하여 1907년에 Abraham이 베를린에서 왔고, 1908년에 런던과 부다페스트에서 Jones와 Ferenczi가 각각 방문하였다. 1910년에는 Sachs가 협회에 참여하였다. 1909년 프로이트는 미국 클라크 대학의 초청으로 미국을 방문하여 강의를 하였다. 1910년 마침내 국제정신분석학회(International Psychoanalytical Association)가 결성되었다. 초대회장에 Jung이 선출되었는데, 이에 대해 프로이트는 "갈 길이 먼데 자신은 나이가 많다는 중압감에(그렇게 하였지만)…… 실제 그렇게 현명한 선택이 아니었다."라고 기술하고 있다.

Bergmann(1993)은 초기 정신분석에 공헌한 사람들을 나름대로 정신분석 반론가(heretics), 수정가(modifiers), 확장가(extenders)로 분류하였다. 프로이트의 생존 시기에는 반론가와 확장가들만이 존재하였는데 Adler, Jung, Stekel, Rank, Reich 등은 반론가로 분류되고 Abraham, Nunberg, Waelder, Fenichel은 확장가로 분류되었다.

초기의 Adler, Jung, Stekel(나중에 다시 돌아왔지만) 등이 탈퇴한 후, Jones는 프로이트에게 충성하며 남아 있는 사람들로 위원회를 구성할 것을 착안하였다. 1913년 Jones, Abraham, Ferenczi, Sachs, Rank, Eitingon 등이 위원회를 구성하였고, 프로이트는 고대 그리스 음각이 새겨진 황금 반지를 각 사람들에게 선물하였다. 정신분석 역사에서 이 위원회가 어떤 역할을 하였는지에 대해서는 자세히 알기 어렵다. Fine(1979)은 그런 위원회가 결성되었다는 것 자체가 향후

위원회 멤버들: 앞줄 왼쪽부터 Freud, Ferenczi, Sachs, 뒤줄 왼쪽부터 Rank, Abraham, Eitingon, Jones

정신분석의 미래에 대해 생각하면서 프로이트가 깊은 좌절을 느낀 것이라고 생각하였다.

Breuer와의 헤어짐, 14년간 편지를 주고받은 Fliess와 결별, Adler, Jung, Rank 등의 이탈 등 프로이트와 가까웠던 동료들은 대부분 그를 떠났다. 프로이트는 자기분석을 통해 스스로 그 이유를 찾으려 하였다. 결국 그는 가까웠지만 경쟁관계였던 자신보다 한 살 많은 조카와의 관계가 이후 인간관계에서 반복되었음을 깨닫고 반복강박의 중요성을 인식하였다(박민철, 2007).

Part 2

현대 자아심리학

프로이트의 생각에 뿌리를 두면서 자아에 대한 개념과 치료기법을 수정하고 확대시킨 정신분석적 체계를 현대 자아심리학(modern ego psychology) 혹은 현대 구조이론(contemporary structural theory)이라고 부른다.

프로이트(1922)는 정신분석이론의 초석으로 ① 무의식적인 심리과정이 있다는 가정, ② 저항과 억압 이론의 인식, ③ 성과 오이디푸스 콤플렉스의 중요성 이해를 들고 있다. 앞서 살펴보았듯이, 프로이트는 이 세 영역에서 커다란 발자취를 남겼다. 그는 50년 가까운 세월 동안 인간의 무의식을 탐구하였다. 그 자신이 강조하였듯이, 프로이트의 정신분석이론은 심층심리학이다. 마음속 깊은 곳에서 동물적인 성적 본능과 공격성을 발견하고 그러한 본성에 대한 혁신적인 연구를 하였다.

프로이트는 인간 내면의 본성에 집중하였기 때문에 인간이 성장하는 환경과 양육에는 거의 무관심하였다. 현대 자아심리학은 프로이트의 이론에서 부족하거나 결핍되었던 부분들-환경과 환경에 적응하는 심리과정, 그런 환경에서 인간심리가 발달하는 과정-을 보완하였다. 특히 프로이트는 오이디푸스 갈등에 집착하였기 때문에 그 이전 시기의 중요성과 의미에 대한 탐구가 매우 빈약하였다. 자아발달심리학자들은 오이디푸스 전기의 심리적 발달과정을 세밀히 연구함으로써 초기 심리발달에 대한 풍성한 이해를 제공해 주었다.

5 서론: 환경과 적응개념의 대두

현대 자아심리학은 당연히 프로이트의 자아심리학의 터전 위에 세워졌다. 그러나 프로이트 자신의 수많은 저서와 1940년 이전 프로이트학파 사람들의 많은 저술에도 불구하고, 프로이트 이론을 현대에 맞게 발전시킨 현대 프로이트 자아심리학이라고 부를 만한 통합된 이론 체계가 제시되지는 못하였다. 이에 대하여 Blanck와 Blanck(1974)는 프로이트 사후 그의 이론에 대해 더 이상 단일한 마음이 없었기 때문이라고 그 이유를 설명하였다. 그 대신 많은 사람들이 자신의 일정한 영역에서 연구를 진행하였고, 그러한 업적들 위에 또 다른 연구가 진행되며 현대 자아심리학이라고 불릴 수 있는 결과물이 산출되었다. 프로이트의 방어기제 개념을 확장시킨 Anna Freud, 자아심리학의 아버지라 불리는 Hartmann, 관찰 발달자아심리학자들인

Spitz, Mahler 그리고 다양한 이론을 정교하게 혼합한 Jaconson 등이 여기에 해당한다.

1923년 프로이트는 『자아와 이드』를 출판하면서, 이드(원본능), 자아, 초자아라는 심리 구조의 가치를 널리 알렸다. 이때 프로이트가 정의한 자아(ego)에 대한 정의는 여전히 유효하게 받아들여지고 있다. 자아는 자기(self)와 유사어가 아니라, 3분 된 인격구조의 하나다. 자아는 의식의 부분과 무의식의 부분이 다 관여하며, 무의식의 자아 부분은 방어기제를 담당한다. 한 사람의 행위는 직접 무의식에 의해 설명되기 어렵다. 그런 이유로 자아의 기능은 정신분석가들의 탐구의 초점이 되었다.

갈등의 개념은 초기 프로이트의 사고에서부터 핵심적인 것이었다. 구조이론이 제시되면서 이제 갈등은 훨씬 복잡한 심리양상을 나타내는 것으로 변화되었다. 이전에 갈등은 단순히 반대하는 힘 혹은 저항하는 작용 등으로 간주되었다. 구조이론이 나온 이후, 갈등은 두 심리 구조 사이의 긴장의 결과라고 생각하게 되었다. 예를 들어, 자아와 이드의 갈등은 불안을 일으키고 이에 대해 자아는 방어기제를 작동하여 처리하려고 한다. 『자아와 이드』를 출간한 얼마 후 프로이트는 『억압, 증후 그리고 불안』(1926)을 발표하였다. 이것은 구조이론을 정밀하게 발전시키는 과정에서 필연적으로 나온 것이다. 초기 프로이트는 불안을 정상적인 출구를 찾지 못한 리비도에 기인한다고 생각하였다. 이를 불안의 일차이론 혹은 독성이론(toxic theory)이라고 한다. 불안의 이차이론은 불안이 갈등의 결과 생기는 것으로, 자아의 방어를 요청하는 하나의 신호라고 설명한다. Hartmann

은 프로이트가 제시한 신호 불안(signal anxiety) 때문에, 앞으로 닥칠 상황을 대비할 수 있게 된다고 설명하였다.

갈등과 불안 그리고 방어는 증상 형성을 초래한다. 즉 갈등의 최종 결과는 증상 형성이고, 갈등이 해결되는 것은 자아와 이드 사이의 절충이다. 이드로부터 나오는 소망은 한편으로는 자아에 의해 방어되고, 동시에 증상이라는 위장된 형태로 약화된 방출이 허용되는 것이다.

불안의 이론이 발전하게 되자 자연스럽게 억압(repression)의 개념도 변할 수밖에 없게 되었다. 초기에 억압은 매우 광범위한 의미에서 방어의 개념으로 사용되었다. 1909년경에 프로이트는 이미 다른 방어기제들도 존재한다는 것을 인지하였다. 그의 딸 Anna Freud는 아버지에게 미진했던 방어의 폭넓은 개념들을 잘 구조화하여, 1936년 『자아와 방어기제』라는 제목으로 발표하였다. 이 책에서 Anna Freud는 억압을 보다 세밀하게 재정의하고, 그 외 9개의 또 다른 방어기제들에 대해 설명하였다. 이제 억압은 의식으로부터 단순한 해리를 뜻하는 것으로 간주되지 않았다. 대신, 억압은 자아의 무의식적인 행위이고, 신호 불안에 대한 반응이며, 심리적 재료들을 의식으로부터 떨어뜨려 보관하기 위해 반-부착하려는(anti-cathectic) 에너지를 사용하는 심적 작용으로 인식되었다. Anna Freud가 정신분석의 초점을 방어에 두게 되자, 분석기법의 근본적인 변화가 뒤따르게 되었다. 이전에 분석가는 밝혀지지 않은 이드와 그 내용에만 초점을 두었다. 그러나 방어에 초점을 두면, 자연스럽게 방어에 관여하는 심리구조 즉 이드와 자아, 그리고 초자아에 균일하게 관심을 갖게 된다. 특히 신경증적이지 않은 심리구조를 가진 사람의 정신분석에서는 자아가 분석의 초점이 된다는 점을 고려할 때 이 분석기법의 변화는 의미가 크다.

현대 자아심리학의 근본적이고 핵심적인 변화는 Hartmann이 1937년에 시작한 비엔나 정신분석협회에서 행한 일련의 강의로부터 시작된다. 이 강좌는 1958년 『자아심리학과 적응의 문제』 영문판이 출간될 때까지 지속되었다. Rapaport는 현대 정신분석이론은 복잡한 대상관계와 그것이 인격발달에 중심적인 역할을 한다는 개념의 발달 위에 세워졌다고 하였다. 이런 관점으로 볼 때, 프로이트의 1921년 저술 『집단심리학과 자아의 분석』이 현대 자아심리학의 기원이라고 Hartmann은 생각하였다. 이 글에서 프로이트는 초기 어린 시절의 동일시(identification)는 다른 사람과 정서적 연결이 포함된다고 설명하였다. 또한 동일시는 퇴행과 대상의 함입(introjection)이라는 두 방어기제가 연속적으로 일어나는 것이라고 주장하였다. 그리고 사랑은 대상의 속성으로 자아가 풍요로워지는 것이라고 묘사하였다.

1917년 출간한 『애도와 우울증』(1917)에서 프로이트는 자아를 버려진 대상들의 창고라고 보았다. 이 글에서 프로이트는 잘 알려진, "대상의 그림자가 자아에 드리워져 있다."라는 시적인 표현을 사용하였다. Hartmann은 자아와 대상 사이의 관계를 집요하게 연구하여, 자아-대상 사이의 단순한 연관성뿐만 아니라 자아의 동일시와 내재화(internalization) 과정을 설명하였다. Hartmann이 볼 때, 프로이트는 대상관계라는 용어가 미처 쓰이기 이전에 그런 개념에 대한 생각을 했다. 단지 그것을 세밀하게 정교화하지 못하고 후대에 물려 주었다고 보았다.

Hatrmann은 현대 자아심리학의 아버지로 불린다. 그의 업적은 프로이트의 구조이론과 직접적인 연관성을 갖는다. 그를 통해 자아의 많은 기능과 그 발달에 대한 이해가 가능했기 때문이다. Hartmann은 자아의 방어기제 외에 다른 기능들에 특히 관심이 많았다. 다윈의 진화론을 접한 프로이트와 Hartmann은 서로 다른 관점에 열광하였다. 프로이트는 인간의 내면에 자리하고 있는 유아적 소망과 동물적 본성에 몰두하였다. 즉, 인간 진화의 초기 상태에 열중하였다. 반면 Hartmann은 현재 진화의 최우위에 있는 인간의 놀라운 적응력에 몰두하였다. 프로이트가 인간의 깊은 심층심리에 몰입하느라 미처 관심을 갖지 못했던, 환경과 적응의 문제가 정신분석의 주요 관심사로 떠오르게 된 것이다.

Hartmaan에 의하면, 막 태어난 유아에게는 미분화된 자아-이드 모체가 존재할 뿐 실제 자아라고 할 만한 것이 없는 상태이다. 많은 분석가들은 유아가 이렇게 조직되거나 유형화되지 않은 상태에서 정신적인 삶을 시작한다고 생각한다. Hartmaan은 초기 유아의 성장 과정에서 미분화된 자아-이드 모체가 잘 분화 · 발달해 가려면 '평균적으로 기대되는 환경' 이 필요하다고 설명하였다.

북미의 발달자아심리학자들은 유아가 적절하게 성장할 수 있는 환경에 대한 탐색을 하였던 사람들이다. 즉, '평균적으로 기대되는 환경' 이 어떤 것인지를 탐색하고, 그 속에서 유아-환경 사이에 어떤 작용들이 이뤄지는지를 연구하였다. Spitz는 초기 유아가 어머니와 심리적 연합을 이루고 성장해 가는 과정을 아름답게 기술하였다. Mahler는 어머니와 공생의 연합을 깨고 한 개체로서 분리-개별화를 이뤄가는 과정을 문학적으로 묘사하였다. Jacobson은 Hartmann과 Spitz 그리고 Mahler 등으로부터 많은 영향을 받았다. 그러나 궁극적으로는 그 자신의 창의적인 연구를 통하여, 에너지 이론과 대상관계 발달과정의 상호 연관성을 통합적으로 탐구함으로써 자아심리학과 대상관계이론을 혼합한 분석가로 알려져 있다(Kaplan & Sadock, 1995).

Hartmann과 이후 열거한 분석가들처럼 프로이트 이론을 계승하면서 계속 발전시켜 나간 사람들이 많았으나, 그렇지 않은 연구자들도 물론 있었다. 많은 분석가들은 프로이트의 지형학적 이론과 구조이론은 연결선상에 있는 것으로 모두 유용하다고 생각한다. 그러나 일부 분석가들은 구조이론이 지형학적 이론보다 우위에 있다고 생각한다. Arlow, Beres, Brenner, Wangh, 그리고 Rangell 등 1940년대와 1950년대 초에 정신분석 수련을 받은 일군의 분석가들이 이 그룹에 속한다. 이들은 Hartmann, Kris, Lewin, Loewenstein 등 그들의 스승과 함께 정신분석 지식을 비판적으로 검토하였다. 현대 구조이론은 결론적으로 말하면, 갈등(conflict)과 그 결과 생기는 절충형성(compromise formation)에 초점을 두고 그것들에 대해 세밀히 이해하고 임상적으로 유용한 정신분석적 접근법을 얻으려고 노력하였다. 처음에는 구조이론을 초심리학적으로 이해하기보다 임상적으로 유용한 개념으로 이해하려고 노력하였다. 예를 들어, 심리구조 간 관계를 에너지나 경제적 관점에서 보는 것(예: 에너지 부착과 탈부착 등)이 아니라 역동적이고 발생학적인 관점에서 보려고 하였다. Arlow(1963)는 이렇게 임상적 측면에서 구조이론을 접근할 때 훨씬 풍성한 정신분석의 결과를 얻을 수 있다고 주장하였다. Arlow(1963)와 Beres(1962)는 자아의 기능으로서 무의식적인 환상을 강조하였다. Beres는 임상적인 관점에서 고찰할 때, 무의식적인 환상은 이드와 자아 그리고 초자아의 다중 기능의 산물이라고 설명하였다. 무의식적인 환상은 이드에 의해 수정되며, 자아에 의해 조직화되고, 초자아에 의해 억압되거나 변형된다고 보았기 때문이다. Abend(1990)는 무의식적인 환상은 사랑과 증오의 소망, 그것들과 연관된 감정들, 그리고 그런 소망에 대한 방어들, 이런 모든 것들로부터 만들어진 절충형성이라고 강조하였다.

프로이트는 이드는 욕동의 저장소로서 태어날 때부터 기질적으로 결정되는 것이며 경험과는 상대적으로 무관하다고 보았다. Brenner는 그러한 이드를 발견할 수 없다고 하면서, 분석적 경험을 통해 볼 때, 리비도든 공격성이든 욕동적 활동은 태어날 때부터 경험의 영향을 받으며 자아 발달에 영향을 준다고 주장하였다. Brenner는 점차 이드와 자아 사이에 분명한 경계를 찾을 수 없다고 하며, 1971년 논문에서 다음과 같은 Anna Freud의 글을 인용하였다. "갈등이 없으면 심리 기제 간의 구분이 없어진다. 달리 말하면 이드, 자아, 초자아는 없다." Arlow는 구조이론의 임상적 중요성에 대해 오랫동안 논쟁해 온 분석가다. 그는 그동안의 임상경험을 통해 볼 때, "이드, 자아, 초자아는 정신분석 교과서에는 있으나 환자 속에는 존재하지 않는다."고 언급하였다. 한 걸음 더 나아가, Brenner는 1994년과 2002년 논문에서 프로이트의 이드, 자아, 초자아로 구성되는 구조이론은 완전히 불필요하다고 주장하였다. 그는 2006년 구조이론에 대한 토론의 글을 요청받고 '아직도 구조이론은 유용한가?' 라는 제목으로 기고한 글에서, 구조이론은 더 이상 유용하지 않으며, 갈등과 절충형성이 모든 정신생활의 특성을 묘사한다고 주장하였다.

6 현대 자아심리학: 학자별 이론

Anna Freud

Anna Freud(1936)의 저서 『자아와 방어기제』가 출간되기 전에 자아심리학의 주된 관심사는 유아와 정신증 환자들에서 보이는 자아의 원시적인 측면들이었다. Anna Freud는 체계적이고 실증적인 연구를 통하여 자아의 다양한 방어 전략들을 자세히 설명하였다. 그녀는 아버지인 프로이트의 저서 『억압, 증후 그리고 불안』을 기반으로 연구를 시작하였지만 분석가가 '적절한 관찰 영역인 자아'로 관심의 초점을 옮겨야 한다고 주장하였다.

프로이트(1923b)는 자신이 수립한 정신분석에 대해 스스로 다음과 같은 정의를 내렸다.

> 정신분석은 ① 다른 방식으로는 거의 접근할 수 없는 정신과정을 연구하는 절차, ② 그런 연구에 근거하여 신경증적 장애를 치료하는 방법, ③ 그런 방식으로 수집하게 된 심리학적 정보들의 총체로서 점진적으로 자리매김하게 된 새로운 과학 분야를 지칭하는 이름이다.

여기서 프로이트가 말하는 분석의 방법은 원본능(이드)에 초점을 두는 것이다. Anna Freud는 분석가가 환자가 더 이상 자유연상을 하지 못하는 지점을 찾아 그 밑바닥에 깔린 원본능의 내용을 해석하는 것만으로는 부족하고, 그런 연상들을 억압하거나 혹은 왜곡하거나 절충하는 방어 작용(자아의 무의식적인 기능)을 이해해야 한다고 주장하였다. 다시 말해서, 분석의 초점이 이드 욕동이 아닌 자아의 무의식적 활동인 방어에 맞추어져야 한다는 것이다.

Anna Freud는 퇴행(regression), 억압(repression), 반동형성(reaction formation), 격리(isolation), 취소(undoing), 투사(projection), 함입 혹은 동일시(introjection or identification), 자기로의 전향(turning against the self), 반전(reversal)에 승화(sublimation)를 더하여 10개의 방어기제를 제시하였다.

Anna Freud는 방어를 작동시키는 불안들을 세 종류로 분류하였다. 객관적 불안(objective anxiety)은 유아 신경증에서 흔히 보이는 것으로 환경에 따른 불안이라고 볼 수 있다. 초자아 불안(superego anxiety)은 성인의 신경증에서 잘 나타나는 것으로 죄책감과 수치심 때문에 생기는 것이다. 그리고 보다 일반적으로 볼 수 있는 본능적 불안(instinctual anxiety)이 있다.

Anna Freud는 나중에 공격자와의 동일시와 이타주의라는 두 가지 방어기제를 더 소개하였다. 공격자와의 동일시(identification with aggressor)는 수동적으로 희생자가 되는 것을 피하고 피해 감정을 완화시키려는 것이다. 이타주의(altruism)는 위험스러운 본능적 충동을 타인을 위해 포기하는 것이다. 그 외에 그녀는 금욕주의(asceticism)와 가난의 지식화(intellectuality of puberty)를 방어기제로 설명하였다. 이런 새로운 방어기제의 소개와 함께, Anna Freud는 최종적으로 방어기제가 갖는 적응적인 측면과 목적성을 강조하였다.

Anna Freud는 전이를 리비도 충동의 전이(transference of libidinal tendencies), 방어적 태도의 전이(transference of defensive attitudes), 그리고 행동화(acting out)로 분류하였다. 그녀는 급박한 소망과 그에 대한 방어가 어린 시절부터 현재까지 반복되기 때문에 이런 역동적 갈등을 효과적으로 다루기 위해서는 방어의 전이를 먼저 해석하는 것이 중요하다고 강조하였다. 그리고 이드 분석보다 자아분석이 더 어려운데, 그것은 분석기법 때문이 아니라 자아의 무의식적 부분(방어기제를 운용하는 자아)을 의식화하는 것에 잘 적응되어 있지 않기 때문이라고 설명하였다. 그러면서 분석가는 이드 분석과 마찬가지로 자아와 초자아 분석에 대해서도 동일한 거리를 두고 똑같이 깊이 있는 분석(equi-distance analysis)을 해나가야 한다고 생각하였다. 이런 맥락에서 그녀는 정신분석의 목적을 세 심리기관 모두에 대해 가능한 지식을 최대한 얻는 것(to acquire the fullest possible knowledge of all the three institutions)과 그들 간의 관계와 외부 세계에 대한 관계를 알게 되는 것이라고 정의하였다.

프로이트 전집(standard edition)을 영어로 번역한 Strachey는 프로이트의 이론과 기법상의 괴리를 다음과 지적하였다. "프로이트가 해석을 통해 통찰에 이르게 하는 분석기법에 관해 저술한 것은 1910년대다. 그리고 1923년 구조이론을 통해 초자아 개념을 도입함으로써 심리 역동에 대한 매우 풍성한 이해를 갖게 해 주었다. 하지만 프로이트는 막상 초자아를 고려한 수정된 새로운 분석기법을 제시하지는 않았다." Strachey의 이러한 지적을 고려할 때, Anna Freud는 아버지 프로이트의 치료기법(원본능 중심적 기법)에서 미진했던 부분을 보완해 준 셈이다.

방어기제의 분류

방어기제는 보편적으로 나타나는 정상적인 반응이다. 개인은 모두 방어기제를 사용하며, 방어기제 없이 인생사를 처리해 간다는 것은 불가능한 일이다. 어떤 방어기제는 보다 적응적이고 기능적이어서 건강한 방어기제라고 할 수 있다. 하지만 방어는 기본적으로 개인을 불안으로부터 보호하는 자아의 무의식적인 기능이다. 적절한 대처 능력이 결핍되었을 때, 자아가 너무 약할 때, 그리고 상황 자체가 아예 합리적으로 해결될 수 없는 성질일 때, 개인은 불안을 야기하는 상황을 제대로 처리할 수 없다. 방어기제는 개인이 이런 상황을 무의식적으로 처리할 수 있게 도와준다. 다음은 Vaillant 등의 분류를 근거로 Gabbard가 다시 체계화한 방어기제의 분류체계다 (Sadock & Sadock, 2007) (분리, 이상화, 평가절하, 투사적 동일시 등의 방어기제는 뒤의 대상관계이론에서 별도로 기술한다.).

자기애적 방어(narcissistic defenses)

가장 원시적인 방어로 어린아이나 정신병 환자들에서 흔히 보인다. 이 방어기제를 사용하는 사람들은 아예 현실을 재배치하거나 재구성하기 때문에 현실에 적응할 수가 없다.

① 부정(denial)

너무나 위협적인 외적 현실, 견딜 수 없는 생각, 욕구와 충동 등을 무의식적으로 부정하는 기제다. "나는 겁나는 게 하나도 없다."라고 호언장담하는 경우, 커다란 사고가 일어났는데 "아무 일도 안 생긴 거죠?"라고 묻는 질문, 무서운 장면이 나올 때 눈을 가리는 행동 등이 부정의 예가 될 수 있다. 죽음을 앞둔 사람이 자신이 죽어 가는 것을 부정하는 것은 적응적인 측면을 갖고 있다.

사례 25

A씨는 60대 후반의 사업가다. 따뜻한 5월 날씨인데도 잦은 기침이 계속되어 병원에 입원하여 검사를 하였다. 흉부 엑스레이 사진에서 이상 소견이 보여 정밀검사를 한 결과 폐암이 의심되었다. 최종적인 진단을 위하여 조직검사를 실시하였고, 그 결과 폐암이 상당히 진전된 상태로 판명되었다. 의사는 조심스럽게 앞으로 약 3개월, 길어야 6개월 정도 생존 가능성이 있다는 것을 통고하였다. 의사의 얘기를 다 들은 A씨는 "숨기지 않고 설명해 주어서 고맙습니다. 최선을 다해 주세요. 열심히 치료

만 해 주시면 내년 이맘 때 교외에 있는 우리 별장에서 크게 대접해 드리겠습니다."라고 말하였다. A씨는 6개월 이상 생존이 어렵다는 의사의 설명을 '분명히 귀로 들었지만 무의식으로는 부정을 한 것' 이다.

② 망상적 투사(delusional projection)

자신의 바람직하지 못하고 용납될 수 없는 생각이나 충동을 남의 탓으로 돌리는 심리기제다. 정신병적 수준의 투사는 망상 증상으로 나타난다. 정신분열병 환자의 피해망상, 그 자신이 이미 빈번한 외도를 저지르고 있는 의처증 환자의 심리 등이 망상적 투사에 해당된다. 그러나 가벼운 투사는 일상생활에서 흔하게 발견된다.

사례 26

B씨는 일요일 오후 바람이라도 쐬려는 마음으로 가족들과 같이 야외로 차를 몰았다. 시 외곽에 들어서자마자 도로는 나들이 나온 차들로 가득하여 주차장을 방불케 하였다. 후텁지근한 날씨에 차가 몇 십 분을 꼼짝 안 하자 B씨의 입에서 절로 욕이 튀어나왔다. "이런 할 일 없는 놈들이 이렇게 많은 줄 몰랐네, 이런 망할 놈들, 방구석에서 쉬기나 하지 뭐하러 이렇게들 몰려나와!" B씨도 그중의 한 명인데 교통 혼잡의 원인을 남의 탓으로 돌리고 있는 것이다.

③ 왜곡(distortion)

내적 욕동에 맞추어 외부 현실을 전체적으로 뜯어 맞추는 심리기제다. 과대망상적인 믿음이나 환각, 소원 성취적인 망상 등을 들 수 있다.

사례 27

계속되는 가뭄 때문에 C씨 집 동네 뒷산에 있는 소나무들이 병충해 피해를 입었다. 병충해로 누렇게 변한 소나무들 가운데 한 그루가 건강하게 파란색을 띠고 살아 있었다. C씨는 그 소나무가 바로 자신이라고 설명하며, 그것이 죄를 지어서 죽어 가고 있는 이 동네의 사람들을 구원하라는 신의 계시라고 주장하였다. 그러고는 파란 소나무가 주는 정기를 받는다며 3일 동안 그 나무 밑에 앉아 있었다.

미성숙한 방어(immature defenses)

청소년들에게서 흔히 관찰되는 방어기제다. 방어기제를 사용하는 사람들은 현실이나 사람들로부터 야기된 고통과 불안을 처리할 수 있다. 그러나 그것을 바라보는 관찰자에게는 방어 사용자들이 사회적으로 바람직하지 않고 까다롭거나 미숙하게 보인다. 미성숙한 방어기제를 사용하는 개인들은 대부분 외부 세계 적응에 어려움을 겪는다. 심한 우울증 환자, 인격장애 환자, 청소년들에서 흔히 볼 수 있다.

① **행동화**(acting out)

무의식적인 소망이나 충동이 즉시 만족되지 않고 연기됨으로써 생기는 감정 또는 갈등을 피하기 위해 그런 소망이나 충동을 직접적으로 표현하는 것이다.

② **퇴행**(regression)

현 발달단계에서 야기되는 심리적 갈등을 피하기 위하여 이전의 리비도 발달단계로 후퇴하는 경우를 말한다. 대소변을 잘 가리던 다섯 살짜리 아이가 동생이 태어나자 다시 오줌을 못 가리게 되는 경우가 해당한다. 퇴행은 정상적인 반응일 수 있다. 어느 정도의 퇴행은 이완 상태나 수면 상태 그리고 성교 중 오르가슴 상태에 필수적이다. 퇴행은 또한 창조적 활동에 기본적으로 수반되는 것으로 간주된다.

③ **분열성 환상**(schizoid fantasy)

갈등을 해결하고 만족을 얻기 위해 자폐적으로 철수하는 것을 의미한다. 개인적인 친밀감을 피하고 기이한 특성을 보임으로써 다른 사람들의 접근을 막는다. 이 방어기제를 사용하는 개인은 자신의 환상을 완전히 믿지 않기 때문에 환상을 직접 행동화하지는 않는다.

④ **신체화**(somatization)

심리적 갈등이 심리적으로 표현되지 않고 내부 장기나 다른 신체부위를 통하여 나타나는 것이다. 신체화를 하지 않을 때는 어린아이 같은 생각이나 감정으로 표현하다가 다시 신체화 방어를 사용하기도 한다. '사촌이 땅을 사면 배가 아프다' 는 속담이 이에 해당한다.

심리적 갈등이 신체적으로 표현되는 또 다른 예로 전환반응(conversion)을 들 수 있다. 신체화가 주로 내부 장기를 중심으로 증상이 나타난다면, 전환반응은 근골격계나 감각기관을 통해 표현된다. 예를 들어, 사지의 마비가 오거나 감각마비 혹은 시력 소실 등으로 나타난다.

⑤ 수동-공격적 행동(passive-aggressive behavior)

타인에 대한 공격성을 수동성이나 피학성 혹은 자기로의 전향(turning against the self) 등을 통하여 간접적으로 표현하는 행동을 말한다. 수동-공격성은 실패, 미적거림이나 미룸, 자기보다 타인에게 더 영향을 주는 질병 등의 형태로 나타난다.

사례 28

D부인은 50대 초반의 가정주부다. 원인이 특별하지 않은 복통으로 일 년에 수차례씩 입원하고 있다. 그럴 때마다 결혼 초부터 자신을 고생시킨 남편은 D부인의 병수발 등 뒷바라지를 하느라 고생하고 있다. 그녀는 자기 때문에 고생하는 남편에게 미안할 뿐이라고 담담하게 말하였다. 아픈 것은 사실이지만, 집에서 고생하던 것에 비하면 병원에서 그녀는 호강하는 셈이다. 뿐만 아니라 자기를 고생시키고 함부로 대하던 남편에게 무의식적으로 복수하는 의미가 있다.

⑥ 사고의 막힘(blocking)

일시적으로 생각이 억제되는 현상을 말한다. 감정과 충동의 억제도 포함된다. 사고의 막힘은 억압과 비슷하나 긴장이 증가한다는 점에서 차이가 있다.

⑦ 건강염려(hypochondriasis)

회피나 퇴행을 목적으로 질병을 과장하거나 확대하는 기제다. 건강염려 상태에서는 책임감을 피할 수 있고 죄책감도 무마된다. 아울러 스스로를 아픈 상태로 생각하기 때문에 본능적 충동도 제거된다. 전환 증상과 달리, 건강염려증적으로 내재화된 질병은 자아 이질적(ego-alien)이기 때문에 당사자가 고통스러워한다.

사례 29

어려서부터 심하게 매질과 신체적 학대를 했던 아버지가 간암 판정을 받았다. 그 후로 백수로 지내던 큰아들 E씨가 다리가 비정상적으로 휘어졌다고 여러 병원을 방문하기 시작하였다. 모든 곳에서 정상 판정을 받았으나 E씨는 현대 의학으로는 밝힐 수 없는 다리 이상 때문에 아무 일도 할 수 없다고 호소하였다. 그는 자신이 아프다는 것을 통하여 큰아들로서의 책임감, 아버지에 대한 분노 등을 처리하고 있는 것으로 보였다.

⑧ 함입(introjection)

대상의 성질을 내재화하는 것을 뜻한다. 함입은 발달에 필수적이지만 방어기제로도 사용된다. 방어기제로 사용될 때, 함입은 주체와 대상의 경계를 흐리게 한다. 사랑하는 사람과 헤어진 후 그 대상을 함입함으로써 헤어졌다는 고통스러운 인식을 피할 수 있다. 두려운 대상의 특성을 함입하면, 즉 자기 내부에 두게 되면 그 대상이 갖는 공격성을 자신이 조절할 수 있기 때문에 두려움이 사라지게 된다. 전형적인 예가 공격자와의 동일시(identification with aggressor)다. 병원놀이나 도깨비 놀이가 공격자와의 동일시의 예가 될 수 있다.

사례 30

병원에서 주사를 맞고 온 아이가 집에 와서 의사놀이를 하고 있다. 아이는 그 자신이 의사도 되고 간호사가 되면서 그들이 갖고 있던 두려운 힘(주사를 놓는)을 스스로 통제할 수 있게 되었다. 그리하여 아이는 병원에서 느꼈던 두려움이 사라지며 다른 놀이를 이어 갔다.

⑨ 동일시(identification)

남의 성격이나 역할을 따서 자기의 일부로 삼는 과정이다. 자아와 초자아 형성에 가장 중요한 기능을 한다. 자녀가 부모를 닮는 것, 제자가 스승과 비슷해지는 것, 의사 아들이 청진기나 주사기를 갖고 놀기를 좋아하는 것 등을 예로 들 수 있다.

동일시는 함입과 마찬가지로 대상의 성질을 내재화한다는 점에서 유사한 면이 있다. 그러나 함입이 남의 특성을 받아들이기는 해도 소화시키지 못한 채 내면에 그대로 갖고 있는 상태라면, 동일시는 남의 특성을 받아들여 그것을 소화해서 자기의 것으로 만든 상태를 말한다.

⑩ 합일화(incorporation)

구강기 수준에서 일어나는 동일시의 원시적인 전구단계라고 볼 수 있다. 즉, 동일시처럼 하나의 심리 기능으로서 타인의 특성을 내재화하는 것이 아니라 구강기적으로 대상을 꿀꺽 잡아먹음으로써 동일해지려는 것을 의미한다.

⑪ 모방(imitation)

의도적이고 의식적인 수준의 흉내내기라는 점에서 무의식적으로 일어나는 동일시와 다르다. 그렇기에 모방에 의해 기술적이고 기능적인 발전이 가능하나 그것이 직접 심리 구조를 형성하지 못한다.

신경증적 방어(neurotic defenses)

이 그룹에 속하는 방어기제는 흔히 신경증적이라고 간주된다. 하지만 일반 성인에서도 흔히 관찰된다. 이 방어기제들은 대처를 하는데 단기적으로는 이득이 될 수 있다. 그러나 이런 방어기제를 대처의 기본 양식으로 삼는다면 장기적으로 상호관계나 직장생활, 일상생활을 즐기는 데 문제가 발생한다. 강박신경증이나 히스테리 환자들과 스트레스 상황에 있는 성인들에게서 흔히 관찰된다.

① 억압(repression)

용납될 수 없는 생각이나 충동을 의식에서 몰아내어 억압하는 가장 보편적이고 일차적인 자아의 방어기제다. 일차 억압(primary repression)은 의식에서 포착되기 전에 생각과 감정을 억압하는 것을 말한다. 반면 이차 억압(secondary repression)은 의식 수준에서 일단 인식되었던 것을 억압하는 것을 말한다. 억압된 것은 상징적 행동으로 나타난다는 점에서 잊는 것이 아니다. 억압이 억제(suppression)와 다른 점은 목적을 단지 연기하는 것이 아니라 충동이 없어질 때까지 억누른다는 점이다. 가장 보편적으로 사용되는 방어기제이기 때문에 소위 방어기제의 여왕이라고 불린다. 억압이 많을수록 억압된 생각들이 나오지 못하게 하는 편견과 선입견이 많다.

사례 31

F부인이 갑작스럽게 불안해지면서 가슴이 두근거리고 공연히 눈물이 자꾸 나기 시작한 것은 2주 전인 12월 중순경부터다. 혼자 견뎌 보려고 하였지만 점점 더 힘들어져서 정신과를 방문하여 진료를 받게 되었다. 언제부터 이런 증상이 생겼느냐는 의사의 질문에 그녀는 한두 달 전부터라고 별 생각 없이 대답하였다. F부인은 다섯 살 난 외동딸을 두고 있다. 한두 달 전부터 내년 봄 집에서 멀리 떨어진 시내의 이름난 유치원에 보내려고 알아보고 있었다. 자식이라곤 하나밖에 없어서 좀 힘들더라도 그 유치원에 보내고 싶었다. 아이를 매일 그곳까지 데리고 왔다 갔다 하는 것이 힘들 것 같은 걱정은 들었다. 진료를 마치고 집으로 돌아오는 길에 그녀는 문득 자신의 6세 때 일이 스쳐 지나갔다. F부인은 여섯 살 때 부모님이 이혼을 해서 고모 집에 보내졌다. 그곳에서의 생활은 매우 힘들었다. 어린 나이에도 자신이 매우 불행하다고 느끼면서 성장하였던 기억들이 떠올랐다.

현실적으로 어린 딸과 떨어지는 것 자체가 F부인에게는 불안과 우울의 원인이 되었다. 동시에 여섯 살 난 딸아이를 유치원에 보내는 행동의 상징성(헤어짐)이 그녀의 무의식에 억압되었던 어린 시절의 고통스러운 경험을 활성화시켰다. 그리고 그로부터 파생된 처리되지 못한 감정들과 충동들이 그녀에게 심한 불안을 경험하게 한 것이다.

② 반동형성(reaction formation)

용납될 수 없는 충동이나 욕구를 정반대로 변형시키는 것이다. 강박신경증에서 특징적으로 나타나지만 다른 신경증에서도 나타날 수 있다. 초기 자아발달 단계에서는 방어기제로 자주 쓰이지만 강박적 성격처럼 영구적인 성격으로 변할 수도 있다.

내면에는 분노가 있는데도 겉으로 지나치게 점잖은 행동을 보이는 경우, 속으로는 미워하면서 겉으로 친절하게 도와주는 행동 등이 해당된다. 이러한 친절은 흔히 질식할 것 같은 느낌을 준다. 그리고 지나친 성의는 죄의식을 덜려는 행동일 수 있다. '미운 놈 떡 하나 더 준다' 는 속담이 반동형성에 해당한다.

③ 취소(undoing)

자신의 성적 혹은 적대적 욕구와 행동(상상 속의 행동도 포함)으로 인해서 어떤 대상에게 피해를 주었다고 무의식에서 느낄 때 그에게 준 피해를 취소하고 원상복귀하려는 것이다. 부정하게 번 돈의 일부를 자선사업에 쓰는 경우, 다이너마이트로 번 돈으로 노벨상을 만든 경우, 강박신경증 환자의 반복적 손 씻기 등을 예로 들 수 있다. 부인을 때리고 꽃을 사다 주는 것을 반복하는 남편도 이에 속하는데, 그는 진정한 반성을 하는 것이 아니라 자신의 행동을 취소하려는 것이다.

④ 격리(isolation)

고통스러운 생각에 결합되어 있는 감정을 의식에서 떼어 버리려는 것을 말한다. 강박신경증 환자의 무감정적인 논리성을 예로 들 수 있다.

사례 32

중학생인 G군의 아버지가 교통사고로 갑자기 사망하였다. 장례식 날 G군은 눈물도 흘리지 않고 "사람은 누구나 한 번은 죽는 것이다."라고 담담히 말하였다. 사람들은 모두 의젓하다고 칭찬하면서 격려해 주었다. 일 년 후 졸업식 전날, 그는 아버지를 찾으면서 심한 혼란 상태를 보였다. 결국 일 년 전에 그는 아버지의 죽음을 의젓하게 맞이했던 것이 아니라 단지 고통스러운 감정을 격리시켰던 것이다. 무의식에 격리되었던 감정이 졸업식을 앞두고 의식으로 올라온 것이다.

⑤ 전치(displacement)

원래 무의식적인 대상에게 주었던 감정을 그것을 주어도 덜 위험한 대상에게로 옮기는 것이다. 언니에게 직접 화내지 못하고 언니의 공책을 찢어 버리는 행위, 옛날 궁중에서 실제 인물에 해당하는 인형을 만들어서 해코지를 하던 행위, 아버지에 대한 분노와 두려움이 말로 옮겨진 연극 에쿠우스 사례 등이 그 예다. 또 '종로에서 뺨 맞고 한강에서 화풀이한다' 는 속담도 예가 될 수 있다.

⑥ 합리화(rationalization)

받아들일 수 없는 태도나 행동 혹은 믿음 등을 정당화하기 위해서 합리적인 설명을 하거나 이치에 닿는 이유를 대는 심리기제다. 그러한 행동이나 믿음의 숨겨진 동기는 대개 본능적으로 결정된 것들이다. '남이 하면 스캔들, 내가 하면 로맨스' '남이 받으면 뇌물, 내가 받으면 떡값' '실력 없는 목수, 연장 탓한다' 등이 해당된다.

⑦ 해리(dissociation)

고통을 피하기 위하여 마음을 편치 않게 하는 성격의 일부 혹은 개인 정체성의 일부가 떨어져 나가는 경우를 말한다. 지킬박사와 하이드 같은 다중인격, 둔주 등과 같은 해리성 장애가 이에 해당한다.

사례 33

H양은 19세로 만성적 자살시도와 조절되지 않는 자해 경향 때문에 정신과 치료를 받아 왔다. 그녀는 8세 이후로 계부와 성관계를 가져왔으며 최근에서야 그 행동을 그만두었다. 그녀는 자주 자신이 자기가 아닌 것 같다고 호소하였으며, 이런 증상은 처음 성관계가 있었던 8세 때부터 나타났다. 계부가 그녀에게 성관계를 요구할 때, H양은 극도로 불안감을 느꼈다. 그러나 곧 그녀는 마치 자기로부터 탈출하여 방 한구석에 서서 초연한 태도로 성행위를 관찰하는 자기 자신을 느끼곤 하였다. 그럴 땐 자신의 신체가 고무 인형처럼 느껴졌다고 H양은 말하였다.

이런 현상은 계부와 성관계를 할 때에 나타나기 시작되었지만, 곧 스트레스를 받거나 불안한 상황에서도 나타나게 되었다. 최근엔 자신의 몸이 마치 시체처럼 느껴진다고 호소하였다. 그녀는 이러한 불쾌한 상태에서 벗어나기 위하여 자신의 손목에 자해를 하였다. 그녀는 상처를 통해서 느끼는 통증이 오히려 생동감을 준다고 말하였다.

⑧ 지식화(intellectualization)

고통스러운 정서나 충동을 피하기 위해서 지식적 과정을 지나치게 사용하는 방어기제다. 사람들과의 친밀감을 피하기 위해 무생물체에 지나치게 집착하거나, 내면의 감정을 피하려고 외적 현실에 집중하는 경우다. 전체를 인식하는 것을 피하려고 엉뚱한 세부 부분만 강조하기도 한다. 지식화는 합리화와 밀접하게 연결된 경우가 많다.

⑨ 보상(대상, compensation)

성격이나 외모 혹은 지능 등에서 느껴지는 자신의 결함을 메우려는 심리기제다. 키 작은 사람이 공격적 언동을 보이는 경우가 이에 해당한다. '작은 고추가 맵다' 는 속담이 예가 될 수 있다.

⑩ 조종(controlling)

불안을 최소화하고 내적 갈등을 해소하기 위해 주변 환경이나 대상, 사건들을 통제하고 조종하려는 시도를 뜻한다.

⑪ **반전**(reversal)

충동이 수동적인 것에서 능동적인 것으로 바뀌거나(반대도 같은 이치다), 충동이 다른 사람을 향하는 대신 자신에게로 향하는 것이다. 즉, 주체와 대상의 역할이 바뀌는 경우다(그 반대도 성립한다). 피학적 소망을 감추기 위해 가학적 태도를 취하는 것이 예가 될 수 있다. 다른 사람에 대한 실망을 표현하기 위해 자신을 비난하는 것도 같은 경우다. 다른 구성원의 잘못인데도 다 자기 잘못이라고 표현하는 경우나 의존 욕구를 타인을 보살피면서 대리만족하는 경우도 해당된다.

사례 34

N양의 아버지는 정신질환자다. 아버지가 N양이 친딸이 아닌 것 같다고 얘기한 것을 친지를 통해 전해 들었다. 아무리 정신질환자라 해도 아버지가 자신을 친딸이 아니라고 한 것은 섭섭하거나 화가 날 만한 일이다. 그러나 N양은 아버지가 불쌍하다고 하였다. 자기 딸이 아니라고 생각하며 살아왔다면 아버지로서 얼마나 괴로웠겠느냐는 것이다. 슬픔의 주체가 자기 자신에서 아버지로 반전된 사례다.

성숙한 방어

① **이타주의**(altruism)

타인을 건설적으로 만족할 수 있게 도와주는 것이다. 양성의 건설적인 반동형성은 이타주의에 포함될 수 있다.

② **금욕주의**(asceticism)

즐거움을 얻는 경험을 제거하는 심리기제다. 의식적으로 느껴지는 기본적인 모든 즐거움을 억제하는 경우도 있다. 금욕의 극기를 통해 만족을 얻는다.

③ **유머**(humor)

자신의 감정이나 생각을 표현하기 위해 코미디를 사용하는 심리기제다. 그렇게 함으로써 마음 쓰기에 너무 고통스러운 것들을 견딜 수 있게 된다.

④ **승화**(sublimation)

본능적인 에너지를 직접적인 성적 욕동이나 공격적 목적에 사용하지 않고 초자아에 의해 용인되고 문화적으로 적합한 것에 사용하는 것이다. 승화는 본능적 충동이 차단되지 않고 직접 의미 있는 목적이나 대상으로 향할 수 있게 해 준다.

⑤ **억제**(suppression)

의식적으로 혹은 반의식적으로 충동이나 갈등을 얻는 것을 지연시키는 것을 의미한다. 그에 따르는 불편함은 인지되지만 최소화시킨다.

방어기제와 신경증 증상 형성

심리내적 갈등이 충분히 억압되어 일차 방어가 성공적으로 이뤄지면 본래의 항상성(homeostasis) 상태를 유지하게 된다. 그러나 갈등이 충분히 처리되지 못하여 불안을 느끼면 본능적 소망은 절충형성

(compromise formation)이란 변형된 형태로 표현된다. 신경증적 증상을 비롯하여 꿈, 말실수, 깜박 잊기 등이 이에 해당된다.

다음 그림은 방어기제의 사용에 따라 신경증적 증상이 어떻게 달리 표현되는가를 도식화한 것이다. 갈등을 일차 방어를 통하여 성공적으로 처리하지 못하면 불안이 생기는데, 이때 불안을 처리하기 위해 이차 방어기제들이 동원된다. 만약 전환(conversion) 방어기제를 사용하여 불안을 처리하면 불안이 사라지는 대신 전환 증상이 나타

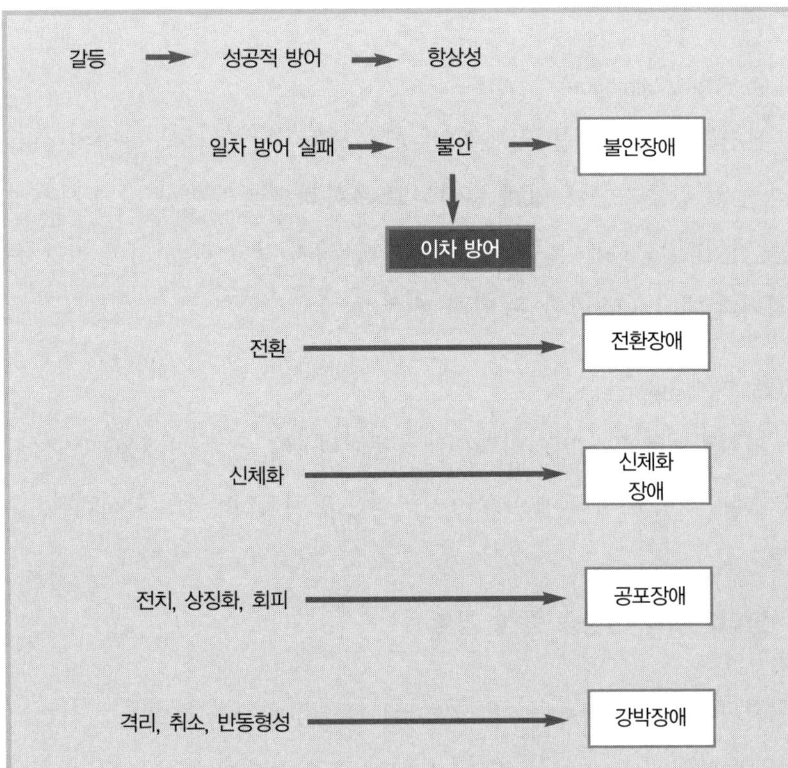

갈등, 불안, 방어기제 및 증상 형성의 관계

나게 된다. 아버지에 대한 공격성을 말에게 전치(displacement)하여 말을 아버지 상징물로 삼은 다음(symbolization) 말을 두려워하며 피하면(avoidance) 말 공포증이 된다. 격리, 취소, 반동형성의 방어기제를 주로 써서 불안을 처리하게 되면 강박 증상이 나타난다. 이와 같이 어떤 방어기제를 사용하여 갈등과 불안을 처리하는가에 따라 여러 가지 신경증 증상이 나타나게 된다.

Hartmann

Hartmann은 자아심리학의 아버지로 불린다(Mitchell & Black, 1995). 그가 『자아심리학과 적응의 문제』를 발간한 것이 1939년이다. 책 제목처럼 그는 적응(adaptation)이란 새로운 개념을 제시하면서 자아를 새롭게 조명하기 시작하였다. 자아심리학이 발전하게 된 첫 배경은 욕동이론이 다양한 실제 경험들을 설명하기에 부적절하다는 것을 분석가들이 느끼게 되었기 때문이다. 특히 그것은 자기와 대상의 관계성을 제대로 설명하기에 매우 부적절하였다. 욕동이론에서 대상은 단지 자신의 욕동을 만족시키거나 좌절시킨다는 점에서 의미를 가질 뿐 상호관계의 측면을 고려하지 않기 때문이다. 다시 말해서, 자신의 관점으로만 상대를 바라볼 뿐 상대의 측면에서 자신을 바라보는 것이나 상호관계에 대한 관점은 무시된다.

자기 변형적 적응과 타자 변형적 적응

Hartmann은 적응을 "일차적으로 유기체와 환경 사이의 상호관계"라고 정의하였다. 그리고 상호관계를 유기체와 환경 양자의 측면에서 관찰해야 한다고 지적하였다. 그의 관점에서 유기체가 환경과 조화를 이루는 방식은 세 가지다. 즉, 환경에 맞추어 자기 자신을 변화시키는 자기 변형적(autoplastic) 방식, 자신에 맞추어 환경에 영향력을 주거나 환경 자체를 변화시키는 타자 변형적(alloplastic) 방식 그리고 보다 호의적인 환경을 찾는 것이다.

사례 35

자기 변형적 적응 사례

사지마비 증상을 호소하며 입원한 27세의 김 씨는 시부모를 모시고 사는 결혼한 지 6개월 된 새댁이다. 평소 시어머니는 대학까지 나온 것이 집안일 하나 제대로 못한다며 그녀의 자존심을 건드리곤 하였다. 시어머니의 생일이 5일 뒤로 다가왔다. 시어머니는 친척들을 초대할 테니 생일잔치를 혼자 잘해 보라고 말하고는 3박4일 여행을 떠나 버렸다. 일이 익숙하지 못한 김 씨는 난감하기 그지없는 상황에 어찌할 바 몰라 하였다. 심하게 걱정도 되었지만 한편으론 시어머니에 대한 분노가 속에서 치밀어 올랐다. 그래도 집안 어른인데 하며 시어머니에 대한 적개심을 억누르려 하였으나 온몸이 부르르 떨리며 공연히 마음이 불안해지는 것을 느꼈다. 음식 등을 제대로 못했을 때 창피를 당하면 어떻게 하나 점점 불안해졌다. 억지로 부엌에서 일하던 중 갑자기 사지마비 증세가 나타나 김 씨는 응급실을 통해 입원하게 되었다. 병실에서 그녀는 사지 마비를 호소하였으나 얼굴 표정은 평온하고 그리 걱정하는 표정이 아니었다. 또 친정식구들이 걱정해 주는 말에 가벼운 미소를 짓기도 하였다. 갑자기 일을 너무 많이 해서 그렇게 되었다는 남편의 위로에 그녀는 만족스러운 모습을 보였다.

이 사례에서 김 씨가 보이는 양상은 전환 증상으로 보인다. 즉, 심리적 갈등이 근육의 마비로 표현된 셈이다(신체화 방어기제 참조). 김 씨는 시어머니의 생일잔치를 준비하라는 환경적 요구에 순응하려 하나 그만한 능력이 없다. 그런데 그녀는 환경을 변화시키려 하지 않는다. 즉, 시어머니를 변화시키려 하지 않고 자신이 다소 부당해 보이는 시어머니의 요구에 맞추려 한다. 신경증 환자들은 일반적으로 환경을 변화시키려 하기보다 자신을 환경에 맞추려는 자기 변형적 성향이 있다.

사례 36

타자 변형적 적응 사례

B는 21세 된 대학 2학년 여학생이다. 학교 카운슬러의 제의를 받고 정신치료를 받기 위하여 부모와 함께 방문하였다. 학교에서 문제가 되고 있는 것은 B가 학교 교수들에 대해 엉뚱한 루머를 퍼트리고 다닌다는 것이었다. 그 내용의 핵심은 몇몇 교수들이 B에게 엉터리로 성적을 주었다는 것과 그들이 학생들과 동성애를 한다는 것이었다.

면담과정 중에 B는 자신이 소문을 퍼트리지 않았고 그것은 사실일 뿐이라고 말했다. 자신의 성적에 관한 얘기는 실제보다 과장되었다고 대수롭지 않게 얘기하였다. 자신의 말이나 행동이 교수들에게 어떤 영향을 줄지에 대해선 거의 생각하지 않았다. 그리고 자신은 연극계로 마음을 돌렸는데 그 분야의 사람들이 이미 자신의 외모와 능력을 인정하고 있다고 주장하였다.

키가 큰 B는 비싼 유명 브랜드 옷을 입고 있었고 큰 웨이브 파마 머리에 진보라로 염색한 것이 인상적이었다. 치료자를 대하는 태도는 냉소적이고 차가웠다. 남들과 다른 자신의 특별한 생각과 마음을 알 수 있는 사람을 만났으면 좋겠다며, 마치 정신치료자를 얕잡아 보듯 이야기하였다. 그러면서 자신은 순서를 기다리는 것은 못하니 자신이 편한 시간에 면담시간을 잡지 않으면 치료를 계속하기 어렵겠다고 이야기하였다.

B는 고등학교 때에도 '자신의 마음에 들지 않는' 한 여학생에 대해 거짓 소문을 퍼트린 적이 있었다. 학교에서 친구가 없는 외톨이로 지냈는데도 그녀는 외롭다는 말을 한 번도 한 적이 없었다. 오히려 아이들과 수준이 맞지 않아서 어울릴 수가 없다고 이야기하였다. 실제 성적은 비교적 좋은 편이었으며, 아이들이 자신을 차갑다고 하는 것은 결국 그 애들이 자신에게 열등감을 느끼기 때문이라고 말하였다. 그리고 그들이 자신을 질투하는 것일 뿐이고, 많은 아이들은 자기와 가까워지고 싶어 하지만 자신이 거절하였다고 하였다.

앞의 사례와 대조적으로, 이 사례의 B는 모든 상황을 자기중심적으로 대하고 처리하는 것을 볼 수 있다. 교수들에게 미치는 파장 같은 것은 아랑곳하지 않고 거짓말을 한다. 뿐만 아니라 자신은 옳고 환경(교수)이 틀렸다고 주장한다. 치료시간도 자기에게 맞추려 하고, 친구들에게도 자신에게 맞출 것을 요구한다. B는 자기애적 인격장애의 양상을 보이고 있다. 인격장애 환자들은 신경증 환자들과 대조적으로 타자 변형적 적응을 하는 것이 일반적이다.

환경에 적응하는 방식

자기 변형적	타자 변형적
• 환경에 맞추어 자기 자신을 변형시킨다. • 신경증 환자가 주로 사용한다.	• 자신에 맞추어 환경에 영향력을 주거나 환경 자체를 변화시킨다. • 인격장애 환자가 주로 사용한다.

일차 자아 자율기능

Hartmann 이전까지 자아 기능은 궁극적으로 정신적 갈등을 다루는 것으로 인식되고 있었다. 프로이트의 구조이론 개념에서 보았듯이 자아는 쾌락원리에 따라 기능하는 원본능(이드)과 양심의 기능을 하는 초자아 그리고 외부 현실 사이에서 끊임없이 중재와 조율을 한다. 이러한 조율은 결코 완전하게 이뤄질 수 없기 때문에 결과적으로 자아는 항상 갈등 속에 있을 수밖에 없다. 즉, 갈등으로부터 자유로운 순간의 자아는 없다.

Hartmann(1939)은 갈등과 무관한 자아 기능(autonomous ego function)이 본래부터 존재하며, 이로부터 환경에 적응할 수 있는 광범위한 자아발달이 이뤄진다는 것을 인식하게 되었다. 이러한 기능을 일차 자아 자율기능(primary autonomous ego function)이라고 한다. Hartmann의 연구에 의하면 일차 자아 자율기능은 태어날 때부터 존재하는 기초적인 심리 기능으로, 욕동과 방어 사이에서 발생하는 심리내적 갈등과 무관하게 독립적으로 발달한다. 다만 일차 자율기능이 발달하기 위해서는 평균적으로 기대되는 환경(average expectable environment)이 제공되어야 한다. Hartmann은 태어날 때부터 존재하는 일차 자율기제로 인식(perception), 의도(intention), 대상 이해(object comprehension), 사고(thinking), 언어(language), 회상 현상(recall phenomena), 번식력(productivity), 동작발달(motor development) 등을 들었다. 발달의 과정 중에 반대되는 심리적 힘과 격돌하게 되면 이러한 갈등으로부터 자유로운 자아의 기능들도 갈등에 관여하게 된다.

태어날 때부터 잠재적인 자아 능력을 갖는다는 이론은 프로이트의 이론과는 상반되는 것이다. 프로이트는 태어날 때는 이드만 있고 이드 본능의 좌절을 경험하면서 점차 이드로부터 자아가 분화되어 나온다고 생각하였다. 그러나 Hartmann에 의하면 태어날 때는 엄밀히 말하면 자아도 이드도 없다. 단지 미분화된 자아-이드 모체(undifferentiated matrix)가 있을 뿐이다. 이때 유아가 적절하게 성장할 수 있는 환경이 제공되면 미분화된 모체로부터 자아가 비로소 제 모습을 갖게 되고 또 환경에 적응하며 잘 성장할 수 있게 된다. Hartmann에 의하면 인간은 극단적인 환경이 아닌 흔히 생각할 수 있는 일반적인 수준의 환경에 적응할 수 있는 능력을 갖고 태어난

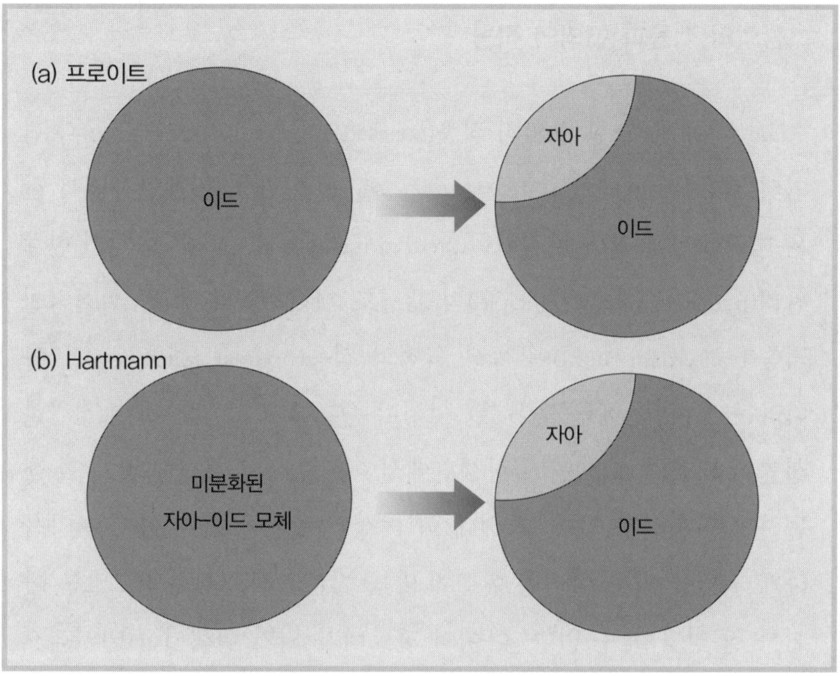

자아의 형성: 프로이트와 Hartmann 비교

(a) 프로이트에 따르면 인간의 심리는 태어날 때 온통 이드로만 구성되어 있다. 외부 세계의 여러 요구들에 의하여 이드가 수정되면서 자아가 형성되기 시작한다.
(b) Hartmann에 따르면 막 태어날 때는 엄밀히 말해 자아도 이드도 없다. 미분화된 모체로부터 각각 자아와 이드가 형성된다.

다. 그는 이를 평균적으로 기대되는 환경이라고 불렀다. 자아가 미분화된 모체로부터 잘 성장하고 또 환경에 적응할 수 있는 능력을 갖기 위해서는 평균적으로 기대되는 환경이 필요하다는 것이다.

광의의 적응과 협의의 적응

Hartmann은 또한 광의의 적응(adaptation in the broader sense)과 협의의 적응(adaptation in the narrower sense)의 개념을 제안하면서 같은 맥락에서 광의의 현실원리(broader reality principle)와 협의의 현실원리(narrower reality principle)의 개념도 제시하였다. 이는 현실적인 적응(reality adaptation)이 항상 최적의 적응(optimal adaptation)은 아니라는 것이다. 예를 들어, 한 여성이 순조롭게 잘 성장하여 건강한 성인이 되었다. 그녀는 일상생활에서 어른으로서 현실에 맞게 잘 행동하고 적응하고 있다. 그런데 이 여성이 출산을 하여 아기를 양육하게 되었을 때는 이러한 현실에 맞는 어른스러운 행동만으로는 아이를 잘 양육할 수 없다. 아이의 파트너가 되기 위해서는 일시적으로 퇴행하여 유아의 수준에 눈높이를 맞출 수 있어야 한다. 어머니가 발달단계의 높은 형태를 일시적으로 포기하면서, 어머니와 아이는 상호 맞춤(fitting together)되고, 양자의 욕구가 모두 만족될 수 있다. 그러므로 이런 상황에서는 주관적 현실원리 혹은 광의의 현실원리가 한 여성으로서 효율성이나 정체성이라는 객관적 현실원리 혹은 협의의 현실원리보다 우선하게 된다.

프로이트의 고전적인 현실원리가 즉각적으로 욕동을 방출하려는 쾌락원리를 억압하는 것에 초점을 둔다면, Hartmann의 광의의 현실원리는 실제 환경(대상과 상황)의 현실적인 측면들을 인식하며 그에 적응하는 것에 주안점을 둔다. 마찬가지로 Hartmann에게 환상은 단순한 현실로부터의 철수만은 아니다. 좁은 의미에서 환상은 현실적인 이차과정 사고를 포기하고 퇴행하는 때로 병리적 현상이다. 그러나 넓은 의미에서 환상은 현실과 접근하는 또 다른 방식이고, 때로는 논리적인 사고로는 얻을 수 없는 새로운 해결책을 가져다주기도 한다. 혹은 현실로부터 일시적으로 철수하여 숨을 고르게 함으로써 전에는 생각할 수 없었던 새로운 창조적인 시선을 갖게도 한다.

현실원리: 프로이트와 Hartmann 비교

프로이트	Hartmann
• 즉각적 욕동을 방출하려는 쾌락원리의 억압에 초점. 협의의 현실원리 • 환상: 이차과정을 포기하고 퇴행하는 현상. 때로 병리적	• 실제 환경의 현실적 측면 적응에 초점 • 환상: 현실과 접근하는 또 다른 방식. 논리적 사고를 뛰어넘는 새로운 해결책을 위한 창조적 시선 제공 기능

Hartmann은 일차 자아 자율기능과 함께 이차 자아 자율기능(secondary autonomous ego function)의 개념도 제시하였다. 본능적 충동을 방어하기 위해서 사용되었던 방어기제가 나중에는 그 자체로 적응적인 자율성을 갖게 될 수 있다는 것이다. 예를 들어, 배변 훈련 중인 유아는 더럽히고 싶은 욕구에 대한 방어로 반동형성을 사용하여 지나치게 깔끔하고 깨끗하게 행동할 수 있다. 이런 유아가 나중에 청결한 위생을 유지하기 위한 목적 혹은 질서정연하게 생활하기 위한 목적으로 깔끔하고 깨끗한 행동을 하게 되면 그 자체가 자연스럽게 잘 적응하는 것(adaptive autonomy)이 된다. 또 다른 예를 들면, 아이들의 성적 호기심이 다양한 지식에 대한 흥미와 탐구로 변할 수 있다. 이와 같이, 처음엔 본능적 충동에 대한 방어기제가 고

유한 기능이었으나, 나중엔 그 자체가 하나의 자율적인 목적을 갖는 기능이 된 경우, 그 변화된 기능을 이차 자율기능이라고 한다. 그렇기 때문에 현재의 기능이나 의미를 기원적으로 최초의 기능으로 환원시키거나 혹은 전구 기능과 동일하게 여기는 것은 잘못이라고 Hartmann은 강조하였다. 예를 들어, 성적인 호기심에서 출발하였다고 하여 지적인 탐구를 단지 성적 호기심에 불과한 것이라고 말하는 것이 이에 해당한다. 일반적으로 저질러지고 있는 이러한 잘못을 Hartmann은 기원적 오류(genetic fallacy)라고 불렀다(Levy & Inderbitzin, 2003).

중성화

Hartmann에 의해 제시된 또 다른 주요 개념 중의 하나는 중성화(neutralization)다. 중성화는 리비도와 공격성 에너지가 본능적 양태(instinctual mode)에서 비본능적 양태(noninstinctual mode)로 변화되어 자아가 사용할 수 있게 되는 과정을 말한다.

승화(sublimation)는 본능적 에너지의 흐름을 바꿔서 즉각적인 성적인 목적 대신 초자아와 사회에 합당하게 쓸 수 있게 하는 것이다. 즉, 본능적 목적의 전치(displacement of instinctual aims)다. Hartmann은 프로이트의 승화 개념에 공격성 조절을 포함시켰다(프로이트의 승화 개념은 이중본능이론 이전에 나온 것이므로 리비도만 포함되어 있다.). 그러므로 중성화는 탈성욕동화(desexualization), 탈공격성화(deaggressivization) 모두를 포함한다. 전에는 리비도 부착(cathexis)이라는 방출을 통하여 욕동의 만족을 얻던 것을, 이제는 욕동의 방출 대신 자아의 영역 내에 들어오는 것을 의미한다.

Hartmann의 중성화 개념은 프로이트의 승화 개념을 확장한 것이나 다음과 같은 차이점을 갖는다. 첫째, 앞에서 언급했듯이 승화는 리비도만을 다루는 반면 중성화는 리비도와 공격성을 모두 탈본능화한다. 둘째, 승화는 욕동이 고조됨에 따라 동원되는 방어기제인 반면 중성화는 점진적으로 이뤄지는 과정으로 단순한 방어 기능에 머무는 것이 아니라 궁극적으로 자아 형성에 관여한다. 셋째, 승화는 욕동 에너지의 방향을 사회가 용납하는 쪽으로만 굴절시키는 것인 반면 중성화에서는 욕동 에너지가 이드 에너지에서 자아 에너지로 에너지 자체가 변형된다.

내재화(internalization)는 전에는 외부에 있던 것을 자신의 일부로 만드는 과정이다. 외부 대상은 대상 표상으로 내면화되고, 점진적으로 대상 표상이 증가한다. 그러므로 내재화는 대상관계 개념과 함께하는 개념이다. 예를 들어, 일련의 반응들(배고픔을 느껴서 울었을 때 엄마가 오고 이어서 배고픔이 사라지고 만족할 수 있었던 것)이 기억들과 연계하여 점차 내부로 자리 잡게 된다. 그래서 전에는 배고프면 즉각 울었지만 이제는 배고파도 지연시킬 수 있게 된다. 이런 과정 때문에 인간은 생물학적 종으로서 발전함에 따라 점차 즉각적인 환경의 자극으로부터 독립적이 될 수 있다.

이와 같이 욕동 에너지를 중성화하는 능력과 욕동 방출을 지연시킬 수 있는 능력이 상호작용하여 에너지를 자아형성(ego building)에 사용할 수 있게 된다. 이런 자아형성 과정을 구조화(structuralization)

라고 부르는데, 자아형성이 이뤄질수록 유아가 쓸 수 있는 자아 기능은 확대된다.

3개월 된 유아는 이미 어느 정도 중성화 능력을 갖는다. 배고픔의 감각과 자신이 울었을 때 엄마가 오고 만족할 수 있었던 예전 기억을 연관지을 수 있다. 그래서 유아는 대상 없는 울음(objectless cry, 단순한 욕동의 표시 혹은 불쾌감의 표시)으로부터 대상을 찾는 목적을 가진 울음(purposeful cry)으로 바꿀 수 있다. 결과적으로 단지 욕동에게만 투자되던 에너지를 전환시켜 대상관계를 형성하는 데 사용할 수 있다.

Spitz

북미의 자아발달심리학자들은 분석과정에 또 다른 중요한 변화를 가져왔다. 일부 학자들은 유아를 직접 관찰하며 심리발달을 연구함으로써 대상관계이론의 이해에 도움을 주었다. 앞서 살펴보았듯이, Hartmann은 자아의 현실 적응 능력을 제시함으로써 자아가 보다 복잡하고 능력 있는 체계임을 밝혀냈다. 그에 의하면 막 태어난 유아에게는 미분화된 자아-이드 모체가 존재할 뿐 실제 자아라고 할 만한 것은 없는 상태다. 많은 분석가들은 유아가 이렇게 조직되거나 유형화되지 않은 상태에서 정신적인 삶을 시작한다고 생각한다. 하지만 불과 몇 년이 지나면 유아는 비교적 일정한 심리 혹은 성격을 가진 아이가 된다. 어떻게 형태 없는(formless) 유아의 정신 상태가 형태를 갖춘 아이의 정신 상태로 발달하게 되는 것일까?

시설증후군과 의존적 우울증

Spitz는 실험심리학에서 사용되는 방법론을 적용하여 유아의 정신 발달을 연구한 초기 정신분석가 중의 한 사람이다. 파리에 거주하는 동안 정신분석과 아동 발달에 관해 강의를 해온 그는 1939년 미국에 이주한 이후 다양한 상황에 있는 유아와 아동에 대한 관찰을 계속하였다. 그런 연구들 가운데 기아 보호소를 비롯한 시설 아동들에 관한 연구 결과를 발표한 것이 『시설증후군』(1945)이다. Spitz의 연구에 의하면 시설 아이들은 적절하게 영양분을 공급받고 물리적인 돌봄은 받았지만 모성적 보살핌과 정서적인 상호작용을 경험하지 못했다. 그런데 3~5개월이 넘어서까지 지속적으로 정서적 경험을 받지 못할 때 아이들은 시각적 협응 능력과 운동 능력이 떨어졌다. 두 해가 지나면서는 연구 대상 시설 아동의 1/3이 죽었고 네 살이 되었을 때는 겨우 몇 명만 서고 말할 수 있었다. 이러한 결과는 단순히 먹을 것과 입을 것 그리고 잠자리가 제공되는 것만으로는 한 인간으로서의 총체적인 성장을 이룰 수 없다는 것을 나타내는 것이었다. 아이가 성장하기 위해서는 의식주라는 물리적인 조건 외에 양육자의 관심과 애정 어린 따뜻한 보살핌이 필요하다는 것을 명확하게 보여준 것이다.

Spitz는 유아가 시설에 오랫동안 맡겨져 모성적 보살핌이 결핍될 때 나타나는 현상들을 '시설증후군(hospitalism)' 이라고 불렀다. 그는 시설증후군을 세분하여 '의존적 우울증(anaclitic depression)' 과 구분하였다. 그는 시설증후군이란 '총체적 정서 결핍(total affective deficiency)' 의 결과 로 생기는 것으로서 이론적으로는 비가역적인 현상이라고 생각하였다. 즉, 다시 전 상태로 회복될 수 없는 비극적인 상태로 보았다. 반면 의존적 우울증은 '부분적 결핍(partial deficiency)' 으로 수개월 이내 어머니와 만족스러운 재결합이 이루어지면 회복될 수 있는 것으로 생각하였다. Spitz는 'anaclitic' 이란 용어를 프로이트가 사용했던 것과 유사하게 사용하였다. 프로이트가 독일어로 사용한 'Anlehnung' 은 'leaning on' 의 뜻인데, Standard Edition에 'anaclisis' 로 번역되어 있다. Anaclisis의 그리스어 어원은 ana-kleinen으로 'to support (oneself) on' 의 뜻을 가진다. Spitz가 사용한 anaclitic도 그런 맥락에서 사용하였다고 볼 수 있다. 즉, 유아의 자기 형성과 자기 분화의 과정에 필요한 대상에 대한 의존적 관계를 표현하는 것으로 사용하였다.

그러므로 꼭 시설 아동이 아니더라도 어머니가 이 시기의 아이를 따뜻함이나 분명한 관심이 없이 기계적으로만 양육할 때 그 아이는 건강하게 성장하는 아이와 다른 반응을 보이게 된다. 어머니의 몸에 자신의 몸을 맞추어서 어머니의 한 부분이 되지 못하고, 건강한 아이들이 보다 적극적으로 어머니에게 접근하거나 어머니로부터 멀어지거나 하는 행동들을 보일 때, 이런 아이들은 다시 자폐기로 돌아가는 듯한 행동(예: 혼자 몸 흔들기에 탐닉하는 행동)을 보인다. 반면에 최적의 상호작용을 경험한 아이들은 지각하는 능력, 기억하는 능력, 자극에 반응하는 능력이 발달하게 된다.

심리적 융합

Spitz의 연구는 형태 없는 유아의 정신 상태가 형태를 갖춰 가는 초기 과정에 어머니라는 대상이 절대적으로 필요함을 보여 준다. 프로이트에게 어머니는 단지 본능적 욕동을 충족시켜 주는 존재라는 점에서 의미가 있었다. 그러나 Spitz에게 어머니는 단순한 욕동의 만족뿐 아니라 유아에게 모든 심리적 발달이 일어나기 위해서 필수적인 인간관계를 제공해 주기 때문에 꼭 필요한 존재다. Spitz는 유아가 어머니와의 초기 관계에서 형성해 가는 심리적 발달과정을 다음과 같이 설명한다.

Spitz가 볼 때 유아는 기능적으로 미분화(undifferentiated)되었을 뿐 아니라 어머니와의 관계에서 비분화(non-differentiated)된 존재다. 즉 유아는 홀로 존재하는 것이 아니라 어머니와 함께하는 유아(infant-with-mother)로 존재하는 것이다. 그리고 그는 신생아가 마치 시력이 회복된 맹인과 같다고 생각하였다. 눈을 떴을 때 갑자기 몰아치는 엄청난 시각적 자극 앞에 당황하는 맹인처럼, 신생아 또한 감당할 수 없는 엄청난 자극 앞에 당황해한다고 본 것이다. 이때 어머니가 유아와 심리적 융합(psychological fusion)을 이루어 유아의 '보조 자아(auxiliary ego)' 와 같은 역할을 해 준다고 보았다. 그래서 과도한 자극이 염려될 때는 아예 그런 자극으로부터 유아를 차단시켜 보호해 주기도 하고, 일반적인 자극들에 대해서는 유아의 경험을 같이 겪으며 그 내용과 의미를 유아에게 전달해 주기도 한다. 예를 들어, 어머니는 갑작스럽게 들리는 TV의 큰 소리에 유아가 깜짝 놀랄 때 얼러 주고 진정시켜 줌으로써 그런 경험이 크게 위험하지 않은 일상적인 것임을 느끼게 해 준다. 그러면 놀랐던 유아는 어머니가 얼러 줌으로써 평온함을 되찾게 된다. 이와 같이 유아와 어머니의 관계에서 연속적인 작용-반작용 주기(sequential action-reaction-action cycle)가 형성된다. 이는 유아와 어머니 사이에 일어나는 일종의 '대화'와 같다. 성인은 고도의 상징인 언어를 가지고 소통하지만, 유아는 매우 원초적인 감각과 움직임을 통해서 소통한다. 신체적 접촉, 몸의 긴장, 자세, 움직임, 리듬감 등 총체적 감각체계(total sensing system)를 갖고 유아와 어머니는 소통한다. 이때 아직 신경발달이 충분하지 못한 유아는 어머니의 신호를 지각(perceptive)하기보다 수용(receptive)한다. 어머니가 만들어 주는 정서적 분위기를 통해 어머니가 보내 주는 메시지의 느낌(안전한지, 좋은지, 먹을 것인지, 무서운 것인지 등)을 흡수한다. 또 유아의 반응을 보면서 어머니는 반복해서 조정해 준다. 이런 소통을 통해 처음에는 의미 없던 자극들(meaningless stimuli)이 점차 의미 있는 신호들(meaningful signals)로 변하게 된다. Spitz에게 좋은 어머니란 유아의 비언어적 의사소통에 매우 민감하고 공감적 반응을 할 수 있는 어머니다.

정신의 조직자

Spitz는 생애 첫해 어머니와의 대상관계를 통해 자아가 성장한다는 새로운 단계를 제공해 주었다. 그리고 어머니와의 관계에서 정신이 점진적으로 형태를 갖춰 감에 따라 그에 해당하는 일정한 기능들이 자연스럽게 나타나게 된다고 생각하였다. 그는 이를 정신의 조직자들(organizer of the psyche)이라고 불렀다. Spitz에 의하면 정신이 일정하게 조직되었다는 첫 지표는 사회적 미소(smiling response)다. 이는 유아가 나타내는 첫 사회적 반응으로 약 3~4개월경에 처음 나타난다. 두 번째 지표는 약 6~8개월경에 나타나는 이방인 불안(stranger anxiety)이다. 그리고 유아는 15개월경이 되면 '아니' 혹은 '싫어' 라는 것을 언어로 표시할 수 있게 된다. 이는 어머니가 자신에게 '안돼' '하지 마' 등으로 행했던 것에 대해 공격자와 동일시(identification with aggressor)한 것이다. 즉, 오이디푸스기 이전 단계에서 어머니와의 깊은 동일시가 있었다는 것이다.

정신의 조직자

- 사회적 미소: 3~4개월
- 이방인 불안: 6~8개월
- '아니' 혹은 '싫어' 의 습득: 15개월

다음은 정신분열병 환자에서 심리적 융합이 치료적으로 사용된 사례다.

사례 37

M씨는 이혼한 30대 중반의 여성으로 정신분열병 환자다. 가정부 아주머니가 설거지를 하면서 그릇 부딪치는 소리를 크게 내면 자신을 괴롭히는 행동이라고 생각하여 불안해했다. 아버지가 얼굴을 찡그리면 자신을 요양소에 가두려는 신호라고 느꼈다. 어머니가 빨래를 개다가 그

녀 옆의 소파에 접은 손수건을 놓아두었다. 그녀의 것이니 자기 방으로 가져가라는 뜻이었다. 그녀는 어머니가 손수건을 소파에 올려놓은 것은 자신과 이별하고 집을 나가려는 의도를 전하려는 것이라고 크게 불안해 하였다. 이처럼 M씨의 생활환경은 온통 그녀를 위협하는 신호들로 가득 차 있다. 이를 처리할 능력이 없는 그녀는 그럴 때마다 치료자에게 전화를 하였다. 마치 감당할 수 없는 불안한 자극들에 둘러싸인 유아가 보조자아 역할을 하는 어머니를 필요로 하듯 치료자를 필요로 하는 것과 같다. 전화통화를 하며 치료자와 연합하여 감당할 수 없었던 자극들을 처리하는 셈이다

Mahler

1897년 헝가리에서 태어난 Mahler는 제1차 세계대전이 일어나자 비엔나에 정착하여 소아과 의사로서 일을 하였다. 당시 비엔나의 의료 행태는 일반적으로 건조하고 비공감적이었다. 이런 경향에 실망한 Mahler는 정신과와 정신분석에 관심을 갖게 되었다. 1939년 미국으로 이주한 Mahler는 뉴욕정신분석학회 회원이 되었고, 1945년 Jacobson에게 개인분석을 받았다. 1949년 Mahler는 자폐적 혹은 공생적 원인을 갖는 것으로 추정되는 '정신분열병-양상 유아정신병 증후군'에 대해 처음으로 개략적인 이론을 제시하였다. 1952년에는 이 증후군이 공생증후군(symbiotic syndrome)과 자폐적 정신증(autistic psychosis)으로 구분되며, 공생증후군이 자폐적 정신증보다 더 분

화된 단계에 고착되었거나 퇴행한 상태라고 설명하였다. 그리고 공생증후군은 핵심적 발달단계인 어머니와 분리되는 단계에서 발생한다고 생각하였다. 1955년에는 공생단계가 인간의 성장에서 보편적인 것이며 분리-개별화가 정상 발달에 필요한 과정이라는 의견을 제시하였다. 이런 가정하에 뉴욕의 마스터스(Masters)아동센터에서 '소아공생정신병의 자연적 과정'에 관한 연구가 시행되었다. 이 연구는 정상적인 공생단계에서 가장 심한 왜곡을 보인 사례들과 분리-개별화가 완전히 실패한 사례들을 연구하도록 고안되었다. 1959년에는 보통의 정상적인 어머니와 아이들로 구성된 대조군 연구가 시작되었다. Pine이나 Bergman 등의 참여로 더욱 정교한 연구방법들을 적용하게 되면서 정상적인 분리-개별화가 몇 개의 단계로 구성된다는 가설을 세우게 되었다. 1963년부터 Mahler 등은 국립정신건강연구소(NIMH)의 지원하에 연구를 지속하여 분리-개별화 과정이 분화(부화), 연습기, 재접근기, 대상 항상성의 네 단계로 이뤄진다고 발표하였다.

분리-개별화 과정은 그 이름에서 알 수 있듯이 두 개의 발달 궤도가 관여한다. 하나는 개별화(individuation) 과정으로 심리내적 자율성, 인식, 기억, 인지, 현실 검증 등의 발달이 이뤄지는 궤도이고, 다른 하나는 심리내적으로 발달해야 하는 분리(separation)의 궤도다.

분리-개별화

분리	개별화
• 분화, 거리 두기, 경계 형성, 어머니로부터 떨어지는 발달이 이뤄지는 궤도	• 심리내적 자율성, 인식, 인지, 현실 검증 등의 발달이 이뤄지는 궤도

정상 자폐적 단계(normal autistic phase)

정상 공생단계(normal symbiotic phase)

분리-개별화 과정(separation-individuation process)

- 단계 1: 분화와 신체상의 발달
- 단계 2: 연습
- 단계 3: 화해(재접근기)
- 단계 4: 개별성의 확립과 대상항상성

Mahler의 분리-개별화 과정

분리는 분화, 거리 두기(distancing), 경계 형성(boundary formation), 어머니로부터 떨어지는 것 등이 발달해 가는 과정이다.

Mahler에 의하면 이런 모든 구조화의 과정은 궁극적으로 내부 대상 표상(object representation)과 구분되는 내재화된 자기 표상(self-representation)을 형성하는 데 목적이 있다. 그리고 가장 적절하게 분리-개별화가 이뤄지기 위해서는 먼저 어머니로부터 분화해 가는 심리내적 과정이 신체적으로 떨어져 나가는 것으로 감지될 수 있어야 한다. 이런 신체적 분리에 대한 아이의 의식과 개별화에 관여하는 자아의 독립적인 자율기능—인지, 인식, 기억, 현실 검증 등—이 균형을 이루며 진행될 때 분리-개별화는 가장 적절하게 이뤄질 수 있다.

Spitz는 생애 초기에 유아가 어머니와의 심리적 융합을 통해 정신적인 발달을 이룬다는 것을 설명하였다. Mahler는 유아가 어머니와의 심리적 융합 상태로부터 어떻게 분리된 정체감을 얻을 수 있는지에 대한 자세한 설명을 제공해 주었다. 그런 의미에서 Mahler는 유아가 어머니와의 공생적 관계로 시작해서 안정된 자기 개별성과 대상항상성을 얻어 가는 분리-개별화 과정을 심리적 탄생이라고 부르기도 하였다.

Mahler는 자폐기와 공생기라는 두 개의 분리-개별화 이전 단계를 포함하여 전체 심리발달 단계를 다음과 같이 제시하였다(분리-개별화 과정에 대한 설명은 Mahler, Pine과 Bergman(1975), Hamilton(1990)을 전반적으로 참조하였다.).

정상 자폐적 단계

Mahler에 의하면 이 단계의 유아들은 잠자는 듯한 상태와 같은 환상에 쌓여 있으며 아직도 자궁 내부에 있듯이 현실로부터 차단된 폐쇄된 심리적 체계를 유지한다. 이러한 심리적 상태는 자궁 내부에 있는 것과 유사하게 고립되어 있어서 외부의 삶과 자궁 속의 삶의 중간지대처럼 생각된다. 다시 말해서, 신생아는 외적인 것과 내적인 것을 구분할 수 없다. 이 세상에 태어나기는 했으나 신생아는 아직 어떠한 대상과도 관계를 맺지 못하고 이 세상에 자기 자신밖에 없는 듯이 살아가는 셈이다.

Spitz(1965)도 이와 유사한 의견을 제시하였다. 그는 유아가 아직 대상과 자기를 구분할 수 있을 만큼 신경생리가 발달하지 못했다고 하였다. 유아가 대상관계를 유지하기 위해서는 내부와 외부 세계를 구분할 수 있어야 하는데, 아직 자기 내면의 상을 인식할 수 있는 능력이 없다는 것이다. 그래서 Spitz는 아이가 대상이 없는 상태(objectless stage)에서 그의 삶을 시작한다고 주장하였다.

대상과 관계를 맺을 수 있는 심리적인 발달이 이루어지기 위해서는 신경생리학적인 발달과 동시에 먹여 주고 껴안아 주는 것과 같은 보살핌의 경험들이 축적되어야 한다. 이러한 발달들이 이루어지기 전 단계에서 아이는 엄마 또는 누군가에 대해 특별한 관심을 보이지 않고, 잡기반사(grasping reflex), 쫓기반사(rooting reflex), 놀람반사(startle reflex) 등의 반사 작용만 나타낼 뿐이다. 아직까지는 외부 환경과 어떤 의미 있는 관계도 맺지 못하고 단지 반응만 한다고 볼 수 있다. 이것은 정상적인 자폐적 시기와 이후 단계 사이를 연결시켜 주는 외부 자극에 대한 일시적인 반응일 뿐이다.

신생아가 빛, 소리, 냄새, 맛, 촉각, 움직임 등에 반응한다는 것은 이미 알려진 사실이다(Hamilton, 1990). 하지만 아직 사람으로부터 오는 자극과 사람이 아닌 것으로부터 오는 자극을 구분하지는 못한다. 그리고 빛과 색깔, 따뜻함과 차가움, 고통과 즐거움, 시끄러움과 조용함, 정지됨과 움직임 등의 세상 속에 살고 있지만 그런 것들을 서로 반대되는 것으로 인식하지 못하는 것으로 보인다. 아직 언어가 형성되지 못한 초기 신생아에게는 이런 감각들이 뒤섞여 경험되는 것으로 보인다. 그렇다고 어떤 상을 형성하지는 못하고, 서로 연결되지 않는 다양한 감각의 연합체로 인식되기도 하고 개별 감각으로 해체되기도 한다고 생각한다(Hamilton, 1990).

정상 공생단계

자폐적 시기가 지나가면서 아이는 자기의 욕구를 만족시켜 주는 대상(need-satisfying object)이 있음을 희미하게 감지하기 시작한다. 그러면서 엄마와 자신이 공동의 경계선을 갖고 있는 하나의 전지전능한 연합체인 것처럼 행동한다.

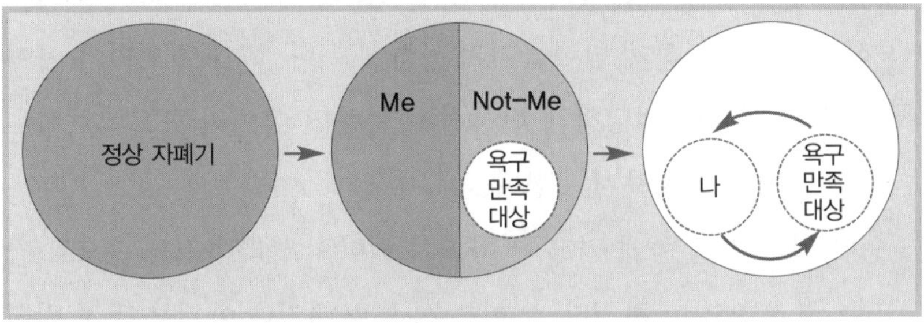

자폐기로부터 공생단계로 나아가는 과정

신경체계가 성숙되어 가고 엄마와의 경험이 쌓이면서 두 사람의 관계를 보다 또렷이 인식할 수 있게 된다. 신경생리학적으로는 기억하고 사물을 인지하고 어느 정도 조화를 이루며 근육운동을 할 수 있는 자아(ego)의 기능들이 나타나기 시작한다. 이러한 능력들이 생김에 따라 배고팠거나 배불렀던 기억들, 몸이 들렸거나 내려졌던 기억들, 엄마가 자신의 몸을 보고 듣고 냄새 맡았던 경험들을 기억하여 조직화할 수 있게 된다. 이러한 경험들은 대상과 관계하는 자기(self)에 대한 느낌을 돋아나게 한다. 아이는 자폐적인 자기만의 단일체계에서 자기-타인(self-other)이라는 두 사람 체계로 전환하게 되는 것이다. 그러나 아직까지는 두 사람 사이에 진정한 관계를 맺어갈 만큼 충분히 분화된 것은 아니다. 다시 말해서, 진정한 관계를 형성하기 위해서는 아직 자아의 기능이 더욱 발전해야 한다. 이때 자아의 기능이 발달하도록 촉진시켜 주는 것이 바로 사랑하는 부모와의 관계다. 즉, 아직은 미분화된 부모와의 관계이지만 그 자체가 아기의 자아 기능을 발달시켜 주는 중요한 요인이 된다. 그러므로 아기가 부모와 사랑의 관계를 형성하지 못했을 때 엄마는 아기의 미묘한 신호들을 적절하게 받아들이지 못하게 된다. 그래서 엄마가 아이의 필요에 대해서 적당하게 반응하지 못하면 아이의 프로그램화된 자아의 기능은 발전하지 못한다(Mahler et al., 1975).

엄마 젖을 기분 좋게 먹고 난 아기가 엄마의 블라우스를 손으로 잡아당기고 뜯으려고 하였다. 엄마는 짜증을 내거나 아기를 밀쳐 버리지 않고, 아기도 달래고 옷도 보호하기 위하여 아기를 자신의 무릎 위에 놓고 얼렀다. 이러한 엄마의 반응을 통해 아기는 자기 스스로를 편안하게 하는 것을 배우게 되었고, 나중에는 다른 놀이를 하면서도 엄마가 어르던 방식으로 스스로를 어르며 놀았다. 즉, 엄마로부터 겨우 부분적으로만 분화된 시기에 받아들인 엄마의 지지방식이 나중에 건설적이고 보다 분화된 적응관계를 형성하는 데 토대가 된 것이다.

공생의 시기라 할지라도 아기에게는 모든 것이 완벽한 것은 아니다. 아기는 차가움도 경험하고 배고픔도 느낀다. 심한 복통을 느끼기도 하고 높은 데서 떨어지는 고통을 경험하기도 하는 등 다양한 고통스러운 사건들이 생길 수 있다. 아기는 아직 자기와 세계를 충분히 분화하여 구분하지 못하기 때문에 이런 불쾌한 사건이 온통 자신과 세계를 둘러싸고 있는 것처럼 느낀다. Mahler, Pine과 Bergman(1975)은 아기의 불쾌한 경험도 아기의 발달에 중요한 의미를 갖는다고 생각하였다. 불쾌한 경험은 유쾌한 경험과 대조를 이루는 것으로서 자기상과 대상상이 싹트는 데에 역할을 하게 된다고 본 것이다. 자기와 대상이 일차적 양극 경험이라면, 즐거움과 고통스러움 그리고 좋음과 나쁨은 이차적 양극 경험으로서 아기가 이 세상을 인식해 가는 데 중요한 역할을 하게 된다.

아이는 아직 자기-타인 분화가 미숙한 상태이므로 여러 가지 혼란을 겪는다. 유아는 자신의 눈이 움직일 때 혹은 자신이 엄마를 찾을 때 엄마가 마법처럼 나타난다고 느낀다. 또 유아는 자신이 엄마 가슴으로 다가가면 동시에 젖이 가까이 다가서 준다고 생각한다. 엄마가 바라는 것과 자신이 바라는 것이 하나라고 생각하는 것이다. 아이가 움직이면 세계도 움직이고, 아이가 느끼면 세계도 느끼며, 아이가 숨쉬면 세계도 숨쉬기 때문에 유아의 공생의 세계는 전능함으로 충만해 있다. 결국 아이는 엄마와 자기가 두 부분으로 된 단일체로서 하나의 공동 경계를 가진 전능한 체계의 한 부분인 것처럼 행동하기 시작한다.

분리-개별화 과정

단계 1: 분화와 신체상의 발달

아이는 생후 1~2개월 사이에 보였던 잠자는 듯한 상태로부터 점점 벗어나 주의를 기울일 수 있는 힘이 생긴다. 그러나 아이의 주의력은 한계가 있어서 처음에는 나-엄마 연합체(me-mother unit)에 국한된다. 점차 주의력이 발달함에 따라 생후 5~6개월이 되면 꽤 또렷한 정신으로 자기가 원하는 것을 볼 수 있게 된다. 즉, 목표 지향적으로 볼 수 있는 힘을 갖게 된다. 이러한 반응은 어머니의 품에서 수동적으로만 반응하며 공생하던 모습에 비하면 마치 공생의 보호막을 뚫고 부화한 아이가 주위를 두리번거리는 모습을 연상하게 한다. 그래서 5~6개월경에 시작되는 분리-개별화의 첫 단계는 분화(differentiation) 혹은 부화(hatching)단계라 부른다.

분화가 진행됨에 따라 아이는 엄마의 입에 음식을 넣기도 하고 엄마의 머리나 귀 혹은 코를 잡아당기는 등 엄마의 몸을 탐색하기 시작하는 행동이 현저히 증가한다. 또한 이 단계의 아이는 자신의 부모와 외모가 다른 사람에 대한 관심도 증가한다. 아이는 자기 주위에 있는 모든 사람과 엄마의 이미지를 비교하고 대조해 보는 것처럼 보인다(Mahler et al., 1975).

사례 38

채소가게를 하는 젊은 아빠가 7개월 된 딸을 안고 장사를 하고 있다. 어린아이는 아빠의 품에서 한 번은 목을 뒤로 제치고 아빠의 얼굴을 쳐다보다가 한 번은 목을 앞으로 내밀며 가게 앞을 지나는 행인들의 얼굴을 쳐다보곤 한다. 한 지나가던 여성이 아이에게 다가와 미소 지었다. 아이는 아빠 목뒤로 얼굴을 묻으며 그녀를 살짝 엿보고는 아빠의 가슴에 더욱 가까이 매달렸다. 그것은 마치 아빠와 공생관계로 다시 돌아가는 것처럼 보였다.

부모가 아닌 사람들에게 보이는 아이의 이러한 반응을 이방인 불안(stranger anxiety) 혹은 이방인 반응(stranger reaction)이라 부른다. 공생단계에서 애착이 안정적으로 잘 형성된 아이일수록 낯선 사람에 대해 덜 불안해하고 관심을 더 많이 나타내는 것을 볼 수 있다. 반응의 정도에 상관없이 이방인 반응은 자기와 엄마의 분화를 증가시켜 줄 뿐만 아니라 다른 사람과 엄마를 분별할 수 있는 능력을 키워 준다.

아이는 점점 신경체계와 근육골격 기능의 발달로 운동 능력이 발달한다. 이런 운동 능력의 발달이 자기-대상(self-object) 분화과정을 더욱 촉진시킨다. 아이는 엄마 무릎에서 내려와 구르기도 하고 느릿느릿 마루를 기어가는 등 엄마 근처에서 놀 수 있게 된다. 대부분의 부모는 아이가 나타내는 이러한 분화의 초기 모습들에 기뻐한다. 반면에 이 시기에는 정상적인 아기라도 엄마의 코나 입 등을 너무 성가시게 잡아당기거나 쥐어 비틀곤 하기 때문에 웬만큼 잘 양육하고 있는 엄마라도 짜증이 날 수 있다. 그리고 아빠가 아기와 놀아주는 것이 늘어나게 되는데, 엄마와 아이 사이에 끼어들기를 주저하던 아빠도 아이를 자신의 무릎 위에 앉히고 놀 수 있게 된다.

아기가 분화를 계속하면 엄마는 홀가분해하면서도 동시에 섭섭함을 느끼기도 한다. 어떤 엄마는 아기를 떼어놓고 다시 직장을 얻을 기회가 되었다고 생각하기도 한다. 반면에 건강하지 못한 엄마는 아기가 분화해 가는 것을 견디지 못하고 외로움을 느끼기도 한다. 자신의 심리적 불안정 때문에 아기의 성장을 먼저 생각하지 못하고 자신의 필요성을 우선 만족시키려는 모습을 보인다. 그래서 자신이 좋을 때는 아기를 마치 질식시키듯 지나치게 품다가 자신이 만족되지 않을 때는 아기 침대에 아기를 몇 시간씩 방치하는 식으로 아기에게 거절감을 느끼게 만든다. 그러나 대부분의 부모나 아기는 서로 만족스럽게 분화의 과정을 밟아 간다.

단계 2: 연습

분화가 계속 이루어지면서 연습(Practicing)단계가 나타나게 되는데, 10~16개월이 되면서 자율적인 자아의 기능이 늘어난 아이들이 새로운 기술들을 반복해서 연습하는 것처럼 보인다고 하여 붙여진 이름이다. 10개월쯤 된 아이는 입으로 웅얼거리며 배나 무릎으로 기는 모습을 보인다. 기어간다고는 하나, 아이는 엄마의 둘레를 돌면서 엄마가 보이나 보이지 않나를 항상 점검하는 것처럼 보인다. 마치 엄마를 근거지로 삼고 조금 멀리 갔다 싶으면 다시 엄마에게 돌아와서 '정서적인 연료' 를 채우고 또다시 탐험을 하러 나가는 것처럼 행동한다(Mahler et al., 1975).

좀 더 시간이 지나 똑바로 설 수 있게 된 아이는 기어 다닐 때와는 전혀 다른 조망으로 세상을 볼 수 있게 된다. 아이는 마치 그 앞에 마법처럼 새로운 경치가 펼쳐지는 것을 느끼게 된다. 그래서 자신의 능력과 자신의 세계의 위대함에 도취되듯 자기도취가 절정에 이르게 된다(Mahler et al., 1975). 이러한 새로운 발견에 대한 기쁨이 아이의 얼굴에 가득한 것을 볼 수 있는데, Greenacre(1957)는 이러한 모습에 대해 "세상과 사랑을 나눈다."라고 표현했다.

대부분의 엄마들은 걸음마기의 아이가 그들로부터 떨어져 나가는 것을 잘 받아들인다. 아이가 안정되게 떨어져 나갈 수 있도록 그들의 심리적인 근거지 역할을 해 주고, 아이들이 세상을 새롭게 탐색하는 과정에서 같이 즐거워해 준다. 이러한 엄마 자신의 즐거움과 안정감이 궁극적으로는 아이의 안정감을 형성하는 촉매 역할을 한다. 그러나 이 시기의 아이들이 계단에서 굴러 떨어지기도 하고, 막무가내로 길가로 달려 나가기도 하며, 날카로운 물건을 갖고 놀고, 전기 소켓에 쇠붙이를 넣기도 하기 때문에 대부분의 부모들은 약간 불안을 느끼게 된다.

엄마 자신이 공생관계에 대한 지나친 필요성을 지니고 있는 경우에는 이 시기에 문제가 생길 수 있다. 즉, 아이가 원하지도 않는데 엄마가 아이를 옆에 붙들어서 아이의 연습을 방해할 수 있다. 때로는 연습기 동안 서서히 이루어지는 분리의 고통을 피하기 위하여 아이를 내쫓듯이 떨어지게 하는 경우도 있다. 드물게는 아이의 연습기가 아니라, 아이와 떨어지는 분리의 과정을 엄마가 연습하는 엄마 자신의 연습기가 되기도 한다. 그래서 아이의 욕구와는 상관없이 엄마 자신의 마음에 따라서 놓아주었다 붙들었다 하는 행동을 보이게 된다.

Mahler는 약간 떨어져 나가도록 미는 듯하면서도 감정적으로는 접촉을 유지해 주는 것이 걸음마기 아이들을 다루는 부모의 올바른 방법이라고 제시하였다. 이럴 때 아이들은 안정된 신뢰감을 갖고 연습기를 터득해 갈 수 있게 된다는 것이다.

단계 3: 화해(재접근)

아이는 운동 근육이 발달함에 따라 인지 능력도 같이 발달한다. 그래서 걸음마기가 어느 정도 진행된 아이는 자신이 신체적으로 엄마와 분리되어 있음을 느낄 뿐 아니라 정서적인 생활에서도 분화되어 있음을 점점 더 강하게 느낀다. 연습단계의 아이들은 새로운 기술에 몰두하느라 엄마가 사라진 것에 주의를 잘 기울이지 않고 좌절에도 비교적 둔감하다. 그러나 화해(재접근, Rapprochement)단계의 아이들은 자신의 취약함을 새롭게 느끼면서 다시 엄마에게 의존하게 되는 것으로 보인다. 분리불안이 증가하는 것이 관찰되고, 지속적으로 엄마가 어디에 있는지 두리번거리고 적극적으로 다가가는 행동을 한다. 즉, 이 시기의 아이들은 새로운 능력과 기술을 통해 얻은 자율성과 다시 엄마와 친밀해지고 싶은 마음 사이에서 갈등을 겪는 것처럼 보인다.

연습단계에서는 엄마 발 근처에서 잠깐 놀다가 다시 엄마 품으로 달려들곤 하며 즐거워한다. 연습기의 이러한 '재충전' 식의 신체적 접근방식에서 화해기에는 보다 큰 친밀감을 필요로 하는 것 같다. 그러면서도 단순히 엄마 품으로 달려들지 않고 친밀함을 통제하려고 노력하는 것처럼 한다. 이 시기의 아이들은 두 가지 특징적인 행동을 보인다. 연습기의 아이들이 잠시 엄마에게 와서 '재충전' 을 하고 다시 혼자 떨어지곤 하던 것에 비해, 화해기의 아이들은 훨씬 긴 시간 동안 엄마를 그림자처럼 따라다닌다(shadowing). 그러다가 엄마로부터 쏜살같이 떨어져 나간다(darting away). 아이는 자신이 엄마로부터 떨어져 나갈 때 엄마가 자신을 좇아와서 다시 팔 안에 잡아 주기를 기대하는 것으로 보인다. 이것은 아이가 사랑하는 대상과 재결합하기를 원하면서 동시에 그 대상에 의해 다시 삼켜버려지는 것에 대한 두려움을 나타낸다. 이 시기에는 가까이 있다가 멀어지고 하는 것이 갈등을 일으키기 시작하는 것처럼 보인다. 아이는 의존의 욕구와 독립의 욕구를 동시에 느끼게 되는 것이다.

지금까지 신체적인 행동으로만 엄마로부터 떨어졌다 가까이했다 할 수 있었던 아이들은 점차 나이를 먹음에 따라 소통을 할 수 있는 새로운 다른 방법들을 갖게 된다. 예를 들어, 아이는 '싫어' 라고 말하는 것을 배우게 되는데, 그렇게 말함으로써 엄마로부터 신체적으로 떨어져 나간 것과 동일한 행동을 한 셈이 된다. 마찬가지로 아이는 꼼짝하지 않고 가만히 서 있거나, 음식을 먹지 않거나, 엄마가 부를 때 가지 않거나, 엄마에게 바짝 달라붙지 않음으로써 자신이 떨어져 있다는 것을 나타내려 한다. 그러면서도 엄마에 대한 의존 욕구는 훨씬 늘어나는 것으로 보이는데, 이것은 자기감각(selfhood)이 점점 증가하는 동시에 공생관계에서 누렸던 좋은 것들을 다시 누리고 싶어 하는 간절한 바람도 있기 때문이다.

Mahler 등은 화해(재접근)의 시기를 다시 세 개의 세부 단계로 분류하였다. ① 약 15개월에서부터 시작하는 화해 시작(beginning rapprochement), ② 18~20개월부터 24개월까지의 화해기(재접근기) 위기(rapprochement crisis), ③ 개인적으로 화해기 위기를 해소한 후 나타나는 화해의 개인적 양식을 획득해서 최적의 거리를 갖게 되는 단계(individual patterning of rapprochement: the optimal distance)가 그것이다.

화해기
1. 화해 시작: 15개월 이후 2. 화해기 위기: 18~20개월부터 24개월 사이 3. 최적의 거리: 24개월 이후

약 18개월이 되면 걸음마기 아이들은 급작스럽게 증가하는 그들의 자율성을 행하고 싶어 한다. 점점 더 그들 뜻대로 할 수 없는 것은 잘 선택하려 하지 않는다. 서서히 분리감과 자기 과대감 및 전능감을 느끼고 싶어 하는 욕구와 그들의 소망을 마술적으로 채워 주는 어머니를 갖고 싶은 욕구 사이에서 갈등이 생기게 된다. 그래서 어머니를 밀어 버리려는 욕구와 어머니에게 밀착하려는 욕구가 특징적으로 급변하며 나타난다. Mahler는 이런 모습을 '양가적 경향(ambitendency)'이라고 표현하는 것이 가장 적절한 것 같다고 하면서 실질적인 양가감정(ambivalence)이 이미 이 시기에 존재한다고 생각하였다.

아이들은 엄마에게 조르는 것이 늘어나면서 엄마가 자기가 원하는 대로 다 해 주지는 않는다는 것을 더욱 분명히 느낀다. 즉, 엄마가 완전한 자신만의 근거지가 아니라는 것을 느끼면서 점점 자신과 별개의 한 사람으로서 엄마와의 관계를 맺어 갈 수 있게 된다. 한편으로 아이들은 자신이 분리되어 있고 작은 존재이며 전능하지 않다는 것을 알게 되면서, 무력감과 분노발작 같은 공격성을 보이게도 된다. 현실인식이 늘어나면서 겪게 되는 고통의 표현인 셈이다.

이 시기의 아이들이 보이는 특징 중의 하나는 어머니를 자기의 연장(extension of the self)으로 사용하는 것이다. 이것은 분리됨의 고통을 부정하는 과정이다. 특징적인 예로 아이가 어머니 손을 끌어 원하는 대상을 집어서 자신에게 주게 하는 행동을 들 수 있다. 또 아무 말도 하지 않고 마술적인 제스처를 하며 어머니를 부르는 경우도 해당된다.

화해단계에 있는 아이들은 감정 체험에서 분열(분리)(splitting)의 특징을 보인다. 즉, 엄마나 다른 사람들을 완전히 좋은 사람(all-good)으로 보았다가 좀 지나면 완전히 나쁜 사람(all-bad)으로 보는 식의 동요를 보인다. 다음은 한 아이가 보이는 분열에 관한 사례다.

사례 39

아이의 엄마가 이른 아침 탁아소에 아이를 맡기려 하자, 아이는 안으려 하는 보육사를 밀쳐내며 울면서 엄마에게 매달렸다. 이 순간 아이에게 엄마는 좋은 대상이고 탁아모는 나쁜 대상이기 때문이다. 그러나 곧 엄마가 탁아소 문을 닫고 나가자, 아이는 더 이상 저항하지 않고 탁아모의 무릎 위로 기어 올라갔다. 낮 동안 아이는 다른 애들과 놀기도 하고 탁아모의 품에 기대어 낮잠을 자기도 하였다. 저녁이 되어 엄마가 찾으러 왔을 때, 아이는 엄마가 떠났던 것을 용납할 수 없는 것처럼 엄마를 무시하고는 빈둥빈둥 시간을 보냈다. 그리고 때로는 "엄마 나빠." 하고 중얼거리기도 하였다. 이제는 엄마가 나쁜 대상이고 탁아모는 좋은 대상인 것이다.

어린아이는 자기를 만족시켜 주는 사람에 대해서 좋은 대상(good object)의 이미지를 발전시키고, 자기를 버리는 사람에 대해서는 나쁜 대상(bad object)의 이미지를 형성한다. 엄마 또는 탁아모가 좋은 대상 또는 나쁜 대상이 되는 것은 그 순간 아이와 어떻게 상호작용하는가에 따라 결정된다. 이렇게 대상들을 완전히 좋음/완전히 나쁨(all-good/all-bad)으로 구분하는 것을 분열(splitting)이라 하는데, 아이의 감정과 상황에 따라 수시로 all-good이 되기도 하고 all-bad가 되기도 한다.

엄마를 자신과 분리된 대상으로 지각하고 또 자신이 필요할 때 항상 도와주는 대상이 아니라는 것을 더욱 분명하게 느끼면서, 아이들은 이행기 대상(transitional object)에 더 집착하게 된다. 이행기 대상은 Winnicott(1953)이 제안한 개념으로 보통 담요나 겉이불 혹은 장난감 곰 등을 뜻한다. 그러므로 재접근기 위기(재접근기의 아이는 엄마를 이미 자신과 분리된 존재로 지각하게 되고, 엄마라는 대상은 자신을 돕는 데 한계가 있는 대상으로 지각하게 된다. 유아가 필요할 때 언제나 도움을 받을 수 있는 대상이 아님을 깨닫게 되는 것이다. 이 단계의 유아가 겪는 어려움을 '화해기[재접근기] 위기'라 한다)를 맞은 아이들은 이행기 대상에 더욱 애착을 갖게 된다. 그래서 이 단계의 아이들은 장난감 곰을 가지고 대부분의 시간을 보내게 되는데, 차를 타고 갈 때와 같이 아이가 운전하는 부모의 관심을 충분히 받을 수 없는 상황에서는 특히 장난감 곰과 같은 이행기 대상이 아이에게 필요하게 된다. 또한 이행기 행동(transitional activities)이나 의식(ceremony)이 있을 수도 있다. 예를 들어, 부모와 아이는 취침시간에 분리에 대한 의식을 발달시키기도 한다. 책을 읽어 준다거나 노래를 불러 주는 것은 잠잘 때 엄마와 분리되는 것에 대해 안정감을 갖도록 도와준다.

연습기의 아이는 늘어난 자신의 자율적인 기능에 도취한 듯 감정이 고양되어 있고 행동도 과다해 보인다. 화해기 초기의 아이는 자신이 엄마로부터 떨어져 나왔다고 느끼며 감정적으로 불안정한 모습을 보인다. 그리고 화해기의 후기에 이르면 슬픈 표정이나 걱정하는 감정을 나타내기도 한다. 이런 과정에서 엄마가 적절하고 일관성 있게 아이에게 반응해 주면, 아이는 점차 엄마와 어느 정도의 친밀성 그리고 자율성을 가져야 하는지 엄마와의 관계에서 최적의 거리(optimal distance)를 발견하게 된다. 그리고 감정도 더욱 잘 다스릴 수 있게 되고 분노발작 등은 줄어든다. 더 나아가 엄마의 기분을 함께 느낄 수 있는 능력도 나타나기 시작한다. 이 시점에 이르면 아이는 이웃 아이와 놀기 시작한다. 이제는 엄마가 반드시 아이의 시야에 있을 필요가 없어지는 것이다.

Mahler 등은 개별성의 증가가 다음의 세 영역에서 뚜렷하게 나타나게 된다고 보았다. 첫째, 언어가 발달하여 대상의 이름과 자기가 원하는 것을 말할 수 있게 된다. 이런 발달은 아이의 전능감과 조절감을 다시 한 번 높여 준다. 다시 말해, 말 한마디로 부모로부터 여러 가지 놀라운 반응을 나타나게 만들 수 있음을 알게 된다. 특히 "내 거야." "내가 할래."와 같이 '나'의 개념을 뚜렷이 인식하게 된다. 다시 말해서, 자기-대상의 분화가 상당히 이루어진 것을 알 수 있다. 자기와 다른 사람을 개념화(conceptualize)하는 능력은 앨범에서 친숙한 사람들을 알아보고 이름을 부르는 것을 보면 알 수 있다.

아이들이 쓰는 초기 언어는 대상관계 단위와 일치한다. 이를 이해하기 위해서 아이에게 어떻게 대상관계 단위가 형성되는지를 살펴보자. 배고픈 아이는 울면서 엄마를 찾게 된다. 이때 불쾌한 경험이 아이의 뇌에 새겨질 것이다. 동시에 아이는 탐욕스럽게 요구하는 이미지 그리고 화를 내는 이미지로 자신을 경험할 것이다. 또한 자신의 요구에 무관심하고 자신이 원하는 것을 좌절시키는 대상으로 어머니를 경험할 것이다. 즉, 요구하는 탐욕스러운 자기(표상), 좌절시키는 무관심한 대상(표상), 불쾌한 감정이라는 대상관계 단위가 형성된다. 나중에 엄마가 오고 결국 젖을 먹게 되면 자기-대상-감정의 대상관계 단위는 긍정적인 자기, 관심을 가지고 양육해 주는 대상, 포만감의 기분 좋은 감정으로 바뀔 것이다. 16개월 전후가 되어 지각하고 인식하는 능력이 꽤 발달하게 되면, 아이는 이러한 두 가지 경험을 상반된 자기-대상-감정의 대상관계 단위로 내재화할 수 있게 된다.

대상관계와 언어 형성의 관계

대상관계 단위	자기(self)–대상(object)–감정(affect) 나는 엄마가 좋아
문법에서의 문장	주어(sbject)–목적어(object)–동사(verb) 나 밥 먹을래 나 인형 사 줘

둘째, 상징적인 놀이를 통하여 소망과 환상을 표현할 수 있는 능력이 증가한다. 자연스럽게 이 시기의 아이들에게 인형이나 다른 장난

감에 대한 관심이 급속히 늘어난다. 인형을 갖고 노는 것은 아이들의 내적인 환상을 풍부하게 해 준다. 이를 위해서는 내적 대상 표상과 자기의 어떤 면들을 개념화할 수 있어야 하고, 이런 표상들을 인형과 같은 외적 대상에게 투사할 수 있어야 한다. 놀이를 할 수 있기 위해서는 실제 자기나 대상의 경계에 대한 느낌을 상실하지 않으면서 마치 놀이 속의 '어떤 사람이나 대상인 것처럼' 놀 수 있어야 한다. 그리고 자신의 신체감을 잃지 않으면서 장난감과 같은 외부 대상을 마치 내면의 자기 표상이나 대상 표상처럼 사용하면서 놀 수 있어야 한다.

셋째, 아이가 자신의 개별성을 더 얻어가고 또 대상항상성을 얻을 수 있는 능력이 더 생기면서 규칙에 대한 개념은 더욱 뚜렷해진다. 이것은 부모가 제공해 주는 '좋은 것'을 동일시하고 부모의 규칙이나 요구를 내재화한다는 것을 의미한다. 한 아이의 사례를 들어 보자.

사례 40

W는 스푼의 손잡이를 전기콘센트에 꽂으려고 하였다. 놀란 엄마는 "안 돼."라고 소리 지르며 아이의 손을 철썩 때렸다. 그날 저녁, W의 아빠는 전기콘센트에 아동 보호용 안전장치를 씌우면서 "안 돼요, 아야야 해요, 안 돼."라고 말했다. 다음 날 아침, 아이는 스푼으로 시리얼을 먹을 때 토스터기의 전기구멍을 보게 되었다. 그러자 스푼을 거꾸로 하여 손잡이 부분으로 콘센트를 가리키며 "안 돼, 안 돼."라고 말했다. 아이는 스스로 자기 손을 치면서 "안 돼, 아야야 해."라고 반복해서 말했다.

아이는 부모의 경고를 이해했다. 분리감(sense of separateness)을 잃지 않으면서도 대상의 어떤 모습을 받아들일 수 있는 능력이 생긴 것이다.

자기에 대한 인식이 늘어나면서 성 정체성(gender identity)도 발전하게 된다. 아이들은 비교적 어린 나이부터 생식기를 발견한다. 연습단계의 아이들은 그들의 생식기를 만지며 즐거워한다. 화해단계의 아이들은 남녀의 생식기 차이에 대해 점차 알게 된다. 어떤 사람은 남성 성기와 고환을 가졌고 어떤 사람은 질, 음순, 음핵을 가졌음을 인식하게 된다. 그들은 여자와 남자로 자신을 분류하기 시작한다. 엄마와 같은 생식기를 가지고 있는지 그렇지 않은지를 알게 되면, 남자 아이는 엄마와 더욱 분화하려 하고 여자 아이는 엄마와 더욱 가까워지려 한다(Tyson & Tyson, 1990).

부모, 특히 엄마에게 화해단계는 너무나 큰 만족감을 느끼게 하지만 그에 못지않은 좌절도 경험하게 한다. 아이는 도움을 요구하면서 동시에 그 도움을 거절한다. 아이는 자기 자신의 연장으로 엄마를 제 마음대로 통제하려 한다. 아이는 반대로 나가거나 고집을 부리거나 짜증을 낸다. 그러면서 엄마에게 요구하는 것은 대단히 크다. 그러므로 이 시기의 아이들을 잘 양육한다는 것은 쉽지 않은 일이다. 결국 화해기의 초점은 아이들이 엄마로부터 떨어져 나가는 과정에서 불안을 느끼고 다시 돌아오려고 한다는 점과 그러면서도 떨어져 나가고 싶은 욕구가 여전히 있다는 점이다. 그러므로 아이가 불안을 느끼지 않고 안전하게 떨어져 나가도록 해 주는 것이 필요하다. 예를 들어, 이 시기의 아이들이 실제로 위험한 행동을 하려 하는 것은 자기가 원하는 독립적인 행동을 하려는 의도에서라고 볼 수 있다. 그러므로 이때 엄마의 역할은 당연히 아이들을 위험으로부터 보호해 주어야 하는 것이지만 그 방법이 너무 강제적이어서는 안 된다. 엄마가 이렇게 할 때, 아이는 거절감을 느끼지 않으면서도 분리해 나갈 수 있게 된다. 그러나 어떠한 좌절도 없이 적당한 거리를 유지할 수 있는 엄마는 거의 없다.

출산을 통하여 물리적인 통일체(physical unity)였던 엄마와 아기는 별개의 신체를 가진 존재가 된다. 그러나 정신적으로는 공생을 이루며 심리적인 단일체로 남아 있다. 즉, 신체적 출생은 끝났지만 이제 비로소 공생으로부터 각각의 심리적 개별성을 성취해야 할 심리적 탄생(psychological birth)이 시작되는 셈이다. 다시 말해, 열 달이란 임신기간 동안 아이를 뱃속에 '소유' 하고 있던 엄마가 아이와 밀고 당기는 오랜 분화과정을 겪어야 하는 것이다. 이 과정에서 엄마들에게 요구되는 것은 이런 밀고 당기기가 아이의 필요에 맞추어 그리고 아이의 보조에 따라 이루어져야 한다는 점이다. 아이와 가까이 있고 싶다거나 떨어져 있고 싶은 엄마의 마음은 때때로 무시되어야 한다. 그러므로 엄마 자체가 적절히 분화되어 있지 못하다면 이 시기는 매우 힘들어질 수 있다.

스스로가 적절히 분화되지 못하여 분리불안을 가지고 있는 엄마의 경우, 공생단계는 매우 잘 견디는 것을 볼 수 있다. 공생을 원하는 아이의 욕구와 분리를 두려워하여 아이를 끼고 있고 싶어 하는 엄마의 필요성이 일치하기 때문이다. 연습기에 들어선 아이가 뭐든지 해보려는 당당한 모습을 보일 때까지만 해도 엄마는 그런 '자기 아이'

를 통해서 자기도취적인 만족을 누린다. 그러나 화해단계에 들어선 아이가 점차 분리를 이루어 갈 때 분리에 대한 두려움을 가진 엄마는 불안을 느끼기 시작한다. 그래서 아이가 조금이라도 분리하려 하면 알게 모르게 붙들려 하고, 아이가 원하지도 않는 때에 불필요하게 아이를 꼭 껴안아 주기도 한다. 그리고 아이가 친밀감을 느끼고 싶어 하는 때라도 엄마 자신이 안정감을 느낄 때는 아이에게 깊은 관심을 보이지 않는다. 어떤 엄마들은 아이가 자신에게 가까이 다가오면 상을 받는 느낌을 갖게 해 주고, 떨어져 나가려 하면 벌로 버림받은 느낌을 갖게 만든다. 예를 들어, 어떤 엄마는 아이가 자신과 무관하게 혼자서만 놀려고 할 때 "혼자 잘 노니까 엄마 나갔다 올게." 하며 밖에서 오랜 시간을 보내 버린다. 그래서 아이가 혼자서 놀 수 있는 시간을 훨씬 넘도록 돌아오지 않음으로써 엄마에게 무관심했던 아이에게 벌을 주는 셈이 된다. 반면 아이가 순종적으로 가까이 다가서면 마치 상이라도 주듯이 지나치게 꼭 껴안아 줌으로써 아이로 하여금 지나친 밀착을 경험하게 만든다. 그렇지만 이런 버림받음의 위협이 항상 심리적인 문제를 일으키는 것은 아니다. 그리고 아무리 '참 좋은 엄마'라 해도 때로는 아이를 이런 식으로 위협하게 되는 것이 일반적인 현상이다.

만약 아이의 요구에 민감하지 못하고 엄마 자신의 필요만을 느낄 때, 엄마는 자신의 기질과 반대되는 아이를 양육하기가 어려울 것이다. 예를 들어, 활기차고 의욕적인 엄마는 차분하고 순한 아이를 만나면 힘들어할지도 모른다. 이런 엄마는 아이에게 스스로 자율적으로 해나갈 것을 자꾸 요구할 것이기 때문이다. 그렇기에 이런 엄마는 다른 엄마들이 다루기 힘들어하는 활동적이고 충동적인 아이를 오히려 더 잘 다룰 수도 있다.

아빠는 엄마와 아이 사이에 밀고 당기는 갈등이 많은 화해기에 들어서면서 보다 뚜렷한 역할을 하게 된다. 공생단계나 분화단계 동안, 아빠는 아이와 엄마 사이의 친밀감을 공유할 수 있을 뿐이다. 그러나 화해단계에 들어서면 아빠는 단순히 공유하는 위치에서 뚜렷한 제3자로서 구별된 역할을 맡게 된다. 아빠는 엄마와 아이가 두 사람만의 공생관계에 빠지지 않게 해 줌으로써 엄마와 아이가 자율성을 얻도록 도와주게 된다. 또 항상 엄마하고만 관계를 맺고 있는 아이에게 엄마가 아닌 다른 사람과 만날 기회를 제공하고, 엄마에게도 항상 같이 있는 아이가 아닌 다른 사람으로 관계를 맺도록 도와준다. 그리하여 아이와 엄마가 각각 분리–개별화를 촉진할 수 있게 해 준다.

단계 4: 개별성의 확립과 대상항상성

엄마로부터 떨어져 나갔다가 다시 엄마에게 돌아오는 화해기의 과정을 반복하면서, 아이는 점점 자기 자신에 대한 개별성(individuality)과 대상에 대한 항상성을 발달시켜 간다. 즉, 매달리고 의지할 때는 온통 좋기만 한 엄마처럼 대하고 떨어져 나갈 때는 엄마를 전혀 딴 사람 대하듯 하던 아이는 점차 자신을 만족시키든 만족시키지 못하든 엄마를 한결같이 대한다. 이렇게 엄마가 눈앞에 있든 없든, 또는 자기를 만족시키든 그렇지 못하든 상관없이 엄마에 대한 일정한 고정된 이미지를 간직할 수 있는 능력을 대상항상성(object constancy)이라 한다. Mahler 등은 이 시기의 발달 과제를 ① 분명하고 어느 정도 일생을 통해 지속되는 개별성을 획득하는 것, ② 일정한 수준의 대상항상성을 얻는 것이라고 설명하였다. 이러한 대상항상성과 단일체로서 개별성의 발달은 화해기 중반부터 시작되지만, 이런 발달은 이 시기 이후의 삶 전체를 통해서 계속되는 과정으로 이해해야 할 것이다.

아이는 대상항상성이 발달하면서 보다 안정된 모습을 보이고, 자신이 하는 행위에 보다 집중할 수 있게 되며, 꽤 긴 시간 동안 엄마를 찾지 않게 된다. 26개월 된 여자 아이의 사례를 살펴보자.

사례 41

아이는 자신의 요구에 적절하게 반응해 주는 엄마와 지금까지 견실한 관계를 형성해 왔다. 놀이방에서 아이가 크레용을 가지고 노는 동안, 엄마는 아이가 눈치 채지 못하게 조용히 밖으로 나갔다. 아이는 엄마가 있건 없건 신경 쓰지 않고 계속 크레용을 가지고 혼자 놀았다. 자기가 그린 그림을 보고 소리를 지르며 기뻐하던 아이가 비로소 엄마를 찾았다. 엄마를 몇 번 부르는 모습이 자신이 그린 그림을 엄마에게 보이고 싶어 하는 것처럼 보였다. 몇 번 불러도 엄마의 대답이 없자, 아이는 다시 크레용으로 그림을 그리며 즐겁게 놀기 시작하였다.

이 사례에서 아이는 그림을 그리면서 느끼는 기쁨을 나누기 위해 엄마를 찾았지만 엄마의 응답이 없었다. 그러나 아이는 엄마의 반응이 없음에 동요되지 않고 안정되게 자신의 놀이를 지속하였다. 이러한 아이의 행동은 아이가 엄마에 대한 긍정적인 이미지를 유지할 수 있다는 것을 나타낸다(Mahler et al., 1975). 즉, 아이는 자신이 찾았을 때 엄마가 나타나지 않았어도 전에 엄마로부터 받았던 긍정적인 반응을 지금 다시 경험해 낼 수 있기 때문에 그때처럼 이번에도 엄마가 만족스러운 반응을 나타낼 것이라고 생각하며 스스로 만족해할 수 있는 것이다.

이렇게 참 좋은 엄마의 이미지를 안정되게 유지할 수 있으려면 신경생리학적인 발달과 함께 대인관계의 경험이 필요하다. 신경생리학적인 발달이 정상적으로 이루어질 경우, 18~24개월이 지난 아이들에게는 성숙한 대상영속성(object permanence)이 나타난다(Piaget, 1937). 대상영속성은 눈앞에 보이던 물체가 갑자기 사라져도 그 사물의 존재가 소멸되지 않는다는 것을 인식할 수 있는 능력이다. 물건을 여러 번 옮기며 숨길 때, 12개월이 되기 전 아이들은 처음 숨겨진 장소에 가서 물건을 찾는다. 조금 더 큰 12~18개월 된 아이들은 마지막 숨긴 장소에서 물건을 찾는다. 그러나 그들이 보지 못한 장소로 물건이 옮겨진다는 것까지는 상상하지 못한다. 예를 들어, 아버지가 손에 장난감을 쥐고는 손을 옮겨 베개 뒤에 장난감을 숨겨 놓고 빈주먹을 내밀면, 아이는 아버지의 손 안에서만 장난감을 찾으려 한다. 그러나 아이가 24개월이 다 되어 가면 베개 밑을 뒤져서 장난감을 찾는 것을 보게 된다. 일정한 시간이 지나도 숨겨진 물건을 찾아낼 수 있는 이러한 대상영속성은 대상항상성의 선행 조건이 된다. 정서적인 대상항상성은 다른 사람들에 대한 느낌에 의해 복잡한 영향을 받는다. 왜냐하면 좋아함과 미워함, 배고픔과 포만감

같은 느낌은 어린아이에게는 너무 강렬한 것들이기에 아이의 경험에 어떤 형태로든 영향을 주기 때문이다. 화가 잔뜩 난 아이가 전에 잘해 주었던 엄마를 기억해 내기란 숨겨진 장난감을 다시 찾아내는 것처럼 쉬운 일일 수 없다.

Bell(1970)은 부모와 좋은 관계를 맺어 온 아이에게는 사물에 대한 대상영속성보다 사람에 대한 대상영속성이 먼저 발달한다는 것을 발견하였다. 이것은 인지 기능이 발달하기 위해서는 안정되고 따뜻한 부모의 보살핌이 중요하다는 것을 의미한다. 그러나 단순히 보살피는 대상이 있다는 것만으로는 충분하지 않다. 아이에게 필요한 것은 정서적인 항상성이지 단순한 부모의 영속성이 아니기 때문이다. 여기서 말하는 정서적인 대상항상성이란 부모에게 매우 실망했을 때에도 부모에 대해 좋은 기억을 떠올릴 수 있는 아이의 능력을 말한다. 이러한 능력은 부모에 대한 좋은 경험들이 충분히 많이 쌓일 때에만 가능할 수 있다. 왜냐하면 부모의 따뜻한 보살핌을 충분히 경험해야만 사소한 괴로움들에 의한 심리적 영향을 덜 받을 수 있기 때문이다. 반면에 부모의 따뜻한 보살핌이 부족한 경우, 아이는 매우 양가적인 마음을 갖게 된다. 즉, 엄마에 대해 좋으면 좋다든지 싫으면 싫다는 식으로 한 마음을 갖지 못하고, 엄마를 매우 좋아하면서 동시에 매우 미워하게 되는 상반된 마음을 갖게 된다. 그러므로 엄마가 아이의 뜻대로 해 주지 않아서 아이가 좌절을 느끼게 될 때, 이런 아이는 극심한 분노를 나타내면서 동시에 매우 애타게 엄마를 찾게 된다.

대상항상성이 발달하는 것에 보조를 맞추어 개별성의 획득도 중

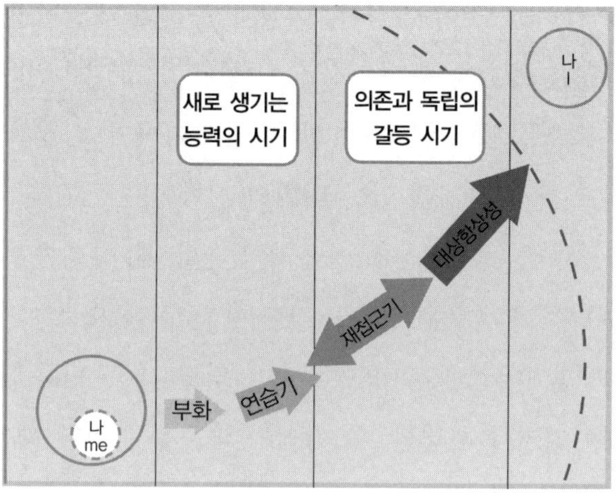

분리-개별화 과정

가한다. 이렇게 자기 항상성(self constancy)이 증가하게 되면서 행동은 보다 뚜렷한 목적을 갖게 된다. 그 자신이 누구인지, 자신이 원하는 것이 무엇인지에 대해 보다 잘 알게 된 아이는 좀 실망이 되어도 자기 행동을 지속할 수 있게 된다. 이렇게 직접 좌절을 경험하는 속에서도 좋았던 것들을 경험할 수 있는 능력이 생기면서, 즉 현재의 경험 속에서 과거를 기억하면서 시간에 대한 느낌과 만족을 지연시킬 수 있는 힘이 더욱 성장한다. 그리하여 아이는 "내일 삼촌이 올 거야." 혹은 "곧 이모가 올 거야."라고 말할 수 있게 된다. 아이들이 이런 표현을 할 수 있게 되었다는 것은 시간이나 장소 혹은 대인관계에서 보다 뚜렷한 개별성을 유지할 수 있는 능력이 생겼다는 것을 의미한다.

대상항상성을 형성하고 개별성을 발달시키는 과정은 초기 성장과정에서 다 끝나는 것이 아니다. 대상과 분리된 개별적인 존재로서 자기 항상성을 찾고자 하는 노력은 일생을 두고 지속된다. 가장 먼저 오이디푸스 갈등이라는 중요한 시기로 이어지고, 잠복기와 청소년기 그리고 특히 타지에 있는 대학의 진학이나 군 입대로 집을 떠날 때 다시 문제로 나타난다. 아울러 결혼할 때, 아이를 가질 때, 하던 일을 그만두고 새로운 일을 시작할 때, 낯선 곳으로 이사를 갈 때, 자녀들이 곁을 떠날 때, 질병으로 고통 당할 때, 은퇴를 앞둘 때, 배우자와 헤어지거나 사별할 때, 자신의 죽음을 준비할 때 등이 모두 대상항상성과 자기 개별화의 문제가 대두되는 때다.

Jacobson

자아심리학과 대상관계이론의 혼합

정신분석에서 '대상(object)'은 오랜 역사를 지닌 개념이다. 1905년 프로이트는 욕동 긴장의 방출을 촉진하는 사람(양육 부모이며 오이디푸스 갈등에선 성적 파트너)을 지칭하기 위해 대상이란 용어를 처음으로 사용하였다. 또 1905년에 발표한 『성욕 이론에 관한 세 에세이』에서는 성 도착자들이 신발이나 스타킹 같은 물건을 마치 성적 대상이나 사랑하는 사람처럼 대하는 것을 발견하였다고 하였다. 즉, 신발이나 스타킹은 무생물체인데도 성적 감정의 대상이 되는 것을 알게 된 것이다. 그러므로 초기 대상의 개념은 욕동이 부착되는 어떤 것, 즉 리비도 만족을 얻을 수 있게 해 주는 것이었다. 초기 프로이트 이론에서 핵심이 리비도 욕동이었기 때문에 대상은 욕동에 대한 이차적인 것으로 점차 그 중요성을 잃어갔다. 달리 표현하면, 외부 환경의 실재하는 인간 존재는 그 자체로는 별로 중요하지 않고 유아 혹은 아동의 본능과 욕동을 만족시키거나 억제한다는 점에서 의미가 있을 뿐이었다.

Spitz는 유아가 모든 심리적 발달을 이루기 위해서는 어머니와의 관계가 꼭 필요하다는 것을 제시하였다. 특히 생애 초기 어머니와의 심리적 융합을 통해 자아발달이 이뤄진다는 것을 밝혀냈다. 한편 Mahler는 유아가 어머니와 공생적 관계로 시작해서 안정된 자기 개별성과 대상항상성을 얻어 가는 분리-개별화 과정을 관찰함으로써 유아가 어머니와 심리적 융합의 상태로부터 어떻게 분리된 정체감을 얻어가는지를 묘사하였다. Spitz의 심리적 융합이나 Mahler의 분리-개별화 개념은 유아가 경험하는 첫 실제 대상인 어머니가 유아의 심리성장에 절대적으로 필요하다는 것을 잘 설명해 주었다. 그리고 이런 개념들은 자아심리학 분석가들이 유아가 의존 상태에서 독립된 상태로 나아가는 것에 관심을 갖도록 하였다. 즉, 유아 초기부터 유아 성욕(infantile sexuality)보다 유아 의존(infantile dependency)을 더 중요한 요소로 간주하게 만들었다. 결과적으로 생애 초기부터 프로이트식의 자기 성애적인(autoerotic) 도식보다 근본적으로 대상 지향적인(object-oriented) 이해가 더 중요하다는 것으로 정신분석 흐름의 큰 변화가 생겨나기 시작하였다.

Jacobson은 Hartmann과 Spitz 그리고 Mahler와 Greenacre 등으로

부터 많은 영향을 받았다. 그러나 궁극적으로는 그 자신의 창의적인 연구를 통하여 실질적인 미국 학파의 'Melanie Klein'이 되었다(Grotstein, 1996). Jacobson은 에너지 이론과 대상관계 발달 과정의 상호 연관성을 통합적으로 탐구함으로써 자아심리학과 대상관계이론을 혼합한(mixed-model) 분석가로 알려져 있다(Kaplan & Sadock, 1995).

미분화된 욕동 에너지

Jacobson은 프로이트의 일차 자기애(primary narcissism) 개념에 대해 의문을 제기하였다. 프로이트는 1914년 일차 자기애의 개념을 발표하였는데, 자기애는 리비도가 바로 자아 자체에 투자되는 것을 의미한다. 생의 초기에는 리비도 자체가 자아 리비도(ego libido)로서 리비도가 자신에게 전적으로 투입된 상태다. 1923년 이후 구조이론이 나오며 자아는 단지 세 심리 구조 중의 하나가 되었다. 그러나 프로이트는 이러한 자아 개념의 변화에 따라 진전된 일차 자기애 개념을 더 이상 제시하지 않았다. 그 결과 일차 자기애 상태는 리비도가 심리의 세 부분 중의 하나인 자아에만 부여되는 꼴이 되었다. 즉, 생의 초기부터 모든 에너지가 자기(self)에게 부여된다는 본래의 의미가 상실된 셈이다. 무엇보다 프로이트의 일차 자기애가 문제되는 것은 에너지가 자아에게 부착된다는 것이 인지발달적인 측면에서 맞지 않는다는 점이다. 자아가 대상으로부터 분화되는 것은, 초기 일차 자기애 시기라고 가정하는 때보다 이후에 일어나는 일이기 때문이다. 다시 말해서, 독립된 자아라고 할 만한 것이 아직 없는 상태여서 자아에게 리비도가 부착된다는 표현은 가능할 수 없다는 것이다.

Jacobson은 생의 초기는 미분화된 심리 상태로 내면의 자기(inner self)나 외부 세계(outer world)의 구분이 아직 안 된 상태라고 생각하였다. 그리고 본능적 에너지도 아직 미분화된 상태라고 기술하였다. 그러므로 생의 초기 상태는 이드, 자아, 초자아 등으로 분화된 자기도 없고 욕동 에너지도 분화되지 않은 상태, 즉 리비도나 공격성이 없는 상태다. Jacobson은 『자기와 대상 세계』(1964)를 통해 미분화된 욕동 에너지(undifferentiated drive energy 혹은 undifferentiated psychophysiological energy)가 어떻게 리비도와 공격성으로 분화되며, 또 미분화된 자기(undifferentiated self, 즉 primary self)에서 구체적인 자아와 초자아가 어떻게 형성되는지를 설명하려고 하였다.

일반적으로 Jacobson의 이론은 자아심리학과 대상관계이론을 혼합한 것으로 간주된다. 그 이유는 정신-생물학적인 욕동 에너지와 대상관계가 지속적으로 상호작용하며 심리발달이 이뤄진다고 보았기 때문이다. 그녀는 본능적 욕동이 태어날 때부터 주어진 것이 아니라고 보았다. 즉, 처음에는 리비도도 공격성도 없이 단지 내적 잠재력으로만 존재한다는 것이다. 이 미분화된 욕동 에너지는 내적 성숙 요인(internal maturational factors)과 초기 관계 상황(context of early relationships)에 따라 리비도나 공격성으로 분화된다. 단순하게 말하면, 좋은 경험들이 쌓이면서 리비도가 점진적으로 출현하게 되고 나쁜 경험들은 공격성을 형성하게 된다.

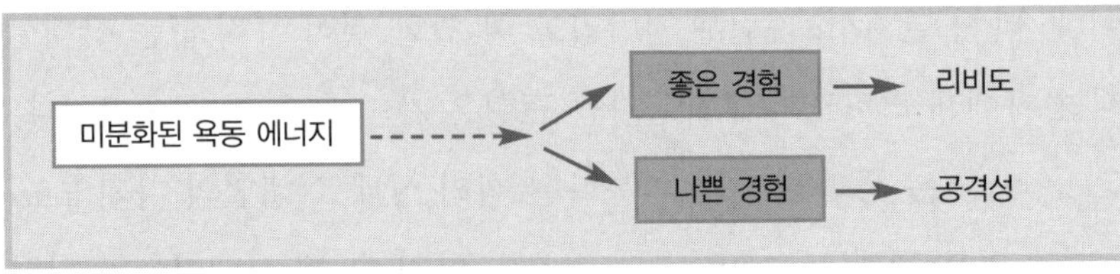

리비도와 공격성의 형성과정

쾌-불쾌 경험과 심리 이미지의 형성

Jacobson은 유아의 경험은 쾌-불쾌 경험(pleasure-unpleasure experiences)이라는 양축으로 나뉜다고 보았다. 그리고 어머니와 쾌-불쾌감을 느끼는 경험을 함에 따라 만족을 주는 어머니 혹은 좌절을 주는 어머니라는 초기 이미지가 형성된다고 생각하였다. 여기서 좋은 어머니란 객관적으로 훌륭한 어머니를 뜻하는 것이 아니라 각 유아에게 '주관적으로 느껴지는 좋은 어머니' 를 뜻한다. 또 유아에게 진정으로 필요한 것도 '주관적으로 느껴지는 모성의 보살핌(mothering that feels good to particular baby)' 이라고 생각하였다.

Jacobson의 견해를 요약하면, 생애 초기 유아에게는 리비도와 공격성이 없고 단지 미분화된 욕동 에너지라는 잠재력만 존재한다. 유아가 어머니와 경험이 쌓이면서 그에 따라 리비도와 공격성이 출현하게 된다. 그리고 어머니에 대한 초기 이미지도 형성된다. 아기가 좋은 느낌의 경험을 하면 리비도가 출현하고, '사랑하고 베푸는 어머니상' 과 '행복하고 만족스러운 자기상' 이 아기의 정신에 축적된다. 반대로 아기가 당황스럽거나 좌절의 경험을 하게 되면 공격성이 우세해지며 '실망시키고 사랑하지 않는 어머니상' 과 '화나고 실망한 자기상' 이 축적된다. 이러한 초기 대상 이미지들이 통합 정리되면서 자기와 대상에 대한 가장 깊은 주관적인 느낌을 형성하게 되고, 이는 이후의 경험들을 지속적으로 여과하는 렌즈들의 역할을 하게 된다. 그렇기에 어머니와 유일한 관계 경험을 나누는 생애 초기의 구강기는 매우 중요하다.

구강 성애

Jacobson은 유아의 구강기 경험에는 어머니와 유아 사이의 미묘한 상호작용들이 포함된다고 설명하면서, 구강 성애(oral erotism)가 수유 등 먹는 것에 국한되어서는 안 되고 피부, 점막, 청각, 시각, 각종 자극 감각, 운동 감각까지 확대되어야 한다고 강조하였다. 아이가 경험하는 것은 단지 유방(breast)만이 아니라 '전체 어머니(whole mother)' 이기 때문이다. 아이에게는 어머니가 아이에게 우유를 먹일 뿐만 아니라 가슴에 품고, 배에 올려놓고, 뒤집고, 뽀뽀하고, 어르고, 노래하고, 빙그레 미소 짓는 모든 것들이 구강 성애를 느끼게 한다는 것이다. 이런 만족스러운 모든 경험들은 앞서 설명하였듯이 리비도의 출현을 가능하게 하고 어머니에 대한 초기 이미지들을 형성한다. 또 이런 어머니와의 경험들은 아이로 하여금 앉기, 서기, 기기, 걷기, 말하기 등을 할 수 있도록 자극하고 준비해 주는 셈이 된다. 즉, 자아의 기능적 발달을 도움으로써 미분화된 자기로부터 구체적인 심리 구조가 형성되는 것을 가능하게 해 준다.

Jacobson은 구강 성애를 통해 자아가 어떻게 형성되고 대상관계가 어떻게 이뤄지는지를 보다 구체적으로 설명하였다. 초기 유아는 아직 대상과 충분히 분화되지 못해서 자신의 쾌감과 대상 사이를 거의 구분하지 못한다. 그렇기 때문에 좌절이나 어머니로부터의 분리 등의 불쾌한 경험을 할 경우 합일화(incorporation)를 통해 대상과 재결합하려는 환상을 갖게 된다. 예를 들어, 배고픈 유아는 음식과 리비도 충족을 갈망하며 동시에 어머니와의 신체적 융합을 소망한다. 이것이 원초적 동일시(primitive identification)의 기원으로 자기와 대상 이미지의 재융합을 통해 성취된다. 이것이 인식 기능의 일시적인 약화를 동반하게 되어 초기의 미분화된 상태로 일시적으로 돌아가게 한다. 정상적으로 약 3세까지 이러한 퇴행적 재연합과 전진적 분화가 반복된다.

선택적 동일시와 개별화

원초적 동일시 과정을 지나면 모방(imitation)이 나타난다. 어머니는 자신의 감정 표현을 통하여 아이에게 같은 감정을 유발할 수 있다. 그 결과 상호 감정적 조율이 이뤄진다. 그리고 아이는 점점 운동기능을 확대하여 부모처럼 걷고 말하기를 배우게 된다. 또한 청결을 배우게 되는데, 이것은 본능을 조절하기 시작하게 되었다는 것을 의미한다. 이런 모든 현상들은 자아형성 과정들이 진행되고 있다는 표시가 된다.

약 두 살이 되면 개별화(individuation)와 자아 자율성(ego autonomy)의 점진적인 표시들이 나타난다. 결정적인 것들로 ① 미래라는 새로운 시간 개념, ② 다른 대상들의 양상들을 구분하고 비교할 수 있는 능력, ③ 자기와 대상 사이의 식별력이 생긴다. 이런 자아 기능의 성장과 신체적 성장에 힘입어, 유아는 사랑하는 대상을 마술적으로 조절하려 하지 않고 보다 현실적으로 대할 수 있게 된다. 또한 본능적 욕동으로부터 보다 독립적이 된다. 이러한 변화들의 결과로 유아는 보다 선택적 동일시(selective identification)를 할 수 있게 된다. 다시 말해서, 대상으로부터 대상의 특성을 분리하여 인식할 수 있게 됨에 따라 완전한 융합을 통해 대상 자체가 되려고 하기(becoming the object)보다 흠모하는 대상처럼 되기(being like the admired object)를 추구할 수 있게 된다.

사랑하는 대상의 다양한 측면들을 더욱 구분할 수 있게 됨에 따라 대상에게 양가적인 감정을 갖게 된다. 이는 경쟁심을 유발하고 공격성을 불러오는데, 이를 통해 아이는 심리내적으로 대상과의 분리과정을 더욱 밟아갈 수 있게 된다. 이때 부모, 특히 어머니의 태도가 중요하다. 어머니가 지나친 만족이나 좌절을 줄 경우 아이는 퇴행적인 융합의 환상으로 이끌리게 되기 때문이다. 반면에 어머니가 적절히 반응해 줄 경우 아이는 대상처럼 되기(being like the object)를 추구하며(Jacobson은 이를 선택적 동일시라 불렀다) 재융합(refusion)을 점차 포기하게 된다.

동시에 아이는 자아가 미래라는 시간의 범주를 자각할 수 있게 됨에 따라 현실의 자기 이미지(realistic self-image)와 소망하는 자기 이미지(wishful self-image)를 구분할 수 있게 된다. 이런 구별은 경쟁관계에 있는 또래 아이들과 무엇보다 아버지에 의해 더욱 강화된다. 그리고 존경하는 대상의 특성을 선택적으로 동일시하였듯이 강력한 경쟁자들처럼 되고자 하는 욕구를 갖게 된다. 이와 비슷하게 남녀의 해부학적 차이를 인식하게 된 아이는 성별에 따라 가능하고 가능하지 않은 한계를 알게 되고, 한편으로는 자신이 성별 집단의 일원임을 받아들여 정체성(identity)을 형성하게 된다.

Jacobson은 동일시가 선택적이고 지속적이며 일관성 있게 일어날 때 통합된 자아발달이 가능하다고 설명하였다. 이때 중요한 것은 이런 과정이 가능하려면 리비도가 공격성보다 우세해야 한다는 점이다. Jacobson에 의하면 리비도/공격성의 균형이 깨져서, 예를 들어 공격성이 훨씬 우세한 상황에서는 대상관계가 붕괴하고 동시에 동일시 과정도 깨진다. 그래서 이런 환자들은 "다른 사람을 좋아하고 친밀해지는 것도 두려워하고 다른 사람과 다르다는 것을 견디지도 못한다. 그 결과 타인들을 그들과 다른 별개의 사람들로 여기게 된다."고 기술하였다. 달리 표현하면, 리비도가 빈약해지고 공격성이 압도적으로 우세해지면 심리 구조 형성(structural formation)과정을 밟지 못하고 에너지 퇴행(energic regression)과정으로 진행된다. 그래서 분화된 에너지가 다시 초기의 미분화된 에너지 상태로 재변형된다.

반면에 리비도 에너지가 충분히 우세할 경우, 대상(어머니) 경험을 통해 형성된 좋은 대상/나쁜 대상이라는 상반된 이미지를 전체 대상으로 형성할 수 있게 된다. 또한 좋은 자기/나쁜 자기라는 상반된 이미지도 통합된다. Jacobson은 이런 통합과정에서 리비도가 마치 효소와 같이 작용한다고 표현하였다. 이러한 대상의 통합과정의 결과로 좋은 어머니가 때로는 나쁠 수도 있다는 것을 받아들이게 되며,

그리하여 긴장에 대한 내성과 대상항상성이 발달하게 된다. 궁극적으로는 현실에 바탕을 둔 대상관계가 가능해지고 현실에 근거한 자아정체성이 가능해진다.

초자아의 3요소

Jacobson은 자기 이상을 이상적 자기 이미지와 이상적 대상 이미지가 융합하는 것으로, 그래서 상실된 융합의 환상을 부분적으로 보상하는 것으로 그 개념을 새롭게 개정하였다. 자아 이상은 타인처럼 되기를 소망할 뿐 아니라 자기 자신의 내적 기준처럼 되기를 바람으로써 정체성이 발달하는 데 도움을 준다. 자아 이상의 발달에 뒤이어 초자아라는 응집력을 가진 정신 구조가 출현하는데, 이는 세 가지 층으로 된 과정으로 나타난다. 초자아의 첫 번째 요소는 내사와 투사를 바탕으로 초기에 형성된 고태적이고 가학적인 이미지들이다. 두 번째 요소는 자아 이상을 형성하고 있는 융합된 이상적 자기와 대상 이미지들이다. 마지막 요소는 현실적으로 내면화된 부모의 요구, 금지, 가치 그리고 기준들이다.

Part 3

대상관계이론

Fine(1979)에 의하면 1955년 이후 정신분석이론 흐름의 특징은 욕동 혹은 본능과 연관된 이론이 현저히 감소하고 대상관계이론이 뚜렷하게 전면에 나선 것이다. 대상관계이론으로 정신분석이론의 큰 물줄기가 변하기 시작한 곳은 영국이었다. 1940년대 초 오랜 논쟁 끝에 영국정신분석학회는 세 그룹으로 쪼개졌다. Anna Freud를 중심으로 하는 정통 프로이트 학파와 Kelin 학파 그리고 독립 학파였다.

Klein은 프로이트에 뿌리를 두고 연구를 시작하였지만 결국 대상관계이론을 출발시킨 분석가로 인정받는다. 그녀는 소아를 정신분석 하면서 아이 심리세계의 불안정한 모습과 더불어 풍요로운 대상관계를 펼쳐 보였다. 흔히 프로이트가 성인 안에 있는 아동을 발견했다면, Klein은 아이 안에 있는 유아를 발견했다고 말해진다.

Fairbairn과 Winnicott은 가장 현저한 이론적 혁신을 이룬 분석가들이다. 그들은 욕동 추구를 인간의 기본적인 동기로 보는 전통적인 프로이트 학파와 달리 대상 추구가 인간의 기본 동기라고 생각하였다. 대상관계이론가들의 연구는 단지 초기 대상관계의 중요성을 밝힌 것에 머물지 않는다. 프로이트는 정신분석이 신경증을 치료하는 이론이며 치료기법이라고 정의하였다. 그리고 신경증은 오이디푸스 갈등에 뿌리를 둔다고 생각하였다. 그렇기에 오이디푸스 갈등 이전 시기에 대한 관심과 이해는 매우 빈약하였다. 대상관계이론은 초기 심리형성 과정, 즉 오이디푸스 갈등 이전 시기에 대한 깊고 폭넓은 이해를 제공해 주었다. 그들의 연구는 현대 정신분석 이론과 기법에서 가장 설득력 있는 개념들을 제공하였다.

7 서론: 대상 지향 정신분석

대상관계이론 학파

대상관계에 관한 여러 이론들을 하나로 아우르는 통일된 이론은 아직 없는 상태다. 다양한 대상관계이론들이 존재하며 때로 중요한 부분을 공유하기도 하지만, 어떤 측면에서는 상충하기도 한다. 그렇지만 대상관계이론이 영국에서 기원했다고 보는 데에는 거의 이의가 없다(Fine, 1979). 영국 정신분석학회는 제2차 세계대전을 전후로 3개의 그룹으로 분리되었다. Melanie Klein을 추종하는 그룹과 Anna Freud를 추종하는 그룹 그리고 중간 그룹으로 나누어졌다. 당시 Klein은 Fairbairn과 Winnicott을 소홀히 대했는데 이것이 당시 영국 중간 학파(British middle school)의 탄생을 가져온 하나의 계기가 되었다(Grotstein, 1993). 중간 학파의 '중간' 이란 용어는 전통 학파와

Klein 학파 어느 쪽에도 속하기를 원치 않는다는 것을 뜻하는 것이었다. 중간 학파의 이론은 나머지 두 학파와는 전혀 다르다. 사실 Klein의 이론도 일차적으로 본능 · 욕동 지향이다. 즉, 전통 학파나 Klein 학파 모두 본능 · 욕동 지향(instinct-drive-oriented)인 반면, 중간 학파는 일차적으로 대상 지향(object-oriented)이다. 다시 말하면, 두 학파가 내적 실재(internal reality)의 중요성을 가장 중요하게 생각하는 반면, 중간 학파는 외적 실재(external reality)를 일차적으로 중요하게 생각한다. 아마 이런 점 때문에 Klein이 그들을 가볍게 보았을 가능성이 있다. 중간 학파는 두 학파 사이의 중간에 위치하는 것이 아니라 전혀 다른 시각을 갖고 있는 것이다. 그렇기에 1960년대 초 중간 학파로 불리던 분석가들이 모여 독립 학파(independent school)를 결성하였다. 앞의 두 사람 외에 Balint, Bowlby, Guntrip, Little, Sutherland 등이 독립 학파에 속한다. 한편 Mahler나 Jacobson은 자아심리학자로 거론되지만 그들 이론의 특성상 미국의 대상관계이론가들로 불리기도 한다(Seelig나 Ginsberg 등 어떤 이론가들은 Mahler나 Jacobson을 아예 대상관계이론가에 포함시키기도 한다.).

Grotstein에 의하면 헝가리 학파는 대상관계이론에 많은 공헌을 하였지만 Bowlby가 이를 지적하기 전까지는 충분히 인정받지 못하였다. Bowlby는 영국 대상관계이론이 한편으로는 독자적으로 활동한 Ian Suttie로부터, 다른 한편으로는 헝가리 학파로부터 그 기원을 찾을 수 있다고 주장하였다. 거의 언급되고 있지 않지만, 영국의 소아정신과 의사였던 Ian Suttie는 대상관계이론을 출발시킨 중요한 한 사람이었다. 그는 1927년에 「Love and Hate」라는 논문을 써서 실질적으로 영국 최초의 대상관계이론가라 볼 수 있다. 그는 이 글을 국제정신분석학회지에 투고하였으나, Jones가 너무 이질적이라는 이유로 반려하였다. 그래서 Suttie는 할 수 없이 사비로 출판할 수밖에 없었다. 이때 이미 헝가리에서는 Ferenczi, Balint, Hermann 등에 의해 대상관계이론이 싹트고 있었다.

대상관계이론은 프로이트의 전통적인 욕동이론과 얼마나 조화를 이루는가(욕동이론을 여전히 수용하면서 새로운 이론을 펼치는가) 혹은 반대의 입장에 서는가에 따라 몇 개의 그룹으로 나눌 수 있다. Klein, Mahler, Jacobson 등은 프로이트의 욕동이론과 대상관계이론을 결합한 이론가로 분류된다. 반면에 Fairbairn과 Sullivan은 인간의 주된 동기는 욕동 추구가 아닌 대상 추구라며 욕동이론을 아예 대체해 버렸다. Greenberg와 Mitchell은 대인관계 정신분석(Sullivan)과 영국 대상관계 학파의 이론(특히 Fairbairn) 그리고 자기심리학(self psychology)이 공유하는 기본 전제들을 통합하여 관계 정신분석(relational psychoanalysis)을 주장하였다. Winnicott, Loewald 그리고 Sandler는 각각 내용은 달라도 유아-어머니 관계의 정서적 틀이 욕동의 발달에 결정적으로 중요하다는 입장을 취함으로써 일종의 중도적 위치에 있다고 볼 수 있다. 그리고 Kernberg는 프로이트의 이중본능이론에 충실하면서 Jacobson, Klein, Fairbairn 등의 이론을 포괄적으로 잘 통합한 이론가로 인정받는다.

외적 대상관계와 내적 대상관계

대상은 내적 대상(internal object)과 외적 대상(external object)으로 구분될 수 있다. 외적 대상은 사회환경 내에 있으면서 직접 관찰이 가능한 실재하는 사람, 사물, 장소 등을 말한다. 내적 대상은 외부 대상과 관련되어 심리적으로 경험되는 심적 표상(mental representation)을 일컫는다. 다시 말해서, 내적 대상이란 주체에 의해 경험되고 묘사되는 외부 대상의 이미지, 생각, 환상, 감정, 기억 등을 말한다. 대개는 그런 것들에 의해 형성된 어떤 전체적 심상을 의미한다.

정신분석에서는 심리적 표상으로 이루어진 내적 세계에 관심을 갖는다. 왜냐하면 어떤 사건이 있었는가보다는 환자가 외적 대상을 어떻게 경험하고 이해하는가가 중요하기 때문이다. 그렇기에 대상에 대해 기술할 때는 그것이 실재하는 외적 대상을 지칭하는 것인지 혹은 외적 대상의 심리적 표상인 내적 대상을 지칭하는 것인지를 구분할 필요가 있다.

다음 사례들에는 가상의 두 살인자가 나온다. 그들의 반응을 통해 외적 대상관계와 내적 대상관계의 차이를 살펴볼 수 있다.

사례 42

쫓기는 살인자 A가 그를 포위하며 가까이 접근하는 경찰에게 거의 붙잡히게 되었다. 더 이상 도망갈 길이 없어 보였다. 그는 총을 들고 접근하는 경찰에게 소리쳤다. "쏘지 마세요, 쏘지 말란 말이에요. 전 무기를 버렸어요. 제발 살려만 주세요."

상황을 현실적으로 인식하는 살인자 A의 반응이다. 즉, 현실적으로 도망갈 길이 없어 잡힐 수밖에 없는 자기(self)와 자신을 잡으려고 하는 실제 경찰(object)을 외부에서 보이는 그대로 인식하고 목숨이라도 건지려는 현실적인 반응이다. 외적 현실세계 속에 존재하는 자기와 대상 사이의 외적 대상관계를 나타내는 예이다.

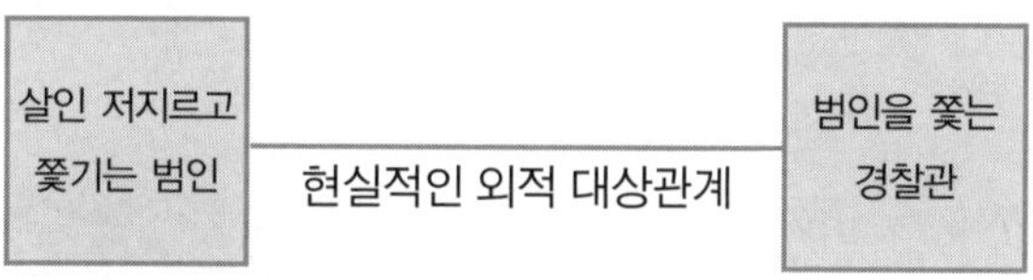

경찰에 쫓기는 살인자라는 점에서는 같은 입장이지만, 다음의 살인자 B가 나타내는 반응은 사뭇 다르다.

사례 42 계속

쫓기는 살인자 B가 그를 포위하며 가까이 접근하는 경찰에게 거의 붙잡히게 되었다. 더 이상 도망갈 길이 없어 보였다. 그는 총을 들고 접근하는 경찰에게 총을 쏘며 소리쳤다. "날 죽여, 죽이란 말이야. 넌 내가 죄를 지었다는 걸 잘 알잖아!"

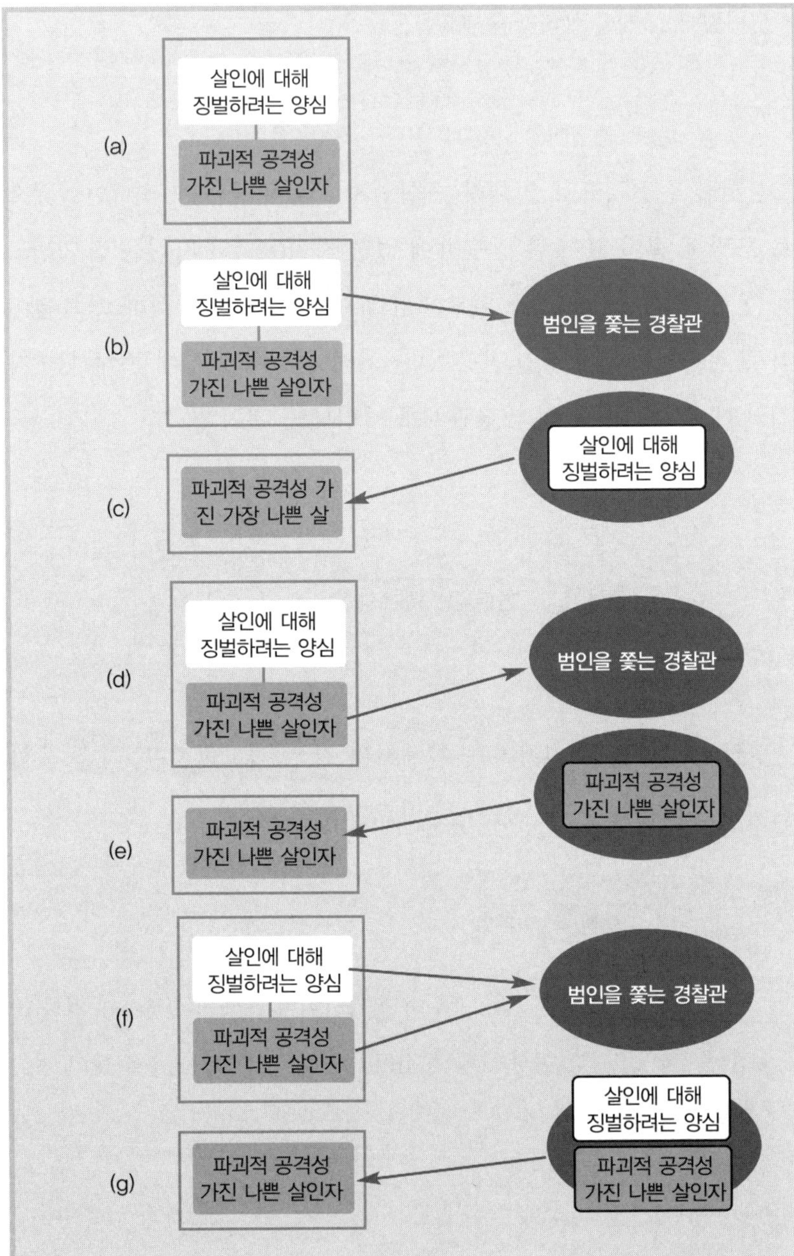
(a)
살인에 대해 징벌하려는 양심
파괴적 공격성 가진 나쁜 살인자
(b)
살인에 대해 징벌하려는 양심
파괴적 공격성 가진 나쁜 살인자
범인을 쫓는 경찰관
(c)
파괴적 공격성 가진 가장 나쁜 살
살인에 대해 징벌하려는 양심
(d)
살인에 대해 징벌하려는 양심
파괴적 공격성 가진 나쁜 살인자
범인을 쫓는 경찰관
(e)
파괴적 공격성 가진 나쁜 살인자
파괴적 공격성 가진 나쁜 살인자
(f)
살인에 대해 징벌하려는 양심
파괴적 공격성 가진 나쁜 살인자
범인을 쫓는 경찰관
(g)
파괴적 공격성 가진 나쁜 살인자
살인에 대해 징벌하려는 양심
파괴적 공격성 가진 나쁜 살인자

살인자의 내면세계는 다음과 같다. 그는 자신을 사형당해 마땅한 못된 살인자라는 자기 표상과 살인에 대해 징벌하려는 양심(징벌자 표상)에 시달리고 있다(그림 a).

격렬한 감정에 휩싸인 범인은 '경찰에 의해 쫓기고 있는 외부 현실 속의 범인' 으로서 자신과 '내적으로 느껴지는 살인이라는 못된 짓을 저지른 나쁜 자기 표상' 을 구분하지 못하고 있다. 이 상황에서 '살인을 징벌하려는 내적 양심의 표상' 을 경찰에게 투사하면(그림 b), 경찰은 단지 객관적으로 범인을 쫓는 사람이 아닌 자신을 징벌하려는 존재로 느껴진다(그림 c). 결과적으로 '범인을 잡으려는 실제 외부 세계의 경찰' 을 '내면의 나쁜 자기를 처벌하려는 심리내적 징벌자' 로 경험하게 된다. 경우에 따라서는 그 자신의 죄책감, 즉 '살인을 한 파괴적 공격성을 가진 나쁜 자기' 라는 자기 표상을 경찰에게 투사할 수도 있다(그림 d). 그렇게 되면 경찰을 단지 알지 못하는 범인을 쫓는 사람으로 보지 않고 자신을 죽이려는 파괴적 공격성을 가진 가해자로 인식할 수 있다(그림 e). 가장 극단적인 경우로 '살인을 한 파괴적 공격성을 가진 나쁜 자기' 라는 자기 표상과 '살인을 징벌하려는 내적 양심의 표상' 을 동시에 경찰에 투사하면(그림 f) 경찰을 자신을 완전히 죽이려는 의도를 가진 사악한 처벌자로 경험할 수 있다(그림 g).

이런 심리 때문에 단지 범인을 체포하려는(즉, 살인의 의사가 전혀 없는) 경찰을 보고 "날 죽여, 죽이란 말이야, 넌 내가 죄를 지었다는 걸 잘 알잖아!" 라고 소리쳤음을 알 수 있다. 이 예는 대상 표상(object representation)과 자기 표상(self representation) 사이의 내적 대상관계가 어떤 것인지를 잘 보여주고 있다.

자기 표상은 대상 표상에 대응하는 개념으로 자신에 대한 심리적 느낌이다. 그러나 자기 자신에 대해서 스스로 독립적으로 지각되는 것이 아니라 다른 중요한 사람이나 대상과의 관계 속에서 경험되는 표상이다. 그렇기에 자기 표상은 타인 혹은 세계와 관계하는 방식에 영향을 준다. 다음은 한 부자와 한 여대생의 실제 모습과 내적 자기 표상이 어떻게 차이를 보이는지에 대한 예다.

사례 43

(1) 본래 가난했던 한 남자가 노력을 하여 부자가 되었다. 외부 세계에서 인식하는 그는 돈을 많이 번 부자이지만 그의 내적 자기 표상은 미처 변하지 않은 채 그대로 있다. 그래서 그는 내적 자기 표상에 따라 여전히 초라하게 옷을 입고 다닌다. 가난한 자기 표상 때문에 자신이 여전히 절약하고 저축해야 한다고 생각하기 때문이다. 그러므로 그에게는 비싼 새 옷을 사는 것은 여전히 해서는 안 되는 낭비로 여겨진다.

(2) S는 대학교 1학년 여학생이다. 신입생인데도 다른 여학생들과 달리 다른 과외활동 등에 거의 관여하지 않고 공부만 열심히 하였다. 1학기 성적이 전부 A+여서 당연히 장학금을 받게 되었다. 그러나 그녀는 자신이 '잘했다' 라고 말하지 않고, '다행이다' 라고 표현하였다. S의 가정은 충분히 부유하였기 때문에 꼭 장학금을 받아야 할 필요는 없었다. 즉, 장학금을 받아서 다행이라고 표현한 것은 아니었다. 또 우연히 '다행이다' 는 표현을 한 것도 아니었다. 매우 좋은 성적을 받고 '다행이다'

는 표현이 나오게 된 것은 S의 자기 표상 때문이었다. 그녀는 어려서부터 항상 부모로부터 비난 받으면서 성장하였다. 그녀는 자신이 하는 거의 모든 행동에 대해 비난을 받았다. 그 결과 그녀가 갖고 있는 자기 표상은 '잘못해서 비난 받는 아이' 였다. '잘했다' 는 표현은 긍정적으로 느껴지는 자기 자신에 대한 칭찬이다. 그러나 그녀가 느끼는 자기 표상은 야단받을 만한 아이였기 때문에 '(야단맞지 않게 되어서) 다행이다' 는 표현이 나온 것이다.

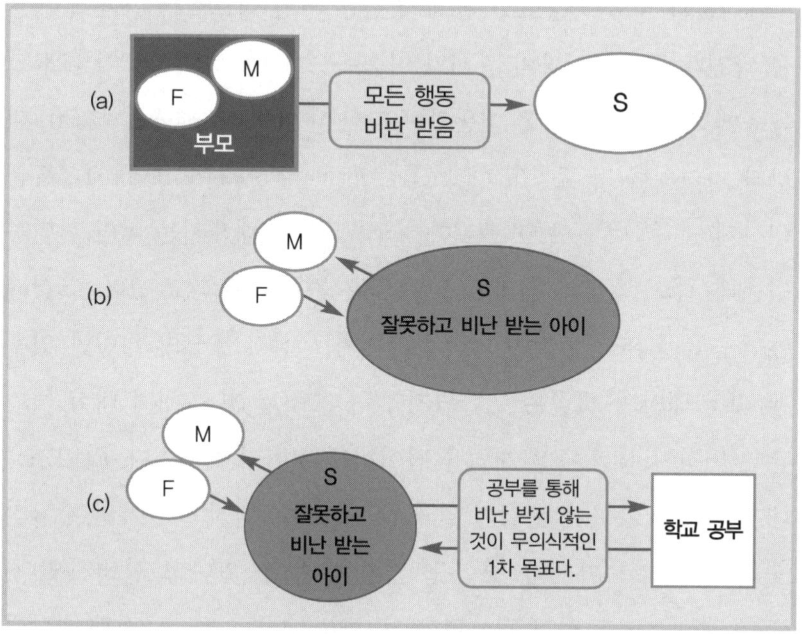

부모관계와 자기 표상 형성

부모로부터 모든 행동에 대해 비난 받은 S는 나는 항상 '잘못하고 비난 받는 아이' 라는 자기 표상을 갖게 되었다. 그런 자기 표상을 가지고 공부를 하기 때문에 공부는 성취해서 칭찬 받을 일이 아니라, 잘못해서 비난 받아서는 안 되는 일이다. 즉 잠재적 비난을 내포하고 있는 것이다.

이와 같이 대상관계이론에서 말하는 대상관계는 실재하는 외적 대인관계(interpersonal relationship)를 의미하는 것은 아니다. 근본적으로 대상관계이론은 현재의 대인관계 경험과 역동적으로 상호작용하는 무의식적인 내적 대상관계(internal object relations)에 초점을 두는 이론이다(Ogden, 1983). Moore와 Fine(1990)은 "대상관계이론은 마음이 외부로부터 내재화된 요소들로 구성되어 있다는 가정하에 마음의 기능을 그러한 요소들의 관계라는 관점에서 설명하는 체계"라고 정의하였다.

타인들과 맺었던 중요한 관계 경험은 어떤 식으로든 마음에 흔적을 남긴다. 즉, 타인과의 관계가 마음속으로 내재화된다. 이렇게 마음속에 형성된 대상들은 이론가에 따라 내적 대상(internal object), 대상과 자기의 심적 표상(mental representations of object and self), 혹은 내사체(introjects) 등으로 불린다. 심적 표상에 대해서는 이미 설명하였는데, 내적 대상과 심적 표상은 많은 경우 혼용되고 있다. 그러나 Ogden(1983)은 전통적인 자아심리학에는 심적 표상의 개념만 있을 뿐 내적 대상의 개념은 포함되지 않는다고 말했다. 내적 대상 개념은 전통적인 심적 표상 개념을 넘어서는 것이기 때문이다. Ogden은 내적 대상은 자아가 분열된 결과 생기는 무의식적인 자아의 부차적 조직으로서 그 자체가 경험을 생성해 낼 수 있다고 설명하였다. Grotstein(1998)도 심적 표상은 환기기억(evocative memory)과 대상항상성이 발달한 이후에나 가능하기 때문에 내적 대상은 표상이 아니라고 강조하였다. Klein에 의하면 상징적 표상은 우울자리(depressive position)가 시작되어 대상이 유아의 대상이 아닌 그 자체의 권리를 가진 주체(subject)로 경험되어야 비로소 가능하다. 대상은 궁극적으로 표상의 위치를 갖게 되지만, 이전의 본래 내적 대상은 환상(phantasy) 속에서 표상이 아닌 구체적 존재(being)로 경험된다. 달리 표현하면, 내적 대상은 표상 이전(pre-representation)의 대상이 내면화한 것이다. 그렇기 때문에 내적 대상은 전적으로 환영이다(Klein의 phantasy 개념이나 내적 대상에 대한 설명은 p. 286 이하 참조). Fairbairn에게 내적 대상은 Klein과 달리 일차적이지도 않고 적어도 이론적으로는 불가피한 요소도 아니다. 내적 대상관계는 현실 대상관계가 실패했을 때 발생하는 것이다. 즉, 유아의 내적 대상관계는 필요로 하는 부모와의 상호관계가 실패했다는 것을 의미한다(Fairbairn의 내적 대상 개념에 대한 상세한 설명은 p. 401 이하 참조).

대상관계이론가들에 따라 내면화된 대상에 대한 이해에 차이가 있지만, 부모와의 관계가 아이의 마음속에 내재화되고 그것이 아이의 정신에 영향을 미친다는 것은 당연하게 받아들여진다. 다음은 초등학교에 막 입학한 아이들의 사례인데, 아이의 마음속에 내재화된 부모의 모습과 자신의 모습이 어떻게 아이의 행동과 삶에 영향을 미치는지를 살펴볼 수 있다.

내적 대상과 대상 표상 비교

내적 대상	대상 표상
• 표상 이전의 대상이 내면화한 것이다. • 구체적 존재로 경험된다. • 자체가 경험을 생성한다.	• 시기적으로 대상항상성 형성 이후에 가능하다. • 개인의 해석에 따른 대상 이미지다.

사례 44

'가' 와 '나' 는 초등학교 1학년 같은 반에 다니는 남자 아이들이다. 수업시간에 선생님이 셋에 넷을 더하면 얼마인지를 물었다. 많은 아이들이 '저요, 저요' 하며 손을 들었다. '가' 도 마찬가지로 손을 번쩍 들었다. 아직 완전한 답을 계산한 것은 아니었지만 선생님이 시키면 그때 일어나서 손가락으로 세어 볼 생각이었다. 왜냐하면 '가' 의 엄마나 아빠가 '가' 에게 무엇을 물어본 다음 '가' 가 하나하나 생각해 가는 과정을 기꺼이 기다려 주고 같이 참여해 주었기 때문이다. 즉, '가' 는 선생님도 엄마와 아빠처럼 자신이 손가락으로 계산해 가는 과정을 기다리며 기뻐할 것이라고 믿고 있는 것이다. 아직 선생님이 어떤 역할을 하는지를 충분히 알 수 없는 '가' 는 자신의 마음속에 내재화된 부모의 모습처럼 선생님이 자신을 그렇게 대할 것이라고 해석할 수밖에 없다. 또한 수업을 받는 초등학생이 무엇을 의미하는지 정확하게 이해할 수 없는 '가' 는 부모로부터 공감받고 사랑받았던 내재화된 자기처럼 선생님으로부터 그렇게 대우받을 것이라고 예측할 수밖에 없다.

반면에 '나' 는 머리는 총명하였으나 술주정뱅이 아빠로부터 신체적 · 정신적 학대를 당하고 우울증에 걸린 엄마로부터 제대로 보살핌을 받지 못하며 성장하였다. 그렇기에 셋 더하기 넷이 일곱이란 것을 금방 알았는데도 손을 들지 못하고 머뭇거리기만 하였다. 아무리 정확한 답을 말하여도 아직 낯선 선생님이 내재화된 자신의 아빠처럼 무언가 꼬투리를 잡아서 자신을 비난하고 혼낼 것 같았기 때문이었다. 그리고 답을 정확히 맞힌다 해도 타인으로부터 이해받고 칭찬받는 자기 모습을 떠올릴 수 없어서, 또 선생님으로부터 또 어떤 대우를 받을지 몰라서 두려울 수밖에 없는 것이다.

이와 같이 아이를 양육하는 부모의 모습과 부모로부터 양육받는 자기 모습이 내재화되어 아이의 생각과 행동에 절대적인 영향을 미치게 된다. 덧붙여 부모가 아이를 양육하는 태도와 방식 자체도 아이의 마음속에 내재화되어 아이들이 친구관계나 대인관계를 맺어 가는 기술이 된다.

예를 들어, '가' 는 또래 친구들과 잘 어울리며 무난한 관계를 잘 맺어 간다. 친구들의 행동을 이해하려 하고 같이 참여하려 하며 잘 비난하지 않기 때문이다. 아직 친구관계가 어떻게 이루어지는지를 잘 알 수 없는 '가' 는 자신이 지금까지 경험했던 부모와의 관계처럼 하면 되는 것이라고 생각할 수밖에 없다. 그래서 부모가 자신을 이해하려 하고 공감하려 했던 것처럼 그렇게 이해하고 공감하려 한다.

반면에 '나' 가 경험한 것은 부모의 무관심과 학대다. 따라서 그의 마음속에 내재화된 대인관계 기술은 무관심과 비난 그리고 분노의 폭발뿐이다.

그러므로 '나' 는 또래 아이들과 관심을 나누는 것이 미숙할 뿐만 아니라 공감하고 이해하는 것에 익숙하지 않아 어울리기가 쉽지 않다. 무엇보다 문제가 되는 것은 가장 친밀한 부모로부터 무관심과 학대를 받았기 때문에 사람과 친밀해지는 것에 대한 근본적인 두려움이 마음속에 자리 잡고 있다. 결국 사람들과 친밀해지기를 갈망하면서도 친밀함을 빌미로 함부로 대하고 거칠게 대할 것에 대한 두려움이 있다. 바로 이런 점들이 친구나 선생님과의 관계를 어렵게 만드는 근본적인 원인이 된다.

다음의 그림을 보면, 성장과정을 통하여 경험된 부모는 부모 표상과 자기 표상으로 내재화된다(F: 아버지, M: 어머니). 분화된 감정 경험이 부족한 유아는 좋음-나쁨의 양축으로 대상을 경험하고 자신을 경험한다. 그 결과 내면에 좋은 대상(good object: GO), 나쁜 대상(bad object: BO), 좋은 자기(good self: GS), 나쁜 자기(bad self: BS)의 표상이 형성된다.

실제 외부 대상을 만났을 때, 내부 대상관계의 관점으로 대상관계를 맺는다. 예를 들어, 앞의 예에서 '가'는 처음 만난 선생님에게 내면의 좋은 부모 표상을 투사하여 자기를 칭찬해 줄 것이라고 생각한다. 반면에 '나'는 선생님에게 내면의 나쁜 부모 표상을 투사하여 어떻게든 꼬투리를 잡아 자신을 비난할 것이라고 생각한다.

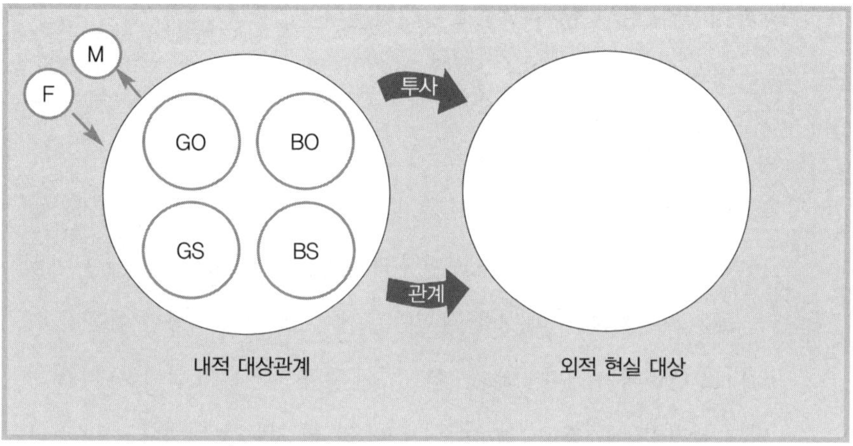

내적 대상관계가 현실 대상관계에 미치는 영향

프로이트에서 찾을 수 있는 대상관계 개념의 흔적

Klein은 대상관계 흐름의 창시자로 인정받고 있다. 그러나 외적 대상이 심리 구조로 내면화하는 과정에 대한 설명은 프로이트 때부터 이미 있어 왔다. 프로이트는 현재 대상관계이론에서 의미하는 내적 대상이라는 용어나 그에 해당하는 개념을 직접 사용한 적은 없다(Ogden, 1983). 그러나 자아 이상, 초자아, 오이디푸스 갈등 등의 설명을 보면 대상이 심리 구조 내로 내면화되는 심리과정을 표현하고 있음을 알 수 있다. 예를 들어, 프로이트는 아버지가 어린 소년에 의해 합일화되어 양심을 형성한다고 기술하고 있다.

프로이트가 내적 대상관계의 개념에 가장 밀접한 내용들을 논의한 것은 『애도와 우울증』(1917)에서다. 그는 애도 반응을 통해 상실한 대상을 자아 안으로 동일시한다고 이해하였다.

사례 45

최근 실연을 당한 29세 여성 환자는 정신치료 중 남자친구가 자기를 떠난 것에 대해 괴로워서 죽고 싶다고 말하였다. 치료자는 자세한 내용을 들은 후 사랑하는 대상을 상실한 후에 갖게 되는 비통한 마음일 수 있다고 언급해 주었다. 그녀는 치료자의 말을 전적으로 반박하며 "저는 단지 남자친구를 잃은 것이 아니에요! 전 제 자아를 잃었다고요!"라고 울부짖듯 말하였다.

그녀는 어릴 때 입양되었다. 이번 사건을 통해 그녀는 자신이 입양아라는 것을 다시금 인식하게 되었다고 말하였다. 그리고 자신이 찢어져 조각 났으며 떠난 남자와 함께 자신의 일부가 사라진 것처럼 느껴진다고 말하였다. 그 사람이 떠난 이유를 도무지 이해할 수 없으며 자기 자신에 대해 너무 화가 난다고 말하였다. 그러면서 이렇게 비참하게 사느니 차라리 죽고 싶다고 하였다.

애도(mourning)와 우울증(melancholia, 멜랑콜리아)은 모두 대상 상실의 결과로 나타나는 현상이다. 애도 반응을 보이는가 혹은 우울증을 겪게 되는가의 차이는 대상 상실을 얼마나 잘 견뎌낼 수 있는가 하는 개인의 능력에 달려 있다. 상실을 견뎌낼 수 있는 능력이 있는 경우에는 애도 반응을 거치면서 대상을 자신의 자아 안으로 동일시한다. 전통적인 방식으로 표현하여 '대상 표상'이 '자기 표상'이 된다('떠난 그 사람도 제가 이렇게 살길 바랄 거예요.' 등의 표현이 해당된다. 이것은 상실한 대상과 자기 사이에 뚜렷한 경계를 갖고 있는 것이다. 즉, 대상-자기 분화가 잘 유지되면서 대상의 특성과 의미를 생활 속에서 표현하며 사는 것이다.).

자기애적인 사람, 즉 '자기애적 대상 선택(narcissistic object choice)'을 한 사람에게 대상 상실은 다른 결과를 가져올 수 있다. 자기애적 대상 선택이란 프로이트가 사용한 개념으로서 대상을 선택하는 무의식적인 이유가 자기애적인 경우를 말한다. 즉, 대상이 이상적인 자기와 유사하기 때문에 그 대상과 관계를 맺는 경우를 말한다. 혹은 자신이 선택한 대상의 이미지 속에 자신의 특징들을 지속적으로 주입하는 관계를 말한다. 어떤 경우든 결국 선택한 대상은 이상적인 자기 자신이거나 자기와 동일한 특성을 가진 사람이 된다. 그렇기에 '대상 사랑'은 실질적으로 '자기 사랑'과 같다. 그리고 사랑하는 대상을 상실하는 것은 실제로는 자기 자신의 일부를 상실하는 것이 된다. 그러므로 자기애적인 환자는 견딜 수 없는 대상 상실을 부정

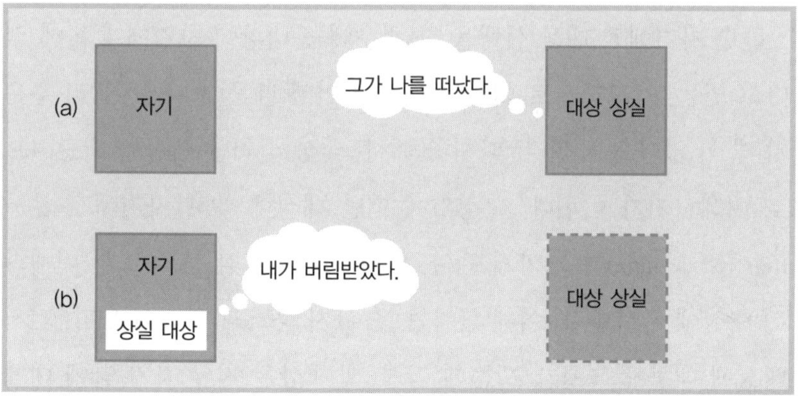

하고 다시 대상과의 연합을 시도한다. 이때 대상과 연합하기 위하여 상실한 대상을 자신의 내부로 옮겨 놓는 방식을 취한다. 한마디로 대상을 내재화한다. 이때 내재화는 애도 반응에서 볼 수 있는 대상 표상이 자기 표상이 되는 높은 수준의 것이 아니며, 내재화된 대상은 여전히 대상으로 남아 있는 함입(introjection)을 의미한다. 함입이 이뤄지고 나면, 이제 외부 대상이 그를 떠난 것(그림 a)이 아니라 그의 내면에서 대상이 그를 떠난 것(그림 b)이 된다. 그 결과 실제 의식에서 환자는 '남자친구가 떠났다.' (그림 a)가 아니라 '내가 버림받았다.' (그림 b)로 의식한다.

이때 남자로부터 버림받은 것보다는 내면의 자기로부터 버림받은 느낌 때문에 더욱 고통스러워한다. 내재화된 대상은 이상적인 자기이기 때문에 자아 이상으로 기능하고 차후에 초자아의 일부가 된다. 그 결과 '사랑도 받지 못하고 자란 입양아인데 그런 나를 떠나는 것은 당연하지.' 와 같은 식으로 표현하게 된다. 즉, 이상적인 자기(자기애적 선택을 통해 함입했던 대상)에 비해 가치 없게 느껴지는 실제 자기(입양아인 나)가 버림받은 것으로 경험한다.

한편 자기애적 대상 선택을 한 경우에는 대상이 자기에게 속해 있다고 믿는다. 그러므로 대상이 자신의 인생 때문에 떠날 '권리 혹은 자격' 이 없다고 느낀다. 다시 말해서, 대상이 떠난 이유를 객관적으로 이해하기가 어렵다. 그렇기에 떠난 대상에 대해 자기애적 분노(narcissistic raga)를 느끼게 된다. 그리고 자기애적 분노 또한 내재화된 대상에 투사한다. 이제 환자는 두 가지 분노의 표적이 된다. 먼저 대상에 대한 분노를 느끼는데 막상 그 대상은 지금 자기 안에 내재

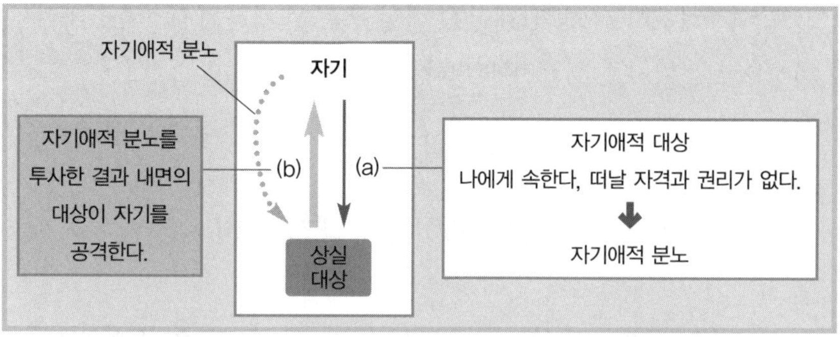

대상상실 후 분노가 자기 자신에게 향하는 상태에 대한 설명

화되어 있어 대상에 대한 분노가 자기 자신에게 향하게 된다(a). 그리고 자기애적 분노를 대상에 투사함에 따라 내면의 대상(ego-ideal, superego)이 자신을 또한 공격하게 된다(b). 그래서 우울증은 흔히 '분노가 자기 자신에게 향하는 상태(depression is anger turned against oneself)' 라고 일컬어진다.

대상과 연합하기 위한 방법으로 상실한 대상을 자신의 내부로 옮겨 놓는 방식을 내재화라고 하였는데, 프로이트는 이 과정을 동일시(identification)라고 불렀다(나중에 Abraham은 프로이트와의 공동 작업을 통하여 이를 내사[introjection]라고 불렀다; Hinshelwood, 1994). 1923년 프로이트는 내사 개념에 기초하여 정신구조이론을 형성했다. 아이는 오이디푸스 갈등의 특정 시점에서 성적인 대상으로서 어머니와 아버지를 포기해야 한다. 이러한 포기는 대상 상실과 마찬가지로 서서히 이뤄지는 동일시 과정을 통해 성취된다. 즉, 부모에게 향했던 리비도가 자아 안으로 철수될 뿐만 아니라 사랑하는 부모가 인격 안으로 내재화된다. 이렇게 내사된 대상 혹은 내재화된 대상은 '내적' 대상으로 초자아를 형성하게 된다.

Abraham의 대상관계이론에 대한 공헌

Abraham은 외적 대상과 내적 대상 모두를 포함하여 정신분석적으로 진정한 의미를 갖는 대상 개념을 수립한 분석가다(Grotstein, 1996). Abraham은 전 성기기의 자기 성애적 시기(pregenital autoerotic stage)인 구강기와 항문기를 수동적 시기와 능동적 시기로 구분하면서 각각의 시기에 적합한 대상들이 내재화된다고 설명하였다. 예를 들어, 유아의 자기 성애는 구강기 동안 수동적인 빨기(incorporation)나 대상(breast)을 능동적으로 먹어치우기(cannibalism), 즉 깨물기로 표현된다. 이를 통해 Abraham이 의미하고자 하는 것은 구강기에 유아는 어머니를 자기 입안으로 집어넣는 환상을 경험한다는 것이다. Abraham에 의하면 항문기에도 유아는 수동적인 보유(passive retention)나 능동적인 배출(active expulsion)을 보이는데 모두 대상(어머니)을 향해 표현한다. 더 나아가 유아는 자기가 배출한 대상들을 능동적으로 재합일화(re-incorporation)하려고 한다. 다음은 Abraham이 치료했던 사례다.

사례 46

한 젊은 남자가 한 여자를 좋아하여 약혼을 하였다. 그러나 무언가 내면에서 격렬한 저항이 일어나 결국 그녀와 헤어졌다. 이후 그 남자는 심한 우울증에 빠졌고 한동안 고생한 후에 서서히 회복되어 갔다. 우울증이 회복되는 시점에서 남자는 Abraham에게 분석을 받기 시작하였다. 그리고 우울증이 회복되는 과정에 다시 헤어졌던 약혼녀와 화해를 하였다. 얼마 지나지 않아 그는 다시 우울증이 재발하면서 약혼녀에 대한 심한 증오를 나타냈다. 우울 증상이 악화되면서 남자는 항문 괄약근을 강박적으로 수축하는 증상을 보였다. 며칠 후에는 새로운 증상을 호소하였는데 길을 걷다가 길가의 대변을 먹는 강박적 환상이 떠올랐다고 하였다.

만약 리비도에 초점을 둔다면, 이 사례에서는 남자의 리비도가 약혼녀로 향했다가 다시 그에게로 철수하고 또다시 약혼녀에게로 향하는 식으로 '리비도의 방향이 전환된 것' (프로이트의 표현)이 일차적으로 다뤄질 것이다. 그러나 Abraham은 리비도의 방향성보다 약혼녀라는 대상에 대한 그 남자의 관심에 더 초점을 두었다.

항문 괄약근을 수축하는 것은 내장의 내용물을 보유하는 것이다. 말하자면 우울증이 신체 증상으로 나타난 것이다. 내장 속의 대변은 떠나간 증오하는 대상인 '뭣 같은 약혼녀', 즉 '똥 같은 약혼녀' 를 의미한다. 그는 대상을 마치 자신 안에 실질적으로 존재하는 내용물처럼 구체적으로 보유하려고 애쓴다. 프로이트가 대상을 동일시하는 것보다 훨씬 구체적으로 내면에 존재하는 대상으로 느낀다. 길가의 대변 또한 남자가 사랑하고 동시에 증오했던 약혼녀를 뜻하는 것으로 보인다. 먹는 것을 통해서 대상을 그의 내면에 두려는 시도로 볼 수 있다. 다소 혐오스러운 면이 있지만, 이런 환상들은 대변(먹은 것의 대사물)의 형태로 자신으로부터 축출했던 사랑의 대상을 다시 신체 안으로 들여 놓으려는 욕망의 표현이라고 이해할 수 있다. 무의식적으로 대상 상실의 과정은 항문기적으로, 대상을 다시 내사하는 과정은 구강기적으로 처리하는 것을 볼 수 있다.

이런 설명들은 때로 억지스럽게 느껴지기도 하지만 1920년대 정신병 환자들의 원시적인 환상을 설명하려는 시도들로 이해할 수 있다. 정신병 환자들에게 신체 내부의 대상은 매우 현실적으로 느껴진다. 그들에게는 이런 대상을 상실하는 것이 무의식적으로는 항문을 통해 대변을 방출하는 것처럼 매우 실제적인 경험이다.

Abraham의 이러한 대상 개념은 그의 피분석가였던 Klein과 Jacobson 그리고 Fairbairn 등에게 큰 영향을 주었다.

대상관계이론에 근거한 방어기제

정신치료를 통해서 환자의 정신병리가 어느 단계에서 고착(fixation) 되었는지 혹은 어느 단계까지 퇴행(regression)하였는지를 정확히 알기 어려울 때가 있다. Kernberg, Horner, Adler와 같은 많은 분석가들은 정신분석만으로는 알기 어려운 환자의 고착과 퇴행의 단계를 Mahler의 분리와 개별화 단계가 나타내 준다고 생각하였다(Hamilton, 1990). Mahler의 분리-개별화 개념이 환자의 고착과 퇴행을 독립과 의존의 관점에서 설명해 준다면, 대상관계이론의 다양한 개념들은 고착된 초기 대상관계를 이해할 수 있게 해 준다. 또 환자의 퇴행이 어느 수준의 초기 대상관계를 나타내는지를 알게 해 준다. 즉, 정신치료를 통해서 이루어지는 환자의 심리발달 모습과 유아의 심리발달을 통해서 얻어지는 증거들이 서로 연관성을 갖는다는 의미다.

정신치료를 통해서 이루어지는 환자의 심리발달과 유아의 정상적인 심리발달이라는 두 노선이 서로 연관성을 갖는다는 것은 매우 중요한 의미를 갖는다. 유아는 자신의 내면세계에서 어떤 일들이 벌어지고 있는지를 말로 표현할 수 있는 능력이 없다. 그래서 유아가 이러이러한 경험을 할 것이라고 추측할 수 있을 뿐이다. 또한 정신치료 중에 표현되는 환자의 기억이나 내부 심리세계의 경험들은 어린 시절로 퇴행되었거나 어느 발달단계에 고착된 것을 볼 수 있다. 그러나 그 고착된 단계나 퇴행의 수준을 직접 알기는 쉽지 않다. 그럼에도 정신치료를 통해서 이루어지는 환자의 심리발달과 유아의 정상적인 심리발달이라는 두 노선이 서로 연관성을 가지므로 각각 얻어지는 정보들을 비교하면서 확인해 갈 수 있는 것이다(Hamilton, 1990).

Hamilton(1990)은 환자들에게 발견되는 심리적 과정 중에서 특히 아이들의 초기 발달단계와 연관되는 심리기제들로 분화(differentiation)와 통합(integration), 투사(projection), 내면화(introjection), 분열(splitting), 이상화(idealization)와 평가절하(devaluation), 투사적 동일시(projective identification), 이행기 대상형성(transitional object formation),

대상항상성(object consistency), 동일시(identification) 등을 들었다.

이 중에서 분열(분리)과 이상화, 평가절하, 투사적 동일시는 대상관계이론에 근거한 방어기제들이라고 할 수 있다. 투사적 동일시는 Klein의 이론에서 자세히 설명할 것이기에 여기서는 분리, 이상화와 평가절하에 대해서만 기술하겠다.

분열(분리)

Kernberg(1980)에 의하면 분열(분리)(splitting)은 "자기와 중요한 타인에 대한 상반된 경험을 적극적으로 떼어 놓으려는 것" 이다. 이러한 상반된 내적 요소들은 의식으로 남아 있지만, 분열에 의해 시간적 · 공간적으로 떨어져 있기 때문에 서로에게 영향을 주지 못한다.

자아심리학에서 가장 기본적인 방어기제가 억압(repression)이라면, 대상관계이론에서 가장 기본적인 방어기제는 억압과 분열이다. Klein의 이론에서 죽음 본능의 파괴성은 처음부터 편집-분열자리나 투사적 동일시로 처리된다. 즉, 나쁜 것과 좋은 것은 철저히 분리시켜 나쁜 것은 밖으로 투사하고 좋은 것은 보유하려고 한다. Fairbairn에 따르면 나쁜 대상은 내면으로 내재화하여 억압하고 흥분시키는 대상과 거절하는 대상으로 분열시키는 것이 대상을 처리하는 첫 단계다. 이와 같이 대상관계이론에서 말하는 분열은 좋은 대상과 나쁜 대상으로 나누는 것을 의미한다. Jacobson의 지적대로 유아의 경험은 쾌-불쾌 경험이라는 양축으로 나뉘기 때문이다. 즉, 전체 대상(whole object)과 관계를 맺지 못하고 부분 대상(part object)과 관계를 맺는 방식을 말한다. Kernberg는 1세 이전에는 이런 분열된 대상관계가 정상적이라고 보았다. 그리고 2~3세 이후에는 부분 대상이 전체 대상으로 통합된다고 생각하였다.

Kernberg는 정상적인 내적 대상관계 발달을 다음과 같이 4단계(stage)로 설명하였다.

- 1단계: 생후 첫 달 동안의 시기다. 기본적으로 자기 대상이 미분화된 상태다.
- 2단계: 대강 생후 1~3개월 시기에 해당한다. 자기 대상은 여전히 미분화되어 있으나, 어머니-유아가 마치 하나의 단위를 이룬 상태로 만족스러운 경험과 좌절의 경험을 한다. 그 결과 만족스러운 경험을 하는 어머니-유아 단위, 그렇지 못한 어머니-유아 단위가 나타난다. 만족스러운 경험을 하는 어머니-유아 단위는 '좋은 자기-대상 표상(good self-object representation)'을 형성하고, 좌절을 경험하는 어머니-유아 단위는 '나쁜 자기-대상 표상(bad self-object representation)'을 형성한다. 또 만족스러운 경험을 하는 어머니-유아 단위는 상을 주는 대상관계 단위(rewarding object relation unit), 좌절을 경험하는 어머니-유아 단위는 철수하는 대상관계 단위(withdrawing object relation unit)라고 부르기도 한다. 전형적인 분리의 상태다.
- 3단계: 생후 4개월에서 약 1년 정도까지의 시기다. 자기-대상이 단위를 이루던 것이 각각 분화된다. 좋은 자기-대상 표상은 좋은 자기와 좋은 대상으로 분화된다. 나쁜 자기-대상 표상은 나

쁜 자기와 나쁜 대상으로 분화된다.

- 4단계: 1세 반 혹은 2세경부터 시작하여 아동기 성장과정 동안 계속해서 진행된다. 좋은 자기와 나쁜 자기의 통합과 좋은 대상과 나쁜 대상의 통합이 이뤄지는 시기다. 좋은 자기와 나쁜 자기는 통합된 자기 개념(integrated self-concept)으로 통합되어야 한다. 그리고 좋은 대상과 나쁜 대상은 통합된 대상 개념(integrated object-concept)으로 통합되어야 한다.

예를 들어, Kernberg는 경계선인격장애의 핵심적인 정신병리는 3단계에서 4단계로 진행하지 못해서 통합된 자기 개념과 대상 개념을 형성하지 못한 것이라고 보았다. 즉, 좋은 자기와 나쁜 자기 그리고 좋은 대상과 나쁜 대상이 통합되지 못하고 지속적으로 분리되어 있다는 것이다. 그 결과로 원시적인 분열을 기본적인 방어기제로 사용하게 된다. 경계선 인격장애 환자들은 통합된 자기 개념이 결핍되어 있기 때문에 만성적으로 외부 대상에 의존하고 혼란스러운 대상관계를 맺는다.

이상화와 평가절하

이상화와 평가절하(idealization and devaluation)는 분리에 뒤따르는 자연스러운 방어이기도 하다. 전체 대상관계를 맺지 못하기 때문에 좋은 부분 대상 혹은 나쁜 부분 대상 관계를 맺으니까 자연스럽게 이상화와 평가절하를 하게 되는 것이다. 다만 자기와 대상의 조합에서 분리와 차이를 보인다. 분리에서는 좋음/나쁨을 가르는 분화가 일어난다. 즉, 좋은 자기와 대상이 한 단위로 형성되고, 나쁜 자기와 대상이 다른 한 단위로 형성된다. 반면에 이상화에서는 좋은 대상과 나쁜 자기가 한 단위로 형성되고, 평가절하에서는 나쁜 대상과 좋은 자기가 한 단위로 형성된다. 다음은 Hamilton(1990)이 제시한 설명이다.

- 분리된 대상관계 단위(split object relations units):
  좋은 자기－좋은 대상 / 나쁜 자기－나쁜 대상
- 이상화 대상관계 단위(idealized object relations units):
  좋은 대상－나쁜 자기
- 평가절하 대상관계 단위(devalued object relations units):
  나쁜 대상－좋은 자기

이상화와 평가절하의 기제를 사용하여 자신과 남을 평가하고 구별하는 것은 일상생활을 하면서 느끼는 극단적인 감정 때문이다. 이상화는 자신 또는 대상을 완벽하다고 여기는 것이고, 평가절하는 그 반대로 무가치하게 여기는 것이다. 이런 극단화 때문에 이상화와 평가절하도 분리와 마찬가지로 불안정한 심리기능이다. 다음은 Hamilton(1990)이 제시한 사례다.

사례 47

MJ는 26세 된 여성으로 처음으로 젊은 여자 심리치료자를 만났다. 그녀는 가끔 자신이 실재하지 않는 듯이 느끼고 자주 우울해지고 자살하고 싶어진다고 불평했다. 그녀는 과거에 3명의 남자 치료자에게 갔다. 한 사람은 그녀에게 약을 주려고 했는데 그녀는 그것을 모욕적인 침해로 받아들였다. 다른 두 사람은 그녀를 전혀 이해하지 못했다. 치료자들을 전부 단지 미친 사람을 치료하는 둔감한 자들로 여겼다. 특히 남자 치료자들을 싫어했는데, 그들이 여자의 문제들을 도저히 이해하지 못한다고 생각했기 때문이다. 이 여자 치료자는 먼저 경고를 했다.

"언젠가는 저에게도 실망하게 될 거예요. 그것도 치료의 한 부분이지요. 만약 그런 일이 생기면 나와 의논하고 될 수 있으면 치료를 계속하길 바랍니다."

"아, 물론이지요. 선생님하고는 무슨 일이든지 의논할게요. 선생님은 제대로 저를 이해하시는 것 같아요. 선생님 같은 분을 만난 것은 제겐 행운이에요. 벌써 훨씬 좋아지는 것 같아요."

치료자를 이상화하는 것을 볼 수 있다. 치료자가 이런 것들을 예견할 수 있었기 때문에 치료가 중단될 뻔했던 고비를 몇 번 넘길 수 있었다. 하지만 치료를 시작한 지 6주가 채 되지 않아서 그녀는 자신이 완전히 좋아졌다고 주장하면서 치료를 끝내겠다고 하였다.

"치료는 흥미로웠지만 실제적인 도움을 주지 못했어요. 사실 제게 정말로 도움이 되었던 것은 죄책감을 없애는 방법이 쓰인 책이었습니다. 이젠 아무런 죄책감도 없고 요즘 사는 것이 정말 멋있어요. 제 인생에 새로운 경지가 열린 거죠. 선생님도 아마 그 책을 읽으면 많은 도움을 될 거예요."

그녀는 치료를 얼마나 평가절하했는지 치료비를 내기조차 거부하였다. 예전에 이상화했던 치료자는 더 이상 아무 가치가 없어진 것이다.

8 Klein의 대상관계이론

Klein의 생애

Melanie Klein은 1882년 4남매의 막내로 태어났다. Klein의 아버지 Moriz Reizes는 정통 유대교 집안에서 태어났으나 할아버지의 소원과 달리 의사가 되었다. 그는 10개 국어를 구사할 수 있었고 매우 박식하였다. Klein은 아버지의 독립적인 정신을 마음에 간직하며 살았고, 아버지처럼 의학을 공부하기를 원했다. 아버지의 지적인 모습은 그녀에게 많은 영향을 준 것으로 여겨진다. 그러나 아버지는 눈에 보이게 큰딸 Emilie를 더 좋아하였고 Klein의 감정을 고려하지 않았다. Klein은 세 살 무렵 아버지 무릎에 올라갔다 밀쳐졌던 고통스러운 기억을 기술하였다.

Klein은 가족 전체가 비엔나로 이사 온 직후에 태어났다. 당시 가정 형편이 어려웠기 때문에 어머니 Libussa Deutsch는 가족을 부양하기 위해 가게를 열었다. 그래서 Klein을 돌볼 시간적 여유가 없었다. Klein의 손위 형제들은 모두 어머니의 젖을 먹었지만, Klein은 유모의 젖을 먹고 자랐다. Klein은 어려서부터 아버지와 어머니로부터 많은 관심을 받지는 못했지만 스스로 사랑이 부족하다고 느끼지는 않았다고 기술하였다. Klein에게 어머니는 애증으로 가득 찬 존재로 그녀를 질식시킬 것 같은 존재였다. 남편과 스물네 살 차이인 Klein의 어머니는 사랑스러운 아내라기보다 의무를 다하는 아내였다. 그녀는 1909년경 정신장애로 정신요양원에서 수개월간 입원치료를 받았다. Klein의 전기작가 Grosskurth(1986)는 Klein의 어머니는 Klein이 행복하기를 바라지 않았다고 기술하고 있다.

큰언니 Emilie는 Klein보다 여섯 살 위였고 오빠 Emmanuel은 다섯살 위였다. 이 둘은 어린 시절 Klein을 괴롭혔으나 네 살 위인 언니 Sidonie는 그녀를 귀여워하였다. 그러나 Sidonie는 Klein이 네 살 때 질병(연주창)으로 사망하였다. 그녀는 일평생 언니에 대해 깊은 감사와 애정 어린 기억을 갖고 살았다(Segal, 1993). Sidonie가 죽은 후로는 오빠 Emmanuel이 Klein에게 가장 가까운 사람이 되었다. 아홉 살 때 Klein이 쓴 시를 칭찬해 주고 그녀가 김나지움에 갈 수 있도록 라틴어와 그리스어를 가르쳐 주었다. 오빠는 그녀에게 좋은 친구이자 선생이었다. Klein은 언니 Emilie와는 결코 잘 지내지 못했는데, 오빠와 Klein은 어느 정도 연합하여 Emilie와 부모에 대항했던 것 같다. 이에 대해 그녀의 어머니는 오빠에게 보낸 편지에서 Emmanuel

이 Klein을 신뢰하는 것에 질투가 난다고 썼다. 오빠 Emmanuel은 12세에 심장병이 있는 것을 알게 되었고, Klein이 20세 되던 1902년에 제노바에서 사망했다.

오빠의 사망에 2년 앞서 1900년 아버지가 사망하였다. 이 무렵 Klein은 취리히의 화공학도인 Arthur와 결혼을 약속하였다. Klein은 자서전에서 그것이 곧 실수라는 것을 깨달았지만 어머니와 오빠에게 말할 수 없었다고 기술하였다. 어머니는 경제적인 문제로 고통받고 있었고 오빠는 건강 때문에 여행 중이었다. 어머니와 오빠는 Klein이 결혼함으로써 집안의 경제적 부담이 줄고 어머니 걱정이 덜어지는 것에 더 관심이 있었다. Segal은 사랑스러운 아내보다 의무를 다하는 아내였던 어머니를 보고 결혼을 유지하려 했을 것이라고 추정하였다. 1902년 Arthur와 결혼한 Klein은 "내 일생에 가장 큰 첫 번째 실수"라고 표현하였다. 남편은 결혼 첫해부터 외도를 하였고, 그녀는 세 아이를 낳았다. "나는 늘 행복하지 않았고 출구가 보이지 않았다. 가능한 한 모성과 아이에만 관심을 가졌다."라고 그녀는 나중에 기술하였다.

1909년 남편의 전근을 따라 Klein은 헝가리 부다페스트로 이사를 오게 된다. 1914년 셋째인 Erich가 태어났고, 어머니는 돌아가셨다. Klein은 같은 해에 Sandor Ferenczi에게 분석을 받기 시작하였다. 그녀는 분석을 받으며 영혼의 안식처를 발견했던 것 같다(Segal, 1993). 꿈에 관한 프로이트의 저서를 읽고서 바로 자신이 추구하던 것이었다고 매료되었다.

37세인 1919년에 Klein은 자신의 아이에 대한 분석을 헝가리 정신분석협회에 발표하였고, 헝가리 정신분석협회 회원이 되었다. 1919년에는 독일 남편의 집 슬로바키아 로젠버그에 있는 인척들에게 아이들을 보냈고, 남편은 스웨덴으로 이주하여 나중에 스웨덴 시민권을 획득하였다. 이혼은 몇 년 후에 하였지만 실질적인 별거가 시작된 시기였다.

1920년 헤이그에서 열린 정신분석학회에서 베를린의 정신분석가 Karl Abraham을 만났고, 1921년 베를린으로 이사하였다. 1922년 Klein은 베를린 정신분석협회에 가입하였고, Anna Freud는 비엔나 협회의 회원이 되었다. 이 무렵 Klein은 Ferenczi에게 받은 분석에 불만이 있었고 1924년 Abraham에게 분석을 받기 시작하였다. 그러나 다음 해 12월 Abraham의 갑작스러운 사망으로 분석은 끝이 났다. 분석의 실제와 이론에 대해 진정으로 가르쳐 준 것은 Abraham의 짧은 분석이었다고 그녀는 나중에 회고하였다. Abraham은 그녀에게 개인적인 분석가이며 베를린에서의 후원자였다. Abraham의 사망 후에 아이의 무의식을 너무 깊이 탐색하는 Klein의 방식은 반대에 부딪히기 시작하였다. Klein은 베를린에서 고립되고 친구가 없었다. 아홉 살 연하인 한 저널리스트와의 짧지만 열정적인 관계도 끝이 났다. Sandor Rado는 아동 분석에 대해 거의 알지 못했지만 Klein을 반대하였다. Rado는 모든 분석가는 의사여야 한다고 생각하였다. 또 정신분석 저널 편집자로서 그리고 베를린 정신분석협회 간사로서 Klein의 논문들이 출판되는 것을 막았다.

1925년 영국정신분석협회를 창립한 Ernest Jones가 Klein을 영국에 초청하여 강의하게 하였다. 1926년 44세의 Klein은 영국으로 와서 Jones뿐 아니라 Joan Riviere, Susan Isaacs, Paula Heimann 등과 우정을 나누고 지지를 받았다.

1933년 Klein의 딸이자 분석가인 Melitta Schmideberg가 은밀하고도 공개적으로 Klein을 공격하기 시작하였다. Melitta의 분석가인 Edward Glover도 함께 Klein을 공격하였다. Glover는 Melitta에게 아버지처럼 애착하는 것 같았고 Klein을 경쟁자로 보는 것 같았다. Melitta는 "당신의 연구에서 아버지는 어디에 있죠?"라고 소리치기도 했고 발을 구르고 모임에서 뛰쳐나가기도 하였다. 어머니에 대한 Melitta의 불만은 '외부 현실 때문에 힘들어하는 아이들의 어려움에 Klein이 충분히 주의를 기울이지 않았다.'는 것이었다. Melitta는 그녀가 어렸을 때 Klein이 자주 없었고, 부모의 별거와 이혼 때문에 고통을 받았을 것이다. Klein의 초기 연구에서 Melitta에 대한 표현을 보면 그렇게 칭찬하는 것은 아니었다. Melitta의 분노를 짐작해 볼 수 있는 부분들이다. Melitta의 공격은 더욱 공공연해졌고 악의적으로 변했다. 그러나 Klein은 보복하지 않았다. Klein과 딸은 끝내 화해하지 못했고, Klein의 장례식 때 Melitta는 런던에서 강의를 하고 있었다.

1934년 장남 Hans가 등산길에 사망하였다. Melitta는 Hans가 자살했다고 동료들에게 말함으로써 Klein을 더욱 고통스럽게 만들었다. 오빠 Emmanuel을 닮은 Hans의 죽음은 가족들의 죽음을 상기시켰음에 틀림없다고 Segal은 기술하고 있다. 이즈음 베를린에서 잠깐 사랑했던 남자 Kloetzel도 팔레스타인으로 떠났다. 이런 여러 사건들의 영향으로 Klein은 우울증으로 7개월 동안 치료를 받았다.

Klein이 점차 지도적인 이론가이며 수련분석가로서 자리를 잡아가던 시기인 1938년, 프로이트 부녀가 런던으로 오고 프로이트의 다른 동료들도 비엔나에서 런던으로 오기 시작하였다. 영국분석협회 회원 중 1/3이 다른 유럽 국가에서 온 사람들로 구성되었는데 그 대부분이 Anna Freud를 지지하였다. Klein의 방식은 곧 공격을 받기 시작하였다. 1942~1943년에 일련의 토론이 벌어지게 된다. 그 토론은 Susan Isaacs의 논문 「환상의 특성과 기능」에서 시작되었다. 1943년 토론을 위한 협회 주관 모임이 네 차례 열렸다. 의사 일정 중 하나는 Klein의 작업이 정신분석인지, 아니면 Rank, Adler, Reich, Jung의 이론처럼 축출되어야 하는지였다. 결국 협회는 타협을 보아서 Anna Freud 학파와 Klein 학파 모두 각각의 제자를 가르칠 수 있게 하였다. 이 토론에 대한 내용들은 1990년 『The Freud-Klein의 대논쟁 1941~1945』으로 출간되었다.

1946년 64세의 Klein은 가장 중요한 논문 중의 하나인 「편집성 기제에 관한 논고」를 발표하였다. 이 논문은 논쟁의 초점이었던 초기 유아의 심리 기능과 유아-어머니 관계를 다루었다. 1957년에는 75세에 일생의 주제였던 사랑과 증오의 갈등을 집대성한 『시기심과 감사』를 출간하였다. Klein은 1960년 78세로 영면하였다.

Klein의 주요 이론

Klein은 흔히 대상관계이론의 흐름을 창시한 사람으로 간주된다(Gabbard, 1995). 또한 프로이트 이후 현대 정신분석에 누구보다 많은 영향을 끼친 사람으로 인정받고 있다(Mitchell & Black, 1995). 그녀의 글은 섬세한 정서적 반응과 시적 상상력을 불러일으키지만, 아울러 숙련된 분석가조차 이해하기 어려운 인간 심리의 심층적인 내용을 다루고 있다. 그러므로 그녀의 방대한 업적을 세세하게 나열하는 것은 무모할 가능성이 크다. 따라서 Klein 학파의 중심적인 이론들을 선택하여 집중적으로 살펴보는 것이 실질적인 도움이 될 것이다.

Hinshelwood(1994)는 Klein 학파의 여러 이론들을 임상적으로 고찰하면서, Klein 학파의 고유한 특성들을 추려보고 그런 특성 중에서 미래에도 여전히 정신분석 안에서 널리 받아들여질 것(혹은 논쟁이 될 것)으로 예상되는 개념들을 정리하였다. 두 내용들을 통합해서 다시 정리한 Klein 이론의 핵심은 다음과 같다.

- 죽음의 본능의 개념이 중심적 역할을 한다.
- 내면세계와 외면세계 그리고 내적 대상과 외적 대상을 명료하게 구분한다. 내적 대상의 구체성은 정신적 표상(representation) 개념과 구별되는 것이다.
- 유아가 대상을 처음 경험하는 방식은 외부 대상 자체가 갖는 본래적인 특성에 근거하는 것이 아니며, 유아의 선천적이고 무의식적인 환상을 가지고 외부 대상들을 경험하는 것이 일차적이다. 그런 경험을 통해 대상의 의미를 얻게 되고 그것들이 투사와 내사를 통해 마음으로 정교화된다.
- 편집-분열자리와 우울자리의 개념을 정교화하였다.
- 투사적 동일시의 개념을 제시하였고 이를 심리내적인 것으로

이해하였다.

- Klein 학파 분석가들은 전이를 분석가의 상징적 의미뿐만 아니라 대상관계의 재연이라는 확장된 개념으로 이해하려 한다. 그리고 분석시간 내에 발생하는 전이에 대한 지금-여기에서의 반향을 해석해 주어야 한다는 점을 특히 강조한다.
- 환자의 유아적 수준의 기능에 초점을 둔다. 프로이트가 성인 안에 있는 아동을 발견했다면, Klein은 아이 안에 있는 유아를 발견했다고 할 수 있다.

투사와 내사

유아는 외부 대상을 있는 그대로 인지할 만한 능력이 없다. 유아는 리비도와 공격성을 밖으로 투사하고, 그것들로 대상을 채색함으로써 초기 대상관계를 시작한다. 그래서 Klein은 유아는 외부 대상을 그 본래의 모습으로 지각하기보다 먼저 내면의 환상을 투사하여 경험한 후 그 내용을 다시 내사해서 대상을 재경험한다고 생각하였다. 이런 투사와 내사 과정을 반복하면서 대상을 더욱 정교하게 이해해 가는 과정이 바로 대상관계의 기본이 된다. 다음은 일상생활에서 흔히 볼 수 있는 투사와 내사 과정의 예다.

사례 48

A씨는 현재 이 자리에서 7년째 노점상을 하고 있다. 암암리에 이 자리는 A씨의 영역으로 모두 인정해서 아무도 근처에서 장사를 하지 않고

지내왔다. 그런데 얼마 전 알지 못하는 어떤 사람이 자신의 영역에 들어와서 같은 노점상을 하기 시작하였다. A씨는 자신이 그 남자에게 느끼는 공격적 분노를 그에게 투사하였다. 그래서 그 남자가 자신이 누리던 것들을 빼앗으려는 파괴적 의도를 가진 존재라고 느꼈다. A씨는 극단적인 분노와 적개심을 가지고, '내 터전을 뺏으려는 저 놈을 없애 버릴 거야! 저런 놈은 아주 씨를 말려 버려야 한다고!' 라며 속으로 이를 갈았다. 아무런 방해를 받지 않고 자신이 원하는 만족을 얻기 위해 미워하는 대상을 없애려는 구강기 가학성을 표현한 것이라고 볼 수 있다. 그러나 점점 그 남자와 부딪치고 만나게 되면서(내사와 투사를 반복함에 따라) 그 남자가 그렇게 악한 사람이 아니라는 것을 알게 되었다. 그러면서 '저 놈을 없애 버릴 거야! 저런 놈은 아주 씨를 말려 버려야 한다고!' 라던 극단적인 가학적 공격성이 일종의 연민으로 채색되어 양가감정적인 양상을 띠게 되었다. 그 결과 상대방이 나쁜 의도를 가졌다기보다 본래 그 속성이 그렇다는 식으로 투사의 내용이 변하게 된다. '태어나길 본래 그렇게 태어난 놈인 걸 어떻게 해(혹은 그렇게 자랐으니 저럴 수밖에 없지), 인생이 불쌍한 거지(연민의 요소)!' 그리고 투사의 내용도 가학성이나 공격성이 완화되어, '저런 놈은 다른 사람을 제대로 해치지도 못해.' 하는 식으로 표현하기 시작한다. 그리고 더욱 시간이 지나면서(투사와 내사가 계속 이루어지며 대상에 대한 이미지가 더욱 정교해지고 이 문제를 다루는 내면의 심리 구조가 더욱 성숙해 가면서) 보다 호의적인 요소들을 투사하기 시작한다. 동시에 보다 성숙한 대상관계가 가능해진다. '우리라도 같이 어울려 주다 보면, 사람 될 날이 있지 않겠어!' 이렇게 투사와 함입이 연속적으로 이루어짐에 따라 자기애적 만족을 얻고 공격적 충동을 해소시키는 본능 만족의 근원인 대상에서, 자신과는 별개인 보다 객관적인 대상으로 관계를 맺어 갈 수 있게 된다.

죽음의 본능과 환상 개념의 확장

Klein 이론의 특징은 죽음 본능의 파괴적 공격성이 출생 초기부터 있으며 유아 심리에서 중심적인 역할을 한다는 것이다. 쾌락 추구가 삶의 동력이라는 프로이트와 달리, Klein은 원시적인 타고난 파괴성이 유아의 삶의 동력이 되고 또 갈등의 중심이 된다고 생각하였다. 그리고 유아 불안의 원인도 공격적 환상 때문이라고 보았다. Klein은 유아의 초기 정신은 공격성을 기본 동기로 대상과 환상적 관계들로 이뤄진 구성물이라고 보았다. 그리하여 Klein은 자연스럽게 프로이트의 환상에 관한 이론을 혁신적으로 확장시켰다.

프로이트는 좌절의 결과 환상을 갖게 된다고 생각하였다. 유아는 직접적인 만족을 얻을 수 없을 때 환상을 통해 만족을 얻는다. 그러므로 프로이트에게 환상(fantasy)은 욕동의 좌절에 대한 특정한 의식적인 보상인 셈이다. 반면에 Klein은 무의식적 환상(phantasy, 프로이트의 fantasy와 구분하여 일반적으로 이렇게 표기한다) 개념을 전혀 다른 방식으로 정교화하였다. 그녀에 의하면 유아는 계통발생학적으로 계승되는 무의식적인 환상의 이미지들과 지식들의 저장소를 갖고 태어난다. 아이의 환상은 그로부터 펼쳐진다. 그렇기에 환상은 좌절에 대한 대체물이 아니며 그 자체가 만족을 준다.

Klein은 아들 Erich를 분석하면서 그가 엄마와 주변 사람들을 환상을 통해 본다는 것을 알게 되었다. 그는 엄마에게 화가 났을 때에는 엄마를 자신을 독살하려고 위협하는 마녀로 보았다. 반대로 기분이 좋고 애정을 느낄 때는 엄마를 결혼하고 싶은 공주로 보았다. Klein이 점차 느끼게 된 것은 아이들이 무의식적인 환상을 통해 전체 세계와 관계한다는 것이었다.

대상관계이론의 초기에 Susan Isaacs은 유아의 무의식적인 환상에 대한 특성을 이해하는 데 많은 기여를 하였다. 다음은 그녀가 제시한 사례다.

사례 49

언어발달이 느린 1년 8개월 된 어린 여자 아이는 밑창이 너덜거리는 엄마의 구두를 보고 무서워 떨며 소리를 질렀다. 이후 일주일 동안 아이는 엄마의 망가진 구두만 보면 자지러지게 소리를 지르곤 하였다. 그래서 아이의 어머니는 몇 개월 동안 그 구두를 신을 수가 없었다. 15개월이 지나 아이가 2년 11개월이 되었을 때, 갑자기 엄마에게 "엄마의 망가진 구두는 어디 있어요?"라고 물었다. 어머니는 다시 발작이 날 것을 두려워하여 그것들을 멀리 보냈다고 대답하였다. 그러자 아이는 "그것들이 나를 잡아먹을지도 몰라요."라고 말하였다.

Hinshelwood에 의하면 "그것들이 나를 잡아먹을지도 몰라요."라는 아이의 말은 구두에 대한 아이의 공포가 원시적 구강 환상 때문이란 것을 보여 준다. 아이는 구두의 망가진 밑창을 자신을 삼키려는 입으로 보았다. 언어기 이전 시기에 경험하게 되는 환상은 전적으로 생생하게 느껴지는 진짜 경험이다. 그것은 언어에 의해 전달된 것이 아니라 아이가 잡아먹힌다는 두려운 경험(환상)에 대한 기억이었다. 아이가 말을 하게 되면서 원초적 공포는 상징적인 언어적 사고로 대체되었고, 무의식적인 환상은 상징적 표현으로 바뀌며 공포가 사라질 수 있었다.

무의식적인 환상을 언어로 표현하면서 공포가 사라지는 현상은 정신분열병 환자의 치료에서 중요한 부분이 된다.

사례 50

E씨는 현재 조그만 가게에서 배달 일을 하며 많지 않은 봉급이지만 자기 앞가림을 하며 살고 있는 정신분열병 환자다. 그는 약 4년 전과 1년 전에 각각 심한 복부 자해로 입원하였다. 다행히 치료 경과가 좋아서 현재 배달 일을 할 수 있을 정도까지 회복되었다. 약도 잘 복용하고 일을 하는 등 많이 좋아졌으나 아직 '까닭 모를' 불안과 두려움 때문에 힘들어하고 있다. 어느 날 외래 면담 중에 E씨는 자신의 불안에 대해 이야기하였다.

대여섯 살 때쯤 방에서 동생과 레슬링 놀이를 하였는데 동생이 갑자기 허리가 아프다면서 울었다. 어린 E는 자신이 동생의 허리를 부러뜨렸다고 생각하며 극도로 불안해져서 집 밖으로 도망을 갔다. 그 후로 동생은 별 문제가 없이 생활했지만, E씨는 항상 자신이 동생의 허리를 부러뜨렸다는 '비밀스러운 사실' 때문에 불안에 시달렸다. 앞서 입원할 때의 두 번의 자해도 스스로를 처벌하는 행위였다.

이 이야기를 하고 나서 E씨의 불안은 서서히 감소하여 많이 약화되었다. 그처럼 불안이 감소한 것은 이야기를 털어놓았기(환기) 때문이 아니다. 정신분열병 환자에게는 무의식적인 내용을 이야기하는 것이 무의식적인 공포를 더욱 활성화시켜 오히려 증상을 악화시킬 수 있다. E씨의 불안이 좋아진 것은 내적 경험을 언어로 표현함으로써 생생한 내적 대상 경험의 영향이 약화되었기 때문이다. 즉, 내적 대상 경험 속에서 동생은 허리뼈가 부러진 내적 대상이었고 E씨는 동생을 다치게 한 가해자였다. 병적인 환상 속에서 그는 이런 내적 대상관계를 생생하게 체험하며 두려움과 불안을 느꼈다. 이제 치료적 관계를 형성하게 된 치료자에게 말로 표현함으로써 그의 내적 대상관계의 생생함이 상징적 언어로 대체되어 그 생생함을 상실하게 된 것이다. 당연히 환상적 공포도 언어로 표현되며 줄어들게 되었다.

Isaacs은 무의식적 환상을 이해하는 데 많은 도움을 준 분석가다. 그는 무의식적 환상의 특성을 다음과 같이 정리하였다. 신체 자극에서 생기는 본능은 심리적으로 대상관계라는 무의식적인 환상으로 표현된다. 무의식적인 환상 속에는 의도를 지니고 있다고 간주되는 대상이 있고, 그 의도에 따라 반응하려는 주체 등이 애초부터 포함되어 있다. 그리고 대상이 지닌 의도는 주체에게 악의적이거나 호의적으로 느껴진다. 그렇기 때문에 배고픔이나 추움, 반대로 배부름이나 따뜻함

등의 서로 다른 신체 감각에 따라 대상관계가 구별된다. 그리고 무의식적인 환상들은 처음에 신체 감각으로 경험되고, 나중에는 유연하게 변할 수 있는 이미지나 표상들로 변하며, 결국에는 언어로 경험된다. 예를 들어, 배고픔은 뱃속에 악의적 의도를 가진 나쁜 대상이 있다고 경험된다는 것이다. 그리고 대상이 지닌 악의적 의도는 유아를 두려움에 떨게 한다. 무의식적인 환상이 유아에게는 이렇게 생생한 현실로 경험된다는 것이다.

이렇듯 유아의 초기 정신은 대상과 환상적 관계들로 이뤄진 구성물이라고 생각하는 것이 Klein 학파의 근본적인 생각이다. 다음은 Klein이 직접 치료한 소녀의 사례다.

사례 51

4년 3개월 된 루스는 엄마와 몇 사람에게 강한 집착과 혐오감을 나타내는 양가감정을 보였다. 루스는 심한 불안에 시달렸고 전반적으로 초조해하였다. Klein은 루스가 낯선 자신에게 어떻게 반응할지 궁금했다. 보모나 아이들과 관계를 맺지 못하는 아이였기 때문이었다.

첫 면담에서 루스는 나와 단둘이 방에 있는 것을 완강히 거부하였다. 그래서 나는 루스의 언니에게 분석하는 동안 함께 있어 줄 것을 요청하였다. 나의 의도는 루스가 혼자서도 면담할 수 있게끔 긍정적 전이를 형성하는 데 도움을 받으려는 것이었다. 그러나 나의 모든 노력은 허사였다. 루스는 언니하고만 장난감 놀이를 했고(언니는 사실 루스에게 거의 반응을 보이지 않았다) 나를 완전히 무시했다. 언니는 일주일 내내 이렇게 해 봤자 안 될 것이라고 말했다.

Klein의 입장에서 루스는 분석이 불가능한 아이라고 생각하고 치료를 포기할 수도 있었다. 그러나 그녀는 포기하지 않고 자신의 생각대로 불안과 부정적 전이를 줄여줄 수 있는 효과적인 해석을 찾으려고 노력하였다.

사례 51 계속

어느 날 루스가 언니에게만 관심을 보이면서 작은 공들이 담긴 통과 뚜껑을 그렸을 때, 나는 그 뚜껑이 어디에 쓰이는 것이냐고 물었다. 그녀는 나의 질문에 대답하지 않았다. 그녀의 언니가 다시 묻자, 루스는 공들이 굴러나오지 못하게 하는 데 쓰인다고 말하였다. 루스는 언니의 가방을 뒤진 다음 가방에서 아무것도 나오지 못하도록 그것을 단단히 잠갔다. 가방 안에 있는 동전 지갑도 단단히 닫았다. 나는 여기에서 모험을 하였다. 공, 지갑의 동전, 가방의 모든 내용물은 엄마 몸 안에 있는 아기를 의미하는 것이고, 루스는 더 이상 형제자매가 태어나기를 바라지 않아서 그것들을 안전하게 가두는 것이라고 해석해 주었다. 이런 나의 해석은 놀라운 효과를 가져왔다.

다소 무모해 보일 수 있는 해석을 통해 Klein은 아이의 무의식적 환상과 접촉할 수 있었다. 루스는 처음으로 Klein과 접촉을 허용하였다. 루스에게 달래 주고 친절하게 대해 주는 것은 효과가 없었다. 해석이 루스에게 태도의 변화를 가져온 유일한 방법이었다.

루스는 좀 더 긍정적으로 변했다. 루스와의 접촉이 가능해지면서 Klein은 아이의 질투가 극단적인 공포와 어떻게 연관되는지를 탐구해 갔다. 어느 날 언니가 아파서 루스는 Klein과 단 둘이 면담을 하게 되었다. 루스는 단 둘이 있는 것을 몹시 힘들어했다. 그래서 아무것도 진행할 수 없었다. Klein은 자기 자신이 하는 놀이에 대해 설명해 주었다.

사례 51 계속

지난 면담이 끝날 무렵, 루스는 세면대 주변에서 놀며 인형에게 젖을 먹이고 주전자로 하나 가득 우유를 먹였다. 나는 전에 루스가 하던 대로 똑같이 하였다. 인형을 재우면서, 인형에게 무언가를 먹이면서 그게 무엇인지 아느냐고 물었다. 루스는 소리를 지르려다 말고 '우유'라고 대답했다. 나는 루스가 자신의 두 손가락을 입으로 가져갔다가 얼른 떼는 행동에 주목했다(루스는 잠자러 가기 전에 손가락을 빠는 습관이 있었다.). 나는 루스에게 손가락을 빨고 싶으냐고 물었다. 루스는 "네, 하지만 제대로 빨고 싶어요."라고 말했다. 나는 루스가 매일 저녁 집에서 이뤄지는 상황을 재구성하고 싶어 한다는 것을 알았다. 나는 루스를 소파에 눕히고 그녀가 원하는 대로 작은 담요를 덮어 주었다.

루스는 여전히 두려움에 사로잡혀 있지만 분석가의 이해를 통해 자신과 소통할 수 있는 동맹자를 얻었다고 느낀 것 같다. 분석가는 직감적으로 루스가 자신에게 위안을 주는 잠자리 의식을 치르고 싶어 한다는 것을 이해하고 허용해 주었다. 그때 루스는 '눈에 띄게 더 차분해졌고 울음을 그쳤다.'

사례 51 계속

루스가 했던 것처럼 내가 한 인형 옆에 젖은 스펀지를 놓았을 때, 루스는 다시 울음을 터뜨리며 소리쳤다. "안 돼요, 그녀는 '큰 스펀지' 를 가져서는 안 돼요. 그것은 어린아이가 아닌 어른이 쓰는 거예요.

또 한 번의 공포의 순간이었다. Klein은 공포가 일어나는 일련의 과정을 직접 관찰하였기 때문에 아주 명백하게 해석을 해 주었다. 루스가 아버지의 페니스를 가지고 있는 엄마를 증오하고 있으며, 엄마의 몸 안에 있는 아버지의 페니스와 아기를 훔치고 엄마를 죽이는 무의식적인 환상을 가지고 있다고 말해 주었다. 그리고 어른의 스펀지와 관련된 공포는 엄마를 위해 엄마 안에 스펀지(페니스)를 안전하게 두려는 시도였다고 해석해 주었다. 또 그렇게 함으로써 그런 환상을 멈추게 하려는 의도도 있다고 해석해 주었다. 어린아이에게 이런 오이디푸스 환상에 대한 해석을 해 주는 것은 결코 쉬운 일이 아니었을 것이다. 이에 대한 루스의 반응을 Klein은 다음과 같이 기술하고 있다.

사례 51 계속

루스는 눈에 띄게 얌전해졌고 눈을 크게 떴다. 그리고 자신이 누워 있는 소파 옆으로 나의 놀이 책상을 옮기게 했고, 자기 곁에서 내가 놀이와 해석을 계속해 주기를 원했다. 보모는 루스가 행복해하고 즐거워하면서 나에게 아주 친밀하고 사랑이 담긴 작별인사를 하는 것을 보고 놀라워했다.

Hinshelwood는 성, 아기, 시기심 등을 아이에게 해석해 주는 것이 허용될 수 있는가의 문제는 도덕적이고 윤리적인 측면을 포함하는 것으로 보인다고 언급하였다. 그러면서 '만약 해석들이 루스에게 의미가 없는 것들이라면 어떻게 이런 변화가 일어날 수 있었겠는가?' 라는 것이 Klein이 던지는 질문의 핵심이라고 언급하였다. 그리고 이런 해석이 옳았는지는 스스로 판단하기를 권하지만, 분명한 것은 심층적인 해석이 아이로 하여금 치료자와 관계를 맺을 수 있게 해 주었다는 것이라고 다시 강조하였다.

내적 대상 개념의 확장과 발달

앞서 내적 대상(Internal object) 개념에 대한 프로이트의 공헌을 언급하면서, 프로이트는 오이디푸스 위기를 해소하기 위하여 아이가 부모의 목소리, 이미지, 가치를 내면화하고 그 결과로 초자아가 형성된다고 하였음을 밝혔다.

Klein은 오이디푸스 갈등을 설명하면서 유아의 정신세계가 그의 부모에 관한 정교한 주로 가학적인 환상들로 가득 차 있다고 설명하였다. Klein에 의하면 유아는 어머니의 내부(insides)에 관한 풍성한 환상을 갖고 있다. 유아는 자신의 어머니의 자궁에 담겨 있다고 상상하는 모든 풍요로운 것들을 갖기를 소망한다. 그에는 음식과 가치 있는 배설물, 아기들, 아버지의 성기가 포함된다. 또 아이는 영속적으로 성교하는 부모를 환상하고 파괴한다. 그러한 성교를 통해 자신이 접할 수 없는 귀중한 영양분이 교환된다고 생각하기 때문이다. 초기 구강기의 환상 속에서 어머니의 몸에 대한 환상에 사로잡히듯, 아이는 자신의 몸의 내부에 대해서도 상상한다. 그의 몸 내부에는 좋고 나쁜 물질과 대상이 있다고 생각한다. 그래서 아이는 좋은 물질과 대상들(좋은 우유, 좋은 배설물, 좋은 성기, 좋은 아이)을 붙잡으려 한다. 그리고 그런 것들의 도움으로 나쁜 물질들과 대상들의 활동을 마비시키려 한다. 마찬가지로 외부 대상들의 공격에 대항하기 위해 자신 내부에 좋은 것들을 충분히 비축하려 한다. 이런 과정을 통해 내부 대상관계의 복잡한 체계가 형성된다.

유아의 구강기적 환상 안에는 제3의 대상(아버지 혹은 그의 페니스)이 나타나 수유를 방해하는 내용들이 발견된다. 이런 '초기 오이디푸스 콤플렉스(early oedipus complex)' 시기에는 오이디푸스 대상들이 후기 '성숙한 오이디푸스 콤플렉스(mature oedipus complex)' 시기와 달리 매우 고태적으로 경험된다. 또 원초경(primal scene)이 초기 오이디푸스 갈등의 이미지 안으로 들어와서, 부모는 종종 연합되어 있으면서 유아에게는 배타적으로 활동하는 것으로 상상된다. 이를 Klein은 '결합된 부모상(combined parent figure)' 이라고 명명하였다.

유아의 환상 속에서 그들이 여러 개의 구멍(입, 성기 등)을 사용하는 상호활동을 하며 하나로 결합되어 있다고 가정한다. '결합된 부모상' 은 서로 결합되어 있고 유아는 배제되어 있기 때문에 전체 상황은 매우 무서운 공격성으로 가득 차게 된다. 그래서 서로 적대적으로 느끼게 되는데, 그들은 유아보다 훨씬 크고 강하기 때문에 더욱 압도적이고 유아에게 공포를 가져다준다. 특히 아직 관심과 돌봄에 의해 고태적 공격성이 완화되지 않은 상태이기 때문에 그 적의는 매우 노골적이다. 다음은 Klein이 치료한 사례다.

사례 52

X는 10세경에 자신의 위 내부에 자신을 통제하고 명령하는 작은 사람이 있다고 느꼈다. 그 명령들이 사악하고 잘못된 것일지라도 따라야 했는데, X는 실제 아버지의 요구에 대해서도 그런 감정을 느끼고 있었다. 20대 후반인 X는 요즘 자신의 내부에 촌충이 있다고 느끼고 있다. X는 한 번도 촌충을 실제로 본 적이 없다. 지금 X가 느끼는 촌충과 10세경에 느꼈던 위 속의 작은 사람은 연장선상에 있는 것으로 보인다. 이런 것들은 그가 나쁘다고 느끼는 자신 안에 있는 어떤 것에 대한 표현으로 생각된다. 그리고 이는 실제 아버지에게 느꼈던 것을 동일하게 경험하게 하는 '내적 아버지' 라고 말할 수 있다.

X는 촌충이 그의 몸을 파먹으면서 뚫고 들어오는 환상을 말하기도 했는데, 이럴 땐 동시에 암에 대한 두려움을 느꼈다. 암은 또 다른 절망스러운 내적 대상 경험을 표현한다고 볼 수 있다. 그를 파먹는다는 표현이 주는 구강기적 공격성은 이런 내부 대상들이 생애 아주 초기부터 존재

해 왔을 가능성을 시사한다. X는 자신의 내부가 사악한 대상들(작은 사람, 촌충, 암)에 의해 점령당했다고 느끼기 때문에 건강염려증과 편집적 불안에 시달리고 있다.

X는 치료자인 Klein을 의심해서 그가 다른 적대적인 사람들과 한통속일 것이라고 생각했다. 이즈음에 X는 자신을 해치려는 사람들을 체포해서 감옥에 가두는 탐정에 관한 꿈을 꾸었다. 그러나 그 탐정은 처음엔 자신의 편을 들어 주었으나 마침내 적과 한편인 것으로 드러났다(외부 실제 대상인 치료자가 '나쁜' 내부 대상과 연결되고 있는 것을 볼 수 있다. 탐정은 Klein을 상징했고, 나쁜 적들을 가두는 감옥은 그 자신의 신체 내부가 되고 있다. 적들을 감옥에 가두는 것은 X가 느끼는 나쁜 상황들을 통제하기 위해 그 상황을 자신의 내부에 두는 것과 같다. 무언가 잘못된 것을 바로잡아 보려는 필사적인 노력인 셈이다.).

위험한 촌충에 대한 X의 연상 중의 하나는 그것이 양성(bisexual)이라는 것이다. 분석을 통하여 이는 동맹관계를 맺고 있는 부모를 나타내며, 특히 성교 중에 있는 결합된 부모상을 나타낸다는 것이 드러났다. 얼핏 X의 연상은 구강기적 공격성의 성질을 띠고 있지만, 실제로는 초기 오이디푸스 갈등의 구강기를 표현하고 있다. X의 부모는 내재화되었지만 심한 공격성과 오이디푸스 상황의 위험과 불안은 그대로 내면에서 지속되고 있다. 그래서 X는 부모가 그의 내부 안에 있음에도 불구하고 결합된 부모상으로부터 배제당하고 있다고 느낀다.

편집-분열자리

자리의 개념

Klein은 파괴적 공격성과 그와 연관된 환상들을 처리하는 것이 유아의 가장 시급하고 일차적인 문제라고 보았다. 그리고 유아가 파괴적 공격성과 내적 대상 및 환상들을 처리하는 대표적인 방식이 편집-분열자리(paranoid-schizoid position)와 투사적 동일시(projective identification)라고 생각하였다. 먼저 자리(position)라는 개념을 이해할 필요가 있다.

프로이트는 발달을 본능적 에너지의 표현방식으로 이해하였다. 즉 구강기, 항문기, 성기기 등과 같이 본능적 에너지가 스스로 신체적으로 표현되는 관점에서 설명하였다. 말하자면 발달 시기에 따라 본능적 목표물이 달라지는 정신성적 단계들을 설정하였다.

이에 비해 Klein은 관계성(relationship)의 관점으로 발달을 이해하였다. 우선 아이에게 세상은 좋음/나쁨으로 이분화되어 있다. 그러므로 프로이트의 정신성적 발달처럼 좋음에서 나쁨으로 혹은 나쁨에서 좋음으로 건너뛸 수 있는 것이 아니다. 단지 아이는 좋은 곳 혹은 나쁜 곳에 자신을 자리매김해야 한다(locating oneself). 더 정확히 말하면, 좋은 대상 혹은 나쁜 대상(외적, 내적)에 자신을 위치시킨 후에 그 대상들과 다양한 관계를 맺으며, 여러 모습의 자기 자신을 새롭게 자리매김해 간다. 예를 들어, 좋은 자신 혹은 나쁜 자신으로 다시 자리매김하게 된다. Klein은 이러한 아이의 경험방식, 즉 아이가 어떤 방식으로 경험하는가, 어떻게 내재화한 대상 및 외부 대상과 관계를 맺는가 등을 설명하기 위해서 자리(position)라는 용어를 사용하였다. 편집-분열자리와 우울자리는 아이의 생애 첫해 동안 어떤 특정한 심리기제가 일어나는지, 대상과 관계를 맺는 방식은 어떤지, 특징적인 불안과 방어는 어떤 것인지 등을 설명하는 것이다. 예를 들어, 생후 첫 4~5개월 동안 아이의 자아는 부분 대상(part object)과 주로 관계를 맺다가 이후 점차 전체 대상(whole object)과의 관계를 늘려간다. 부분 대상관계에서 전체 대상관계로 옮겨 가는 것은 곧 한 자리에서 다른 자리로 옮겨 가는 것을 의미한다.

편집자리(paranoid position)

죽음의 본능은 죽음 자체를 향하는 본능으로 자기를 공격하는 근원적인 파괴성이다. Klein은 생애 처음 순간부터 죽음의 본능이 신생아에 의해 처리되기 시작한다고 보았다. 신생아는 내부 죽음의 본능에 대한 공포를 외부 대상에 옮겨 놓는 방식으로 처리한다(Hinshelwood, 1994). 즉, 신생아는 타고난 파괴적 공격성을 느끼며, 급박한 절멸(anihilation)의 불안을 느낀다. 괴롭힘을 당하는 원초적 자아(primitive ego)는 자신에게 향하는 본능적 공격성의 일부를 자신의 외부로 투사해서, '나쁜 젖가슴' 을 만들어 낸다(생후 처음 4개월 동안 유아는 분리된 부분 대상관계[splitted part object]를 맺는다.). 만약 악한 것이 자신의 내부에 있다면 유아는 그것으로부터 도망갈 수가 없다. 그러나 악한 것이 외부에 있다면 그것으로부터 도망갈 수 있기에 덜 위험하게 된다. 남아 있는 공격성도 새로 형성된 외부 대상에 투사된다. 그러므로 최초의 나쁜 대상관계는 죽음 본능의 파괴성으로부터 비롯된 것이다. 죽음 본능의 위협을 담아내려는 목적으로 외부 대상에게 투사하고 나쁜 대상을 만들어 낸 것이다. 그래서 외부에 악의에 찬 나쁜 젖가슴이 나를 파괴하려고 하고 있고, 나는 그것으로부터 도망치면서 동시에 그 나쁜 젖가슴을 파괴하려고 하는 것이다. 즉, 나는 편집자리를 취하게 된다.

흔히 퇴행한 성인의 행동화(acting out)에서 편집자리의 양상을 찾아볼 수 있다.

사례 53

사업에 실패한 후 남편은 실패의 책임을 아내에게 투사하여 아내가 재수가 없어서 사업이 망했다고 폭언을 퍼부었다. 스스로 자책하는 자신의 공격성까지 아내에게 투사하였다. 그 결과 아내가 자신을 파괴하려는 사람으로 더욱더 느껴진 남편은 자신의 집을 말아먹으려고 작정하고 시집 왔다면서 아내를 '죽일 듯이' 팼다. 점차 그의 내면에 있는 모든 파괴적 공격성을 아내뿐 아니라 처가식구들에게까지 투사하여, 그는 마치 자신을 파괴하려는 처가 세력들에게 둘러싸인 것처럼 느끼게 되었다. 그리하여 처가를 찾아가서 '살인을 저지를 것처럼' 행패를 부렸다.

정서적으로 미숙한 성인이 무의식의 내용들을 활성화시키는 강력한 집단 안에 들어갈 때 편집-분열자리 경험은 비극적인 결과를 초래할 수 있다. 편집-분열자리 경험은 내부 환상과 외부 실재를 충분히 구분하지 못한다. 내면의 파괴적 공격성은 온통 외부로 투사되어 나에게 적대적인 것은 모두 나쁜 악이 된다. 단순히 나쁜 것이 아니라 나를 파괴하려는 사악한 공격자들이 된다. 그러므로 나와 내 좋은 것들을 지키기 위해 어쩔 수 없이 그들을 파괴하는 행동화를 저지르게 된다.

사례 54

N은 나치의 집단학살 과정 중 가장 말단에서 수많은 사람들을 죽인 사람이다. 본래 N은 차가운 부모 밑에서 성장한 정서적으로 매우 미숙한 사람이었다. 나치 집단에서 학습과 훈련 그리고 집단의 리더들을 통해 그의 초기 유아기의 파괴적이고 가학적인 환상들이 활성화되었다. 전체적인 사회 분위기와 조직 내부의 압력은 가뜩이나 취약했던 그의 방어체계를 와해시켰다. 그 결과 N은 가장 원초적 대상관계를 현실에서 표출하여 내면의 원초적 공격성을 집단수용소의 유태인들에게 투사하였다. 이제 N에게 유태인들은 가장 나쁜 악한 존재들이다. 나아가 그는 점진적으로 유태인들이 단순히 나쁜 존재일 뿐 아니라 자기를 죽이려는 사람들이라고 느낀다. 그는 자신이 마치 자기를 파괴하려는 유태인들에 둘러싸여 있다고 느낀다. N의 내면에서 그를 도와주는 좋은 아버지는 없다. 어린 시절부터 억압되었던 아버지에 대한 살인적인 분노까지 유태인들에게 투사되었다. 그는 자신을 죽이려는 유태인들을 향해 잔인한 학살을 저지른다.

분열자리(schizoid position)

파괴적 공격성을 외부 대상에게 투사한 결과로 외부 세상은 악으로 가득 차 있다. 악의로만 가득 찬 세상 속에서 살아간다는 것은 견딜 수 없는 일이다. 그래서 유아는 즉각적으로 일차 자기애에 담겨 있는 사랑의 충동을 외부 세계로 투사해서 '좋은 젖가슴' 을 창조한다. 나머지 리비도 충동들도 외부에 생성된 사랑 대상(loving object)으로 향한다. 그러므로 최초의 좋은 대상과 관계성은 리비도 본능의 사랑의 힘(loving force of the libidinal instinct)으로부터 창조된 것이다. 이는 나쁜 대상으로부터 피난처를 제공해 주고 대항하는 기능을 한다.

이제 세상에는 두 종류의 대상이 있다. 악한 나쁜 젖가슴은 나를 파괴하려 한다. 나는 그것을 미워하고 파괴하려 한다. 좋은 젖가슴은 나를 사랑하고 보호해 준다. 나 또한 그것을 사랑하고 보호하려고 한다. 이와 같이 Klein은 유아의 경험이 날카롭게 양극화되어 있고, 이러한 양극단은 개념적으로뿐만 아니라 정서적인 성질에서도 극적으로 대비를 이룬다고 묘사하였다. 이런 양극화된 경험을 다시 한 번 유아와 젖가슴의 관계로 설명하면 다음과 같다.

어떤 경우, 유아는 자신이 사랑 속에 흠뻑 빠져 있는 것을 느낀다. 놀라운 영양분과 변형시키는 사랑으로 가득 찬 '좋은 젖가슴' 은 생명을 유지시켜 주는 젖을 주입해 주고 사랑스러운 보호로 그를 감싸 준다. 이번에는 유아가 '좋은 젖가슴' 을 사랑하고 그것이 자신을 보호해 주는 것에 대해 깊이 감사하게 된다.

다른 경우, 유아는 박해와 고통을 느낀다. 유아의 배는 비게 되고 배고픔이 내면에서 그를 공격한다. 증오스럽고 악의에 찬 '나쁜 젖가슴'은 그에게 나쁜 우유를 먹였고, 내면으로부터 그를 오염시켰으며, 마침내 그를 버려 버렸다. 유아는 '나쁜 젖가슴'을 증오하며 강렬한 파괴적인 보복 환상에 사로잡힌다.

Klein이 기술한 유아의 양극화된 세계는 유아에게 어떠한 현실검증 능력이 생기기 전의 것이다. 유아는 사랑과 미움의 환상이 환상의 대상에게 실제로 강렬한 영향을 미친다고 믿는다.

'좋은 젖가슴'에 대한 유아의 사랑이 보호하고 회복시키는 효과가 있고, '나쁜 젖가슴'에 대한 유아의 미움은 절멸의 파괴성을 갖는다고 믿는다. 특히 유아는 전능감을 갖고 자신의 충동을 경험하기 때문에 이 세상이 극히 위험스러운 장소이며 항상 위험에 노출되어 있다고 믿는다.

이제 생애 초기에 놓여 있는 유아의 정서적인 평정은 이 양극의 세계를 얼마나 잘 떼어 놓을 수 있는가 하는 능력에 달려 있다. 좋은 젖가슴이 안전한 피난처가 되기 위해서는 악의에 찬 나쁜 젖가슴으로부터 명확하게 분리되어야 한다. 나쁜 젖가슴에 대한 유아의 분노는 그것을 파괴하는 강력한 환상 속에서 실제로 펼쳐진다. 아이는 환상 속의 파괴를 실제로 일어난 것으로 경험하기 때문에 자신이 실제 대상을 해쳤다고 믿는다. 이때 파괴적인 분노가 나쁜 대상에만 국한되는 것이 결정적으로 중요하다. 만약 나쁜 대상과 좋은 대상이 조금이라도 혼동된다면 좋은 대상이 같이 파괴되기 때문이다. 그리고 좋은 젖가슴이 소멸되면 유아는 악한 나쁜 젖가슴으로부터 보호받거나 피할 수 없게 된다. 이것이 바로 분열자리다. 다음 사례는 한 환자의 꿈에 대한 것이다.

사례 55

환자는 아파트 2층에 살고 있다. 그의 친구의 친구인 Y가 함께 산책을 가자고 아파트 밖의 길에서 그를 부르고 있다. 그러나 환자는 Y와 함께 산책을 가지 않았다. 왜냐하면 아파트에서 개가 튀어나왔는데 그 개가 차에 치일까 걱정되었기 때문이다. 환자는 개를 아파트 안으로 옮겨 놓고는 쓰다듬어 주었다. 그리고 창 밖을 보니 Y가 멀리 멀어져 갔다.

이 사례에서 친구의 친구인 Y는 분리된 환자 자신의 파괴적 공격성이다(파괴적 공격성이 너무 생생하기 때문에 구체적인 Y라는 존재로 만들어진다.). 환자는 파괴적 공격성을 자신의 밖으로 투사하여 자기 경계 밖(길)으로 분리시킨다. 처음에는 그리 큰 위협을 느끼지 않아 통합을 시도해 보지만(Y가 산책을 함께 가자고 함) 실패하게 된다.

환자는 개와 고양이가 분석가와 관련된다는 것을 암시하는 연상들을 보고하였다. 개는 분석가를 상징한다. 환자는 자신이 차로 개를 치듯이 분석가를 공격하고 파괴시킬까 두려워한다(개가 차에 치일까 두려워함). 환자는 다시 분석가(좋은 대상)를 자신의 내부로 옮겨 관심과 사랑으로 보호한다(개를 아파트로 옮겨 주고는 쓰다듬어 줌). 이는 자신에게 이런 사랑이 있음을 확인하는 것이기도 하다. 그리고 좋은 대상(분석가)과 자신의 사랑의 감정을 보호하기 위해 자신의 파괴적 공격성은 더욱 멀리 투사한다(Y가 멀리 멀어져 감).

편집-분열자리 경험 양식은 종교적인 경험 속에 흔히 발견되기도 한다. 다음은 전형적인 편집-분열자리 경험 양식을 보여 주는 사례다.

사례 56

환자는 21세 여대생으로 정신분열병으로 입원하였다. 5~6년 전부터 '귀신에 관심이 많고, 무당 같으며, 모든 것을 영적으로만 이야기하는 기도원 원장' 이 그녀의 집을 드나들기 시작하였다. 그 사람은 모든 면에서 완전히 영적인 삶을 살아야 한다고 주장하였고, 환자도 모든 생활을 영적으로 흠이 없게 하려고 노력하였다. 고등학교를 다닐 때 '나는 천사와 같고 하늘나라 백성이며 반 친구들은 마귀의 자식' 이라고 생각하며 친구들과 어울리지 않고 혼자 지냈다. 쉬는 시간에도 다른 반 아이들과 전혀 어울리지 않고 혼자 성경을 보며 지냈다. 그렇게 하지 않으면 그들에 의하여 자신의 순결이 더러워져서 지옥에 가게 될 것이라고 두려워했기 때문이다. 평소에도 그 기도원 원장의 지시에 따라 마귀의 세력 안에서 사는 학교 친구들이나 세상 사람들, 심지어 친척들과도 왕래를 끊고 지냈다. 피아노를 전공한 환자는 신학대학 음악과에 입학하였다. 그러나 학교에서 뉴에이지 음악에 대한 강의를 듣던 중 심한 두려움에 떨며 기이한 행동을 보여 입원하게 되었다. 입원한 환자는 "머리는 염소인데 몸은 사람인 시커멓고 커다란 이방신이 나타나 나를 죽이려고 한다."며 공포에 떠는 모습을 보였다.

이 사례에서 환자는 좋은 선한 대상이고 환자 외의 모든 대상들은 나쁜 악한 대상으로 분리되어 있다. 나쁜 대상들의 파괴적 공격성 때문에 박해불안을 느끼고 있으며(편집자리), 그런 나쁜 대상들과 최대한 떨어져 좋은 자기를 보호하려고 한다. 학교에서도 전혀 친구(나쁜 대상)들과 어울리지 않고 선한 자기를 보호하려 한다. 심지어는 모든 세상 사람들뿐만 아니라 친척과도 관계를 단절하고 지낸다(분열자리). 더구나 파괴적인 공격성은 외부로 투사되어 자신을 파괴하려는 이방신으로 나타나는데 그로부터 멸절의 공포를 느끼고 있다.

사례 57

26세 된 남자 정신분열병 환자다. 집을 나가서 헤매다가 경찰에게 발견되어 부모와 함께 입원하였다. 부모님이 모두 기독교를 믿었고 환자도 어려서부터 신앙생활을 해 왔다. 환자는 침대에서 하루에도 몇 시간씩 기도를 하였다. 그 이유는 '지금 나가는 교회의 목사님이 이단 교주인데(물론 실제는 그렇지 않다) 부모님을 유혹하여 부모님을 망하게 하려고 하기 때문' 이라고 하였다. 그래서 기도도 하지만 부모님이 교회에 나가지 못하도록 적극적으로 막았다고 했다.

이 환자에게 이단 교주는 파괴적인 나쁜 대상인 반면 부모님은 선한 좋은 대상이다. 그런 면에서 역시 분리를 보이고 있다. 그리고 파괴적인 나쁜 대상인 목사님으로부터 부모님이 파괴될까 봐 심한 두려움을 느끼고 있다(편집자리). 그래서 최대한 떼어 놓으려고 교회를 못 가게 막고 있다(분열자리). 앞 사례의 환자와 다른 점은 박해와 멸절의 공포를 느끼는 대상이 자기 자신이 아닌 대상이라는 점이다. 본래 편집-분열자리의 공포는 자기 파괴에 대한 공포다. 그리고 우울자리의 불안은 대상 손상에 대한 불안이다. 또 환자가 부모님을 위하여 기도를 하는데, 이것은 훼손시킨 대상을 회복(reparation)시키려는 환상이라고 볼 수 있다. 이 또한 우울자리에서 보이는 현상이다. 이런 우울자리의 특징들을 보임에도 불구하고 환자의 정신병적 신앙은 편집-분열자리의 경험에 가깝다고 할 수 있다. 왜냐하면 환자는 부모님이 교회 목사에 의해 파괴되는 것을 두려워하면서도(박해불안) 교회를 가지 못하게만 할 뿐 자기 자신이 직접 교회까지 따라가서 부모의 파괴를 막으려고 하지 않는다. 교회 목사와 부딪치게 되면 자기 자신이 파괴될 것이라고 두려워하기 때문이다. 이는 부모님의 파괴를 걱정하지만 그 내면에서 정말 두려워하는 것은 바로 자기 파괴임을 알 수 있다. 그러므로 부모님을 위한 기도는 자기 대신 사지로 부모님을 내보내 상처 입힌 것을 취소(undoing)하려는 것으로 볼 수 있다. 그래서 정신분열병의 양상과 함께 강박적인 기도의 양상이 함께 나타나는 것으로 이해할 수 있다.

Klein은 처음부터 편집-분열자리의 전체 개념을 가졌던 것은 아니었다. 처음에는 대상의 분리와 내부 혹은 외부 분산에 관심을 기울여 1935년 편집자리를 명명하였다. 우울자리도 이 시기에 개념이 형성되고 명명되었다. 이후 1940년대 초반 Fairbairn의 자아 분열에 관한 연구에 영향을 받은 Klein은 편집자리에 Fairbairn의 자아의 분열(splitting within the ego)이라는 분열(schizoid) 개념을 더하여 1946년 편집-분열자리라는 새로운 용어를 탄생시켰다(Notes on some schizoid mechanism). 편집-분열자리의 개념을 한마디로 요약하면, 유아는 죽음의 본능에 의해 생성된 박해불안(persecutory anxiety)을 방어하기 위해 편집-분열자리를 취하게 된다는 것이다. 이때 가장 중심적으로 동원되는 방어기제는 분리다. 먼저 좋은 대상과 나쁜 대상으로 분리되고 좋은 대상은 전부 함입되고 나쁜 대상은 전부 투사된다. 또 좋은 대상은 한없이 자신을 만족시켜 주는 대상(inexhaustible breast)으로 이상화한다. 동시에 마술적인 전능감 속에서 원하는 대상의 나쁜 측면들은 전적으로 부정(magical omnipotent denial)한다. 더불어 뒤에서 설명할 투사적 동일시(projective identification)의 방어기제가 동원된다.

편집-분열자리의 악순환

편집-분열자리는 악순환을 하며 더욱 강화될 수도 있고 극복될 수도 있다. 박해불안은 타고난 파괴적 공격성에 의해 시작되지만 부모의 좋은 돌봄은 박해불안을 감소시킨다. 반면에 박탈된 환경에서 유아는 파괴적 공격성을 적절히 다룰 수 없다. 동시에 리비도적 자원을 강화하여 좋은 대상을 생성할 수도 없다. 결국 유아는 증가하는 파괴적 충돌들을 더욱더 외부로 투사하게 되고 유아의 외부는 더욱 많은 나쁜 대상들로 가득 차게 된다. 당연히 박해불안은 더욱 강화된다. 이처럼 더 심해진 불안을 없애기 위해 유아는 더 극단적인 분리와 투사를 해야 하고, 그 결과 유아의 내외부 세계는 더욱더 파괴적 충동과 나쁜 대상들로 가득 차게 된다. 자연히 박해불안은 더

더욱 커진다. 이런 식으로 편집-분열자리의 악순환이 반복된다. 이렇게 편집-분열자리의 기제가 병적으로 고착되고 우세할 때는 다음과 같은 편집-분열자리의 병리 현상들이 나타날 수 있다.

- 현실을 부정한다.
- 지나친 투사와 그로 인한 망상증이 생긴다.
- 병적으로 심한 분리기제를 사용하여 결과적으로 파편화(fragmentation)가 일어난다.
- 이상화한 내부 대상으로 도피하여 기분 좋은 자폐 상태에 빠진다.
- 전반적인 분리와 조각난 대상의 재함입으로 혼란 상태가 초래된다.
- 박해자를 그 자신의 신체에 투사하여 건강염려증이 생긴다.
- 분열성 성격이 형성되는데, 감정이 얕고 깊은 죄책감을 잘 견디지 못하며 대상을 적대적으로 경험하려는 경향이 있다. 또 대상관계로부터 철수하고 표면적인 사회 적응에 머무르게 된다.

사례 58

편집형 정신분열병(paranoid schizophrenia) 환자의 특징적인 증상들 중의 하나는 피해망상이다. 자신이 누군가에게 다양한 종류의 박해를 당하고 있다는 망상이다. 이런 환자들을 더욱 힘들게 하는 것은 일상생활의 경험방식이 기본적으로 편집-분열자리라는 점이다.

Y는 10년 이상 편집형 정신분열병으로 치료받고 있는 30대 여성 환자

다. 증상이 많이 호전되었지만 아직도 생활 속 작은 자극들을 편집-분열자리로 경험하기 때문에 고통받고 있다. 예를 들어, 언니가 화장실에 여성 잡지를 놓고 나오면 자신이 뚱뚱하다는 것을 비난하기 위해 그렇게 한 것이라고 화를 낸다. 또 그녀가 도서실에서 책을 보고 있을 때 앞 책상에 앉아 있던 전혀 모르는 사람이 일어서서 나가면 자신을 혐오해서 나가는 것이라며 비참해한다.

편집-분열자리의 극복

Klein에 의하면 다행스럽게도 일반적인 환경, 즉 부모가 적절히 돌보는 상황에서 유아는 자연스럽게 편집-분열자리에서 벗어나 다른 자리로 옮기려고 노력한다. Klein은 아이에게는 자신이 경험한 유형들을 통합하려는 타고난 경향이 있다고 보았다. 그래서 아이는 점진적으로 나쁜 부분 대상과 좋은 부분 대상을 도무지 함께할 수 없는 별개의 대상으로 보던 시선에서 벗어나 전체 대상으로 받아들이기 시작한다. 대상을 전체 대상으로 보게 되면서 세상에 대한 관점도 달라진다. 분리와 그로 인한 부분 대상관계에서는 모든 나쁜 것을 외부 대상에 투사하여 자신이 겪는 심리적 고통이 모두 외부의 나쁜 대상 때문이라고 생각하였다. 그러나 전체 대상과 관계를 맺게 되면서 그런 고통이 어머니가 잘못 돌볼 수밖에 없음과 어머니의 좋고 나쁜 모습이 일치될 수 없으며 항상 일관성 있게 대할 수 없음에서 생겨나는 것임을 깨닫게 된다. 이러한 불가피성을 인식하게 됨에 따라 자연스럽게 박해불안은 서서히 줄어들게 된다. 그 결과 분리와 투사의 필요성도 줄어들게 된다. 당연히 자신이 외부와 내부의 파괴성에 의해 파괴되고 소멸될 것이란 심리도 사라지고, 자신이 파괴되지 않을 것이란 자신감이 서서히 늘어나게 된다. 나아가 전체 대상에 대한 인식이 늘어남에 따라 불안의 특성도 달라지고 방어기제도 달라지는 우울자리가 시작된다.

우울자리

Klein은 생의 중심적인 문제가 공격성을 통제하고 담아내는 것이라고 보았다. 편집-분열자리에서는 분리를 통해 좋은 부분 대상과 나쁜 부분 대상을 안전하게 격리시킬 수 있었다. 공격성은 나쁜 젖가슴에 대한 증오스러운 관계에만 제한될 수 있었다. 공격성은 좋은 젖가슴과 사랑하는 관계로부터 완전히 분리되어 있었다. 하지만 이제 부분 대상관계가 아닌 전체 대상관계를 맺게 됨에 따라 유아가 관계하는 대상은 좋은 면과 나쁜 면을 동시에 갖고 있다. 이제 유아가 적대적 환상 속에서 파괴하는 것은 나쁜 젖가슴(splitted bad object)이지만, 그것이 전체 대상 속에 포함되어 있기 때문에 결과적으로 대상 전체가 파괴된다. 즉, 나쁜 젖가슴만 파괴되는 것이 아니라 유아를 잘 돌보지 못하고 실망시킴으로써 유아에게 갈망의 고통을 주고 좌절시키고 절망시키는 전체 대상으로서의 어머니 역시 파괴되는 것이다. 다시 말해서, 아이의 분노의 표적이 되는 것은 '분리된 나쁜 엄마(separate bad mother)' 가 아니라 그가 사랑하는 실제의 어머니이고, 그가 투영되어 내면에 자리 잡은 전체 대상인 내적 대상이다. 그렇기 때문에 유아가 꼭 해야 할 일은 자아의 중심에 좋고 안전한 전체 내적 대상(good and secure whole internal object)을 형성하고 유지하는 것이다. 그런데 유아는 성장과정에서 필연적으로 좌절을 경험할 수밖에 없다. 예를 들어, 유아는 이유기에서와 같이 좌절과 불안을 경험할 수밖에 없을 때 적대적 환상 속에서 어머니를 파괴하게 된다. 그런데 다시 언급하지만 그 파괴되는 전체 대상은 좌절의 공급자이면서 동시에 선함의 공급자다. 결국 유아는 자신을 좌절시키는 전체 대상을 파괴한 결과 보호자와 피난처도 함께 제거해 버린 셈이 된다. 그 결과 외부 세계를 절멸시키고 그 자신의 내면도 소멸시킨다. Klein은 유아가 자신의 파괴성 때문에 사랑하는 대상에게 손상을 주었다고 느끼는 강렬한 공포와 죄책감을 우울불안이라고 명명하였다. 그리고 아이가 전체 대상을 향하여 동시에 사랑과 미움의 관계를 맺어 가는 경험의 조직(organization of experience)을 우울자리(depressive position)라고 불렀다. 우울자리는 생후 3~4개월에 관찰되기 시작해서 생후 6개월이 되면 편집-분열자리에서 우울자리로 대체된다.

편집-분열자리와 우울자리는 공포의 대상에서 차이가 있다. 편집-분열자리에서 유아가 두려워하는 것이 외부 힘에 의한 그 자신의 파괴 및 소멸에 대한 공포라면, 우울자리의 불안은 유아 자신의 공격성에 의해 환상 속에서 현실 대상이며 내부 대상이 파괴되는 것에 대한 공포, 즉 대상이 파괴되는 것에 대한 공포다.

우울자리의 극복

우울자리에서 아무리 전체 대상을 보존하려고 해도 아이의 좌절과 전체 대상에 대한 공격은 피할 수 없는 일이다. 그리고 이로 인한 전체 대상의 손상도 불가피한 일이다. 아이는 좋은 대상을 안전하게 보호하지 못했다는 책임감에 피해를 입고, 이로 인해 좋은 대상의 상실에 대한 불안과 죄책감을 경험한다. Klein은 이것이 애도(mourning)와 비탄(grief)의 원형이라고 하였다.

유아는 우울불안과 강렬한 죄책감을 해소하기 위하여 어머니를 '회복' 시키려는 강렬한 소망과 환상을 갖게 된다. 아이에게 회복 환상(reparation phantasy)의 믿음은 우울자리를 지탱하는 결정적인 힘이 된다. 전체 대상이 불가피하게 손상을 입었지만 결국 회복될 것이라는 환상이 있다면 손상에 대한 죄책감은 줄어들고 낙관과 희망을 가질 수 있을 것이다.

Jacobson은 미분화된 욕동 에너지 상태를 제시하고 심리성장을 위하여 리비도가 공격성보다 우세하게 형성되어야 한다는 점을 지적하였다. Klein도 타고난 리비도와 공격성의 균형이 매우 중요하다고 생각하였다. 그러나 Klein은 욕동의 경험이 대상 이미지를 이차적으로 형성한다는 Jacobson의 견해와 달리 욕망 안에 대상들이 선천적이고 보편적인 지식과 이미지들의 형태로 내재되어 있다고 보았다. 그렇기에 욕동은 본래적으로 대상을 지향하고 있으며 대상과 분리될 수 없다고 생각하였다. 이것이 의미하는 것은 이제 심리 경험은 욕동 자체의 용어로 표현되기보다 대상에 대한 경험으로 표현되어야 한다는 것이다. 즉, '리비도' 라는 말 속에는 이미 대상이 들어 있으므로 (대상에 대한) '사랑(love)' 이 되어야 하고, '공격성' 또한 (대상에 대한) '미움 혹은 증오(hate)' 가 될 수밖에 없다. 그래서 프로이트에게 리비도와 공격성의 주제가 핵심이었다면, Klein에게는 똑같은 주제가 사랑과 증오로 표현된다.

Klein에 의하면 유아는 우울자리를 극복하게 하는 회복 환상에서 그 자신이 전능하다는(omnipotent) 전능의 환상을 사용하여 자신이 파괴한 대상을 창조하려 한다. 이때 대상을 온전한 상태로 회복시키기 위해서는 자신이 파괴한 대상을 회복시킬 수 있다는 전능감과 함께 '자신의 사랑이 미움보다 강하다는 믿음' 이 있어야 한다. 이것은 Jacobson이 심리성장을 위해서는 리비도가 공격성보다 우세해야 한다는 것과 같은 개념이다. Klein은 자기의 사랑이 미움보다 강하다는 이러한 믿음은 유아가 어머니로부터 받았던 선함(goodness)에 대한 깊은 감사(deep gratitude)와 더불어 발달하게 된다는 점을 강조하였다. 즉, 도와주는 좋은 대상을 내사하여 사랑의 감정이 활성화된다. 그렇기 때문에 우울자리는 분노와 공격성이 사랑과 상호작용하여 또 다른 형태의 사랑이 생겨나는 아주 중요한 순간이 된다(Hinshelwood, 1994).

사랑하는 대상을 구출하고 보상하고 회복시키려는 시도들은 절망감과 더불어 우울 상태에서 나타난다. 우울은 자아가 아직 대상을 회복시킬 수 있다고 확신하지 못하기 때문이다. 그러나 이러한 회복의 시도야말로 모든 승화와 자아발달을 결정짓는 가장 중요한 요소라고 할 수 있다.

사례 59

E씨는 의상실을 운영하는 40대 중반의 여성이다. 50세인 남편은 회계법인에서 일하고 있는 회계사다. 남편은 성격이 칼날 같고 일처리에 빈

틈이 없다. 지킬 것은 절대 지키는 사람이다. 한여름에도 집에서 양말을 신고 있고 '이성이 있을 때에는' 더할 나위 없는 신사다. 그리고 외부 활동을 할 때에는 빈틈없고 예의 바르고 철저하다. 직장에서도 능력을 인정받는 사람이다. 그러나 사람 사이에 따뜻한 관계라는 것을 모른다. 가족들이 자기 규칙대로 빈틈없이 움직이는 집을 원한다. 하나뿐인 아들에게 잘할 땐 나름대로 잘해 준다. 그런데 그 방식은 따뜻하게 같이 놀아주는 것이 아니다. 방 정리하는 법, 칫솔질하는 법, 책 정리와 옷 정리 하는 법 등 뭐든지 잘하는 법을 가르치는 것이다. 글씨 연습을 할 때는 단 1mm의 오차도 없이 완벽하게 쓰도록 훈련시킨다. 아이와 놀아 준다기보다는 아이를 훈련시킨다는 것이 적절하다. 만들기 숙제가 있을 때 아이와 같이 하는 것이 아니라 자기가 다 완벽하게 만들어 준다.

E씨는 가족 간에 대화를 나눈 적이 없다고 말했다. 남편의 입장에서 보면 가족 간에 대화가 필요 없다. 단지 남편의 규율대로 움직이기만 하면 된다. 가족들이 자기 뜻대로 안 한다고 느낄 때면 갑자기 폭발한다. 한 번은 아이가 꽉 끼는 바지를 사 왔는데 남편은 맘에 안 든다고 그 자리에서 가위로 바지를 잘라 버렸다. E씨가 이런 점에 대해 대들면, 남편은 날보고 바꾸라는 것은 나보고 죽으라는 것이라며 그녀를 구타하였다.

E씨와 남편은 학창시절부터 알고 지내는 사이였다. 집을 탈출하고 싶었던 E씨는 남편과 일찍 결혼하였다. 그녀의 가정도 아주 부유하진 않았으나 남편 쪽이 원체 가난하여 학비와 생활비 등을 다 대주어서 남편이 대학원까지 졸업하고 외국 유학까지 하였다. 남편은 결혼 초부터 아내인 E씨를 별 이유 없이 때렸다. 한때는 너무 맞아서 항상 멍이 들어 있

을 정도였다. 그녀만 구타하는 것이 아니라 아들도 병신 같다며 걸핏하면 때렸다. 아들이 자기 방 책상 밑에 숨어 있으면 못난 놈이라고 발길질을 하였다.

그때까지 E씨는 남편과 헤어지면 오갈 데 없이 거지가 되는 줄만 알아서 헤어진다는 것은 생각도 못했다. 5남매의 맏이라는 것 때문에도 이혼할 생각을 아예 못했다. 본을 보여야 하고 나쁜 선례를 남겨선 안 된다고 생각하였기 때문이다. 그러나 6년 전 의상실을 시작하면서부터 자신의 능력을 조금씩 알게 되었다. 의상 디자인이 전공인 E씨는 뛰어난 능력으로 의상실을 확장시켰다. 지금은 남편보다 수입이 훨씬 많다. 의상실을 운영하면서 그녀는 자신도 경제적으로 독립이 가능하다는 것을 조금씩 느끼게 되었다. 그리고 여러 사람들과 관계를 갖게 되면서 자신의 삶이 얼마나 비참한지 점차 인식하게 되었다. 남편은 여전히 안하무인 독재자로 군림하려고만 하고 전혀 변화를 보이지 않았다. 아들은 3~4년 전부터 우울증과 게임중독에 빠져 치료를 받고 있다. 그녀는 약 2년 전부터 우울 감정을 느끼기 시작하였다. 1년 전부터는 남편과 이혼하는 것에 대해 심각하게 생각하기 시작하였고, 최근 몇 개월 사이엔 우울증이 너무 심해져서 일을 하기가 어려울 정도가 되어 치료를 시작하게 되었다.

철벽에 둘러싸인 느낌을 주는 남편의 냉혹함, 두려우면서 또 견딜 수 없는 수모감을 주는 남편의 구타, 아들의 병을 악화시키는 남편의 무자비함 등에 대해 이야기하면서 E씨는 치를 떨 듯이 이야기하였다. 그리고 한참 침묵을 지키다가 남편에 대한 뜻밖의 긍정적인 표현을 덧붙였다. 사실 행정적인 일에 대한 판단을 할 때는 남편의 판단이 옳다, 의상실을 하면서 행정적인 일에 대해선 남편의 판단이 맞았다, 똑똑하고 일처리는 잘하는 사람이다, 가족으로는 아니나 인간적으로는 불쌍한 사람이다 등등.

E씨에게 남편은 매우 부정적인 면들로 가득 찬 사람이지만 긍정적인 면이 아주 없는 것은 아니다. 적어도 행정적이고 일적인 면에서 똑똑하고 사리판단이 옳다고 생각한다. 적어도 '이성이 있을 땐' 신사이기도 하다. 그녀는 남편을 부정적인 면과 긍정적인 면을 다 갖고 있는 전체 대상으로 관계하고 있다. 이혼을 결심한 것은 남편의 부정적인 측면을 무력화시켜 파괴하는 것이다. 그러나 전체 대상관계를 맺고 있기 때문에 부정적인 측면을 파괴하는 것은 결과적으로 전체 남편을 파괴하는 것이 된다. 그렇기에 E씨는 손상된 남편을 회복시키기 위해 그의 긍정적인 측면을 보완한다. 가족으로까지 받아들일 수는 없으나 한 인간으로는 봐 줄 만하다는 식으로 남편을 회복시키려 한다.

Klein의 후기 이론에서 현실의 타인들, 즉 부모 및 다른 대상과 맺는 관계는 매우 중요하다. 타자들과의 좋은 경험은 자신에게 다른 사람을 사랑하고 그 사랑을 회복시킬 능력이 있다고 확신하게 만든다. 즉, 다른 사람들에 대해 희망과 가능성을 가지고 접근할 수 있게 한다. 따라서 증오와 악의를 받아들일 수 있게 되고 용서할 수 있게 된다. 다시 말해서, 좋은 환경에서는 사랑과 좌절 그리고 증오스러운 파괴와 회복이 순환되며, 전체 대상과 관계를 유지하는 능력을 깊게 하고, 그 대상의 회복 능력이 그의 파괴성을 조정하며 보상한다는 것을 느낄 수 있게 한다.

반면 사람들로부터 지나친 공격을 받거나 지속적으로 갈등적인 감정을 직면할 수밖에 없을 때는 자신이 대상을 파괴할지 모른다는 불안을 느끼게 된다. 모든 상실은 자신의 파괴성의 대가라고 느끼며, 자신이 과거에 다른 사람을 증오하고 공격했던 것에 대한 복수로 경험한다. 이렇게 되면 죄책감은 매우 징벌적인 성질을 띠게 되고, 그는 죄책감이 의식에 떠오르지 않도록 방어기제를 사용하게 된다. 또 그는 다른 사람을 사랑하고 그 사람과 좋은 관계를 맺을 능력이 없다고 느낀다. 이렇게 회복의 과정을 밟아 갈 수 없을 때 우울자리의 병리적인 반응들을 보이게 되는데, 병적 애도 반응이 이에 해당한다.

병적 애도 반응(pathological mourning)

유아의 지나친 가학증의 결과, 환상 속에서 좋은 외적 대상과 좋은 내적 대상은 모두 파괴된다. 그리하여 이제 세상에는 사랑이 없어졌다고 느끼게 된다. 나쁜 내적 대상은 원초적이고 가학적인 초자아를 이뤄 완벽성을 요구하고 본능적인 것들을 혐오하게 하며 잔인하게 자책하게 함으로써 지나친 죄책감을 불러일으킨다. 이런 상태에서는 이를 보상하려는 노력들은 실패하게 되고, 대상을 이상화하는 것도 결국 죄책감과 절망만을 증가시킨다. 왜냐하면 대상에 대해서가 아니라 자기 자신과 내부 충동에 대해 자책하기 때문이다. 그래서 Klein은 나쁜 자기를 파괴하려는(그래서 좋은 자기를 보호하려는) 무의식적 상상이 자살로 나타난다고 생각하였다.

이런 반응들이 극심한 경우 정신병적 우울 상태(depressive psychosis)가 나타날 수 있다. 내부 세계의 내적 대상들이 전적으로 파괴됨에 따라 건강염려증적인 신체망상이 나타날 수 있고, 이를 외부로 투사하여 외부 세계가 전체적으로 파괴된 느낌 때문에 허무망상이 생길 수도 있다. 많은 경우 병적 죄책감과 우울 감정을 방어하기 위해 편집-분열자리로 퇴행하는 모습이 나타난다. 앞서 제시한 (pp. 296~297 참조) X 사례의 후속 과정이다.

사례 60

촌충 환상을 분석하고 있던 시점에 X는 자신이 피가 섞인 설사를 하고 있다는 건강염려증을 보이며 매우 불안해하였다. 이는 이후 분석을 통하여 자신이 독이 든 배설물로 내면의 결합된 부모를 공격하는 환상에서 나온 것임을 알게 되었다. 즉, X도 자신을 배제하는 부모에게 파괴적인 공격성으로 반응하고 있음을 보여 준다.

보통은 어린 시절의 환상들과 공포들이 수정되는 과정을 거치는데, X는 그런 과정을 갖지 못했다. 대신 공격성과 손상된 대상 그리고 무서운 상황 자체가 내재화되었다. 그리고 그대로 내적 상황 및 내부 대상관계로 남게 되었다. 결과적으로 나쁜 대상들에 의한 박해불안이 지배적인 편집자리로 그런 상황을 경험할 수밖에 없었다.

Klein에 의해 기술된 X의 이후 분석과정은 다음과 같다. 다행히 분석이 진행되면서 분석가에 대한 불신—분석가가 자신 내부의 나쁜 대상과 연결되어 있거나 영향을 받고 있을 것이라는 믿음—이 사라지기 시작하여 분석이 성공적으로 마무리된 것을 볼 수 있다.

사례 60 계속

X는 분석가를 많이 걱정했다. 또한 항상 어머니의 건강을 걱정했다. 그는 어머니를 기쁘게 해 드리려고 노력했지만 진정으로 사랑할 수는 없었다. 분석가에 대한 염려가 나타나는 것과 함께 사랑과 감사의 감정이 나타났다. 그러면서 동시에 무가치감, 슬픔, 우울감 등도 뚜렷이 나타났다. 그에게는 몹시 염려하는 감정들이 진정한 사랑과 감사의 감정과 함께 출현하고 있었다. 그러면서 증상들이 변화되었다. X는 위 속에 암이 퍼졌을 것이라고 위를 걱정하였다. 위를 걱정하면서 그의 내부에 있는 분석가-실제로는 내재화된 어머니-를 진정으로 염려하고 보호하고 싶어 했다. 편집-분열자리에서는 좋은 대상(내재화된 어머니)이 나쁜 대상(촌충, 암)으로부터 공격당하는 것을 느끼고 그를 최대한 분리시키거나 배출(설사)시켜야 했다. 궁극적으로는 그 자신의 파괴를 막는 것이었다. 그러나 이제 X는 위(내재화된 어머니)를 진정으로 보호하고 싶어 한다.

Klein의 치료 사례: 조증 방어

Klein은 우울자리에서는 대상에 대한 염려와 지나친 죄책감으로부터 벗어나기 위해 조증 방어(manic defence)를 취할 수 있다고 설명하였다. 조증 방어를 통해 유아는 자신이 사랑하는 대상을 전혀 중요하지 않은 대상처럼 여긴다. 그들이 입은 손상 등을 대수롭지 않게 여기고 아무런 문제가 되지 않는다고 무시한다. 반면 자신은 상상 속에서 우월감과 승리감을 느끼며 대상을 통제하는 환상을 갖는다. 자신이야말로 하찮은 대상 위에 군림하는 전능한 존재라고 느낀다. 그리고 대상들을 내적으로 통제하는 느낌을 갖는다.

다음은 편집자리와 우울자리 그리고 조증 방어 등이 나타난 Klein 자신의 치료 사례다. 환자는 심한 우울증과 편집증적 불안 그리고 건강염려증의 불안 때문에 분석을 받기 시작했다.

사례 61

환자는 그의 부모와 함께 기차 여행을 하는 꿈을 꾸었다. 객차의 지붕이 없었기 때문에 그들은 공기를 맞으며 기차를 타고 갔다. 환자는 그가 '모든 것을 관리' 하고 있다고 느꼈다. 꿈에서 그의 부모는 실제보다 훨씬 더 나이 들었기 때문에 그의 보호를 필요로 하였고, 환자는 그들을 잘 보살필 수 있었다. 그의 부모는 침대에 누워 있었는데 평상시와 달리 침대가 나란히 놓여 있지 않고 침대 끝이 맞닿아 일렬로 붙어 있었다. 환자는 그들을 따뜻하게 보호해 주기가 힘들다는 것을 알게 되었다. 그때 환자는 그의 부모가 지켜보는 앞에서 수반에 소변을 보았다. 그런데 수반 한가운데 원통형의 물체가 있어서 소변이 그 안으로 들어가지 않게 특별히 조심해야 했기 때문에 소변 보는 일이 만만치 않았다. 환자는 자신이 주위를 더럽히지 않고 정확하게 소변을 볼 수 있는 능력이 있으니 별 문제가 되지 않는다고 생각하였다. 소변을 다 보았을 때 수반은 흘러 넘쳤고, 환자는 그에 대해 불만족스럽게 느꼈다.

소변을 보는 동안, 그는 자신의 페니스가 매우 크다는 것을 알게 되었고 그것이 불편하게 느껴졌다. 그는 아버지가 자신의 큰 페니스를 보아서는 안 된다고 느꼈다. 그렇게 되면 아버지가 그에게 패배한 것으로 느낄 것이고, 그는 아버지가 굴욕감을 느끼길 원치 않기 때문이었다. 동시에 그가 소변을 봄으로써 아버지가 침대에서 일어나 소변을 봐야 하는 수고를 덜어 준다고 느꼈다. 여기서 환자는 잠시 꿈 얘기를 중단하더니 그의 부모가 정말 자신의 일부분인 것처럼 느껴진다고 말하였다.

여기서 기차 객차는 환자 자신의 신체를 표상한다. 환자가 그의 부모를 내재화하였다는 것은 여러 면에서 나타나고 있다. 첫째, 기차 객차 안에서 그의 부모와 함께 여행을 하고 있다. 또 부모를 지속적으로 돌보고 모든 것을 관리하고 있다. 둘째, 객차는 열려 있다. 그가 느끼는 기분과 달리 이것은 그들을 내재화한 것과 그가 내재화한 대상들로부터 자유롭지 못하다는 것을 표상한다. 객차가 열려 있다는 것은 그러한 것을 부정하는 것이다. 셋째, 그의 부모에 대해 모든 것을 할 수 있다는 것, 즉 대상에게 마음대로 영향력을 미칠 수 있다는 것(심지어 그의 아버지에게 소변까지 볼 수 있다는 것)을 통해 부모를 내재화했다는 것을 알 수 있다. 넷째, 환자가 부모가 그 자신의 일부로 분명하게 느껴진다는 명확한 표현이 부모의 내면화를 나타낸다.

실제보다 훨씬 더 늙어 보이는 부모는 부모를 손상하는 것에 대한 불안의 표현이다. 환자가 부모에게 원시적 공격성과 질투를 느끼고 있는 것을 나타낸다. 침대 방향을 옮긴 것은 성교 중의 부모를 떼어 놓으려는 것이다.

수반과 원통형 물체는 각각 어머니와 아버지의 생식기를 뜻한다. 수반에 소변을 보는 것은 어머니와 성교를 하는 것이다. 부모가 지켜보는 앞에서 성교를 함으로써 어린 시절 환자가 경험했던 원초경(primal scene: 어린아이가 부모의 성교 장면을 보는 것)과 반대되는 역전된 상황이다. 정확하게 소변을 보는 것은 아버지를 훼손시키지 않고 승리하려는 것이다. 그러나 결국 소변은 흘러넘친다. 뜨거운 소변이 흘러넘쳤기에 아버지는 태워지는 손상을 입었고 그 점에 대해 불만을 느낀다.

아버지 앞에서 성교를 하는 것, 환자의 페니스가 아버지 것보다 큰 것, 그리고 자신이 소변을 봄으로써 아버지가 소변 볼 필요가 없다는 것은 모두 환자가 아버지의 페니스를 훔치는 것을 나타낸다. 아버지가 환자의 큰 페니스를 보고 굴욕감을 느끼기를 원치 않는다는 것은 어린 시절 환자가 아버지에게 느꼈던 굴욕감에 대한 복수를 의미한다. 한편으로는 아버지를 손상시킨 것에 대한 두려움의 표현이기도 하다.

사례 61 계속

꿈속의 원통이 있는 수반은 중국 항아리처럼 보였지만 아니었다. 밑에 있어야 할 축이 수반 위 안쪽, 즉 '틀린 자리'에 있었기 때문이다. 그러자 환자는 수반을 그의 할머니 집에서 가스버너로 사용하던 유리 주발이라고 연상하였다. 그리고 원통형 부분은 버너의 심지라고 생각하였다. 이어서 그는 어두운 통로가 생각났고, 그 끝에는 가스불이 나지막하게 타오르고 있었다. 그는 이 풍경이 그에게 슬픈 감정을 불러일으킨다고 말했다. 그 풍경은 그에게 살아 있는 것이라고는 이 낮게 타오르는 가스불 외에는 아무것도 없는 황폐한 집을 떠올리게 하였다. 단지 심지를 조절하기만 하면 불이 환하게 켜질 것은 자명하였다. 이것이 그가 가스를 항상 두려워했다는 것과 둥근 가스 화염이 마치 사자의 머리처럼 자신에게 달려들어 물어뜯을 것처럼 느꼈다는 것을 상기시켰다. 그가 가스를 두려워했던 또 다른 이유는 가스불을 끌 때 '펑' 하는 소리가 났기 때문이었다. Klein은 수반의 원통형 부분과 가스 심지는 같은 것이라고 해석해 주었다. Klein은 환자가 그것에 소변 보기를 두려워하는 것은 어떤 이유 때문인지 불이 꺼지는 것을 원치 않기 때문이라고 말해 주었다. 환자는 독성물질이 남기 때문에 당연히 그런 식으로 가스불을 끄진 않을 것이라고 응답하면서 단순히 훅 불어 끌 수 있는 촛불과는 다르다고 하였다.

여기서 원통이 있는 수반은 성교 중에 있는 부모 성기의 모습이다. 축이 틀린 자리인 안쪽에 있다는 것은 어머니가 페니스를 틀린 자리, 즉 안쪽에 넣었다는 것이다. 초기 원시적인 질투와 증오를 표현한다. 가스버너와 심지도 역시 성교 중에 있는 어머니 생식기와 아버지 페니스를 의미한다. 환자는 성교를 훨씬 위험한 것으로 느끼고

있다. 어두운 통로와 나지막하게 타오르는 가스불은 위험한 성교가 가져올 불행한 결과를 나타내는 이미지다. 더불어 부모의 죽음과정을 암시하는 것이기도 하다.

사자머리와 같은 화염이 물어뜯는 것은 아버지 페니스가 맹렬한 공격성으로 어머니 내부와 그 속에 있는 아기들을 태우는 것이다. 그렇기 때문에 황폐한 집(부모가 죽어 가는 분위기)을 환하게 밝히기 위해(부모를 살리기 위해) 심지를 조절할 수 없다. 그럴 경우 아버지의 페니스가 사자머리처럼 자신을 공격할 것이기 때문이다.

반대로 불을 꺼버리면 어떻게 될까? 소변을 봐서 가스불을 끄게 되면 독성물질이 남을 것이라는 환자의 말을 통해, 만약 내면의 아버지를 죽이게 될 경우 죽은 아버지가 특별한 종류의 박해자(독성물질)가 될 것이라는 것을 알 수 있다. 심지 불을 꺼버리면 펑 소리가 나듯이, 아버지는 환자를 특별하고 무섭게 공격할 것이기 때문에 함부로 불을 끌 수도 없다. 이제 편집자리가 전면에 나서게 되고 죽은 대상은 변이나 방귀(가스)와 동일하게 된다

사례 61 계속

그날 밤 환자는 다음과 같은 꿈을 이어서 꾸었다. 그는 오븐에서 무언가를 튀기는 지글거리는 소리를 들었다. 그는 그것이 무엇인지 볼 수 없었지만 무언가 갈색을 띤 것이고 아마도 콩팥일 것이라고 생각했다. 그 소리는 마치 찍찍거리는 작은 소리나 조그맣게 들리는 울음소리 같았다. 환자는 살아 있는 생명체가 냄비에서 튀겨지고 있다고 느꼈다. 그는 옆에 있는 어머니에게 이런 상황에 관심을 갖게 하려고 노

력하였다. 그는 어머니에게 살아 있는 것을 튀기는 것은 결코 해서는 안 될 일이며 끓이거나 달리 요리하는 것보다 더 나쁜 것이라는 것을 이해시키려고 노력하였다. 뜨거운 튀김 기름이 겉을 태울 때에도 속은 살아 있어서 더욱 고통스럽기 때문이었다. 그러나 어머니를 이해시킬 수 없었고 어머니는 신경을 쓰는 것 같지 않았다. 환자는 걱정이 되었으나 한편으론 어머니가 신경 쓰지 않는 일이라면 그렇게 나쁜 일은 아닐지 모른다는 생각에 안심이 되기도 하였다. 꿈에서 그는 오븐을 열어 보지 않았고 당연히 그 속에서 콩팥이나 냄비를 본 적이 없다. 오븐은 그에게 냉장고를 떠올리게 하였다. 그는 친구 집에서 냉장고 문과 오븐 문을 계속해서 혼동했던 적이 있었다. 환자는 뜨겁거나 차갑거나 그에겐 마찬가지가 아닐까 생각하였다. 고통스럽게 하는 냄비의 뜨거운 기름이 어린 시절에 읽었던 고문에 관한 책을 상기시켰다. 그는 참수와 뜨거운 기름 고문에 특히 흥분했다. 참수 고문은 환자에게 찰스 왕을 떠올리게 했다. 그는 왕의 사형에 매우 매료되었고 나중엔 왕에게 일종의 헌신적인 마음을 갖기도 하였다. 뜨거운 기름 고문에 대해 환자는 많은 것들을 생각하곤 하였다. 그 자신이 그런 상황에 처하게 되는 상상을 하기도 하였는데 그럴 땐 특히 그의 다리가 타는 것을 상상하였다. 그리고 할 수만 있다면 최대한 고통이 적은 방법을 찾으려고 노력하였다.

여기서 꿈속의 오븐은 환자 자신의 내면을 나타내고, 냄비는 어머니 내부를 나타낸다. 콩팥은 내면에 있는 아기들을 의미한다. 전체 상황은 다음과 같다. 환자의 내면에서 부모의 성교가 진행되고 있다. 불타는 가스불처럼 아기와 어머니 그리고 아버지 페니스(심지)까지 모두 태우는 위험한 행동이다. 그런데 이 모든 것이 환자의 내면에서 이뤄지고 있다. 환자는 그의 내면이 파괴당할까 불안하다.

뜨거운 기름은 정액을 뜻한다. 어머니는 성교를 함으로써(아버지 페니스를 잘못 옮겨 놓았기 때문에) 어머니 내부가 불타고, 아기가 불타 죽고, 자신의 내면이 파괴되는 상황을 잘 이해하지 못하고 있다. 어머니가 신경을 쓰지 않는 일이라면 그렇게 나쁜 일은 아니지 않은가 하고 환자도 일시적으로 안심되기도 한다.

환자 자신의 내면이기 때문에 오븐을 열어 볼 수 없다. 오븐이나 냉장고나 모두 뜨거운 열과 차가운 냉기로 내적 대상에게 손상을 입히는 것들이다. 공격성의 주범은 아버지 페니스다. 왕의 참수는 아버지를 거세시키는 것을 의미한다. 아버지를 거세시킨 보복으로 환자가 이제는 거세를 당한다. 환자는 거세의 고통이 적기를 희망한다.

사례 61 계속

환자가 이 두 번째 꿈을 얘기한 그날, 그는 먼저 Klein이 성냥불을 켜서 담배에 불을 붙이는 방식에 대해 언급하였다. 치료자가 성냥을 성냥갑에 그을 때 제대로 긋지 않아서 성냥불 끝이 그에게 튀겨나간 것은 분명하다고 말하였다. 환자는 치료자가 성냥을 제 각도로 긋지 않았으며, 그것은 '그의 아버지가 테니스를 칠 때 제대로 서브를 넣지 못한 것' 과 같은 의미라고 말하였다. 그는 치료자가 성냥을 잘못 켜서 그에게 불똥이 얼마나 자주 튀였는지 모른다고 말하였다. (사실 환자는 이전에도 성냥 켜는 얘기를 한두 번 한 적이 있다. 그때 환자는 불똥이 튀는 이유가 성냥이 불량이라서 그렇다고 얘기했는데, 지금은 치료자의 성냥 켜는 방식이 잘못되었다고 비난하고 있다.)

환자의 환상 속에서 많은 재앙들이 일어났다. 환자는 그에 대한 죄책감과 책임감을 방어하기 위해 치료자와 아버지에게 잘못을 돌린다. 치료자는 성냥을 잘못 켰고, 그의 아버지는 테니스에서 서브를 넣지 못했다. 서브를 잘못한 것은 아버지가 잘못되고 위험한 성교를 했다는 것이고, 그렇기에 아버지에게 책임이 있다는 것이다. 치료자가 성냥을 잘못 켜서 그를 태우려고 하였다는 것은 거세공포를 나타낸다. 그것은 치료자에게 자신의 공격성을 투사한 결과로 나타난 것이다. 치료자가 얼마나 여러 번 성냥 불똥을 튀겼는지 모른다는 것, 사자머리와 튀김 기름의 이미지 등은 거세공포의 불안을 나타내는 표현들이다.

사례 61 계속

환자는 지난 이틀 동안 심한 감기에 걸렸다고 투덜거리며 별로 말하고 싶지 않다고 하였다. 그는 머리가 매우 무겁고 귀는 먹먹하게 막혔으며 여느 감기보다 가래가 진하다고 하였다. 그런 다음 위에 기술한 꿈에 대해 얘기하였다. 그리고 꿈에 대해 연상을 하는 도중에 다시 감기 때문에 아무것도 하기 싫다고 말하였다.

환자가 감기로 고생했다는 것은 그의 내면에서 위험한 일이 벌어지는 것과 건강염려증적 불안 사이에 연관성이 있다는 것을 말해 준다. 특히 진한 가래는 수반의 소변이나 냄비의 지방과 마찬가지로 정액을 나타낸다. 가래는 그의 어머니의 성기와 아버지의 성기가 접촉하는 것을 막으면서 동시에 내면에서 어머니와 성교하는 것을 의미한다.

Klein은 이 꿈을 분석하면서 환자의 성장에 관한 근본적인 핵심에 대해 이해할 수 있게 되었다. 그것은 이미 도출되고 훈습의 과정을 밟은 것이었지만 비로소 완전히 이해할 수 있게 되었다는 확신을 갖게 되었다. 다시 꿈의 의미를 간략히 정리하면 다음과 같다.

부모는 내재화되면서 그 성질이 강화되고 부분적으로 변하기도 한다. 부모와 함께 불안한 상황들 또한 내재화된다. 불타는 페니스와 죽은 아기를 담고 있는 어머니가 환자의 내면에 있다(튀김 냄비가 들어 있는 오븐). 또 그의 내면에서 부모가 위험한 성교를 하고 있다는 것이 바로 그의 불안을 나타낸다. 그렇기에 성교를 하는 그들을 분리시켜야 한다. Klein은 이런 필요성이 많은 불안의 원인이었고 강박 증상을 일으키는 근본적인 심리였다는 것을 분석을 통해 알 수 있었다. 부모는 언제나 위험한 성교, 즉 불태우고 서로를 잡아먹는 행위를 할 수 있다. 이런 위험한 모든 일들이 벌어지는 곳이 환자의 자아(심리 내부)이기 때문에 부모의 성교는 그 자신을 또한 파괴하는 행위가 된다. 그 결과 그는 부모와 자신에 대해 모두 심한 불안을 느낄 수밖에 없다. 그는 닥쳐올 내재화된 부모의 죽음에 대해 매우 슬퍼하지만 그렇다고 그들을 완전히 살려낼 수도 없다(가스 심지를 완전히 조절해서 불을 환하게 밝히지 못한다.). 그렇게 되면 화염과 같은 사자머리가 '펑' 소리를 내며 그를 공격할 것이기 때문이다.

이런 상황에서 어떤 실제적인 좌절을 경험하고 그로 인해 질투와 증오를 느낄 때, 환자는 환상 속에서 다시 내재화된 아버지와 그가 배출한 불타는 배설물을 공격하고 성교를 방해할 것이다. 그리고 이는 그에게 새로운 불안을 일으킬 것이다. 결국 외부 자극과 내부 자극 모두 내재화된 박해자에 대한 편집불안을 불러일으키게 된다. 어찌되었든 분석의 초기에 강하게 나타나던 편집자리는 분석이 진행되면서 많이 약화되고 꿈에서도 별로 나타나지 않게 되었다.

이제 꿈속에서 두드러진 것은 사랑하는 대상에 대한 불안이다. 대상 파괴에 대한 불안은 우울자리의 특징이다. 꿈에서 환자는 우울자리를 다양하게 처리하고 있다. 그의 부모에 대한 가학적 조증 방어를 보인다. 부모를 각각 분리시켜서 위험한 성교를 중단시킨다. 우울자리를 극복하려는 가장 주된 방식은 회복이다. 낮게 타오르는 희미한 가스불 외에는 아무것도 없는 황폐한 집은 부모와 그의 집에 대해 가지는 환자의 느낌이다. 환자는 부모를 공격한 후 자신이 공격한 대상의 비참한 상태를 슬퍼하고 있는 것을 알 수 있다. 대상을 공격하지만 결국 대상에 대해 걱정하고 슬퍼하는 것이다. 그리고 전체 꿈을 통해 다시 부모가 살아 있도록 헌신적으로 매달리는 것을 볼 수 있다.

이 꿈과 관련하여 Klein은 초기 유아 시절에 부모의 내재화가 이뤄진다는 점과 이것이 나중에 정신병적 자리를 발전시키는 계기가 된다는 점을 강조하였다. Klein에 의하면 부모가 내재화되면 초기 공격적 환상이 외부 대상에 대한 편집증적 불안과 내적 박해 대상에 대한 공포를 만든다. 이것이 임박한 내재화된 대상의 죽음에 대한 슬픔과 고통을 가져오고 건강염려증적 불안을 초래한다. 환자는 이를 극복하기 위해 전능감을 가진 조증 방어를 하게 된다. 그리고 회복의 환상이 증가함에 따라 내적 부모에 대한 가학적 통제가 점점 완화되어 간다.

투사적 동일시

투사적 동일시의 정의와 개념의 발달과정

투사적 동일시(projective identification)는 Klein이 1946년에 발표한 논문 「분열성 기제에 관한 논고」에서 처음으로 사용한 용어다. 이 논문에서 Klein은 편집-분열성 시기에 일어나는 유아의 심리적 과정을 묘사하였다. 유아는 자신의 내면에서 그를 파괴하고자 위협하는 내면의 '나쁜 대상' 들을 제거하려고 한다(여기서 나쁜 대상은 죽음본능의 심리적 표상이다.). 그 나쁜 대상은 자신의 내면에 있기 때문에 그것이 속한 자기의 나쁜 부분들을 분리하여 다른 사람 속으로 투사한다.

또한 Klein에 따르면, 유아는 어머니에 대한 환상적 공격성을 두 가지 방식으로 표현한다. 그중 하나는 항문기 충동에 기인하는 것으로 자신의 위험한 물질(배설물)을 어머니의 내부로 집어넣으려 한다. 이때 해로운 배설물과 함께 자기의 부분들이 어머니의 내부로 투사된다(Klein은 이 부분에서 'on to the mother' 라기보다 'into the mother' 라고 표현하고 싶다고 강조하였다.). 이제 어머니는 자기의 나쁜 부분들을 가지고 있기 때문에 어머니라는 독립된 대상으로 느껴지지 않고 나쁜 나로 느껴진다. Klein은 이렇게 원하지 않는 자신의 일부분이나 원하지 않는 내부 대상을 분리시켜(split), 투사하고(projection), 해를 입히려 하고(harm), 조정하고(control) 소유하려고 하는(possess) 것을 투사적 동일시라고 하였다. 투사적 동일시는 무의식적인 환상 경험이지만, 초기 유아는 전지전능의 환상(omnipotent fantasy) 속에 살아가기 때문에 투사한 공격성이 실제 현실에서 나타난 것처럼 전적으로 믿게 되고 생생하게 경험하게 된다.

Bion(1959)은 투사적 동일시 개념을 정교화하고 확장하는 데 중요한 역할을 하였다. 그에 의하면 사람들은 베타 요소(beta element)를 가지고 있다. 베타 요소는 처리되지 않은 날것 상태의 감각, 감정, 인식과 같은 것으로 아직 의미 없는 것들이다. 유아에게는 아직 이를 처리할 심리장치가 없기 때문에 불쾌감이 우세하게 되면 베타 요소가 대상에게 투사된다. 대상이 환상의 능력이 있는 경우, 그는 자신에게 투사된 것을 담아내고(contain), 동일시하고(identify), 변형시켜(transform), 보다 견딜 수 있는 형태로 되돌려 준다. Bion은 이러한 과정을 알파 기능(alpha function)이라고 하였다. 전형적인 예를 들면 다음과 같다.

사례 62

어린아이는 죽음의 공포를 담아낼 능력이 없다. 그는 공포와 공포를 느끼는 자신을 그의 어머니에게 투사한다. 이해력이 있는 어머니는 아이가 처리하려고 애쓰는 두려움의 감정을 경험할 수 있다. 그러면서도 동시에 균형을 잃지 않고 상황을 바라볼 수 있다. 어머니에게 그 자신의 공포를 투사하고 어머니가 그 공포를 경험하게 함으로써 아이는 자신이 느끼는 두려움을 어머니와 소통하는 것이다.

Bion은 투사적 동일시가 어머니에게 일정한 반응을 일으키는 실제적이고 현실적인 측면이 있다는 것을 강조하였다. 이런 측면은 분석 상황에서도 동일하게 반복되기 때문에 환자가 투사하고 있는 강렬한 감정과 경험들을 분석가인 Bion 자신이 직접 느끼고 경험한다는 것을 알게 되었다. 즉, 환자의 환상 속에서 일어나고 있는 것들을 분석가가 실제로 경험한다는 것이다. 이러한 인식을 통하여 Bion은 투사적 동일시가 한 사람의 마음속의 환상(intrapsychic fantasy)이 아니라 두 사람의 심리 사이에서 발생하는 복잡한 관계적 상호작용(interpersonal interaction)이라고 그 개념을 확장시켰다.

Rosenfeld(1954)는 투사적 동일시 이론을 적용하여 정신분열병 환자를 이해하고 치료한 경험들을 발표함으로써 그 이론을 임상적으로 적용하는 데 중요한 공헌을 하였다. 다음은 Rosenfeld가 치료한 정신병 상태의 동성애 환자 사례다.

사례 63

환자는 어린 시절 아버지의 무릎 위에 올라탄 기억을 떠올렸다. 그 순간 흥분한 상태였으며, 그는 자기의 속옷에 배설하는 환상을 했다. 당연히 아버지는 이러한 사실을 몰랐다. 그는 배변을 환상 속에서 배설한 후 해방감을 느끼고 의기양양해진다고 말하였다.

이런 기억을 떠올리기 전에 환자는 알 수 없는 어떤 생각과 감정 때문에 우울해지곤 하였다. 그러나 이 기억을 이야기하고 난 후 환자는 우울증으로부터 벗어난 것처럼 보였다. 뿐만 아니라 무언가를 배출한 후 흥분이 고조되는 것을 느꼈다. 그러나 나중에는 누군가가 자신을 공격하고 그로부터 파괴당할지 모른다는 불안을 느꼈다.

환자는 치료자에게 말을 한 후에도 자신의 정신 안에 있는 무엇인가를 뱉어내고 배출한 것처럼 느꼈다. 그러고는 치료자의 해석을 멀리하려 하였다. 마치 치료자가 환자에게 끔찍스러운 어떤 것을 밀어 넣을까 두려워하는 것 같았다.

환자의 사례는 배변, 즉 항문기 기능과 관련된 심리를 보여 준다. 아버지의 무릎은 변기와 연관된다. 마음속에 있는 말을 분석가에게 시원하게 털어놓는 것과 어린 시절 아버지의 무릎에 배설하는 환상은 같은 연장선상에 있다. 실제 신체(예: 창자)의 일부 혹은 정신의 한 부분을 배출하는 것으로 보인다. 그래서 우울한 정신을 화장실에서 배변을 보듯이 배출해 낼 수 있는 것으로 믿는다.

환자가 배설한 후 해방감을 느낄 뿐 아니라 흥분이 고조되는 것을 보면, 단순히 배설물을 배출하는 것이 아니라 그의 페니스를 치료자의 몸 안으로 밀어 넣는 성적 환상이 있음을 알 수 있다. 즉, 배설과 별도로 강제적인 침입의 환상이 다양한 형태로 나타나는 것을 알 수 있다. 배설물을 아버지에게 밀어 넣기, 말하기를 통해 분석가 안으로 언어를 밀어 넣기, 페니스를 분석가의 항문에 밀어 넣기(동성애 환상) 등으로 침입의 환상이 펼쳐지는 것을 볼 수 있다. 그러고는 분석가가 자극적인 배설물을 환자에게 똑같이 강제 주입함으로써 보복할 것이라는 두려움을 느낀다. 그렇기에 환자는 분석가의 해석을 자신에 대한 공격적인 침범으로 경험하게 된다. 그 결과 공포가 점진적으로 증가하면서 편집증적 태도는 더욱 강화되는 편집적 악순환에 빠지게 된다.

이 환자는 자신의 어떤 것을 다른 사람에게 강제로 밀어 넣음으로써 그 사람을 지배하고 이용하려 한다. 그러나 자신이 집어넣은 것과 같이 상대로부터 자기 자신도 똑같은 대우를 받을 것이라는 공포를 느끼는 것을 알 수 있다.

Malin과 Grotstein(1966)은 투사적 동일시 개념이 세 요소로 구성된다고 설명함으로써 분석가들이 투사적 동일시 이론에 보다 쉽게 접근할 수 있게 해 주었다. 그들이 제시한 세 요소는 투사, 투사된 자기와 외부 대상이 합쳐진 생성체(alloy)의 형성, 재내면화(re-internalization)다. 이러한 개념은 이후 다른 분석가들에 의해 더욱 정교화된다.

투사적 동일시의 심리적 의미

신생아는 Spitz가 묘사한 것처럼 시력을 회복한 맹인과 같다. 즉, 신생아는 그가 미처 처리할 수 없는 극도로 복잡하고 혼란스럽고 두려운 자극들에 둘러쌓여 있음을 직면하게 된다. 스스로는 그런 복잡한 자극들을 처리할 수 없지만, 신생아는 어머니의 적절한 도움을 받으며 그의 내면과 외부에서 경험하는 것들을 인식하고 조직하고 다루려고 애쓰게 된다. 이렇게 경험을 조직화하는 과정에서 신생아는 자신을 편안하게 하고 진정시켜 주는 경험들로부터 고통스럽고 두려운 경험들을 분리하는 것이 중요하다는 것을 발견하게 된다. 예를 들어, Jacobson은 신생아의 경험은 쾌와 불쾌를 양축으로 하는 감각군들로 배열된다고 생각하였다. 이런 경험의 조직화를 정교화하는 과정에서 신생아는 자신의 어떤 측면은 제거하고(projective fantasy) 다른 사람의 어떤 측면은 자신의 내부로 가져오는(introjective fantasy) 환상을 사용한다.

이러한 심리적 조직화의 시도는 어머니-신생아가 쌍을 이루는 관계에서 일어난다. Spitz에 의하면 신생아는 심리내적으로 미분화된(undifferentiated) 상태일 뿐만 아니라 어머니와 비분화된(non-differentiated) 상태다. 그리고 신생아는 어머니와 종합적인 감각체계(total sensing system)를 가지고 소통하는데, 이때 신생아는 어머니의 신호를 인식하는 것(perceive)이 아니라 수용(receive)한다. 즉, 어머니가 만들어 주는 정서적 분위기에 따라 어머니의 신호들(안전한지, 좋은지, 먹을 것인지, 두려운 것인지 등)을 흡수한다. 이렇게 흡수된 어머니의 정서는 신생아의 내면에서 아이 자신의 정서로 저장된다.

어머니도 초기 신생아에게 필요한 경험을 제공해 주기 위해 아이에게 극히 민감하게 반응하며 몰두하게 된다. Winnicott은 이를 일차 모성 몰입(primary maternal preoccupation)이라고 부르면서, "어머니가 신생아의 자리에 들어가서 그의 욕구를 만난다고밖에 표현할 수 없다."고 서술하였다(p.476 참조).

바로 이러한 발달환경 속에서 유아는 투사적 동일시의 과정을 발달시키게 된다. 아이는 좋다고 느끼는 것을 나쁘고 위험한 것으로부터 안전하게 멀리 떼어 놓으려 한다. 그래서 환상 속에서 자신의 나쁜 일부를 제거하여 다른 사람에게 집어넣는다. 이것은 투사적 동일시가 방어적으로 쓰이는 것이라고 볼 수 있다. 동시에 아이는 어머니가 자신이 느낀 것을 느끼게 함으로써 어머니로부터 이해받았다고 느낄 수 있다. 유아는 자신의 느낌을 말로 설명할 수 없다. 대신 어머니가 그렇게 느끼도록 만드는 것이다. 결국 아이는 투사적 동일시 과정을 통하여 어머니와 소통을 한 것이 된다.

이와 같이 투사적 동일시는 신생아에게 나쁜 느낌을 처리하는 방어 그리고 소통의 한 방식으로 사용된다. 이에 더하여 투사적 동일시는 원시적 형태의 대상관계로 기능하는 것을 알 수 있다. 신생아는 심리적으로 볼 때 대상과 부분적으로만 분리되어 있다. 그러므로 투사적 동일시는 주관적인 대상관계와 참된 대상관계 사이의 중간단계 수준에 해당하는 것이라고 할 수 있다. 비록 원시적이기는 하지만 대상관계로서 투사적 동일시는 신생아의 심리적 성장을 가져오는 중요한 기능을 담당하게 된다. 다음은 초기 발달단계에서 투사적 동일시가 심리적 성장에 미치는 기능을 설명하는 한 예다.

사례 64

아이가 자신을 좌절시키는 대상을 파괴하려는 욕구를 갖게 되었다. 아이는 자신의 파괴적 욕구에 놀라게 된다. 이를 처리하는 한 방법은 파괴적 소망을 환상 속에서 어머니에게 투사하고 실제 상호작용을 하여 어머니 스스로 자신이 그런 파괴적이고 무자비한 사람처럼 느끼게끔 만드는 것이다. 무지하게 말썽을 피우고 고집을 부리는 것이 한 방법이 될 수 있다. 예를 들어, 먹을 때마다 전쟁을 치르고, 배변할 때, 옷을 입을 때, 잠들 때도 어머니를 못 견디게 만드는 것이다. 이러다 보면 어머니는 마치 사방이 자신을 괴롭히는 것들로 가득 찬 것처럼 느끼면서 분노와 무력감을 느끼게 된다. 이때 자기 자신의 갈등을 충분히 해결하지 못한 어머니는 이런 파괴적 충동을 적절하게 처리하기가 쉽지 않다. 그 결과 부적절한 다양한 반응들을 보이게 된다. 어떤 어머니는 아이로부터 철수하여 아예 아이와 접촉하려 하지 않을 수 있다. 반대로 아이에게 적대적이고 공격적으로 대할 수도 있다. 아이가 공격의 대상이 되는 것을 피하기 위하여 공격적 충동을 남편이나 부모 혹은 동료에게 전치시킬 수도 있다. 혹은 자신의 공격성에 대한 죄책감을 방어하기 위해 아이를 과잉보호할 수도 있다. 이와 유사한 방식 중의 하나로 어머니가 아이와 끊임없이 접촉하면서 자신이 아이를 해치지 않았다고 확인하려는 것을 들 수 있다.

이 경우 상당히 성적인 색채를 띠게 될 위험이 있다. 이러한 어머니의 부적절한 반응은 아이로 하여금 자신이 느끼는 파괴적 소망이 자기 자신뿐만 아니라 어머니에게도 위험한 것이라는 것을 확인시켜 주는 역할을 한다. 그 결과 그런 나쁜 느낌은 더더욱 제거되어야만 한다는 확신을 강화시켜 주게 된다. 뿐만 아니라 어머니가 처리하는 병리적 방식들—지나친 투사, 분리, 부정 혹은 과격한 행동화—을 아이가 내면화할 수도 있다.

반대로 어머니가 충분히 적절하게 아이가 투사한 느낌들을 처리할 수 있는 힘을 가진 경우, 어머니는 아이가 투사한 것에 따라 반응하지 않고 투사받은 것과 자신의 다른 부분들을 통합하려 한다. 자신을 짜증나게 하는 아이에 대해 때로 화가 날 수 있다는 것을 받아들이고, 그런 화를 행동화하지 않고 처리할 수 있다는 자신감을 가지고 반응한다. 그런 과정을 거쳐 좌절감과 파괴적 소망 등을 극복하게 된다. 이렇게 대사된 투사물(metabolized projection)은 상호작용을 통하여 아이에게 재내면화된다. 결과적으로 아이 내면에 있던 파괴적 공격성이 대사된 내용물로 바뀌게 된다. 그리하여 공격적이고 파괴적인 충동이 보다 완화되어 받아들일 만한 것이 된다.

본래 Klein의 투사적 동일시 개념에도 처음부터 초기 유아의 정서적 발달 개념이 포함되어 있었다. Klein에 의하면 인격의 발달은 투사적 동일시의 성질이 변화되는 것을 통해서 이뤄진다. 투사적 동일시에서 투사되는 내용들의 대부분은 폭력적인 공격성이다. 하지만 이런 원시적이고 파괴적인 공격성은 상당히 완화될 수 있고 사랑과 관심에 의해 통제될 수 있다. 투사적 동일시가 심리적 발달을 가져온다는 Klein의 개념을 설명하면서, Hinshelwood는 투사적 동일시의 형태가 성숙해 가는 과정을 ① 공격적이고 폭력적인 관계의 형태, ② 다른 사람과 의사소통을 추구하는 보다 호의적인 형태, ③ 공감 혹은 다른 사람의 입장에 서 보는 것, 즉 누군가를 이해하기 위해 비폭력적으로 그의 정신 안으로 들어가는 형태의 3단계로 요약하였다. 그리고 이러한 연속적인 과정은 편집-분열자리로부터 우울자리로 나아가는 과정과 맞물리며 진행된다고 보았다.

이상 살펴보았듯이, 투사적 동일시는 다음과 같은 심리적 의미를 갖는 것을 볼 수 있다.

- 원하지 않는 자기의 일부 혹은 내적으로 위험한 자기의 일부를 투사하고, 환상 속에서 다른 사람 안에 생생하게 존재하게 하는 방어(defence)기제의 기능을 한다.
- 자기 자신의 느낌을 투사받은 사람이 동일하게 느끼게 함으로써 자신이 이해받은 느낌을 받게 되거나 다른 사람과 하나가 되는 느낌을 갖는 소통(communication)의 역할을 한다.
- 투사자(projector)는 수용자(recipient)가 자신의 일부를 받아들일 수 있다고 느낄 만큼 자신과 대상이 별개라는 것을 알고 있다. 하지만 자기와 대상의 분화가 아직 충분하지 못하기 때문에 수용자가 자신과 전적으로 동일한 느낌을 공유한다고 느낀다. 즉, 투사적 동일시는 초기 단계의 대상관계(object relationship)의 의미를 갖는다.
- 투사된 원하지 않는 자기의 부분은 수용자 내에서 심리적 과정

을 거쳐 대사(metabolize) 된다. 그리고 이렇게 심리적 과정을 거쳐 변형된 투사물은 투사자에 의해 재내재화되어 심리적 변화를 가져온다. 즉, 투사적 동일시는 심리적 변화의 통로(pathway for psychological change) 역할을 할 수 있다.

투사적 동일시의 현대적 임상 개념

Ogden은 실제 임상적으로 적용하기에 가장 적절한 투사적 동일시 개념을 제공해 준 분석가 중의 한 사람이다. Ogden(1979)은 투사적 동일시가 다음과 같은 연속적인 세 단계로 구성된다고 설명하였다(세 단계로 이뤄진다고 표현하였지만, Ogden은 단일 반응의 세 측면이라고 표현하는 것이 더 정확하다고 강조하였다.).

첫 단계는 환상 속에서 자기의 일부를 다른 사람에게 투사하고 그 투사한 부분이 그 사람을 내면으로부터 점거하고 있다고 느낀다. 두 번째 단계에서는 투사한 것을 받은 사람이 투사한 것과 일치되게 생각하고 느끼고 행동하도록 압력당한다고 경험한다. 이것은 사람 사이의 상호작용을 통해서 압력을 느끼는 것이다. 마지막 단계에서는 수용자(recipient)에 의해 심리적 과정을 거친 후(대사된 후) 투사되었던 것이 다시 투사자에게 재내면화된다. 투사적 동일시의 3단계를 보다 구체적으로 살펴보면 다음과 같다.

투사적 동일시의 첫 단계는 자기의 일부를 제거하려는 소망이란 관점으로 이해해야 한다. 그 이유는 제거하려는 부분이 내면으로부터 자기를 파괴하려는 위협적인 것이기 때문이다. 때로는 어떤 부분이 자기의 다른 부분들에 의해 공격당할 위험이 있다고 느낄 때 그

부분을 다른 사람의 내부에 안전하게 두기 위해 투사를 하는 경우도 있다. 예를 들어, 자신은 정신과 치료에 반대하는데 부모와 치료자가 강제로 치료를 받으라고 강요한다고 저항하는 정신분열병 환자를 들 수 있다. 실제로 환자는 모든 치료에 대해서 격렬하게 저항하지만 심리내적으로 정말 중요한 것, 즉 치료를 받고 낫고자 하는 환자의 소망은 잘 지켜지기를 바란다. 그래서 환자는 자신이 느끼기에 파괴적이고 자신을 절멸시키려는 의도를 가지고 있는 자신의 다른 부분들에 의해 파괴되지 않도록 치료와 회복의 소망을 부모와 치료자 안에 안전하게 위치시키려고 투사를 하게 된다.

자기의 일부분을 다른 사람에게 위치시키고 수용자의 내면으로부터 조정하려고 하는 것이 투사적 동일시의 핵심적인 측면이다. 이때 투사자는 적어도 어떤 면에서 자기 표상과 대상 표상 사이의 경계가 매우 모호한 심리적 수준에서 기능하고 있다. 그래서 투사자는 수용자가 그 자신과 비슷한 감정을 경험하는 것이 아니라 전달된 그 자신의 감정 자체를 경험한다고 느낀다. Schafer(1979)의 표현을 빌리면 투사한 사람은 그의 일면을 투사받은 사람과 하나라고 느낀다. 이 점이 투사적 동일시와 투사의 다른 점이다. 투사의 경우는 투사한 것을 부인하고 그것이 대상에 속한다고 느낀다. 그리고 투사한 대상에 대해 낯설게 느끼고 위협받는다고 느끼며 당황스럽고 멀리 떨어진 존재로 느낀다. 그래서 "왜 화낼 일이 아닌데 그렇게 화를 내지? 그 사람 무슨 일이 있는 거야?"라는 식으로 아주 무관한 듯 말한다. 투사를 한 경우 대상으로부터 심리적으로 멀리 있다고 느끼기 때문이다. 반면 투사적 동일시의 경우는 자신이 대상과 심각하게 연결되어 있다고 느낀다.

하지만 Knight(1940)가 지적하였듯이 모든 투사의 과정에는 내사(introjection)의 과정이 포함된다. 그러므로 투사와 투사적 동일시가 이런 식으로 순수한 형태로 나타나는 경우는 드물다. 그보다 어느 하나가 우세하거나 열세인 상태로 혼합되어 나타나는 것이 일반적이다.

투사적 동일시의 두 번째 단계는 수용자가 투사자의 환상과 일치되게 느끼고 행동하도록 압력받는다는 경험을 하는 것이다. 이런 압력은 상상의 것이 아니라 투사자와 수용자 사이의 다양한 상호작용에 의해 가해지는 실제 압력이다. 투사자와 대상 사이에 상호작용이 없다면 투사적 동일시도 없다.

사례 65

Ogden이 치료했던 병원에 입원해 있는 열두 살짜리 여자 아이의 사례다. 아이는 유아 시기에 부모로부터 신체적으로 심하게 학대당했을 뿐 아니라 심리적으로도 항상 학대당하고 침범당했던 경험을 갖고 있다. 아이의 이런 경험들이 투사적 동일시를 통해 병동에서 뚜렷하게 재연되는 것을 볼 수 있다. 아이는 병동 내에서 사람들만 보면 끊임없이 부딪히고 밀치고 찔러대서 사람들을 극도로 짜증나고 화나게 만들었다. 치료자에겐 이런 행동이 더욱 심하여 치료자가 치료실이 아이에 의해 완전히 점령당해 자신이 있을 곳은 없는 것처럼 느끼게 하였다. 어느 곳에 있든 아이의 표적이 된다고 느끼며 치료자는 당혹해하였다. 피할 길이 없이 괴롭히고 침범당한다는 치료자의 경험은 아이에 의해 유도된 것이다.

이 사례의 아이는 부모로부터 학대당하고 침범당했던 자신의 경험을 주위 사람들도 똑같이 느끼도록 조종하고 있다. 특히 치료자를 압박하고 있다. 자신이 느꼈던 당혹감, 무력감, 좌절감, 분노 등을 동일하게 느끼도록 치료자를 조종하고 있다. 이런 이유로 Ogden은 투사적 동일시의 두 번째 시기를 '끌어들임의 단계(induction phase)'라고 불렀다.

다음은 치료하는 동안 Ogden을 '미치도록 화나게' 만들었던 14세 소년의 사례다.

사례 66

소년은 선천성 유문협착증을 갖고 태어났다. 유문협착 때문에 위의 음식물이 잘 내려가지 않아서 생후 한 달 동안 심한 구토로 시달려야 했다. 정확한 진단을 받고 수술을 하여 증상은 해소되었으나, 심리적으로는 계속해서 많은 것들-야단치는 부모, 괴로운 위통, 고통스러운 격정, 조절할 수 없는 엄청난 분노-로부터 공격당하고 있다고 스스로 느끼고 있었다.

치료의 초기 단계에서 소년은 치료실의 가구를 차고, 계속해서 대기실의 벨을 울리고, 지속적으로 애처로운 울음소리를 내는 등 치료자를 괴롭히려는 의도 외엔 아무런 관심도 없는 것처럼 보였다. 소년의 행동 때문에 극도로 화가 난 치료자가 자신을 조절할 수 없다는 무력감과 분노로 가득 찬 표정을 보일 때 소년은 일순 안정을 되찾는 것 같았다.

Ogden은 이런 치료적 상호작용이 소년의 환상—내면의 분노와 긴장은 나쁜 것이기 때문에 치료자에게 보내서 제거하려는—을 실제로 일어나게 만드는 것이라고 이해하였다. 이것은 생후 초기 유문협착증 때문에 위에 고여 있던 고통스러운 '물질들'을 뿜어내듯이 토하면서 처리했던 것과 같다. 그러나 단순해 보이는 이 처리방식 속에는 그렇게 간단하게 끝날 수 없는 복잡한 측면들이 있다. 토해서 배출하려는 '물질들'이 고통스러운 분노와 음식물 그리고 부모로 구성되어 있기 때문이다. 분노는 배출해 버리면 그만이다. 그러나 음식물과 부모는 당장은 나를 괴롭히고 있어도 궁극적으로는 생명 유지에 꼭 필요한 것들이다. 다시 말해서, 본래는 배출해야 할 것이 아니라 몸 안에 살아 있게 만들어야 하는 것들이다. 그렇기 때문에 소년은 고통스러운 분노는 배출하고 음식물과 분노는 몸 안에 유지하려고 한다. 이런 식으로 해결하려는 것은 단지 환상 속에서만 일어나는 일일지 모른다. 그러나 치료자가 극도로 분노와 긴장을 보일 때 소년은 해로운 것과 생명 유지에 필요한 것이 잘 구분되어 분노는 치료자에게 배출되고 다른 것들은 자기 안에 유지되는 것을 확인하게 될 것이다. 그래서 치료자의 얼굴에 분노와 무력감이 나타날 때 소년은 안정을 찾게 된다.

환자가 치료자를 조종하는 측면에서 좀 더 고려해야 할 것 중의 하나는 조종과 함께 경고 혹은 위협을 하는 것이다. 이것은 유아가 어머니에게 순응하지 않았을 때 완전히 무시되고 버림받은 경험에서 비롯된다고 볼 수 있다. 병리적인 어머니는 여러 가지 반응을 통해 '나에게 순응하지 않으면 너는 완전히 무시되고 버림받는다.'는 것을 유아가 느끼도록 만든다. Ogden은 이를 'or else' 압력이라고 하였다. '만약에 내가 원하는 대로가 아니라면 치료자는 나를 위해 존재할 수 없을 것이다.' 혹은 '치료자의 내면에서 내가 그곳에 둔 것만을 보길 원한다. 치료자가 그것을 보지 못할 때 나는 아무것도 안 볼 것이다.' 라는 식의 반응이다. 여기서 환자의 투사적 동일시에 맞추어 반응하지 않을 때 치료자는 환자에게 아무것도 아닌 존재인 것처럼 느끼게 된다.

Ogden은 투사적 동일시의 두 측면을 명료하게 설명하였다. 첫 단계에서는 자기의 일부분을 분리하여 다른 사람에게 집어넣어 제거하려는 환상이 관여한다. 그렇기 때문에 심리내적(intra-psychic) 현상이다. 두 번째 단계에서는 수용자가 투사받은 환상의 내용과 일치되게 느끼고 행동하도록 조종한다. 이것은 심리내적인 현상이 아닌 구체적인 개인 간 상호작용(interpersonal interaction)으로 경험된다.

투사적 동일시의 세 번째 단계에는 수용자 내면에서 투사받은 것을 처리하는 심리적 과정과 수용자 안에서 심리과정에 의해 변형된 투사물이 투사자에게 재내면화되는 과정이 포함된다. 이 단계에서 수용자가 경험하는 것은 투사자가 경험하는 것과 유사하지만 아주 동일한 것은 아니다. 두 사람은 인격의 구조가 다르고 다루는 방법이 다르다. 무엇보다 다른 방어체제와 다른 심리과정이 관여하기 때문에 수용자에 의해 다르게 다뤄진다. 이 과정은 수용자에 의해 심리적으로 진행된다(proceed), 대사된다(metabolized; Langs), 담아내어진다(contained; Bion) 등으로 분석가마다 다르게 표현된다. 투사자는 원하지 않는 자기의 부분을 제거하기 위해서 투사하였지만, 수용자는 그와 달리 자신의 인격의 다른 부분과 통합을 시도할 수 있고 이해나 승화를 통해 극복할 수도 있다. 이것은 피하고 부정하고 제거하려는 노력과는 대조되는 것으로, 오히려 함께 생존하려 하고 자기의 다른 부분들을 담아내려 하는 것이다. 그 결과 수용자 내면에서 심리적 과정을 거친 새로운 각색물(투사된 감정과 수용자 측면의 혼합물)이 투사자에 의해 재내면화될 수 있다. 그러나 이러한 '성공적인 과정' 은 드물고 대부분의 과정은 불완전하거나 수용자의 병리에 의해 영향을 받는다.

Grinberg(1979)는 투사적 동일시의 다양한 측면을 관찰한 후 나름대로 그 내용들을 분류하려고 시도하였다. 그는 먼저 정상적인 투사적 동일시와 병리적인 투사적 동일시를 구분하였다. 투사적 동일시가 정상적인가 병리적인가 하는 것을 결정하는 요소들로, Grinberg는 공격적 충동성의 압도적 지배 여부, 외부 심리적 실재를 접촉하는 방법, 자아 기능의 정도, 방어기제의 질, 대상 연결의 깊은 역동성 등을 제시하였다. 그는 특히 '전능감에 가득 찬 환상 속의 조절' 대신 '적응적인 혹은 현실적인 조절' 을 사용할 때 외부 대상과 비교적 현실적이고 적응적인 투사적 동일시가 가능하다고 주장하였다. 그래서 정상적인 조건에서 투사적 동일시는 대상과 공감적 관계를 가능하게 해 준다고 생각하였다.

Grinberg에 의하면 투사적 동일시는 다음과 같이 분류될 수 있다.

- 질에 따라: 정상 혹은 현실적 투사적 동일시와 병리적 투사적 동일시

- 방향성에 따라: 외부 대상의 내면을 향하는 투사적 동일시, 외부 대상의 표면을 향하는 투사적 동일시, 내부 대상을 향하는 투사적 동일시, 신체 혹은 신체기관을 향하는 투사적 동일시 등
- 목적에 따라: 소통적 투사적 동일시, 회복을 위한 투사적 동일시, 방출을 위한 투사적 동일시, 조절하려는 투사적 동일시, 파괴적 투사적 동일시 등
- 내용물에 따라: 자기의 일부(자아, 초자아, 인식의 기관, 자아 기능, 이상, 충동, 감정 등등)를 투사하는 투사적 동일시, 내부 대상을 투사하는 투사적 동일시
- 임상 양상에 따라: 히스테리적 투사적 동일시, 공포적 투사적 동일시, 변태적 투사적 동일시, 강박적 투사적 동일시, 조증적 투사적 동일시, 편집적 투사적 동일시, 멜랑콜리적 투사적 동일시 등
- 주체에 미치는 영향에 따라: 공감적 투사적 동일시, 안심시키는 투사적 동일시, 혼란스러운 투사적 동일시, 의존적 투사적 동일시, 전능적 투사적 동일시 등
- 대상에 미치는 영향에 따라: 공감적 투사적 동일시, 역전이를 활성화시키는 투사적 동일시, 투사적 역동일시(projective counter-identification)를 유발하는 투사적 동일시(Grinberg는 투사자가 투사한 내용물에 일치되게 분석가[혹은 수용자]가 느끼고 행동할 때, 즉 투사자가 조종하는 대로 분석가[혹은 수용자]가 반응하는 것을 투사적 역동일시라고 불렀다).

Grinberg의 의견에 전적으로 동의하지 않는다 하여도 투사적 동일시가 매우 다양한 상황과 임상 현장에서 일어나고 있다는 것을 부인하기는 힘들다. 아래 사례는 Hamilton에 의해 제시된 것으로 흔히 임상에서 접할 수 있다. 이 사례에서 투사적 동일시가 어떻게 진행되고 있는지 그 내용에 대해 필자 나름대로 설명을 달아 놓았다. Ogden의 3단계를 좀 더 세분하여 투사단계(projection), 투사한 것과 연결을 느끼고 관계를 유지하는 단계(keep connection), 투사한 내용대로 경험하도록 조종하는 단계(controlling), 투사한 내용대로 반응하는 단계(projective counter-identification), 재내면화 단계(re-internalization)의 5단계로 나누어 설명한다.

사례 67

S는 우울증 치료를 받고 있는 36세 주부다. 치료시간이 시작되자마자 담당 정신과 의사(정신치료자)가 항우울제를 조절해 주는 것을 잊었다고 불평하기 시작했다. 사실 정신과 의사는 약을 조절해 주었는데도 그녀는 그것을 미처 파악하지 못하고 있었다. 치료자가 이에 대해 이해할 수 있게 설명해 주었으나, 그녀는 어찌되었든 약이 잘 맞지 않는다고 투덜거렸다.

그녀는 지난 주말 동안에 자신이 얼마나 힘들었는지를 계속 설명하였다. 토요일에 친구와 만나기로 약속을 한 그녀는 남편에게 아이를 좀 돌봐 주었으면 좋겠다고 부탁하였다. 그러나 남편은 그녀의 부탁을 거절하였다. 이번 주 내내 저녁마다 댄스 강습을 받느라고 집을 비웠으니 오늘은 가족끼리 시간을 가졌으면 좋겠다는 것이 남편의 의견이었다.

"남편은 주부가 애들 돌볼 생각은 않고 밖으로만 나가려고 하는 게 말이 되냐는 거예요. 사람 비참하게 지가 뭔데 나더러 이래라저래라 큰소리치는 거냐고요." S는 치료자 앞에서 소리를 지르며 남편에 대한 분노를 표현하였다.

"일요일 날 아침에 일어났는데 화가 풀리질 않는 거예요. 잠자는 남편 얼굴을 한 대 쥐어박았으면 시원하겠더라고요. 겨우 참고 애들 방에 갔더니, 방은 하나도 치워 놓지 않고 숙제도 전혀 하지 않은 거예요. 욕이 절로 나오더라고요." S는 주말에 미치는 줄 알았다는 말로 자신의 기분을 표현하였다.

그다음 치료시간이 되었을 때, 정신치료자는 지난 치료시간에 있었던 이야기를 떠올리며, S에게 약이 조절되었는지 확인해 보았느냐고 물었다. 이에 그녀는 약을 조절한 것은 확인되었지만 그래도 좀 더 꼼꼼하게 설명해 주었어야 했다고 여전히 불만스럽게 이야기하였다. 치료자는 자신이 그녀에게 충분히 설명해 주었다는 것을 다시 확인시켜 주어도 그녀가 받아들이기 힘들 것이라고 생각하였다. 그래서 그녀가 느끼는 감정을 공감해 주기로 하였다.

"자신의 치료자로부터 충분한 보살핌을 받지 못한다고 느껴지면 마음이 힘들어질 겁니다. 약은 잘 드셨나요?"

S는 그동안 매우 바빴다고 이야기하였다. 무엇보다 아이들이 자신을 힘들게 한다고 투덜거렸다. 이것 해 달라 저것 해 달라 끊임없이 요구하고, 그렇다고 아무리 해 줘도 감사할 줄도 모른다고 불만을 터뜨렸다. 사 달라는 것은 왜 또 그렇게 많은지 힘들어 못살겠다는 식으로 짜증을 내기도 하였다.

"때때로 애들이 없었으면 할 때도 있어요. 물론 애들을 떼놓고 혼자서 마음껏 지낼 때도 있죠. 혼자 사는 친구가 있어서 그 친구하고 원하는 대로 하루를 보내죠. 보통 때 누가 좀 도와준다면 아마 그렇게까진 느끼지 않을 거예요. 아무도 도와주는 사람이 없으니까, 애들 없이 혼자 지내는 생각을 하는 거죠."

S에게 치료자는 좀 더 신경을 써 주어 약을 조절해 주지 않는 사람이고, 남편은 자기가 원하는 대로 해 주지 않는 사람이다. 거기다 아이들까지도 요구만 하고 고마워할 줄 모르는, 즉 자신을 인정해 주지 않는 애들이다. 그녀는 주위에 있는 모든 사람들이 자신을 소중하게 생각하지 않고 소홀하게 대한다고 괴로워하고 있는 것이다. 그리고 그런 사람들에 대해 분노를 느끼고 있다. 아울러 S는 아이들을 떨쳐 버렸으면 하는 마음도 갖고 있다.

(a) 존중받지 못하고 소홀하게 대접받는 이유, 즉 사랑받지 못하는 이유가 자신 때문이라는 것은 받아들이기 어려운 것이다. 또한 가정을 소홀히 여기고 아이와 남편을 사랑하지 않고 떨쳐 버렸으면 하는 것은 아내와 엄마로서 적절하지 못한 나쁜

것이다. S는 이렇게 스스로 받아들이기 어려운 부적절한 자신의 모습, 가족으로부터의 거절감, 사랑받고 존중받지 못하는 느낌 등(이것은 온통 나쁜 자기[all-bad self]를 나타낸다)을 가족과 치료자에게 투사한다(투사).

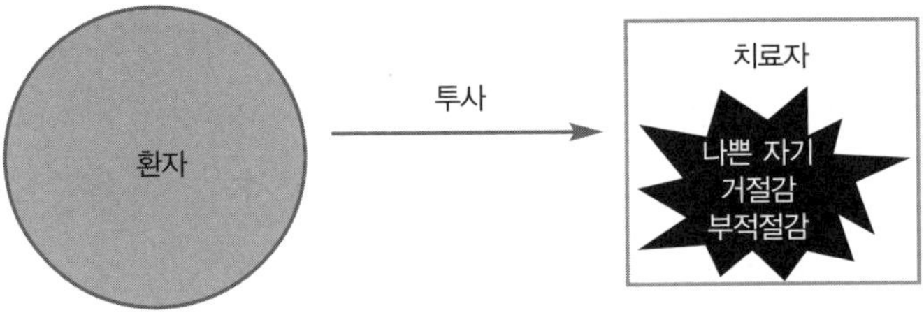

(b) 투사의 결과로 남편과 아이들이 자신의 부탁을 들어주지 않고 함부로 대하고 존중하지 않는다고 마음속으로 혼자 화를 낸다. 즉, 가족들은 자신을 사랑하지 않는 적절하지 못한 심리를 가진 사람들이라고 마음속으로 분노를 느낀다(자신이 투사한 내용에 대해 계속 감정적인 경험을 한다)(연결감 유지).

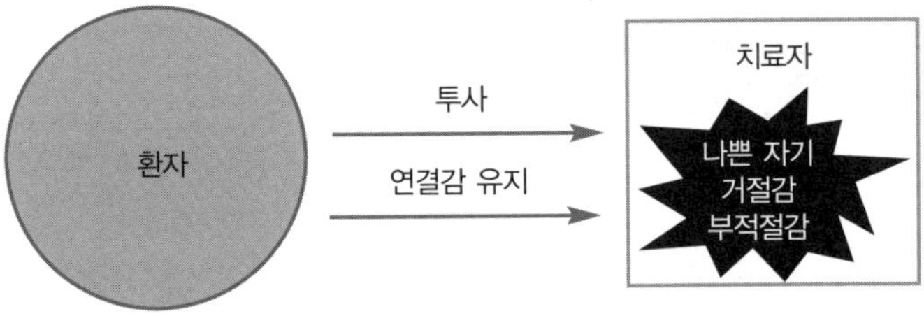

(c) 가족들에게 불만이 있는 S는 남편과도 같이 있기 싫고 아이들도 보기 싫다며 매일 밤 춤을 배우러 가고 주말에조차 약속을 하여 집에서 벗어나려 한다. 즉, 나를 존중해 주지 않는데 내가

왜 가족들을 위해 희생해야 하느냐는 식이다(자기 심리 내면에서 느껴지는 참을 수 없는 거절감, 사랑받고 존중받지 못하는 느낌 등을 방어하는 하나의 방법이다. 이런 방어가 자신의 심리 내면에서만 일어나는 것이 아니라 투사적 동일시에서는 상대방을 조정하는 형태로 일어나게 된다. 즉 심리내적 과정이 이제는 상호관계 과정으로 나타나기 시작한다)(조종).

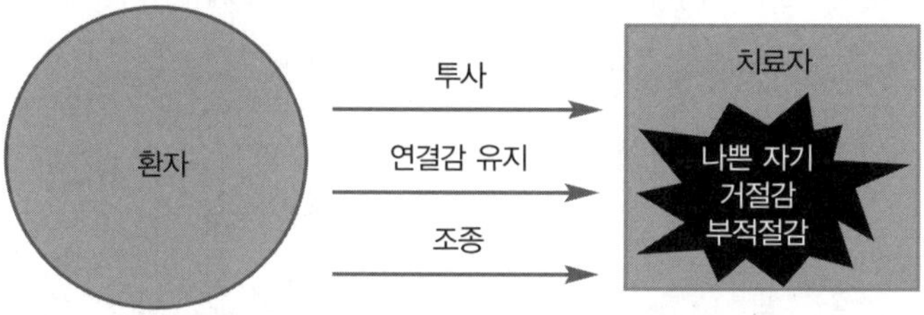

(d) 아내가 이런 식으로 나가자, 남편도 아내로부터 존중받지 못하고 소홀히 취급당한다는 생각이 들게 된다. 그래서 실제로 S를 사랑하지 못하고 화를 내게 되고 또한 S의 요구를 들어줄 수 없게 된다. 아이들도 엄마가 제대로 보살펴 주지 않고 자신들을 사랑해 주지 않는다고 느끼게 된다. 그리고 엄마가 자신들을 떼어 놓으려고만 하니까 불안감 때문에 더 엄마에게 매달리며 이렇게 해 달라 저렇게 해 달라 요구하게 된다. 그녀가 투사한 것이 남편과 아이들의 마음속에 무의식적으로 일어난다. 즉, 남편과 아이들도 그녀로부터 존중받지 못하고 소홀히 취급받는다고 느끼고 있다(투사적 역-동일시).

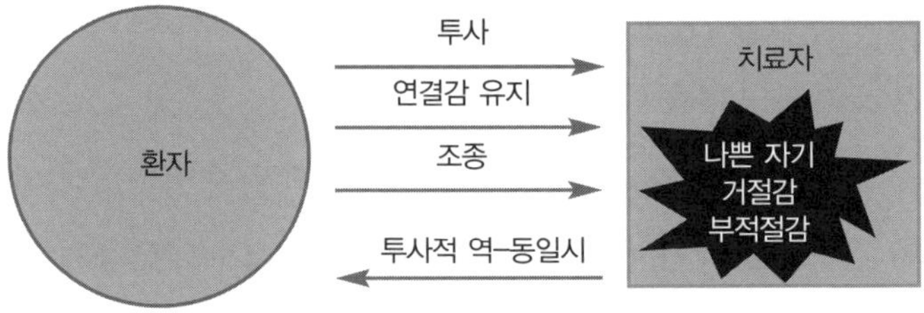

(e) S는 이런 남편과 아이들의 태도를 보고, 그들이 자신을 이렇게 존중해 주지 않고 무시하고 함부로 대하니까 어쩔 수 없이 자신이 집에 있지 못하고 떠돌 수밖에 없다고 확신하게 된다(재내면화).

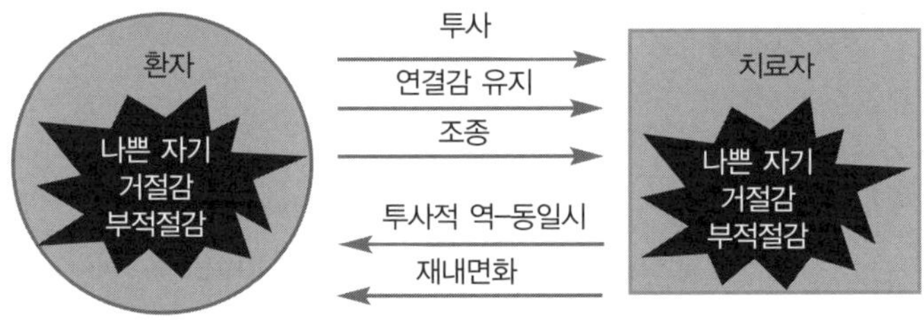

사례 67 계속

치료시간이 거의 끝나갈 무렵, S는 말하였다.

"아마 다음 시간에는 오지 못할 거예요. 친구하고 식사 약속이 있거든요. 뭐 그렇게 문제될 것은 없다고 생각해요. 그다음 주부터 2주간 휴가 갈 예정이었거든요. 한 주 앞당겨 3주간 휴가를 간다고 생각하면 별거 아니잖아요?"

S의 말을 듣는 순간, 치료자는 낙심이 되며 마음이 착잡해지는 것을

느꼈다. 그녀가 치료시간을 전혀 중요하게 생각하지 않는다는 느낌이 들면서 무시당한다는 생각이 들었다.

'뭐야, 이래선 치료가 될 수 없잖아. 이럴 바엔 아예 치료를 그만두는 게 낫지, 뭐 하러 계속해!'

속으로 이런 생각을 하던 치료자는 갑자기 자신이 바로 그녀가 느꼈던 그 감정을 그대로 느끼고 있음을 알게 되었다.

(a) S는 사람들로부터 존중받지 못하고, 사랑받지 못하고, 소홀히 당한다고 무의식적으로 느끼고 있다. 이런 자신의 모습을 치료자에게 투사한다(투사).

(b) 투사의 결과로 치료자가 주의 깊지 못하고 세밀하지 못하여 자신이 세밀하고 존중받는 치료를 못 받고 있다고 느낀다. 마치 치료자를 자신을 도와주지 않고 존중하지 않는 남편과 같다고 느낀다. 그러면서 마음속으로 치료자에게 심한 분노를 느낀다. 그리하여 남편과 아이들로부터 벗어나고 싶듯이 치료도 그만두기를 바란다(연결감 유지).

(c) S는 언어적 · 비언어적으로 문제의 원인이 치료자인 것처럼 표현하고, 위협하고 부정적으로 반응한다. 치료시간을 빼먹거나, 치료 중 말을 안 하거나, 치료나 치료자에 대한 불만을 노골적으로 이야기하는 식이다. 때로는 행동화를 하기도 한다(조종).

(d) S의 비난이 너무 심하고 노골적이며 행동이 불손하므로 치료자의 마음속에 어떤 감정이 형성되기 시작한다. 즉, 치료자로

서 존중받지 못하는 느낌, 무능감, 절망감, 좌절과 분노 등을 느끼게 된다. 결국 S가 마음속에서 느끼는 바로 그 감정을 그대로 느껴서 치료자 자신도 여러 가지 방법으로 분노를 표현하게 된다. 그리고 그녀가 치료를 그만두는 것이 차라리 낫겠다고 느낀다. 예를 들어, 너무 이른 해석이나 비난하는 투의 해석을 하기도 한다. 때로는 치료 중 전화를 너무 오래 받거나 아예 치료시간을 취소하기도 한다(투사적 역-동일시).

(e) 치료자의 이런 부적절한 분노를 대하게 되면서, S는 치료자가 이 모양이니 자신이 화날 수밖에 없고 치료를 소홀히 할 수밖에 없다고 생각을 굳히게 된다. 그리고 치료자의 그런 태도 때문에 자신이 분노를 느낄 수밖에 없다고 확신하게 된다(재내면화).

투사적 동일시의 치료적 활용

치료자가 어떻게 처리하는가에 따라 투사적 동일시가 치료에 미치는 영향은 달라진다. 대부분의 분석가들은 치료자가 환자로부터 투사된 것에 대해 지나치게 경직되거나 너무 유약하게 반응하지 않을 때 투사적 동일시 과정이 환자의 가장 깊은 갈등이나 고통스러운 감정들을 이해할 수 있는 좋은 기회가 된다고 생각한다.

Spillius(1983)에 의하면 치료자는 분석 상황에서 투사적 동일시에 대해 경직된 반응을 보이지 않도록 조심해야 한다. 이런 반응 중의 하나는 치료자가 아예 투사된 감정을 느끼지 않으려고 방어적으로 경직되게 부정하는 것이다. 그래서 치료자가 경직된 공식화된 언어적 해석만 하는 것은 투사적 동일시라는 생생한 교감의 순간을 인식하는

데 장애가 될 수 있다. 이런 공식화된 해석은 분석가가 자신이 미리 세운 가정에 따라 환자를 짜 맞추어 이해하려는 분석가의 소망이다.

뿐만 아니라 치료자가 거꾸로 환자에게 자신이 원하는 잘 치료된 환자가 되도록 압력을 가할 수 있다. 즉, 치료자가 환자에게 원하는 환자의 상을 투사하고 그렇게 행동하도록 조종할 수 있다. 바로 치료자가 투사적 동일시 과정을 시작하는 것이다. 이 경우 대부분의 환자는 투사된 것을 대사시킬 만한 힘이 없기 때문에 치료자가 원하는 '이상적인 환자(ideal patient)'가 되거나 혹은 그에 대한 저항으로 치료를 종결한다. 어느 경우든 환자에게 치명적인 결과가 된다.

치료자가 환자가 투사한 것을 받아서 적절하게 심리적으로 진행시키지(대사시키지) 못할 때 나타날 수 있는 또 다른 가능한 결과는 환자와 치료자가 그들의 관계 속에서 만족을 추구하고 그 관계를 방어적으로 강화하려 하는 것이다. 그리고 이러한 자기 방어를 지탱하기 위해 치료자는 왜곡된 기법을 사용하게 된다. 심지어는 정신치료와 분석의 가장 기본적인 규칙을 범하기도 한다. 예를 들어, 그들의 관계를 사회적 관계로 연장하거나, 환자에게 선물을 주면서 치료자에게 선물을 주도록 만든다. 심지어 비밀을 누설하기도 한다.

그렇다면 투사적 동일시에 대해 치료자로서 어떻게 반응하는 것이 적절한 것인가? Bion은 환자-치료자 관계의 한 모형으로서 아이-어머니 관계를 살펴보면서 아이의 투사에 대해 나타날 수 있는 어머니의 반응들을 아래와 같이 정리하였다(Ogden, 2004). 그리고 어머니의 유연한 담아내기의 태도가 치료자에게도 필요한 것이라고 제시하였다.

경직된 반응(rigid response) 치료자(수용자)는 자신에게 침범해 들어오는 환자의 투사에 대해 매우 경직되게 반응할 수 있다. 아예 자신에게 도달한 것에 대해 반응을 하지 않을 수도 있다. 결국 환자가 투사한 것은 공중 분해되듯이 형태와 의미를 잃게 된다. Bion은 자신의 분석 경험을 다음과 같이 묘사하였다.

> 분석 중 내 마음속에서 환자의 매우 어린 시절을 목격하는 것 같은 느낌을 갖게 되었다. 어린 환자는 신생아였을 때 자신이 나타내는 감정에 아주 의무적으로 반응하는 어머니를 바라보고 있었다. 어머니는 마치 '얘가 왜 이러는지 모르겠네. 도대체 무슨 일이지?' 라고 말하는 것 같이 느껴졌다. 그러면서 아이가 진정으로 원하는 것이 무엇인지 모른 채 해야 할 일을 의무적으로 행하는 어머니를 목격하는 느낌이 들었다. 나는 어린 환자가 원하는 것을 이해하기 위해선 아이의 울음이 단지 어머니를 부르는 것 이상이라는 것을 알아야 한다는 생각이 들었다(Bion, 1959).

유연한 담아내기(flexible containing) Bion은 아이가 어머니의 의무 이상의 것을 필요로 한다고 생각하였다. 유아는 스스로 처리할 수 없는 많은 날것 상태의 감각, 감정, 인식과 같은 것들이 있다. 유아에게는 아직 그것을 처리할 심리장치가 없기 때문에 불쾌감이 커지면 그 요소들을 대상에게 투사한다. 예를 들면, 어린아이는 죽음의 공포를 담아낼 능력이 없어서 공포와 공포를 느끼는 자신을 어머니에게 투사한다. 이해력이 있는 어머니는 아이가 처리하려고 애쓰는 두려움의 감정을 경험할 수 있다. 그러면서도 균형을 잃지 않고 상황을 바라볼 수 있다.

여기서 핵심은 어머니가 아이가 느끼는 두려움을 같이 느끼면서도 유연성을 가지고 심리적 균형을 잃지 않고 견디는 것이다. 그리고 투사받은 것을 담아내고 자신의 내면에서 대사시켜 아이가 받아들일 수 있는 형태로 되돌려 주는 것이다. 이런 과정을 통하여 아이의 원시적이고 파괴적인 공격성은 상당히 완화되고 아이는 심리적 발달을 이루게 된다.

유약한 반응(fragile response) 처음의 경직된 반응에 반대되는 반응이다. 투사된 것이 너무 압도적이어서 수용자(어머니 혹은 치료자)가 그것을 견디지 못해 말 그대로 마음이 산산조각 나는 경우를 말한다.

환자가 환상 속에서 투사를 하는 투사적 동일시의 초기 단계에서는 모든 과정이 환자의 심리내적 사건으로 머물러 있기 때문에 치료자가 투사된 것을 뚜렷이 느끼기가 쉽지 않다. 그러나 환자가 치료자를 적극적으로 조종하기 시작하면 치료자는 투사된 것과 동일하게 행동하도록 압박당한다는 것을 느끼게 된다. 이때 치료자는 자신이 평소와 다르게 부적절하게 느끼고 행동하려 한다는 것을 받아들이는 것이 중요하다. 즉, 투사적 동일시 과정에서 치료자는 투사된 것을 받아들일 수 있도록 개방되어 있어야 한다. Bion이나 Ogden의 말처럼, 환자의 감정을 받아내는 것은 치료자의 의무다. 예를 들어,

환자가 자신은 사랑받을 만한 사람이 아니며 어찌할 가치도 없는 절망스러운 존재라고 느낄 때, 치료자는 자신이 그 환자에게 쓸모없는 것 같다는 느낌을 견뎌낼 수 있어야 한다. 그러면서도 치료를 중단하지 않고 이끌어 갈 수 있어야 한다. 이때 치료자는 환자가 정말 가치 없는 존재인가 아닌가를 따져서는 안 된다. 참 좋은 어머니가 이행기 대상(transitional object)의 진위에 대해 의문을 제기하지 않고 아이의 감정을 공유하듯이, 치료자는 환자의 절망스러운 감정을 같이 견뎌내야 한다('10장 Winnicott의 대상관계이론' 참조).

치료자는 단순한 수용자로서 끝나서는 안 된다. 치료자는 그 자신의 과거와 그 자신만의 갈등과 경험을 가진 사람이다. 환자와 달리 투사된 것에 대해 덜 놀라고 더 잘 처리할 수 있는 지식과 분석의 능력을 갖고 있다. 분석가로서 투사된 것을 담아내고(contain), 그 감정을 조율하고(modulate), 변형시키고(transform), 의미를 부여하여 환자가 동화시킬 수(assimilation) 있는 형태로 되돌려 주어야 한다. 그 결과 수용자 내면에서 심리적 과정을 거친 새로운 각색물(투사된 감정과 수용자 측면의 혼합물)이 투사자에 의해 재내면화될 수 있다.

수용자가 재내면화하는 수준도 원초적인 양식의 함입(primitive type of introjection)부터 성숙한 동일시(mature identification)까지 다양하다. 그렇지만 재내면화 과정의 형태가 어떻든지 대사된 투사물을 재내면화하는 것은 투사자에게 다른 방식으로 다룰 수 있다는 새로운 관점을 제공해 준다. 만약 투사체가 성공적으로 잘 처리된 후에 재내면화가 이루어지는 경우에는 진정한 심리적 성장이 이뤄질 수 있다.

사례 68

J는 30대 초반의 남성 직장인이다. 주 2회의 정신분석이 약 1년 진행된 시점에서 분석가나 환자 모두 분석이 난관에 봉착한 것을 느끼고 있다. J는 "1년 동안 분석을 받으면서 뭐가 좋아졌는지 모르겠네요." "괜히 시간만 낭비하는 것 같아요." 등의 표현을 반복하였다. 점점 분석비를 내는 것도 아깝다는 식의 태도를 보이더니 한주, 두주 미뤄서 분석비를 지불하였다. 아예 분석비를 한 달 내내 안 주고 지나가기도 하였다. 분석가는 J가 밀린 분석비를 주지 않아 어느 날 갑자기 분석을 종료하는 상상을 하는 자신을 발견하기도 하였다.

분석이 지지부진하게 지속되던 어느 날, 분석가는 자신은 분석시간이 50분인데 자신의 동료는 45분을 하며 같은 분석비를 받고 있다는 것이 떠올랐다. 그다음 분석시간에 치료자는 J로 하여금 대기실에서 몇 분 더 기다리게 함으로써 결과적으로 분석시간을 45분 정도로 단축하였다. 이후 분석가나 환자 모두 의식하지 못하는 가운데 분석시간은 45분으로 슬그머니 단축되었다.

이후 분석이 진행되면서 분석가는 점점 45분에 맞춰 분석을 종료하기 힘들어하는 자신을 발견하게 되었다. 분석시간에 대해 자꾸 관대해져서 45분이 아니라 훨씬 많은 시간을 초과해서 끝내곤 하였다. 뿐만 아니라 점차 지켜져야 할 분석의 기본적인 규칙도 위험해지는 것을 느끼게 되었다. 동시에 분석가는 자신이 분석비를 받을 만한 가치가 없을 만큼 지지부진한 분석을 하면서 분석비를 받고 있는 탐욕스러운 사람이라고 느끼기 시작하였다. 또 분석시간에 관대함으로써 자신이 탐욕스럽다는 감정을 방어하고 있다는 것을 깨닫게 되었다. 그런 감정이 환자에 의해 자신 안에 생성된 것이라는 점을 인식하게 되면서, 분석가는 J의 심리를 새로운 눈으로 볼 수 있게 되었다.

J가 15개월쯤 되었을 때 그의 아버지는 J의 어머니와 이혼을 하고 다른 여자를 찾아 떠났다. 어느 누구도 어머니가 J를 돌보느라 남편에게 소홀해서 J의 아버지가 떠났다는 식으로 얘기하거나 비난하지 않았다. 하지만 그의 성장과정 내내, 어린 J가 어머니 시간을 빼앗고 관심과 에너지를 독점했기 때문에 아버지가 떠났다는 분위기가 항상 팽배해 있었다. J는 자신의 탐욕 때문에 결과적으로 아버지가 떠났다는 느낌을 지울 수가 없었다. 그리하여 필사적으로 아버지가 떠난 것은 자기 탓이 아니라는 것과 자신은 탐욕스럽지 않다는 것을 느끼려 하였다. 즉, 자신의 탐욕을 부정하려는 강렬한 욕구를 항상 느끼며 살아 왔다.

분석이 일 년쯤 진행되었을 무렵, J는 분석시간을 늘리자고 요구하고 싶었지만 그렇게 요청할 수 없었다. 그런 요구는 자신이 탐욕스럽다는 것을 나타내는 것이라고 느꼈기 때문이다. 자신이 탐욕을 부리면 아버지가 떠났듯이 치료자가 자기를 버리고 떠나거나(아버지 표상의 전이), 너 때문에 아버지가 떠났다고 비난하는 어머니처럼 치료자가 자신을 공격할 것이라고(어머니 표상의 전이) 느꼈다. J는 분석시간을 늘렸으면 좋겠다는 소망과는 정반대로 분석 자체와 분석가가 전혀 바람직하지 않고 가치 없다고 주장하였다. 이것은 분석과 분석가를 아예 '내가 탐욕을 부릴 만한 것이 전혀 되지 않는다.' 고 주장함으로써 탐욕의 위험으로부터 벗어나려는 필사적인 노력으로 볼 수 있다. 덧붙여 그는 받아들일 수 없는 탐욕스러움의 강렬한 감정을 분석가에게 투사하여 자신의 것이 아니라고 부정하였다. 그러고는 자신이 투사한 내용처럼 분석가가 탐욕스러운 사람처럼 느끼고 반응하도록 조종하였다. 그 결과 분석가는 실제 자신이 탐욕스럽다고 느꼈다. 그러나 분석의 지식과 경험 그리고 환자와는 다른 성숙한 심리를 가지고 있었기에 자신에게 투사된 탐욕의 감정을 J와는 다르게 처리할 수 있었다.

이 사례에서 분석가가 환자와 다르게 탐욕의 감정을 부정하거나 밖으로 배출하여 제거하는 대신 통합할 수 있었던 것은 자기 인식이 가능했기 때문이다. 분석가는 먼저 자신이 탐욕의 감정을 느끼고 있다는 것을 인식하고 그것을 있는 그대로 받아들였다. 또한 탐욕의 감정을 경험하며 죄책감을 느끼면서도 그것을 방어적으로 처리하고 있다는 것을 인식하고 수용하였다. 그다음 그런 것들을 부정하고 위장하고 축출하려고 하는 대신에 자신의 다른 심리 부분을 사용하여 관심을 갖고 이해하려고 하였다. 그 결과 분석가는 분석을 방해하는 것이 탐욕스러운 감정 자체가 아니라 그런 감정을 내 것이 아니라고 부정하려는 방어적 욕구 때문이라는 것을 알게 되었다. 즉, 탐욕이라는 감정 자체는 이제 가지고 있을 만한 것이 되었다. 대신 그것을 방어적으로 처리하지 않고 어떻게 효율적으로 처리하느냐가 문제의 핵심이 되었다.

사례 68 계속

이제 분석가는 분석비와 분석시간을 치료에 효과적으로 사용할 수 있게 되었다. 또한 좋은 마음으로 분석비를 받을 수 있게 되었다. 시간이 좀 지난 후, J는 "목돈이 생겨 좋겠어요."라며 밀렸던 분석비를 한꺼번에 주었다. 이에 분석가도 환자에게 긍정적인 미소를 보이며, "목돈이 생기는 건 괜찮은 일이지요."라고 대답해 주었다.

비로소 탐욕은 분석가 안에서 욕심스러운 감정이지만 동시에 분석의 노력과 가치를 생각할 때 당연히 가질 수 있는 감정이 되었다. 다시 말해서, 온통 나쁜 의미만 가진 것이 아니라 긍정적인 면도 있는 것이 되었다. 이런 통합을 통해 환자가 투사한 탐욕의 감정은 이제 분석가 안에서 받아들일 만한 것으로 변형되었다. 그렇기에 분석비를 주고받는 상호작용 자체를 통하여 환자는 분석가에 의해 '대사된 투사물'을 재내면화할 수 있게 된다. 여기서 중요한 것은 투사적 동일시라는 치료적 상호작용 자체만으로도 환자의 심리성장이 가능하다는 점이다.

다음은 Hamilton(1990b)이 제시한 사례로, 실제 병원 상황에서 전공의들이 간혹 경험할 수 있는 것이다.

사례 69

B.B.는 피해망상을 가지고 있는 정신병 환자다. 한 번 입원치료를 받은 적이 있으나, 퇴원 이후 외래치료를 거부하고 있는 상태다. 몇 개월

전부터 밤에 응급실에 와서는 다른 사람이 자신을 해치려고 한다는 피해망상을 이야기하였다. 그리고 자신을 해치려는 사람들로부터 자신을 보호해 달라고 요청하였다. 명백한 피해망상이었기에 당직의는 치료를 권하였다. 그러나 B.B.는 입원치료는 물론 약이나 주사도 거부하였다.

다음 날 응급환자 토론회의 시간에 전날 당직을 섰던 전공의가 보고를 하였다.

"대부분 B.B.에 대해서 알고 있을 겁니다. 지난 3일 동안 매일 밤 응급실에 왔습니다. 여전히 같은 이야기지만 다른 사람들이 자신을 해치려고 한다는 겁니다. B.B.는 다급하게 도와달라고 하지만 도울 길이 없잖아요. 입원도 하지 않겠다, 주사도 맞지 않겠다, 약도 먹지 않겠다니까요. 그렇다고 다른 연락되는 사람도 없고요. 어젯밤에도 B.B.는 호텔관리인이 자기를 독살하려 한다고 다시 긴 연설을 시작했어요. 아마 그 이야기를 들으셨을 거예요. 여전히 그는 바로 그 시각, 그러니까 그날 새벽 두 시에 그 일에 대해 무언가 조치를 취해야 한다는 겁니다. 병원이 아닌 자기가 있을 수 있는 장소를 나보고 찾아보라고 했어요. 그러면서 카운터 뒤에서 자고 있을 관리인을 죽일 생각을 해 봤지만 아무 소용이 없다는 거지요. '그 조직' 이 또 다른 하수인을 보내서 그를 해치려고 할 것이기 때문이라는 거죠. 자살도 생각해 봤지만 만약 실패하면 다시 병원에 오게 될 것이라는 등 항상 하던 얘기를 반복했습니다. 의사로서 해줄 수 있는 도움은 다 거절하고, 그러면서도 병원에 찾아와선 도와달라고 하고. 난감하기 이를 데 없습니다."

당직 전공의의 보고를 듣는 다른 의사들까지 모두 답답함을 느꼈다. 그리고 정신과 의사로서 한계를 느끼며 극심한 무력감을 느꼈다. 그러면서도 계속 찾아오는 환자 때문에 마치 빠져나갈 수 없는 상황에 처한 듯한 절망감까지 느꼈다. 평소 유능하고 효율적으로 진료를 하던 의사들이 환자들이나 느낄 법한 감정들로 풀이 죽고 낙심을 하고 있었다. 점차 회의가 진행되면서 환자가 반복적으로 도움을 요청하고 거절하곤 하면서 의사들 안에 무력감과 절망감을 불러일으켰을 가능성이 있음을 알아냈다. 그리하여 그들은 B.B.를 직접 돕는 것보다 자신의 절망감을 인식하도록 도와주는 것이 필요하다고 생각하게 되었다.

이틀 후 밤에 B.B.는 다시 응급실로 왔다. 전공의는 그의 이야기를 한 번 더 듣고는 "B.B.씨 당신이 얼마나 낙담하고 외롭게 느꼈을지 알겠어요." 하고 말했다. 환자는 고개를 끄떡이며 그의 손을 내려다봤다. 의사는 계속해서 "나도 잘 도와주고 싶지만 원하는 만큼 도와드리지 못해 안타깝게 생각합니다. 당장 당신의 모든 문제를 해결해 드릴 순 없지만 당신의 상황을 좀 더 잘 이해하고 도움의 방법을 찾아볼 순 있을 겁니다. 그러기 위해선 일정하게 시간을 정하고 규칙적으로 꾸준히 같이 해나가는 것이 도움이 되지 않을까요? 내일 외래 제 방으로 오시겠어요? 한번 그렇게 시도해 볼까요?" 환자는 의자에 깊숙이 기대앉아서 잠시 혼돈스러워하더니 "좋아요, 하지만 도움은 안 될 거예요." 하고 대답했다.

다음 날 회의에서 참석자들은 이 보고를 들었다. 그리고 그들은 환자가 약속을 안 지킬 거라고 내기를 걸었다. 그러나 B.B.는 약속을 지켰고, 그다음 약속시간도 지켰다. 투사적 동일시 개념을 이해하였기 때문에 환자가 투사한 무력감과 절망감을 전공의가 극복할 수 있었던 예다. 또한 의사는 자신의 무력감을 인식하고 그것이 바로 환자가 자신에게 투사한 환자 자신의 감정이라는 것을 알 수 있었기에 B.B.와 공감대를 형성하고 그의 절망감을 도울 수 있었다.

(a) B.B.는 조직 혹은 타인이 자신을 해치려 한다는 피해망상을 갖고 있다. 그러나 자신을 보호할 안전한 장소도 찾을 수 없고 도움을 받을 수 있는 사람도 찾을 수 없는 무력감을 가지면서 절망감을 느끼고 있다. 그러나 이런 무력감과 절망감이 자신의 탓이 아니라 자기를 제대로 도와주지 못하는 의사의 탓이라고 투사한다(투사).

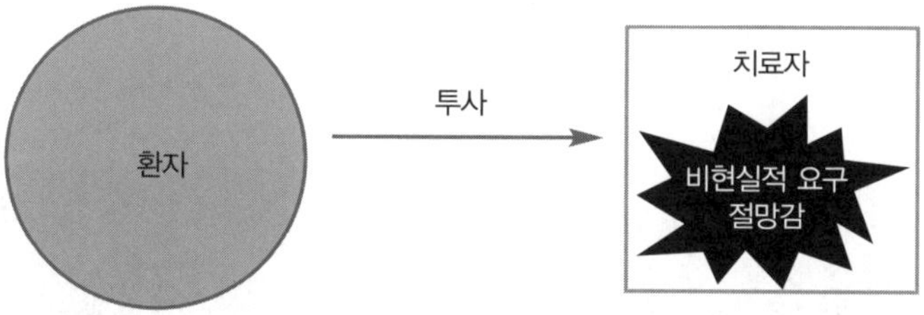

(b) B.B.는 자신을 제대로 도와주지 못하는 의사의 무력감을 보면서 더욱 실망하고 무력감을 느낀다. 의사들이 상황을 더 잘 알아야 제대로 도와줄 것이란 생각에 피해망상의 내용만 더욱 자

세히 설명한다. 그리고 그런 내용에 따라 제대로 도와달라고 매달린다. 즉, 투사한 내용에 대해서 감정적인 공감을 느끼고 교류한다(연결감 유지).

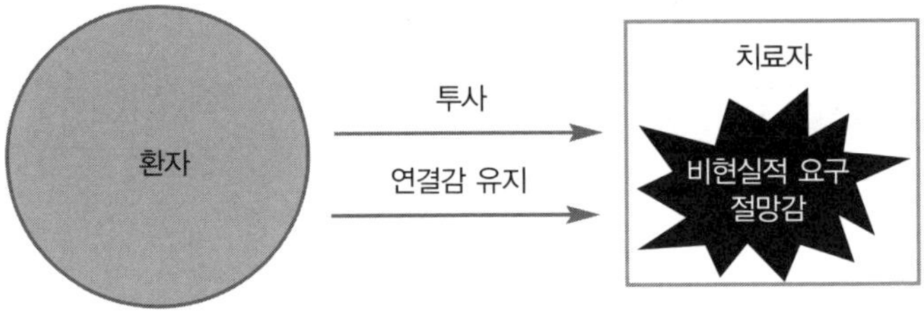

(c) 의사가 입원치료나 약물치료 등 현실적으로 도움이 될 만한 방법들을 제시하지만, 환자는 그것들을 거절함으로써 의사로 하여금 실제로 무력감을 느끼게 만든다. 또한 현실 감각은 더욱 외면한 채 피해망상의 내용만 더 정교화하는 환자로 인해 의사들은 더 큰 무력감을 느낀다. 그러면서 B.B.는 지속적으로 야간에 응급실을 찾아옴으로써 의사로 하여금 절망감마저 느끼게 만든다(조종).

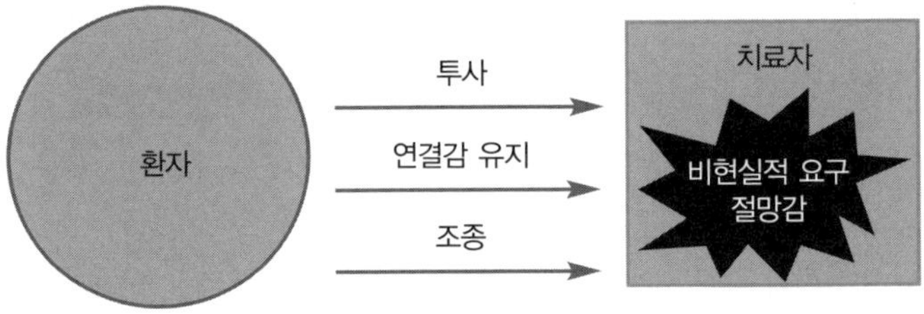

(d) 무력감과 절망감을 느낀 의사는 '의사가 지시하는 대로 하지도

않으면서 뭐하러 응급실은 자꾸 찾아오느냐.' 며 핀잔을 주듯이 환자에게 공격을 할 수 있다. 아니면 응급실의 호출을 받고서도 고의로 내려가지 않고 시간을 끌 수도 있다. 즉, 정말로 무능하고 환자에게 도움을 주지 못하는 의사처럼 행동하는 것이다 (투사적 역-동일시).

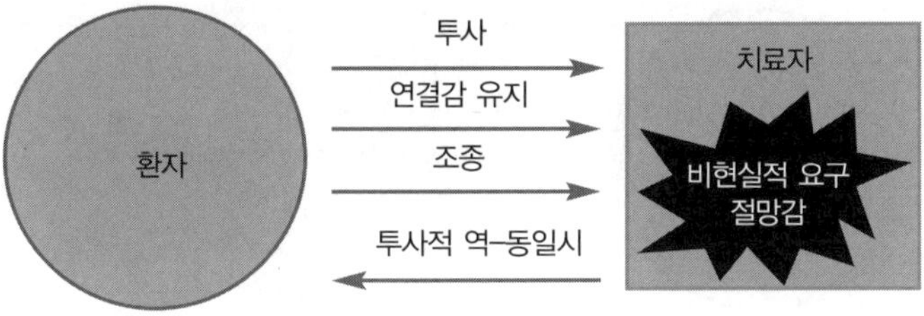

(e) 무력한 의사의 태도와 모습을 보면서, B.B.는 의사가 저러니 자신은 그야말로 도움을 받을 데가 하나도 없다고 확인하게 된다 (재내면화).

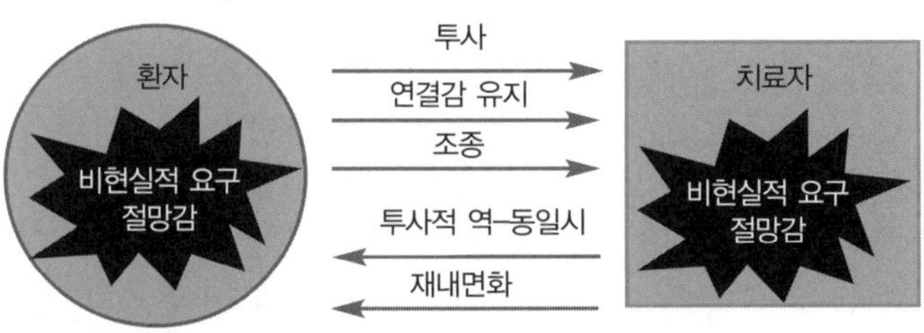

다음 방문 때 담아내기(containing) 과정이 진행될 수 있었던 것은 당직 전공의가 투사적 동일시 과정이 전개되고 있는 것을 이해하였기 때문이다. 즉, 치료자가 느끼는 정신과 의사로서의 무력감과 절

망감을 통해 환자가 느끼는 무력감과 절망감을 깊이 공감하게 된다.

(c′) 망상 속의 가해자로부터 자신을 도와달라는 비현실적이고 불가능하고 엉뚱한 B.B. 요구를 무력하고 무능한 치료자가 하듯이 무조건 거절하지 않고 일단 받아들인다.

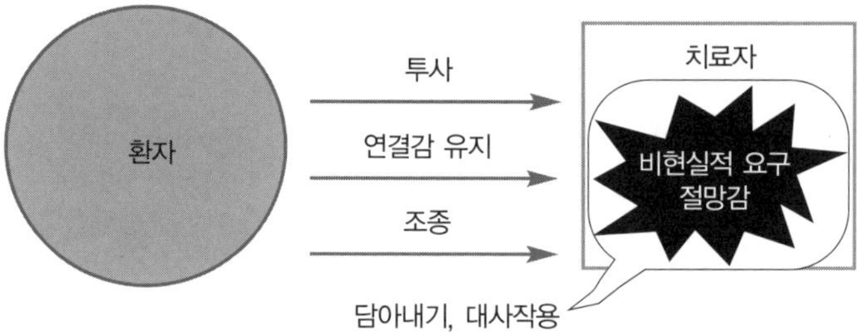

(d′) 의사는 B.B.의 이야기를 가해자로부터 도와달라는 문제 해결의 요청으로만 보지 않고, 무력감과 절망감이란 감정에 초점을 두고 이해하고 받아들인다. 그리고 불가능하고 비현실적인 그의 요구 대신에 보다 현실적이고 가능한 것, 즉 그를 이해하도록 노력하자는 제의를 한다. '망상 속의 가해자로부터 도와달라.' 는 비현실적인 요구를 담아서 환자가 받아들일 수 있는 현실적인 내용, 즉 '환자와 상황에 대해 보다 잘 이해하도록 노력하자.' 는 현실적인 것으로 되돌려 준다.

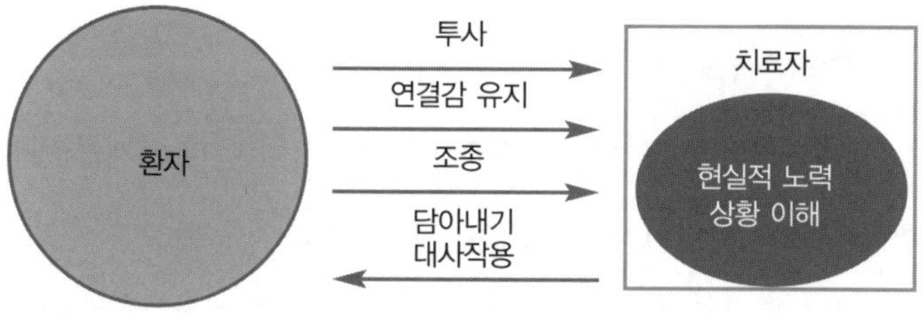

(e′) B.B.가 투사한 것(가해자로부터 박해당하는 자신을 도와달라는 비현실적인 것)이 그가 받아들일 만한 것(그런 상황을 한번 살펴보자는 공유 가능한 현실적 제의)으로 되돌아온다. 환자는 이를 내사하여 보다 비현실적인 응급실 방문 대신 외래를 방문할 수 있게 된다.

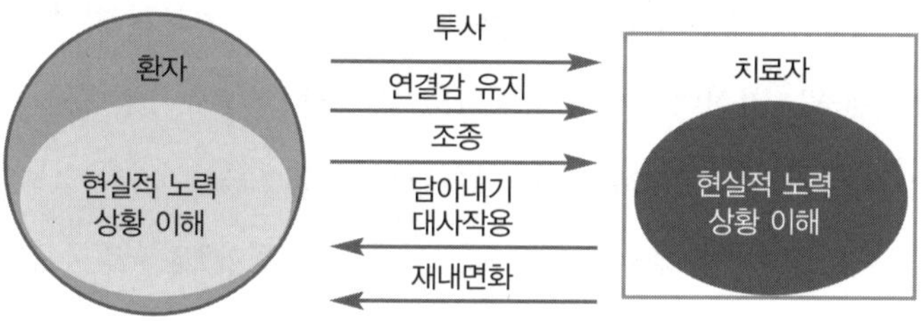

① 정상 생활 속의 투사적 동일시

투사적 동일시는 꼭 병적인 관계에서만 나타나는 것이 아니고, 정상적인 관계에서도 얼마든지 관찰될 수 있다. 정상적인 관계 속에서 이루어지는 투사적 동일시는 많은 경우 대상과의 공감적인 관계를 가져온다.

사례 70

A는 대학원에서 영문학 석사과정을 공부하고 있는 26세 여성이다. 약 6개월 전부터 사법고시에 합격하여 연수원 과정을 밟고 있는 남자를 소개로 만나 교제하고 있는 중이다. 그런데 약 2주 전 알지 못하는 여자로부터 만나자는 연락이 왔다. 자신이 오래전부터 그 남자와 사귀어 왔으니 둘이 결혼할 수 있도록 양보해 달라는 내용이었다. 너무나 놀란 A는 남자와 여자를 각각 만나 확인한 결과 오래전부터 교제해 온 것이 사실이란 것을 알게 되었다. 그러나 남자는 그 여자와 결혼까지는 생각하고 있지 않아 A를 만났다는 것이다. 그동안 남자와의 교제 경험이 별로 없는 A는 남자가 불결하다는 느낌과 함께 깊은 배신감을 느꼈다. 그리고 즉시 그와 관계를 끊었다. 고등학교 때부터 가장 친하게 지냈던 친구를 불러낸 A는 자신이 얼마나 상심하였는지를 털어놓으며 눈물을 흘렸다.

"그 남자 너무 이상한 사람 아니니? 만나고 있는 여자가 있는데 어떻게 나를 소개받을 생각을 하니? 또 그 여자는 뭐야? 양다리를 걸치든 말든 상관없다는 듯이 나한테 너무 당당하게 이야기하는 거야. 그 남자하고 결혼할 거라고. 모두 이상한 사람들 아냐? 그런 사람들한테 당한 게 속상해 죽겠어."

A의 얘기를 듣고 있던 친구는 눈물을 흘리며 속상해하는 A가 너무 안됐다는 생각이 들기 시작하였다. 그래서 좀 더 옆으로 바짝 다가앉으며 A의 등을 감싸 주었다.

A : 그 여자는 왜 그렇게 뻔뻔스러운 거야. 도무지 부끄러울 게 전혀 없다는 태도야. 그런 식으로 인간답지 않게 나오니까 내가 아무 말

도 할 수가 없는 거야. 사람 같지 않으니까 한마디도 할 수가 없더라니까.

친구: 말하지 않은 게 차라리 잘한 거야. 사람답지 않은 것들에게 말해 봤자 알아듣지도 못할 텐데. 똥이 무서워서 피하니 더러워서 피하지. 빨리 끝낸 게 오히려 잘된 거야.

A : 그렇지? 네 말대로 오히려 숨겨 논 여자 문제가 빨리 터져서 잘 끝났다는 생각이 들어. 세상에 아무리 머리가 좋고 공부를 잘하면 뭐하니? 인간성이 되먹어야지.

(a) A는 남자와의 관계에서 좌절을 맛본다. 거절당한 여성이 된 것이다. 그러나 이런 거절이 자신의 탓이라고 받아들이는 것은 너무 고통스러운 일이다. 그래서 남자와 그가 이미 사귀고 있던 뻔뻔스러운 여자의 탓으로 돌리며 비난을 한다. 어느 정도는 현실적인 면도 있다. A는 자신의 친구에게 자신이 경험한 좌절감과 남자 및 여자에 대한 분노의 감정을 전달한다(투사).

(b) 친구도 자기와 같은 감정을 느껴서 자신을 이해해 주기를 바란다(연결감 유지).

(c) 그래서 친구가 이해할 수 있도록 자신에게 상처를 준 남자와 여자에 대해 실제보다 더 과격하게 표현하고, 또 자신의 괴로움을 느낄 수 있게 자기도 모르게 상처받은 자신의 모습을 더 애처롭게 보여 준다(조종).

(d) A의 이야기를 들으며 친구는 A와 같이 좌절감을 느끼게 된다.

그러면서 그런 좌절을 준 남자와 여자에 대해 실제 어떤 사람인지 잘 알지도 못하면서 비이성적으로 평가절하를 한다. 그리고 모든 것이 사람 같지 않은 그들의 잘못이라고 확신한다. 즉, A가 느끼고 생각하는 것과 동일하게 느끼고 판단한다(투사적 역-동일시).

(e) 친구의 이야기를 들은 A는 자신의 생각과 판단이 옳다는 것을 확인하고, 정말로 그들이 파렴치한이라고 생각한다(재내면화).

② 긍정적 투사적 동일시(positive projective identification)

투사적 동일시에서 투사되는 가장 빈번한 감정은 분노나 적개심이다. 그러나 Klein은 투사적 동일시에 긍정적인 감정 혹은 사랑의 감정이 포함될 수 있다는 것을 언급하였다. Hamilton(1990)은 이를 긍정적 투사적 동일시(positive projective identification)라고 명명하였다.

사례 71

T는 지난 10년 동안 정신분열병으로 치료받고 있는 38세의 여자 환자다. 처음 발병하였을 때 약 2개월간 입원한 이후 현재까지 개인 정신의원에서 통원치료를 받고 있다. 다행히 그녀는 대학진학을 할 수 있었다. 그녀는 언어 능력이 좋아서 대학에서 불어를 상당 수준까지 공부할 수 있었다. 현재도 불어소설을 보는 등 지적 활동은 어느 정도 유지되나 실제 생활은 거의 못하고 있다. 아직도 고등학교 때 미술 선생님과 연관된 애정망상과 피해망상이 계속되고 있기 때문이다.

아는 사람으로부터 소개받은 새 치료자는 첫 시간에 1시간 가까이 면담을 하며 T의 이야기를 진지하게 경청하였다. 새 치료자는 그녀의 불어 실력을 높게 평가하였다. 그리고 때로 불교 공부를 하기도 하고 성경 공부를 하기도 하며 종교에 대해 탐구하는 자세가 오랜 병에도 불구하고 비교적 건강하다고 생각하였다. T는 자신의 전 치료자가 종교 이야기는 아예 꺼내질 못하게 해서 답답했다고 말하였다. 그리고 이렇게 자기 자신의 이야기를 할 기회가 거의 없었다고 했다. 아직 망상 증상이 상당히 남아 있지만 그녀의 퇴행이 그렇게 심하지 않다고 치료자는 판단하였다. 특히 불어 실력과 종교에 대한 비교적 건강한 관심을 긍정적으로 평가하였다. 그리고 약은 전 치료자가 처방했던 그대로 일단 투약하며 경과를 보기로 하였다.

T는 1주일에 한 번씩 외래를 방문하여 약 20분 정도씩 면담을 하였다. 약은 전에 쓰던 약을 똑같이 그대로 쓰며 유지하였다. 몇 주 지나지 않아 그녀는 전에 비해 많이 좋아졌다고 말하였다. 그리고 종교 이야기 등을 비판 없이 그대로 들어주는 치료자에게 상당한 호감을 표현하였다. 대학원 진학 등 다소 비현실적인 이야기를 하기도 하였으나 현실적으로 실행할 위험이 없는 이야기였기 때문에 치료자는 진지하게 경청만 하였다. T는 몇 달이 지나면서 고등학교 선생님에 대한 망상이 현저히 줄어들었다고 이야기하였다. 그리고 5, 6개월이 지나면서는 지난 10년 동안 지속되어 왔던 그런 망상이 거의 없어졌다고 말했다.

T는 실제 일상생활의 범위와 질이 현저히 좋아져서 그동안 전혀 하지 못했던 기능들을 하기 시작하였다. 집안일도 상당히 할 수 있게 되었고, 동생들에게 사정이 있을 땐 그 집을 찾아가서 조카들을 돌봐 주는 일까지 가능하게 되었다. 가족들도 이런 변화에 놀라워하며 매우 기뻐하였

다. 나아가 프랑스문화원을 이용하는 등 훨씬 현실적으로 불어도 공부하게 되었다.

(a) T는 망상을 가진 환자로서 제 역할을 제대로 못하고 있다. 그러나 치료자는 그녀가 가지고 있는 불어 실력 등 여러 면에서 긍정적이고 쓸모 있는 능력들을 아직 유지하고 있다고 평가한다. 이런 평가와 함께, 사람은 누구나 한 실존으로서 어떤 경우에도 의미 있고 가치 있는 존재라는 치료자 자신의 사람에 대한 이미지를 가지고 그녀를 본다. 그리고 이러한 치료자 자신의 T에 대한 이미지를 무의식적으로 그녀에게 전달한다(투사).

(b) 치료자는 T를 의미 있고 가치 있는 한 존재이며 상당한 불어 실력을 가지고 있는 사람으로 계속 대해 준다(연결감 유지).

(c) 치료자는 환자를 보다 존중해 주고, 그녀가 가지고 있는 언어 능력에 더욱 관심을 가질 뿐만 아니라 다른 생활 능력에서도 T를 가치 있고 의미 있는 잠재력을 가진 존재로 대해 준다(조종).

(d) 가능성이 있는 존재로 받아 주고 대해 주는 치료자의 태도를 보며 T 자신도 자신이 가치 있고 의미 있는 존재라고 인식하기 시작한다. 그리고 이렇게 현실에서 인정을 받게 되면서 환상 속으로 들어가지 않아도 되게 된다. 즉, 환상 속의 학교 선생님과의 애정관계는 필요 없게 된다. 아마 이것이 망상이 사라진 이유로 보인다. 말하자면 사람 역할을 못하는 환자가 아니라 가치 있고 의미 있는 건강하게 기능하는 존재로 자신을 인식하

기 시작한다(투사적 역-동일시).

(e) T의 변화를 보면서 치료자는 자신의 생각이 맞는다고 확인하게 된다. 그러면서 그녀의 건강한 측면에 더욱 관심을 가지게 된다(재내면화와 긍정적 순환).

참고로 긍정적 투사적 동일시에 반대되는 개념으로 Hamilton이 제시한 부정적 투사적 동일시(negative projective identification)의 예를 들면 다음과 같다.

사례 72

유명 대학의 한 교수 '가' 는 한 남자 동료 교수 '나' 와 여자 동료 교수 '다' 의 성공을 부러워하고 시기하였다. '가' 는 마음속에서 그들이 파멸되기를 바란다. '가' 는 '나' 에게 가서 '다' 가 '나' 에 대해서 험담을 하고 다닌다고 마치 비밀을 알려 주듯 은밀하게 말하였다. 험담의 내용도 보통 험담이 아니라 성적으로 문란하다는 저질스러운 것이라고 강조하였다. 그다음엔 '다' 에게 가서 '나' 가 '다' 에 대해 악질적인 욕을 하고 다닌다고 고자질하듯 말하였다. 말로 담기 어려운 성적인 추문을 퍼뜨리고 다닌다고 알려 주었다. '가' 는 자기 자신이 두 사람에게 갖고 있는 불신과 분노의 씨를 '나' 와 '다' 각각에게 심어 준 것이다.

(a) '가' 는 성공한 동료 교수 '나' 와 '다' 에 대해서 시기와 적개심을 느낀다. 자신이 성공하지 못한 것이 바로 그 자신 때문이라

는 것은 받아들이기 어려운 것이다. 자신의 시기와 적개심 그리고 실패감을 '나'와 '다'에게 전달한다(투사).

(b) 투사의 결과, '가'는 실제 '나'와 '다'가 서로 적대적이고 적개심을 가진 것처럼 느낀다. 그래서 서로의 관계에 대해 자신이 일정한 역할을 해야 된다고 느낀다(연결감 유지).

(c) '나'와 '다'가 서로에게 적개심을 느끼게끔 적극적으로 이간질을 하고 관계를 악화시킨다(조종).

(d) 점진적으로 '나'와 '다'는 서로에게 적개심을 느끼며 서로 파렴치한이라고 비난하고 서로를 매장시키겠다고 욕을 하고 다닌다. 즉, '가'가 심어 준 대로 행동하게 된다(투사적 역-동일시).

(e) '가'는 이런 '나'와 '다'의 모습을 보며 그들이 정말 형편없는 교수들이라고 믿게 된다(재내면화).

③ 양육과정에서 경험되는 투사적 동일시와 담아내기

'아이 양육과 정신치료에서 담아내는 양육자와 내용물(The container and the contained in psychotherapy and child rearing)'은 Bion(1962)이 제안한 개념이다. 유아는 극단적이고 조절되지 않은 정서에 의해 압도되면 이러한 감정을 분리시켜 부모에게 투사한다. 부모는 관심을 가지고 유아가 투사한 감정을 받아들인다. 그리고 그것을 조절하고 변형시키고 의미를 부여하여 아이가 동화할 수 있는 형태로 되돌려 준다. 앞서 언급하였듯이 이런 내용물은 심리적으로 진행되고 대사된 것이기에 아이가 보다 용이하게 내재화할 수 있고, 궁극적으로는 그 자신의 감정을 스스로 담아낼 수 있게 된다.

양육과정에서 흔히 어린아이가 까닭 없이 울음을 터트리면서 멈추지 않을 때는 당황하게 된다. 이런 상황을 투사적 동일시의 관점에서 살펴보고 아이의 울음을 치료적으로 유연하게 담아내는 부모의 태도를 생각해 보면 다음과 같다.

사례 73

(a) 아이가 불편감이나 괴로움을 느껴서 운다. 아이는 상대나 주위 여건을 고려하지 않고 무조건 울어 버린다. 그래서 아이의 울음은 그냥 괴로움을 호소하는 울음이 아니라 마치 피해를 받아서 우는 것 같은 울음이다. '나에게 필요한 것을 해 주지 않는다.' 혹은 '제대로 날 보살피지 않아서 결과적으로 날 괴롭힌다.'는 식의 울음이다(투사).

(b) 아마도 유아는 자신의 불편감이나 괴로움을 엄마나 아빠도 똑같이 느끼기를 원할 것이다. 그래서 더욱 절실하게 괴로움을 전하기 위해서 아이는 사정없이 운다(연결감 유지).

(c) 아이가 그치지 않고 계속 울면 엄마도 짜증이 나고 괴로워진다. 마치 제대로 보살피지 못하는 엄마에게 화를 내는 것처럼 들린다. 다시 말해서, 아이가 자신을 공격하는 것처럼 느껴지기 시작한다. 엄마는 곧 아이가 느끼는 감정과 똑같은 감정을 느끼게 된다(조종).

(d) 아이의 울음 때문에 불편해지고 화가 난 엄마는 "얘가 왜 이렇게 울어, 조그만 게 성질은 못돼가지고. 그만 그치지 않을 거야!" 하며 아이의 엉덩이를 한 대 때린다(투사적 역-동일시).

(e) 전혀 공감적이지 않고 실제 아이를 공격하는 엄마의 반응은 아이를 더욱 괴롭게 만들어 더욱 자지러지게 울게 만든다(재내면화).

어머니가 이 상황(투사적 동일시의 의미가 담긴 아이의 울음)을 효과적으로 다루기 위해서는 다음과 같은 담아내기 과정이 필요하다. (a)와 (b)의 투사하고 조정하려는 과정은 어쩔 수 없는 부분이나, 그 조종(control)에 어떻게 반응하느냐에 따라 효율적일 수도 있고 그렇지 않을 수도 있다.

(c′) "아이고, 우리 똥강아지 화났어!" 하며 엄마는 아이가 투사한 '안 좋은 감정'을 그대로 받아 준다. 다만 그것을 '나에게 화내는 것'으로 받아들이지 않고, 뭔가 괴로움은 있으나 아직 제대로 표현 못하는 아이의 어쩔 수 없는 방식으로 받아들인다(담아내기 시작).

(d′) 부모도 아이의 반응이 아주 기분 좋은 것은 아니나(아이가 투사한 부정적인 감정을 받아들임), 아이처럼 부정적이고 조절되지 않는 식으로, 즉 격렬하게 표현하지 않는다. 오히려 '따뜻하게 안아 주고' '말로 얼러 준다.'

(e′) 아이는 자신의 괴로움과 격렬한 공격성을 투사했는데 부모로부터 돌아오는 것은 자신이 동화하고 흡수할 수 있는 감정이다. 그래서 얼러 주는 것을 받아들일 수 있게 된다(동화와 내재화).

④ 분석 상황에서 투사적 동일시의 치료적 활용

다음은 Hamilton(1990a)이 제시한 것으로 Pick라는 치료자가 경험한 예이다. 치료자가 정신분석 도중 환자가 심한 동요를 보이기 시작하였다. 이때 Pick는 자신이 마치 아기와의 관계에서 엄마로서의 자신의 존재가 와해되는 듯한 위협을 느끼는 엄마처럼 느껴졌다. 그러나 곧 아이를 잘 돌봐 주는 것이 쉬운 일은 아니지만 엄마로서의 존재 자체가 무너질 정도의 일은 아니라고 스스로를 안정시켰다. 그리고 이 상황도 쉽지는 않지만 치료자로서 잘 견뎌 나가야 한다고 생각하였다. 이런 치료자의 마음이 양성의 정상적인 투사적 동일시(benign and normal projective identification) 과정을 거쳐서 환자에게 전달되면서, 환자로 하여금 치료자가 견뎌 나가듯이 '환자도 견뎌 나가야 한다.' 고 느끼게 하였다. 다시 말해서, 치료자 자신의 '견뎌 내는 자기 이미지' 가 환자에게 전달된 것이다. 그리고 그 자신의 자기 이미지나 태도와 동일한 것이 피분석가에게 나타나도록 행동하였다.

사례 74

L씨는 직장을 나가며 8세 된 아이를 혼자 키우고 있는 34세 이혼녀다. 20대 초반에 심한 우울증으로 2주간 입원치료를 한 적이 있고, 그 후로 불안 증상과 우울 증상이 간간이 있어 왔지만 첫 입원 이후론 투약을 하거나 입원을 한 적은 없다. 다만 약 10개월 전부터 우울 증상이 심하게 나타나서 현재까지 치료를 해 오고 있는 중이다.

어느 날 L씨는 치료시간에 "마음이 산란해서 미칠 것 같아요. 모든 것을 포기하고 싶어요."라며 병원에 입원시켜 달라고 요구하였다.

치료자는 한순간 L씨가 정신병적 상태로 퇴행하는 것은 아닌지 혹은 자살의 위험은 없는지 걱정이 되었다. 그러면서 분석 양식(analytic mode)에서 부모상담(parent counselling)으로 치료 내용을 바꾸고자 하는 약간의 충동을 느끼게 되었다. 환자가 즉각적인 응답을 원하는 표정으로 치료자를 쳐다보고 있는 가운데, 치료자는 어떤 방법이 최선인지를 생각하였다. 그리고 잠시 후 마음이 안정되었고, 자신이 L씨를 입원시키거나 약을 줘서 분석치료 방법을 변경한다면 L씨 자신의 우울 감정을 치료자나 L씨 모두가 극복할 수 없을 것이라는 L씨의 무의식적인 감정에 동의하는 셈이 된다는 것을 깨닫게 되었다. 그리고 L씨가 그동안 불안과 우울을 잘 인내해 왔고 분석을 통해 비교적 도움을 잘 받아 왔던 여성임을 상기하게 되었다.

그래서 치료자는 무의식적으로 L씨가 치료자 자신에게 유발시킨 불안에 즉각적으로 대응하지 않았다. 입원을 시켜 주겠다 안 시켜 주겠다고 응답하지 않는 대신, 치료자는 L씨의 무기력하고 어린애 같은 요구를 담아내었다. 그래서 "스스로를 진정시키기 어려울 정도로 많이 힘든가 보네요. 어떻게 힘든지 자세히 얘기해 보세요." 하며 이야기를 유도했다.

환 자 : 새벽 두 시인데 애가 나를 깨웠어요. 무섭다면서 같이 자겠다는 것이었지요. 애가 한밤중에 나를 깨울 때마다 미칠 것 같은 생각이 들어요. 어제도 나는 미친 듯이 소리를 지르면서 애를 자기 방으로 돌려보냈죠. 그러나 애는 무서운 꿈을 꾸었다고 계속

울면서 내 방으로 들어왔어요. 전에도 한 달에 한두 번씩 이런 일이 있어서 이럴 땐 어떻게 하는 것이 좋으냐고 여러 사람들에게 물어봤지요. 사람들은 애를 자기 침대로 데려가서 애가 잠들 때까지 옆에 있어 주면서 잘 달래 주는 것이 좋다고 충고해 주었어요. 그렇게 며칠간 해 주면 애가 괜찮아져서 혼자 자게 될 거라고 했지요. 하지만 우리 애는 어제도 또 그랬던 거예요. 그래서 그러면 안 된다는 것을 알면서도 결국 나는 애를 내 침대에서 재웠어요. 애가 악몽에 시달리는 것도 엄마가 제대로 돌봐 주지 않아서 그런 것 같아 죄책감에 미칠 것 같아요. 애가 울 때마다 애를 어떻게 해야 할지 도무지 모르겠어요. 이제 난 어떻게 해야 하죠? 제발 뭐든 좋은 방법을 알려 주세요.

치료자 : 당신은 이미 여러 사람들에게 물어보아서 그런 상황에서 아이를 어떻게 다루어야 하는지 알고 있습니다. 그런데도 나에게 또 질문하는 것은 무엇 때문이죠?

환 자 : 나도 모르겠어요. 어쨌든 선생님은 어떻게 해야 한다고 생각하나요?

치료자는 L씨가 즉각적인 응답을 원하는 어린애 같은 표정으로 치료자를 빤히 쳐다보고 있는 것을 느끼며 어떻게 하는 것이 최선인지를 생각하였다. 그리고 역시 어린애와 같은 마음에서 물어보는 요구에 직접 같은 수준에서 응답하지 않고 자신을 무기력하게 느끼는 그녀의 감정에 대해 담아내기를 한다.

치료자 : 당신은 아마 내가 당신에게 충고를 해 줌으로써 내가 당신을 걱

정하고 있다는 것을 보여 주기를 바라는 것 같아요. 당신 아들이 당신에게 했던 것처럼, 당신이 외로움을 느끼지 않도록 나도 당신에게 특별히 대우해 주기를 바라는 것 같습니다. 당신이 아이보고 혼자서 잠을 자라고 하듯이 내가 당신 스스로 처리하라고 하니까 짜증을 내면서 그 일을 할 수 없다고 더욱 거세게 항의하는 것 같거든요.

이 해석은 L씨의 심리 역동에 대한 해석일 뿐 아니라 그녀의 어린애와 같은 무기력감과 혼자라는 외로운 감정의 호소에 대한 담아내기를 전하려는 의도가 있다.

L씨는 나머지 치료시간 동안 자신의 부모와의 관계에 대해서 얘기를 계속했다. 그런 가운데 부모가 자신에게 나이에 비하여 어른스럽기를 기대했던 것을 생각해 내었고, 그로 인해 자신의 의존 욕구가 만족되지 않아서 느꼈던 거절받는 느낌, 그에 따르는 분노 등을 기억해 냈다. 성인이 되고 아이를 양육하게 된 L씨는 바로 부모가 그녀를 키웠듯이 그녀의 아들을 키우려고 하였다.

그 치료시간이 거의 끝날 무렵에 L씨는 다시금 불안해하면서 어린애와 같이 요구하는 모습을 보였다.

사례 74 계속

환 자 : 너무 울적하고 불안해요. 참을 수가 없어요. 다음 치료시간까지 견딜 수가 없을 것 같아요. 어떻게 좀 해 주세요.

치료자 : 약속한 시간이 다 되었습니다. 지금까지 어려울 때 잘 이겨 왔듯이 다음 시간까지 잘 처리해 나갈 거라고 생각돼요. 다음 주 이 시간에 다시 봅시다.

머뭇거리던 L씨는 빙긋이 웃으면서 나갔고, 그다음 주 치료시간에 보다 안정된 모습으로 나타났다. 그의 아이가 이번 달 들어서 처음으로 요 며칠간을 혼자서 잘 자게 되었다고 이야기하였다.

환 자 : 지난 주말에도 한밤중에 애가 악몽을 꾸었다고 내 방으로 왔어요. 그러나 난 예전처럼 같이 자겠다는 애의 요구에 무조건 된다, 안 된다고 소리 지르지 않았지요. 대신 그 애를 자기 침대로 데리고 가선, 나에게 꿈 이야기를 해 보겠니라고 했어요. 그리고 아이가 악몽에 대해 이야기를 한 후에는 아이에게 그것은 단지 꿈이니 걱정 말라고 했지요. 그런 다음 또 꿈을 꾸게 되면 내일 다시 이야기하자고 했어요. 하지만 이제 넌 큰 애니까 네 침대에서 자야지 하고 말했지요.

치료자가 L씨의 불안 감정과 무기력한 어린애 같은 요구에 대해서 똑같은 미숙한 수준에서 무조건 된다 안 된다라고 말하지 않고, 그녀가 느끼는 불안하고 우울한 감정과 외로움 그리고 어린애와 같은 무기력감 등을 담아 준 것처럼, L씨도 자기 아이의 악몽에 의한 불안과 어린애 같은 요구를 잘 담아 줄 수 있게 되었다.

이상에서 나타난 환자의 투사적 동일시와 치료자의 담아내기 과정을 살펴보면 다음과 같다.

(a) L씨는 자신에게 너무 어른스러운 능력을 요구하는 부모에게 무력감과 심한 좌절 그리고 분노를 느꼈다. 환자는 지금 어머니로서 같은 무력감과 좌절을 느끼고 있다. 환자는 자신이 어머니로서의 기능을 제대로 못하는 불안감과 무능한 자기를 치료자에게 투사한다(투사).

(b) L씨는 치료자를 무력한 어머니로 느끼고 자신은 그로부터 보호받아야 할 아이로 느낀다. 그리고 치료자가 자신을 제대로 돌봐주기를 요구한다(연결감 유지).

(c) L씨는 현재의 여러 문제 때문에 '미칠 지경이다, 미칠 것 같다'고 할 정도로 심한 불안과 우울 감정을 표현한다. 치료자는 자신이 제대로 도와주지 못해서, 즉 무력해서 이런 상태에 빠진 것은 아닌가 걱정하게 된다. 또 환자가 정신병 상태에 빠지는 것은 아닌가, 자살의 위험은 없나 불안을 느끼기 시작한다. 즉 치료 경과에 대한 불확실성을 느끼게 된다. 그 결과 치료자의 마음속에 환자가 느끼는 것과 같은 치료자로서의 불안, 즉 환자 불안의 등가 감정이 생겼다(조종).

(d) 치료자는 이러한 불안을 공감적으로 수용하며 경험한다. 즉, 치료자는 환자의 표현된 불안을 내면화한다. 그러므로 이제 불안은 환자만의 감정이 아니라 치료자의 감정이기도 하다. 이에 치료자는 환자의 정서가 아닌 자신의 정서로 담아내고 조율한

다. 그렇게 환자의 투사적 동일시에 의하여 자극된 치료자의 관심을 치료자 스스로 변형시키자, 치료자는 환자도 스스로를 안정시킬 수 있다는 확신을 갖게 된다. 그리고 환자의 불안에 대한 안정된 이해를 보여 주어 환자가 스스로를 안정시킬 수 있도록 영향을 주고 분석 작업을 계속할 수 있게 영향을 준다(담아내기).

(e) L씨는 치료자에 의하여 처리되고 완화된 훨씬 약해진 감정과 자신을 대하는 치료자의 태도를 내재화하여 스스로를 안정시키고 분석 작업을 계속할 수 있게 된다. 그리고 나중에 치료자가 환자에게 행했듯이 환자 자신이 아이의 불안을 잘 담아내어, L씨 자신이 치료자가 투사한 담아내는 기능을 내면화한 것을 알 수 있다(동화와 내재화).

이 경우 치료자 자신이나 환자에 대한 내적 이미지가 실제 환자와 다를 경우 문제가 생길 수 있다. 예를 들어 위 사례에서 L씨가 '미칠 것 같다' 고 했을 때 실제로 환자가 극심한 감정에 빠져 있다면 정신병적인 상태에 빠지거나 자살의 위험이 있을 수 있다. 또 치료자가 역전이 좌절이나 자신의 무력감, 환자에 대한 적개심에 대한 방어로 환자의 행위를 투사적 동일시로 엉뚱하게 해석할 수 있다. 그리고 환자의 공격성에 대한 치료자의 역전이를 부정하기 위해서 투사적 동일시라고 몰아갈 수도 있다.

투사적 동일시와 투사

앞서 언급했듯이, 투사적 동일시는 Klein이 1946년에 처음으로 사용한 용어다. 이후 60년 이상 이 개념에 관한 수많은 논문들이 발표되었다. 다양한 학파의 사람들이 수없이 많은 임상적 경험을 하였음에도, 아직도 투사적 동일시의 정확한 개념에 대해서는 적지 않은 논란이 있는 것이 사실이다. 예를 들어, Massidda(1999)는 "우리는 투사적 동일시의 모든 진실에 대해 과연 알 수 있을까?"라고 의문을 제기하였다. Goretti(2007)는 이러한 논란이 생기게 되는 이유로 수많은 저자들이 '투사적 동일시'라는 용어를 너무나 광범위하고 다양한 상황들을 지칭하는 데에 사용하기 때문이라고 주장하였다. Kernberg(1986)의 표현대로 "너무나 많은 상황에서 너무나 많은 사람들에 의해 너무나 많은 것들을 나타내는 것"으로 사용되고 있기에 그 개념이 불분명하다는 것이다.

투사적 동일시 개념과 연관된 논란 중의 하나는 투사 개념이다. Kernberg(1965), Ogden(1979), Rosenfeld(1983) 등 많은 분석가들이 투사적 동일시 개념을 투사와 구분하여 사용하고 있으나, Meissner(1980)는 투사적 동일시를 투사(projection)와 함입(introjection)의 요소로 나누어 생각하기를 선호하였다. Spillius(1983)와 Grotstein(1998)은 모든 투사가 투사적 동일시와 동등하다고 간주하였다. Kernberg(1986)는 투사가 투사적 동일시보다 더 성숙한 방어기제라고 생각하였다. 투사적 동일시가 자기 대상 경계가 모호하고 대상에 강렬한 감정을 유발시키는 것이 공생 상태(symbiosis)에 가까운 반면 투사는 자기 대상의 분화가 더 잘 형성되었기 때문에 투사가 더 성숙한 기제라는 것이다. Kernberg와 반대로, Hamilton(1990)은 투사적 동일시가 투사보다 더 성숙한 방어기제라고 생각하였다. 투사는 투사된 내용이 자신의 것이 아니라고 전적으로 부정되지만 투사적 동일시는 어느 정도 자신의 원치 않는 부분이라는 것이 점진적으로 인식되기 때문에 투사적 동일시가 더 성숙한 기제라는 것이다. Kernberg가 주장한 자기 대상 경계의 모호함에 대해서는 그것이 자기 대상 경계의 모호함에 대해 이 아니라 분화와 통합 과정의 부분 자기(part-self), 부분 대상(part-object) 경험을 나타내는 것으로 이행기 대상 형성과 연관된다고 주장하였다. 더불어 임상적으로 순수한 투사는 정신분열병이나 정신병적 편집증 상태에서 주로 보이지만 투사적 동일시는 정신병 상태보다 현실감이 좋은 경계선인격장애에서 많이 사용되는 점도 투사적 동일시가 더 성숙한 기제임을 나타내는 것이라고 주장하였다.

Mitchell과 Black(1995)은 투사적 동일시는 투사의 개념이 확장된 것이라고 설명하였다. 순수한 투사에서는 투사된 자신의 충동이 완전히 낯선 것으로 느껴진다. Klein은 단순한 개별적 충동이 아닌 자신의 일부(a part of self)가 투사되는 것으로 투사의 개념을 확장하였다. 예를 들어, 공격적 충동을 투사하는 것이 아니라 나쁜 자기를 타인 안에 위치시킨다는 것이다. 이렇게 되면 투사된 것이 자기의 일부이므로 무의식적인 동일시를 통해 축출한 부분과의 연결이 유지된다. 더구나 단순한 연결뿐 아니라 그 내용에 대해 통제하려고 노력하게 된다.

시기심

죽음의 본능은 죽음 자체를 향하는 욕동이고 자기를 향한 파괴성이다. Klein은 1957년 죽음 본능의 다른 모습인 일차 시기심(primary envy)의 개념을 제시하였다. 죽음의 본능이 자기(주체)를 파괴하려는 것이라면, 시기심(envy)은 주체의 생명을 제공해 주고 유지시켜 주는 대상을 파괴하고자 하는 또 다른 공격성이다. Klein은 시기심의 원인이 타고난 공격성에 있다고 생각하였다. 즉, 시기심이 태어날 때부터 존재하는 감정이라고 보았다. 그녀는 시기심이 다양한 감정들이 혼합된 하나의 정서라고 말하였다.

시기심과 증오

똑같이 대상을 공격하려는 감정이지만 시기심과 증오는 차이가 있다. 증오(hatred)는 나쁜 대상에게 향한다. 투사와 투사적 동일시에 의해 나쁜 대상은 아이 자신의 가학성을 갖게 되고, 결국 그 대상은 박해하는 악한 대상으로 나타난다. 따라서 아이는 대상을 증오하며 환상 속에서 그를 고문하듯 괴롭히고 소멸시키려 한다.

시기심은 좋은 대상을 향한다. 아이는 어머니의 선함과 돌봄을 경험하지만 그것이 불충분하다고 느낀다. 먼저 나쁜 수유 경험을 한 아기는 어머니가 좋은 것들을 철저하게 조절한다고 느끼기 때문에 분노한다. 아이는 젖가슴이 우유를 조금만 내놓곤 사라져 버린다고 생각한다. 아이는 환상 속에서 젖가슴이 자기 자신의 목적 때문에 젖을 저장한다고 느낀다. 좋은 수유 경험도 어떤 경우 아기에게 견디기 어려운 것이 될 수 있다. 왜냐하면 그것이 아기 자신의 결핍감을 고조시키기 때문이다. 그 결과로 아기는 좋은, 주는 그리고 창조적인 젖가슴(good, giving and creative breast)을 공격한다. 시기적으로 나중에는 어머니를 모욕하는 형태로, 자기보다 더 많이 가졌다고 여겨지는 사람들을 조롱하는 형태로 나타난다. 또 자기가 갖고 있지 못한 좋은 것을 마음속에 간직하지 못하는 무능력으로 나타나기도 한다. 시기심은 좋은 어머니의 돌봄에도 불구하고 아이에게 왜 문제가 생기는지를 이해할 수 있게 해 준다.

시기심과 질투, 탐욕

Klein은 시기심과 질투(jealousy), 탐욕(greed) 사이를 구분해야 한다고 하였다. Klein에 의하면 시기심은 대상이 바람직하고 탐나는 무언가를 소유하고 즐기는 것에 대해 화가 나는 것이다. 그래서 그것을 뺐거나 훼손시키려고 한다. 시기심은 좋은 것, 즐거운 광경을 보면서 마음 아파하는 것이다. 그렇기에 시기심은 대상이 비참해져야만 편해진다. 시기심은 한 사람에 관여하며 어머니와 생애 초기에 나눴던 독점적 관계에 뿌리를 두고 있다.

질투 또한 시기심에 바탕을 두는 감정이다. 그러나 질투는 최소한 두 사람 이상이 관여하게 된다. 질투는 주체가 느끼기에 당연히 자신의 것이라고 느끼는 사랑을 경쟁자에게 빼앗기거나 그럴 위험에 있다고 느끼는 것이다. Klein이나 Hinshelwood에 의하면 질투는 죽음의 본능이나 시기심에서 한 걸음 발전된 감정이다. 시기심이 과하지 않은 경우, 질투 자체는 오이디푸스 갈등을 처리해 가는 하나의 방법이 된다. 즉, 원초적 대상(어머니와 젖가슴)에 향했던 적개심(시기심) 대신에 경쟁자인 아버지와 형제에게 향하는 것이 질투다. 이것은 아버지나 자신의 형제들이 좋은 어머니와 함께할 만하다는 것을 인정하는 것을 뜻한다. 시기심은 좋은 것 자체를 파괴하고 그것을 인정하지 못하지만, 질투는 비록 고통스러워도 대상의 가치를 인정하고(아직 사랑까지는 아니지만) 더 긍정적 관심으로 나아가는 것이다. 그렇기 때문에 질투는 어느 정도 시기심을 대신하고 처리해 내는 수단이 된다.

Hinshelwood에 의하면 일차적으로 자기 파괴적인 죽음의 본능에서 대상(생명의 원천으로서)을 파괴하려는 시기심으로의 이동이 한 단계라면, 생명의 원천을 파괴하려는 것에서 경쟁자로 공격성이 옮겨 가는 것(질투)은 그다음 단계다. 그리고 한 단계 더 나아간 것이 '건강한 경쟁' 이다. 이러한 과정을 통해 사랑의 충동이 공격적 충동을 점점 더 완화시키고 점차적으로 더 지배하게 된다.

한편 탐욕은 주체가 필요로 하는 정도나 대상이 줄 수 있는 능력을 훨씬 초과하는 맹렬하고 만족할 줄 모르는 갈망이다. 무의식의 수준에서 보면 어머니의 젖가슴을 완전히 파내 버리고 마를 때까지 빨아먹는 것이며 게걸스럽게 먹어치우는 것이다. 근본 동기는 대상의 것을 자신이 소유하려는 것이지만(introjection), 결과적으로는 대상을 파괴하게 된다. 그렇지만 '황금알을 낳는 거위' 우화에서 농부가 황금알을 한꺼번에 차지하기 위해 거위 배를 가르듯이 자기 욕심을 채우려는 것이 일차적이지 대상을 파괴하려는 것이 근본 동기가 아니다. 반면 시기심은 대상의 좋은 것을 빼앗을 뿐만 아니라 나쁜 것들—일차적으로 배설물과 나쁜 나의 일부—을 젖가슴 속으로 옮겨서 어머니를 훼손시키고 파괴하려고 한다. 깊은 의미에서 이것은 어머니의 창조성(출산 능력을 포함하는)을 파괴하는 것을 뜻한다. 이런 시기심은 항문기 가학성의 산물이며 생애 초기에 시작되는 투사적 동일시의 파괴적 측면이 된다. 함입과 투사의 관점에서 볼 때, 탐욕이 주로 함입과 연관이 있다면 시기심은 투사를 사용하는 것이다.

Klein은 시기심의 첫 대상이 수유하는 젖가슴임을 반복해서 지적

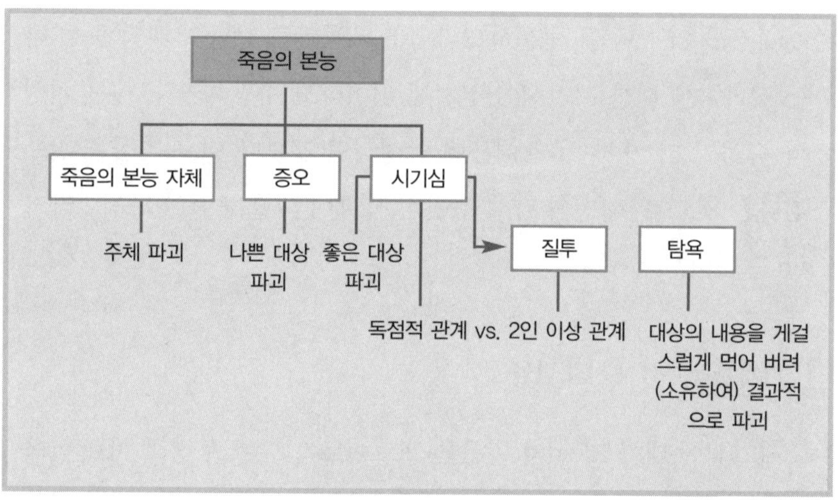

죽음의 본능과 파생물

죽음의 본능은 주체(self)를 파괴하는 것임에 비해, 시기심(선망)은 주체의 생명을 제공하고 유지시켜 주는 대상을 파괴하는 힘이다. 증오와 시기심은 똑같이 대상을 파괴하지만, 증오는 나쁜 대상을 파괴하고 시기심은 좋은 대상을 파괴한다. 질투는 시기심에서 한 걸음 발전된 감정이다. 탐욕은 직접적으로 대상을 파괴하지 않으나, 대상의 내용물을 게걸스럽게 먹어치워 버림으로써(introjection) 결과적으로 대상이 파괴된다.

한다. 유아는 젖가슴이 자신이 소망하는 모든 것을 갖고 있다고 느낀다. 젖가슴에는 무한히 흘러넘치는 젖이 있고 사랑이 있다고 느낀다. 다만 그런 젖과 사랑을 어머니 자신이 만족하기 위해 갖고 있다고 느낀다. 이런 느낌 때문에 유아는 불만을 갖게 되고 증오하게 된다. 그러므로 시기심은 일차적으로 좌절과 결핍에 의해서 유발되지만 이와 같이 충분히 만족하지 못하는 순간에도 생겨날 수 있다. Klein은 어머니의 젖가슴이 그 대상이 되는 일차 시기심(primary envy)과 어머니가 아버지의 페니스를 받아들이고 애기를 안에 갖고 있다가 출산하고 젖을 먹이는 것을 시기하는 후기 형태의 시기심(later form of envy)을 구분하였다. Klein은 남근 선망의 뿌리 중 하나는 젖가슴에 대한 시기심이 전치된 것이라고 주장하였다. 이는 여성의 속성이 더 가치 있기 때문에 남성적인 것보다 더 시기심을 일으킨다는 것으로, 이전의 남성 우월적 사고에 대한 중요한 도전이라고 할 수 있다.

시기심과 부정적 치료 반응

시기심에 대한 Klein의 이론은 프로이트가 말한 부정적 치료 반응을 효과적으로 설명해 준다. 분석을 적절히 했음에도 불구하고 환자가 어떤 긍정적인 효과도 얻지 못하는 현상에 대해, 프로이트는 그 원인이 환자의 무의식적인 죄책감에 있다고 설명하였다. 반면 Klein은 이와 같은 '부정적 치료 반응(negative therapeutic reaction)'의 이유를 환자가 '좋음(good)' 자체를 증오하기 때문이라고 생각하였다. 시기심은 좋은 것, 즉 선함의 원천이 자기 외부인 타인에게 있다고 느끼는 것이다. 그리고 대상이 좋은 것을 그 자신을 위해 갖고 있으며 자기에게는 충분히 제공해 주지 않는다고 느끼는 것이다. 시기심 속에서 환자는 치료자가 잠재적인 선함, 효율성 혹은 사랑을 갖고 있다고 느낀다. 환자는 그런 것들을 충분히 가질 수 없는데 치료자가 자신이 내키는 대로만 그것들을 베풀어 준다고 느낀다.

사례 75

환자는 현재 분석가의 적절한 해석을 통하여 좋은 도움을 받고 있다. 환자는 도움을 받았음에도 불구하고 어느 순간 자신에게 도움을 주었던 적절한 해석에 대해 비난하기 시작한다. 환자의 비난은 대개 사소한 것들을 겨냥한다. 해석을 좀 더 일찍 해 주었으면 좋았을 것이다, 해석이 너무 장황해서 연상에 방해가 되었다, 해석이 너무 짧아서 충분히 이해할 수 없다 등등. 시기심을 느끼는 환자는 분석가의 성공적인 작업을 못마땅해하고 시기한다. 그래서 환자는 저항하고, 분석가와 그가 주는 도움이 시기심에 가득 찬 환자의 비난에 의해 훼손되고 무가치해졌다고 느낀다. 그 결과 분석가를 좋은 대상으로 내재화하지 않고 그의 해석을 받아들이지도 않는다. 결과적으로 적절한 해석이 제공되지만 환자는 긍정적인 도움을 받지 못하는 부정적 치료 반응을 나타내게 된다.

감사

시기심은 일차 좋은 대상(어머니의 젖가슴)을 가학적으로 공격하고 훼손시킨다. 이렇게 공격당한 젖가슴은 그 가치를 잃고, 깨물어 버리거나(구강 공격성) 배설물에 의해 오염되어(항문기 가학성) 나쁜 것으로 변해 버린다. 과도한 시기심은 이런 공격성의 강도와 기간을 점점 더 증가시켜 결국 상실한 좋은 대상을 찾는 것이 매우 힘들게 된다. 하지만 가학적 공격성이 시기심 때문에 생긴 것이 아니라면(혹은 시기심의 영향이 그리 많지 않다면), 그렇게 강렬하고 지속적으로 좋은 대상을 파괴하려고 하지 않는다. 그래서 어느 정도 공격을 받은 후 젖가슴은 다시 유아에게 돌아오고, 유아는 그것을 다시 즐길 수 있게 된다. 이런 경험을 통해 유아는 아직 젖가슴이 손상되지 않았다는 것과 여전히 좋은 대상이라는 것을 확인하게 된다.

Klein은 시기심과 탐욕이란 파괴적 충동들을 완화시키는 것이 즐김(enjoyment)과 감사(gratitude)라고 생각하였다. 그런데 시기심은 즐길 수 있는 능력을 훼손시킨다. 즉, 시기심은 스스로를 진정시킬 수 있는 힘을 파괴하는 셈이다. 이런 이유로 시기심이 완고하게 지속될 수밖에 없다고 Klein은 설명하였다. 다른 측면에서 보면 탐욕과 시기심 그리고 박해불안은 서로 맞물려 있으면서 필연적으로 서로를 악화시킨다. 먼저 시기심에 의해 손상되었다고 느끼게 되면 심한 불안이 나타나게 된다. 그 결과 좋은 대상에 대한 확신을 잃게 되고, 그런 불확실성은 모든 것을 자기 안에 소유하려는 게걸스러운 탐욕을 증가시킨다. 게걸스러운 탐욕에 의해 대상은 텅비고 파괴되기 때문에 결과적으로 좋은 내적 대상을 안정적으로 형성하지 못한다.

반대로 사랑과 감사의 능력을 유지할 수 있는 유아는 뿌리 깊은 좋은 대상관계를 가질 수 있기 때문에 시기심, 증오, 불만 등을 일시적인 경험으로 넘길 수 있다. 이런 경험은 궁극적으로 강한 자아의 근원이 되는데, 사랑을 받고 좋은 어머니의 양육을 받은 아동에게 가능하다. 이런 좋은 어머니 젖가슴과의 관계는 성인에서 보이는 타인에 대한 헌신, 가치, 큰 뜻 등의 근원이 된다.

사랑의 능력에서 파생되는 가장 중요한 감정은 감사다. 감사는 좋은 대상관계를 형성하는 데 필수적일 뿐 아니라 타인과 자신의 선함을 인식하는 데에도 필요하다. 감사는 유아의 초기 시절에 어머니만이 유일한 자기만의 대상이었을 때 느꼈던 감정과 태도에 뿌리를 둔다. Klein은 이 초기 결합이 이후 모든 사랑하는 대상관계의 기초라고 설명하였다. 유아-어머니 초기 결합이 얼마나 견고하게 형성되는가 혹은 방해를 받는가는 외부 환경과 내적 요소에 의해 결정된다. 내적 요소 중에 무엇보다 중요한 것은 타고난 사랑의 능력이다. 강한 시기심과 같은 파괴적 충동은 이런 결합을 방해한다.

유아는 사랑의 능력이 충분히 발달해야만 즐거움을 완전히 경험할 수 있다. 그리고 즐거움은 감사의 근원이 된다. 프로이트는 유아의 젖을 먹는 축복이 성적 만족의 원형이라고 했다. Klein은 이 경험이 성적 만족뿐만 아니라 이후 모든 행복의 근원이 되고 다른 사람과 하나가 되는 감정—행복한 사랑의 관계와 친구 관계—의 기초가 된다고 생각하였다. 이 초기 경험은 전언어기(pre-verbal)의 경험이기 때문에 언어로 충분히 표현하기가 쉽지 않다. 하지만 젖가슴과의 첫 관계를 충분히 즐길 수 있는 이 능력은 다양한 원천으로부터 즐거움을 경험할 수 있는 근원이 된다.

방해받지 않고 젖을 먹는 기쁨을 충분히 지속적으로 즐길 수 있을 때 좋은 젖가슴이 비교적 안정되게 함입된다. 젖가슴에 대해 완전히 만족한다는 것은 사랑하는 대상으로부터 자신이 갖고 싶은 특별한 선물을 받았다는 것을 의미한다. 이것이 감사의 근원이다. 감사는 좋은 대상에 대한 신뢰와 밀접하게 연결된다. 신뢰는 사랑하는 원초적 대상(초기 젖가슴)을 단지 음식의 근원으로서가 아니라 사랑하는 대상으로서 수용하고 동화할 수 있다는 것이다. 그리고 이런 과정은 탐욕이나 시기심에 의해 크게 방해받지 않기에 가능하다. 만약 탐욕스럽게 내재화를 할 경우, 유아는 (내재화된 대상에 의해) 조종당하고 탈진되었다고 느끼게 되어 결국 젖가슴을 공격하려고 할 것이다. 반면에 내외적 대상과 좋은 관계를 맺을 경우에는 대상을 보존하고 상하지 않게 하려는 소망이 우세하게 된다. Klein은 이러한 능력이 첫 외적 대상에 리비도를 부착할 수 있는 능력과 연관된다고 기술하였다. 자기를 사랑하고 보호해 주며 동시에 자기가 사랑하고 보호해 주는 좋은 대상이 이런 방식으로 형성된다. 그것은 또한 자기 자신의 선함에 대해 신뢰할 수 있는 기초를 이룬다.

젖가슴에 대한 만족의 경험이 늘어날수록 그리고 완전히 수용받는 경험이 증가할수록 즐거움과 감사도 늘어난다. 이런 반복되는 경험들이 가장 깊은 곳에서부터 감사할 수 있는 마음을 갖게 하는데, 이는 회복과 모든 승화의 능력을 갖게 하는 데 중요한 역할을 한다. 또 투사와 내사를 반복하는 가운데 내적 풍요로움은 자아를 더욱 견실하게 만들고 좋은 내적 대상도 더 풍성해진다. 아울러 이런 과정은 감사를 충분히 표현할 수 있는 힘을 갖게 하는 밑거름이 된다.

감사는 관용에도 밀접하게 관여한다. 좋은 대상을 동화하면서 내적 풍요로움을 갖게 된 개인은 그 선물을 타인과 나눌 수 있다. 이런 나눔은 보다 다정한 외부 세계를 더욱 함입할 수 있게 하고, 그 결과 더욱 풍요로움을 느끼게 만든다. 반면에 내적 풍요로움이나 자아의 강함이 충분하게 형성되지 못한 사람은 관용을 베풀고 난 후 그에 대한 인정과 감사를 지나치게 요구할 수 있다. 그리고 서로 나눈다고 느끼지 않고 뺏겼다거나 궁핍해졌다며 피해 받았다고 느낀다. 이렇듯 Klein은 시기심이 '칠대 죄악(seven deadly sins)'의 하나로 꼽히는 데에는 다 그럴만한 심리적 이유가 있다고 하였다. 그녀는 더 나아가 삶의 근원인 좋은 대상들을 파괴하는 시기심은 무의식적으로는 가장 큰 죄악으로 느껴진다고 개인적인 소감을 밝혔다.

흥미롭게도 Chaucer의 『캔터베리 이야기』 중에 Klein의 시각과 맥을 같이하는 내용이 나온다.

> 시기심이 가장 나쁜 죄악이라는 것은 명백하다. 왜냐하면 다른 죄들은 단지 하나의 덕목에 대한 죄인 데 비해 시기심은 모든 덕목과 모든 선함에 대한 죄이기 때문이다.

Klein은 노년에 그녀의 초기 연구들을 종합하려고 노력하였다. 그녀는 삶을 '사랑과 보상에 의한 통합(integration created by love and reparation)'과 '증오와 강렬한 시기심에 의한 분열과 해체와 손상(splitting, disintegration, and spoiling created by hatred and intense envy)' 사이의 투쟁으로 보았다. 대상의 좋은 면과 나쁜 면을 함께 결합하는 것은 힘들고 고통스러운 작업이다. 왜냐하면 우울자리의 불안과 죄책감을 반드시 직면해야 하고 그 자신의 사랑의 한계와 양가적인 현실을 인식해야만 하기 때문이다. 증오가 커지면 대상에 대한 전체성을 유지할 수 없게 되어 어쩔 수 없이 편집-분열자리로 옮겨 가게 된다. 그리하여 좋고 나쁨이 다시 분열되고 결국 해체와 고갈을 가져온다. 인간의 조건에 대한 Klein의 최종적인 견해는 인간은 자신의 파괴성과 시기심이 스스로를 파편화시키려는 것에 저항하여 그 자신과 타인에 대한 경험을 통합하려고 분투하는 존재라는 것이다.

9 Fairbairn의 대상관계이론

Fairbairn의 생애

William Ronald Dodds Fairbairn은 1889년 스코틀랜드 저지 지방(lowland)인 에든버러 교외에서 태어났다. 당시 스코틀랜드는 부패하고 타락한 가톨릭으로부터 매우 엄격하고 경직된 형태의 개신교로 이행하는 과정에 있었다. 스코틀랜드가 1707년 영연방으로 합병되면서 국가의 정체성을 지켜주는 중심을 장로교(Presbyterian) 교회가 맡게 되었고, 장로교는 사회의 주된 도덕적 기준이 되었다.

당시 스코틀랜드에서는 인간의 본성은 타락하였기 때문에 신의 뜻에 엄격하게 따라야 한다는 칼뱅주의(Calvinist)를 신봉하는 엄격한 흐름이 한쪽 극단에 자리 잡고 있었다. 당시 신앙적 분위기에 의하면 인간은 처음부터 천국 혹은 지옥으로 예정되어 있는데, 인간은 그것을 알 수 있는 방법이 없을 뿐더러 그 결과를 바꿀 방법도 없었다. 그러다 보니 신의 뜻에 순응해야 한다는 전반적인 사회적 두려움이 있었다. 그런 가운데 직업적 성공이나 경제적 번영은 외적으로 드러나는 구원의 표시로 간주되었고, 반면에 개인적 불행은 비밀스러운 죄에 대한 신의 징벌로 받아들여졌다. 이런 분위기 속에서 경건한 칼뱅주의자들은 자신이 신과 가족과 지역사회에서 죄를 짓지 않고 잘 생활하고 있는지 끊임없이 자기 시험에 시달려야만 하였다.

한편 교회 구조는 가톨릭에 비해 상대적으로 민주적이었다. 그 결과 개인의 자유에 대한 믿음과 극단적인 종교적 엄격함이 공존하는 역설적인 상황이 나타났다. 자연히 보다 엄격한 집단 혹은 보다 자유로운 집단 등으로 나뉘는 현상이 나타나기 시작하였고, 산업혁명에 의하여 전통적인 스코틀랜드 장로교(Kirk)라는 단일공동체도 분열되기 시작하였다. 당시 스코틀랜드의 도시는 유럽에서도 가장 사람들이 많이 모이는 과밀 지역 중의 하나였다. 사람들은 경건하고 검약한 모습을 보이는 한편 타락한 쾌락주의도 보였다. 중산층 사람들은 겉으로는 존경스러웠지만 속으로는 위선자의 모습을 가지고 있었다.

Fairbairn의 부모는 모두 신앙적으로 진지하였고 사회적 신분 상승에 대한 욕구가 있었다. 그의 아버지인 Thomas Fairbairn은 15세에 자신의 아버지가 돌아가셨기 때문에 어린 여섯 형제들을 돌봐야 했다. 결국 그는 원하는 건축사가 되지 못했지만 성공적인 재산감정사가 되었다. Fairbairn의 아버지는 스코틀랜드 민족주의 성향을 가졌지만 영국인 아내 Cecilia Leefe와 늦은 나이에 결혼하였다. 두 집안 다 전문적인 종교적 배경을 가지고 있었다. Fairbairn 아버지의 선조는 스코틀랜드 교회의 한 지파인 복음주의 자유교회의 성직자였고, Fairbairn의 외조부는 감리교단(Methodist)의 유명한 설교자였다. Fairbairn의 어머니는 본래 성공회(Anglican)였지만, 남편의 종파인 스코틀랜드 비국교파교회(Free Church)에 기꺼이 들어와 92세에 사망할 때까지 강건하게 신앙인으로서 자리를 지켰다. 어린 Fairbairn은 대가족이 모이는 주일 예배를 경험하며 보다 관대하고 다양한 종교 체험을 하였지만, 강박적으로 안식일을 지키는 것이나 길고 논쟁적인 설교 등을 통하여 권위적인 스코틀랜드 장로교에 익숙했다는 데에는 의심의 여지가 없다.

Fairbairn은 부모가 노년에 얻은 독자였다. 그의 부모는 그들의 청교도적인 시각에 따라 Fairbairn을 사회적 · 교육적으로 훌륭하게 키우려고 부단히 노력하였다. 그의 어머니는 난 척하는 속물적 사람이었고 건강염려증 증상을 보였다. 그녀는 Fairbairn이 성적인 호기심을 나타내거나 관심을 표현하면 가차없이 공격을 퍼부었다. Fairbairn은 이러한 부모 밑에서 겪은 비참하고 고통스러운 경험들을 1939년의 자기 분석에서 솔직하게 묘사하고 있다. 그는 '최악'의 어머니를 '자식을 소유하려고 하면서 냉담하다는 인상을 동시에 전달해 주는 어머니'라고 말하면서, '하나뿐인 아들을 흠 없이 키우겠다는 일념으로 모든 것을 희생하며 헌신하는 어머니'를 그 예로 들었다. Fairbairn의 실제 어머니는 그가 나중에 '최악'이라고 이름 붙인 여러 사례들의 실제적인 원형(prototype)으로 보인다.

이와 반대되는 긍정적인 여성 경험들도 있었다. Fairbairn에게는 따뜻하고 보다 허용적인 '유모'가 있었다는 기록이 있고, 성적으로 자극적인 영국인 사촌들과 보다 잘 이해해 주었던 이모들도 있었다. 최악이라고 할 수 있는 어머니에 대한 경험과 상반된 긍정적인 다른 여성들에 대한 경험은 나중에 그가 말한 '거절하는 대상과 흥분시키는 대상 사이의 분열'을 강화시킨 것으로 추정된다.

Fairbairn의 아버지는 외적으로는 성공한 사교적인 사람이었지만, 집안에서는 지배적이고 강요적인 어머니와 다를 바 없었다. Fairbairn의 눈에 비친 아버지는 옆에 누가 있으면 소변을 보지 못해 당황해하고 동시에 방광이 터질까 봐 공포를 느끼며 고통 받는 이상한 사람이었다. 아버지의 이런 이상한 측면은 저지 지방으로 가는 긴 기차 여행 중에 극적이고 피학적인 모습으로 드러났다. 그의 아버지는 어린 Fairbairn과 부인 그리고 다른 여성들이 있는 데서 차량의 바닥에 소변을 보려고 죽을 둥 살 둥 애를 썼다. 이런 아버지의 굴욕적이고 또 암시적으로 거세당한 모습에 대해 어린 Fairbairn은 분노에 찬 승리감을 느꼈지만, 동시에 죄책감 속에서 아버지의 그런 모습을 동일시하였다.

반면 그의 어머니는 징벌적인 태도로 이런 경험의 영향들을 더욱 강화시켰다. 한번은 어린 Fairbairn이 공원에서 동성애 남자에게 괴롭힘을 당했다고 얘기를 했을 때 그의 어머니가 불같이 화를 내며 그를 혼냈다. 무기력한 아버지는 그를 보호해 줄 수 없을 것처럼 보였기 때문에 어린 Fairbairn은 강력하게 '거세하는' 어머니를 방어적으로 동일시해야만 하였다. 이런 점 때문에 Fairbairn의 남성성은 훼손당할 수밖에 없었다. 이렇게 비밀스럽게 억압된 '어머니가 지배적인 부모관계' 속에서 Fairbairn의 성적 관심은 결핍될 수밖에 없었다. 이런 점 때문에 그는 나중에 오이디푸스 갈등을 경시하고(즉, 자신의 오이디푸스 갈등을 부정하고) 발달의 일차적 동기로서 성적 요소를 낮게 평가한 것으로 보인다. 원초경(primal scene) 환상에 대해서도 Fairbairn은 근친상간의 공포(horror of incest)보다 원초경을 본 외상에 의한 공포(traumatic horror)를 더 근본적인 것으로 강조하였다. 특히 어머니를 믿을 수 없고 괴롭히는 사람으로 증오하는 아들에게는 더욱 그러하다고 생각하였다. Fairbairn이 볼 때 셰익스피어의 『햄릿』에서 진짜 악인은 부왕을 죽인 숙부 클로디어스가 아니라 아버지와 아들을 모두 흥분시키고 거절한 여왕(어머니) 게르트루드였다.

사춘기 시절, Fairbairn은 그 자신이 스스로 묘사한 '분열성 인격(schizoid personality)'과 매우 유사했던 것처럼 보인다. 외적으로는 순응하고 쾌활하였으나, 내면에서는 자기 확신과 자신감이 결여되어 있었다. 그는 또한 다른 남성에 대한 '성적 열등감(libidinal inferiority)'을 갖고 있었는데 전통적인 에든버러 소년학교에서 미움을 받은 경험 때문에 그것이 더욱 강화되었다. Fairbairn은 잠시 법률 공부를 고려하였지만, 최종적으로 그의 가문에서 안전한 직업으로 인정받는 성직자가 되기로 진로를 선택하였다. Fairbairn과 어머니는 에든버러 대학이 아닌 영국의 옥스퍼드 대학교에서 공부하기를 바랐지만, 속이 좁고 지독한 구두쇠였을 뿐 아니라 시기심까지 갖고 있었던 그의 아버지는 반대하였다. 분노에 찬 Fairbairn은 그의 지적·사회적 야망을 지원해 주는 어머니와 어쩔 수 없이 한편이 될 수밖에 없었다. 그를 성적으로 좌절시키고 처벌하는 대상으로서의 어머니는 억압하는 대신에 부득이 그에게 꼭 필요한 대상으로서의 어머니와 심리적으로 한편이 되었다. 반면에 마음 깊은 곳에서부터 실망스러운 아버지는 이제 경멸과 증오의 대상이 되었다. 특이한 것은 Fairbairn의 사례 중에 이와 같은 그 자신을 연상시키는 젊은 남자의 증례가 많다는 점이다.

사례 76

환자의 어머니는 청교도적이고 가학적인 사람으로 젊은 아들의 페니스를 무시하고 조롱하며, 고환을 깔아뭉개고, 마치 소녀처럼 취급한다. 동시에 배가 고플 땐 상한 음식을 제공한다. 환자는 어머니를 향해 부르짖는다. "당신은 내가 원하는 것은 이것도 저것도 모두 다 채워 주었다고 항상 말하죠. 하지만 내가 진정 원하는 것은 바로 아버지예요."

Fairbairn의 성장과정을 고려해 볼 때, 그는 아마 어머니를 향해 부르짖는 이 환자의 고통스러운 외침에 공감했음에 틀림없다.

Fairbairn은 에든버러 대학교에서 철학과 심리학을 공부하였고 뒤이어 신학과 헬레니즘을 공부하였다. 그러나 이러한 공부들이 그가 관심을 갖고 있던 주제인 '성과 양심의 현상' 에 대해 어떤 깨달음도 주지 못했다. 어머니의 성적 모욕과 종교적 훈련을 통해 깨우친 반성하는 습성이 이런 주제에 관심을 갖게 하였을 것으로 추정된다. 스코틀랜드 철학은 영국의 철학과 달리 유럽대륙 철학의 기조를 따랐다. Fairbairn은 남자는 본래 사회적·종교적 동물이라는 아리스토텔레스에게 특히 관심이 많았다. 그는 또 헤겔에 영향을 받았는데, 헤겔은 욕망이 근본적으로 만족되지 않는 것으로 통제하고 변형시켜야 하며 그 자체의 대상을 소유한다고 보았다. 나중에 Fairbairn 자신은 그가 '프로이트의 심리학적 쾌락주의'를 버린 것에 결정적인 영향을 준 것은 존 스튜어트 밀이었다고 회고하였다. Fairbairn이 볼 때 밀은 사회가 무정하다는 것과 사회적으로 살아간다는 것은 냉정한 일이라는 것을 받아들인 사람이었다. 그리고 그런 점들을 고려하여 개인과 사회의 원리를 개인적인 쾌락원리에서 '최대 다수의 최대 행복'(공리주의, utilitarianism)이라는 윤리원리로 이행시킨 사람이었다. Fairbairn이 밀에게 관심을 가진 또 다른 이유는 그 또한 강인한 스코틀랜드 부모(공리주의 철학자 James Mill)로부터 상처를 받았기 때문이다.

1914년 Fairbairn이 25세가 되던 해에 제1차 세계대전이 일어났다. 전쟁은 그로 하여금 어머니의 지배로부터 벗어날 수 있게 해 주었고, 한편으로는 정신분석가가 되는 계기를 제공해 주었다. 1916년 Fairbairn은 에든버러 교외에 있는 크레이그로카르트 야전병원(Craiglockart War Hospital)을 방문하게 되었는데, 이것이 그에게 인생의 분수령이 되는 중요한 순간이 되었다. 그곳에서 그는 전환반응 히스테리(conversion hysteria) 환자에게 깊은 인상을 받았다. 그에게는 뚜렷한 의학적 원인이 없이 신체적 증상들이 펼쳐지는 것이 수수께끼처럼 보였다. 그들은 프로이트에게 정신분석의 영감을 주었던 성적으로 좌절한 여성들이 아닌 강한 남성들이었다. 다만 끊임없이 지속되는 전투 속에서 '남성성이 박살난' 남성들이었다. 눈에 보이는 공포와 신체적 증상은 의식적이든 아니든 Fairbairn으로 하여금 배뇨의 불안으로 고통 받던 그의 아버지를 상기시켰을 것이다. 어찌 되었든 이 병원의 남자 환자들은 그곳의 치료자였던 W. H. R. Rivers의 도움을 받았다.

Rivers는 많은 분야에서 폭넓은 경력을 가진 당대의 유명인으로 인류학자, 심리학자이자 신경학자였다. 그는 프로이트의 치료법에 깊은 인상을 받고 환자들에게 그들의 경험과 꿈을 이야기하도록 격려하였다. 그는 또한 젊은이들에게 마술적이라 할 정도로 매혹적인 매우 인상적인 인물이었다. Fairbairn에게 Rivers는 그를 이해해 주고 열정을 줄 뿐만 아니라 지적으로도 깨달음을 주는 이상적인 아버지상이었다. 남자의 가슴에 살면서 그를 괴롭히는 악마(어머니)로부터 그를 구원해 줄 희망이 된 것이다. Fairbairn은 이후 Rivers를 다시 만나지 못한 것으로 보인다. 하지만 1928년의 의학박사 학위논문에서 그에 대해 길게 논의한다든지 왕립인류학회에 종신회원(Rivers도 생전에 종신회원이었다)이 되는 등 Fairbairn이 어느 정도 Rivers를 동일시한 흔적을 여기저기서 찾아볼 수 있다.

4년간의 군복무를 끝낸 후, Fairbairn은 정신치료자가 되겠다는 생각을 갖고 의학교육을 받았다. 그는 프로이트와 융의 책들을 읽기 시작하였고, 1921년 Connell(호주인으로 Ernest Jones에게 분석을 받음)에게 분석을 받기 시작하였다.

개인분석을 받기는 하였지만, Fairbairn은 분석가로서 제대로 훈련을 받지 않았다. 공식적인 정신분석 훈련을 받지 않은 점, 런던으로부터 떨어진 에든버러에서 생활한 점, 그 자신의 분열성 성격 등이 그로 하여금 당시 시대적 흐름에 반하는 창조적이고 혁신적인 분석 이론을 만들게 한 요인으로 작용했을 것이다.

정신분석가로서 Fairbairn의 업적과 중요성은 당대 Klein과 Anna Freud의 격렬했던 논쟁에 가려져 소홀히 취급되는 경향이 있다. Klein과 Anna Freud 사이에 있었던 논쟁의 시기는 정신분석의 역사에서 매우 중요한 순간임에는 틀림없다. 그것은 전통적인 프로이트 학파와 Klein 학파의 분열, 달리 말해 전통적인 정신분석 학파와 대상관계이론 학파의 분열을 의미하기 때문이다. 흥미로운 것은 제3자의 눈으로 볼 때 Klein과 Anna Freud의 다툼은 Fairbairn의 내재화된 대상관계를 잘 나타내고 있다는 점이다. 두 사람 모두에게 프로이트는 좋은 아버지로서 이상적인 대상(ideal object)이다. 그리고 서로는 각자의 시각으로 볼 때 각각 거절하는 대상(rejecting object)이다.

Fairbairn의 주요 이론

자기의 기본적 본질

Fairbairn은 사람을 본질적으로 타인과 관계하는 존재로 보았다. 그러므로 그에게 분석의 대상은 독립된 '자기(self)' 가 아닌 '타자와 관계 속에 있는 자기(a self in relation to an other)' 다. 즉, 그에게 분석의 요소는 자기, 대상(타인) 그리고 그들이 맺고 있는 관계가 된다.

여기서 자기(self)는 경험의 산물이 아니다. 오히려 경험의 전제조건이 된다. 자기는 본래 존재하는 것으로 모든 경험의 출발점이고 이후 경험들을 형성한다. Fairbairn은 자기가 항상 관계 속에 존재하며 관계의 관점에서 정의되어야 한다고 생각하였다. 또한 자기가 성장·발달하는 것도 관계를 통해서이며, 타인과 맺고 있는 관계 속에서 자기됨을 표현하고 자기로서 형성된다고 보았다.

Fairbairn에 의하면 최초의 자기는 단일한 역동적인 자아(unitary dynamic ego)다. 먼저 그가 사용하는 자아 개념이 프로이트가 구조이론에서 지칭하는 자아와는 전혀 다르다는 것을 언급할 필요가 있다. 프로이트의 자아가 원본능의 욕구와 초자아와 현실의 요구 사이를 타협하고 중재하는 하나의 심리기능 체계라면, Fairbairn의 자아는 원래부터 '전체적인 심리적 자기'로서 대상관계 경험을 통해 점차 형성되어 가는 전체다. 이는 프로이트가 『자아와 이드』를 발표하기 전에 사용했던 자아의 의미와 비슷한데, Strachey(1961)가 지적했듯이 이 시기의 프로이트는 자아를 '전체적인 사람의 자기'를 지칭하는 것으로 사용하였다. 이런 이유로 Fairbairn이 사용하는 자아는 '자기'라는 용어에 더 가깝다(Greenberg & Mitchell, 1983; Rubens, 1994).

프로이트는 태어나면서는 원본능(이드)만 있고, 원본능의 좌절을 경험하면서 점차 원본능으로부터 자아가 분화되어 나온다고 생각하였다. 그러므로 프로이트가 생각하는 최초의 심리 구조도 원본능으로 이루어진 단일체다. 프로이트나 Fairbairn 모두 최초의 상태를 단일체로 보는 것은 동일하나, 프로이트는 에너지가 그 단일체와 분리

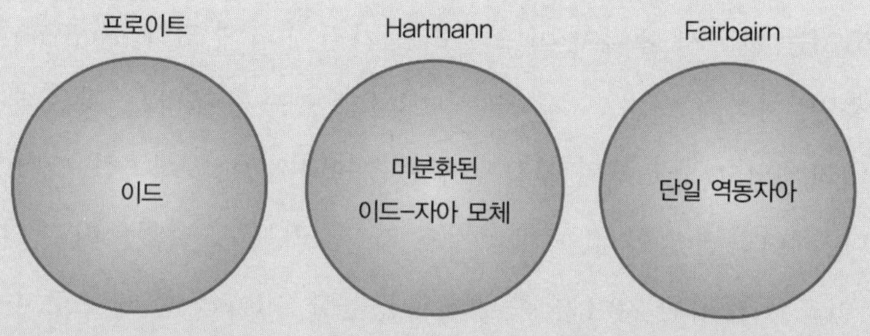

최초의 심리 상태: 프로이트는 태어날 때 이드만 있고, 이드의 좌절을 경험하면서 자아가 형성된다고 보았다. 반면 Hartmann은 태어날 때 이드와 자아가 분화되지 않은 상태이다가 평균적으로 기대되는 환경 속에서 이드와 자아가 분화 된다고 생각하였다. Fairbairn은 최초의 자기를 단일한 역동적인 자아로 이해하였다.

되어 있다고 생각한 반면 Fairbairn은 에너지와 구조는 분리될 수 없다고 파악하였다. 프로이트가 비교적 생의 후반기(1933)에 기술한 묘사에서도 원본능은 즉각적이고 무조건적으로 에너지를 발산하여 긴장을 완화시키려는 에너지의 저장소로 그려지고 있다. 구조로부터 에너지가 분리되어 있다면 구조도 없고 방향도 없는 에너지는 단지 무차별적으로 방출하려는 것(쾌락원리) 외에 다른 목적을 가질 수 없다.

Fairbairn은 구조로부터 에너지를 분리시키는 것은 19세기 물리학의 세계관이라고 주장하였다. 20세기 물리학에서 물질과 에너지는 하나이고 동일한 것으로 설명된다. Fairbairn이 볼 때, 프로이트가 자아와 원본능을 구분한 것은 물질과 에너지를 분리하였기 때문이다. 그 결과 에너지 없는 구조(energyless structure)인 자아와 구조 없는 에너지의 저장소(a pool of structureless energy)인 원본능을 가정하게 되었다는 것이다. 이런 견해를 갖고 있는 한, 심리기제를 작동시키기 위해서는 반드시 에너지/이드 원리를 가질 수밖에 없다. Fairbairn에 의하면, 자아가 하나의 기제로서 에너지 없는 구조라는 것은 본래 에너지화되고 구조화된 인간의 활동을 언어적으로 왜곡한 것일 뿐이다. 왜냐하면 방향 없는 에너지의 저장소라는 것은 없으며 그러므로 이드와 분리된 자아는 존재하지 않는다. 자아는 한 구조로서 에너지를 갖는다. 혹은 에너지 자체다. 그리고 에너지는 처음부터 구조화되어 있고 대상을 향한다. 즉, 자아 에너지는 원본능으로부터 빨아올린 것이 아니라 자아 자체에 속한 것이라는 뜻이다(Greenberg & Mitchell, 1983).

고전적 욕동/구조 모델에 의하면 인간은 단지 긴장 완화를 추구할 뿐이다. 고전적 모델에서 타인은 긴장을 감소시키는 유용성을 가질 뿐이다. 그렇기에 긴장 완화를 위하여 이차적으로 타인과 관계를 맺을 뿐이지 근본적으로 타자들과 무관하다. Fairbairn은 유아가 처음 태어날 때부터 타인을 향한다고 생각하였다. 그리고 이런 관계 지향적인 것은 생물학적인 생존을 위해서도 필요한 적응이라고 보았다. 유아는 생존을 위해 어머니라는 대상이 꼭 필요하기 때문이다.

Fairbairn(1963)은 아주 짧은 글을 통해 자신의 이론을 요약해서 발표하였다. 그 내용의 일부는 다음과 같다.

- 자아는 태어날 때부터 존재한다.
- 리비도는 자아의 기능이다.
- 죽음의 본능이란 없다. 공격성은 좌절이나 결핍에 대한 반응

이다.

- 리비도는 자아의 기능이고 공격성은 좌절이나 결핍에 대한 반응이기 때문에 원본능과 같은 것은 없다.
- 자아 그리고 리비도는 근본적으로 대상을 추구(object-seeking)한다.
- 아이가 경험하는 최초의 그리고 원시적인 형태의 불안은 분리불안(separation anxiety)이다.

Fairbairn은 리비도를 성 욕동이 아닌 인간 경험의 일반적인 특성을 설명하는 개념으로 사용하였다. 다른 사람을 지향하고 그들과 관계를 맺고자 하는 욕구라는 의미로 쓴 것이다. Fairbairn에게 대상을 추구하는 것은 리비도가 아닌 리비도적 능력을 가진 개인이라고 볼 수 있다.

인간이 쾌락 지향적이 아니라 대상 지향적이라는 것, 긴장의 감소라는 목적을 가지고 자동적으로 작동되는 것이 아니라 다른 인간 존재와의 관계성 속에서 자기 표현이라는 목적에 의해 동기화된다는 것을 제시한 것은 Fairbairn이 정신분석에 끼친 커다란 공헌으로 간주된다(Grotstein, 1993).

내적 심리구조(자아의 분열)

태어날 때부터 전체적인 심리적 자기가 존재하고 타인과의 관계 속에서 자기를 표현하고 형성해 갈 수 있는 잠재력을 갖고 있다고 해서 자기가 이미 다 성장한 것은 아니다. 초기의 자기는 단지 최소한의 씨눈과 같은 형태로 존재할 뿐이다. 이 초기 자아는 이제 일생을 두고 성장해 가야 하는데, 다른 대상관계이론가들과 마찬가지로 Fairbairn은 '어머니-유아 쌍'의 관계가 중요하다고 생각하였다. 특히 그는 구체적인 외부 현실 속의 어머니(혹은 아버지)와의 관계가 심리적 자기 형성에 중요하다고 보았다.

아이가 맺는 어머니와의 관계가 좋다면 좋은 대상으로서 경험된 어머니는 내재화되고, 안정감, 신뢰, 희망 등의 정서와 함께 대상항상성을 수립하게 된다. 그러나 어머니와의 관계가 고통스럽고 어머니가 나쁜 대상으로 경험된다면 유아는 이를 통제하기 위하여 대상을 내재화하여야 한다. 유아가 현재 갖고 있는 자아 구조로는 이렇게 자극적이고 고통을 주는 부모를 통합할 수 없기 때문에 내적 대상으로 내면화할 수밖에 없다(그림 a). 보통 아이들의 일반적인 성장과정을 생각해 볼 때, 유아가 필요로 하는 것들에 대해 어머니가 완벽하게 반응해 준다는 것은 거의 불가능하다. 따라서 이러한 나쁜 대상관계는 피할 수 없다. Fairbairn은 특히 두 가지 유형의 어머니 관계가 유아를 좌절시킨다고 설명하였다. 하나는 유아가 감당하기에 지나치게 자극적인 흥분시키는(exciting)

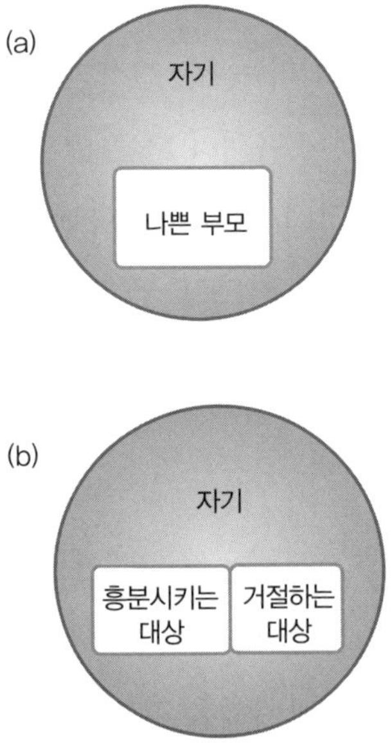

어머니 관계이고, 다른 하나는 견딜 수 없이 고통스러운 거절당하는 (rejecting) 관계다(그림 b).

내면화된 부모의 측면들은 유아를 애타게 하면서도 동시에 거절하기 때문에 유아로서는 이 두 측면을 한꺼번에 다룰 수 없다. 유아가 이를 다루기 위해서는 흥분시키는 대상(exciting object)과 거절하는 대상(rejecting object)으로 일단 분할되어야 한다(그림 c). 두 내적 대상이 분리됨에 따라 본래의 자아도 분리되어 이 두 내적 대상과 동일시하게 된다. Fairbairn은 거절하는 대상과 관계를 맺는 자아를 반리비도적 자아(anti-libidinal ego)라고 불렀고, 흥분시키는 대상과 연합하는 자아를 리비도적 자아(libidinal ego)라고 명명하였다(그림 d). 본래 자아의 나머지 부분은 중심 자아(central ego)가 되고, 양가적이지 않은 본래 상태(primary, pre-ambivalent)의 대상은 이상적 대상(ideal object)으로 중심 자아와 관계한다(그림 e). Fairbairn은 Abraham의 개념을 받아들여 초기 구강기에는 전 양가적(pre-ambivalent) 시기가 있다고 보았다. Abraham

(c)

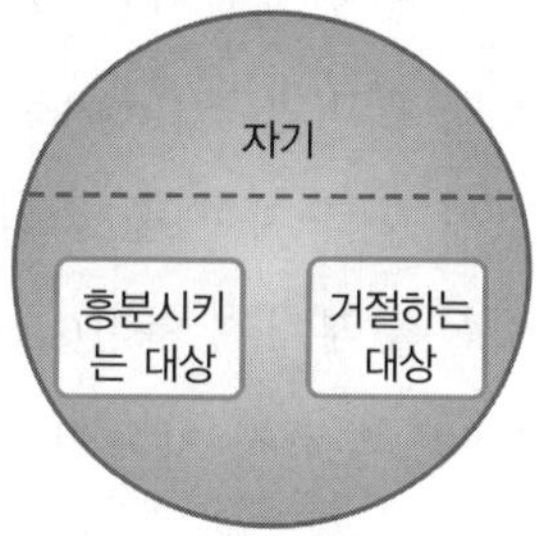

(d)

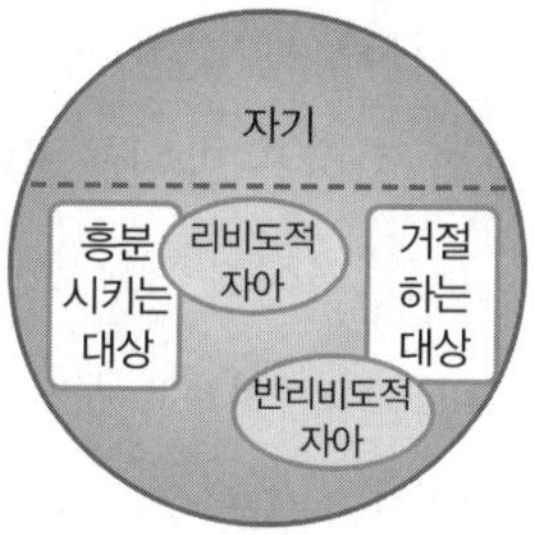

(e)

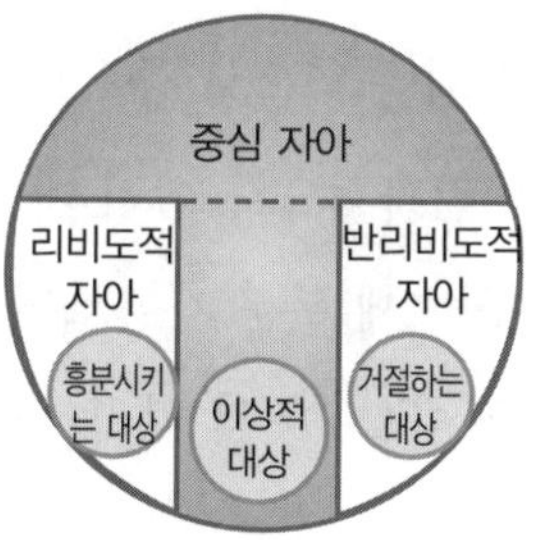

은 파괴적 공격성이 후기 구강기의 깨물기와 함께 시작한다고 보았다. 그러므로 초기 구강기에는 리비도적인 빨기만 있기 때문에 양가적인 갈등이 없다. 중심 자아가 양가적이지 않은 상태에서 이상적인 대상과 관계한다는 것은 초기 구강기 대상관계처럼 만족스럽다는 것을 의미한다(Grotstein, 1993).

세 부분 자아 중 중심 자아를 제외한 리비도적 자아와 반리비도적 자아를 부차적 자아(subsidiary ego 혹은 sub-ego)라고 부른다. Rubens는 각 부차적 자아의 역할을 특히 강조하였다. 리비도적 자아의 역할은 사랑을 갖고 있는 것으로 보이는 대상으로부터 사랑을 추구하고 획득하는 것이다. 반면에 반리비도적 자아의 역할은 거절하는 대상의 공격을 방어하거나 거절하는 대상을 개조 혹은 파괴하려고 시도하는 것이다. 자아의 분리는 지나치게 많은 공격성을 가진 자아(반리비도적 자아) 혹은 너무 많은 리비도를 가진 자아(리비도적 자아)가 나눠지는 것을 의미한다. 이런 자아는 정상적인 발달 욕구를 거절당해 왔기 때문에 사랑에 대한 강렬하면서도 집요한 욕구로 과포화되었거나 역으로 증오로 과포화되어 있다.

결과적으로 심리 내면에는 세 개의 다른 부분 대상과 각각 쌍을 이루는 세 부분 자아로 구성된 심리 구조가 자리 잡게 되는데, Fairbairn은 이를 '내적 심리구조(endopsychic structure)' 라고 불렀다.

Fairbairn의 내적 심리 구조

실제 관계	내적 대상	분리된 자아
만족을 주는 엄마 (gratifying mother)	이상적 대상 (ideal object)	중심 자아 (central ego)
흥분시키는 엄마 (enticing mother)	흥분시키는 대상 (exciting object)	리비도적 자아 (libidinal ego)
결핍시키는 엄마 (depriving mother)	거절하는 대상 (rejecting object)	반리비도적 자아 (anti-libidinal ego)

반리비도적 자아

Fairbairn은 1944년 논문에서 반리비도적 자아에 대해 '내부 파괴자(internal saboteur)' 라고 불렀다가 1954년 논문에서 '반리비도적 자아(antilibidinal ego)' 로 변경하였다. 반리비도적 자아의 역할은 거절하는 대상의 공격으로부터 자신을 방어하는 것과 거절하는 대상을 개조하거나 파괴시키려고 시도하는 것이다. 이때 반리비도적 자아의 반응은 단지 회피하는 수준으로부터 자기 증오나 붕괴에 이르기까지 다양하다. 대상에 대해서도 단지 저항하는 정도부터 대상을 개조하고 파괴하려는 시도까지 다양하게 반응할 수 있다.

반리비도적 자아는 거절했던 부모에 대한 기억들로 가득 찬 증오와 환멸의 저장소이기도 하다. 이런 내용물은 오랜 기간을 두고 성장하기 때문에 나중에 성장해서 어떤 좌절을 경험할 때 실제 상황에 비해 훨씬 큰 분노 폭발을 보일 수 있다. 충분히 성장한 반리비도적 자아는 단순한 방관자로서 남아 있지 않고 좌절시키는 대상과 역동적인 관계를 맺는다. 그래서 실제 부모는 아니지만 현실 속의 어느 전치된 거절하는 대상(displaced rejecting object)과 역동적 심리관계를 맺게 되면 대상을 교정하거나 파괴시키기 위해 모든 분노를 쏟아 붓게 된다.

1954년 Fairbairn은 반리비도적 자아와 내재화된 거절하는 대상 사이의 전형적인 논쟁을 기술하였다. 이것은 모리스라는 환자의 사례에서 인용한 것인데, 아마 그 환자는 Guntrip으로 추정된다.

사례 77

환자는 그의 내면세계에서 그의 어머니와 지속적으로 논쟁을 벌였다. 그 논쟁의 요지는 환자는 페니스를 소유하고 그가 원하는 대로 사용할 권리가 있다는 것이고, 그의 어머니는 그 권리를 부인하는 것이었다. 이 상상 속 논쟁의 핵심은 환자가 어머니가 갖고 있는 '페니스 증오' 를 '페니스 신봉' 으로 바꾸려는 시도라고 볼 수 있다. 거기서 더 나아가 어머니로 하여금 자신의 페니스를 인정하고 그것을 사용하도록 허용하게 하는 것이다. 그 이유는 그녀의 허락 없이는 감히 자신의 페니스를 사용할 수 없다고 느꼈기 때문이다. 그렇기 때문에 비밀스럽게 자위행위를 할 때 환자는 엄청난 죄책감을 느꼈다.

내재화된 거절하는 대상은 부모의 실제 거절하는 측면들이 응축된 것에 아이의 환상과 두려움이 합쳐진 역동적인 구조물이다. 내재화된 거절하는 대상이 엄청난 잠재력을 갖게 되는 것은 무력한 아이로서는 그 대상에게 무조건적으로 의존할 수밖에 없기 때문이다. 그래서 반리비도적 자아는 거절하는 대상을 어떻게든 좋은 대상으로 변화시켜 자신이 발전할 수 있도록 도와주는 촉진제가 되기를 바란다. 그러나 그런 기능은 거절하는 대상이 이미 지속적으로 거절해 왔던 것이다. 이런 거절하는 대상과 그에 대해 근본적으로 의존할 수밖에 없는 반리비도적 자아의 관계는 마치 천적관계처럼 쉽게 분리될 수 없다.

본래 Fairbairn의 의도는 반리비도적 자아와 거절하는 대상의 연합체가 리비도적 자아와 흥분시키는 대상 연합체를 증오한다는 개념이었다. 그러나 임상적 증거는 반리비도적 자아가 리비도적 자아를 공격하듯이 분리된 자아 사이를 넘나드는 현상은 없는 것으로 보인다. 오히려 무의식의 반리비도적 자아나 리비도적 자아 사이에 경계가 있어서 각 자아는 그에 해당하는 거절하는 대상 및 흥분시키는 대상과만 관계를 맺는 것으로 보인다. 그리고 환자들의 행동 양상을 보면 반리비도적 자아가 마치 리비도적 자아를 모르는 것처럼 행동한다(Celani, 2001).

Fairbairn 당대와 비교해 볼 때, 현대에는 훨씬 더 정서적 조절이 안 되는 심한 환자들을 접하기 쉽다. 그들은 본래 내재화된 거절하는 대상(부모)과 투쟁하고 있을 뿐 아니라 현실 대상에 본래 부모관계를 전치하여 또 다른 거절하는 대상관계를 반복한다. 꼭 심한 병리를 가진 환자가 아니더라도 본래 부모관계를 현실 대상에 전치하는 예는 흔히 볼 수 있다.

사례 78

P의 아버지는 가족들에게 폭군이었다. 그가 하는 말에 대해 자녀들은

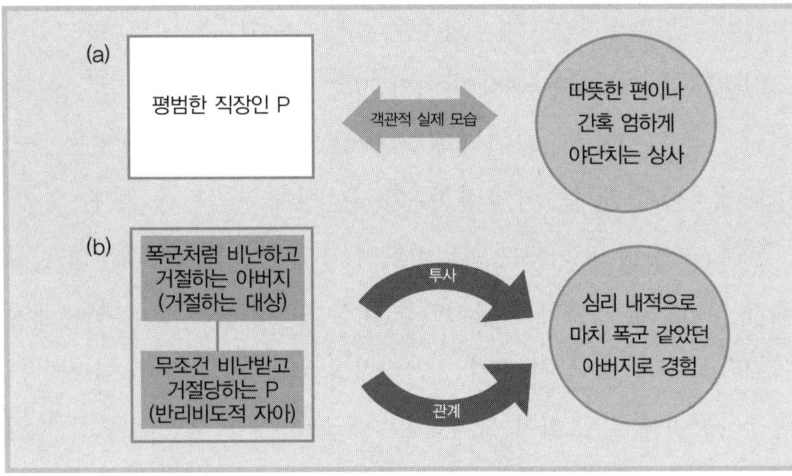

내적 대상관계의 반복

(a) 객관적으로 P양은 평범한 직장인이고, 직장 상사는 엄하게 야단칠 때도 있으나 기본적으로 따뜻한 마음을 가진 사람이다. 따뜻하게 같이 직장생활을 하다가 일을 잘 못했을 때에는 야단맞기도 하는 것이 보통의 직장생활이다.
(b) 폭군 같은 부모(거절하는 대상)로부터 무조건 비난받고 거절당했던 P는 부모로부터 자기를 필사적으로 방어하려고 한다(반리비도적 자아). 직장 상사와의 관계에서 객관적인 현실에 바탕을 둔 대인관계를 맺지 못하고 이런 내부 대상관계를 반복한다. 즉, 직장 상사를 마치 폭군 같은 아버지로 경험한다.

그것이 옳든 그르든 무조건 따라야 했다. 행여 질문이나 의견을 애기했다간 말대답을 한다며 욕설과 폭력을 퍼부었다. 현재 P가 일하는 직장 상사도 남의 말을 잘 듣지 않는 사람이다. 철두철미하게 일을 챙기고 실수에 대해 엄하게 추궁하는 편이다. 그러나 업무적인 면에서 그렇지 평소에는 P에게 오히려 따뜻하게 대해 주는 편이다. 하지만 그는 이 상사가 눈에 띄면 무조건 자리를 피해 버린다. 간혹 상사에게 직접 업무 보고를 할 때는 손이 부들부들 떨릴 정도로 두려움을 느낀다. 현실에서 P는 일에는 엄하나 평소엔 따뜻한 직장 상사 앞에 서 있지만, 그의 내면에선 어린 시절 가혹했던 아버지 앞에 서 있는 것처럼 느끼고 있다. 어린 시절 아버지와의 관계, 즉 내적 대상관계를 반복하고 있는 것이다.

Fairbairn도 "아이 시절 본래 대상에 대해 가졌던 최초의 증오는 최초의 욕구만큼 포기하는 것이 극히 어렵다."라고 기술하였지만, 반리비도적 자아와 거절하는 대상 사이의 증오를 통한 유대는 매우 강하다.

성장과정에서 학대를 받았던 아이는 자신의 분노 감정이 의식으로 떠오르지 않게 하기 위해 반리비도적 자아를 분리시켜 자신의 내적 세계 안에서 처리해야 한다. 또한 거절하는 대상의 실제 증오스러운 사건들이 의식에 떠오르지 않게 하기 위해 그 대상 또한 분리해야 한다. 이런 과정이 성공적으로 진행되지 않으면 점차 반리비도적 자아가 인격의 대부분을 차지하게 된다. 어릴 때는 버림받음의 두려움 때문에 리비도적 자아가 초기 대상의 흥분시키는 측면에 집착할 수밖에 없다. 그러나 나이가 들면서 이런 버림받음의 두려움이 약화되면 반리비도적 자아가 바로 그 사람의 '인격' 자체로 자리 잡는 현상이 생길 수 있다. 반리비도적 자아가 지배적인 인격을 가진 사람은 적대적이면서 동시에 두려움과 무능감을 느낀다. 또 흥분시키는 대상에 대한 리비도적 소망이 점차 소실되기 때문에 혼자만의 소외된 삶을 살아가면서 주위에는 과민하고 냉소적인 모습을 보인다. 본래 부모의 거절하는 나쁜 측면에 대한 집착관계를 주위의 권위적인 대상들, 특히 권위를 남용한다고 생각되는 대상들과 반복한다. 아주 심하게 거절하는 대상을 경험했던 사람은 그 자신이 거절하는 대상이 되는 경우도 있다. 그래서 보통 자기보다 어린 형제들이나 약한 학교 친구에게 거절하는 대상으로서 군림한다.

리비도적 자아

Grotstein은 '홍분시키는 대상' 이라는 표현이 아이를 대하는 부모의 실제 모습을 나타내는 것일 수 있다고 지적하였다. 즉, 부모가 아이를 유혹하고 과도하게 자극할 때 그 홍분성을 감당할 수 없는 아이는 그것을 조절하기 위하여 부모를 내재화한다는 것이다. 그러나 일반적으로 쓰이는 본래 '홍분시키는 대상' 의 의미는 거절하는 대상의 야누스 얼굴과 같은 또 다른 측면을 말한다(Grotstein, 1993; Celani, 2001; Rubens, 1994). 많은 경우 한 어머니가 거절하는 측면과 홍분시키는 측면의 상반된 두 모습을 갖고 있다. 즉, 리비도적 자아(libidinal ego)가 추구하는 것은 나쁜 대상의 홍분시키는 측면이란 뜻이다. 아이는 이런 홍분시키는 측면을 추구하는 동시에 학대받고 거절당했던 기억들은 분리시켜 억압하면서 아직 희망이 있다는 환상을 일생 동안 간직한 채 살아간다. 리비도적 자아는 실제 그런 경험은 거의 없음에도 불구하고 부모의 사랑이 결국 찾아올 것이라는 기대의 저장소로 점점 변해 간다. Fairbairn은 리비도적 자아와 홍분시키는 대상을 견딜 수 없는 긴장과 좌절의 근원이라고 보았다. Celani(2001)는 실제 임상에서 관찰되는 것은 Fairbairn의 견해와 차이가 있다고 주장하였다. 많은 경우 리비도적 자아가 우세한 환자라고 해도 그것이 초래하는 긴장 때문에 고통 당하기보다, 원하는 대상에 대한 환상과 미래에 대한 희망이 실제 고통을 상쇄하는 것을 관찰할 수 있다고 보고하였다.

리비도적 자아는 대상의 유혹적이고 뭔가 성취될 것 같은 측면에 관계하기 때문에 일회적인 아주 작은 사랑이라 할지라도 그 경험을 환상 속에서 확대한다. 그런 환상은 아이의 내적 세계에서 잘못된 희망으로 자리 잡는다. Armstrong-Perlman(1991), Celani(2001)는 리비도적 자아가 지배적인 성인 환자들은 흥분시키는 대상 추구에 몰두하게 된다는 점을 지적하였다. 이런 환자들에게는 흥분시키는 대상 추구가 가장 생기를 불어넣어 주는 일이 되기 때문이다. 그러나 이런 추구는 계속 실패하게 되어 결국 지쳐 가게 된다. 지치고 지치다 보면 '부모가 나를 사랑한다는 분명한 메시지' 를 거의 최종적으로 기다리는 상황이 오기 마련인데, 이런 초조한 상황에 부딪히게 되면서 비로소 고통스러운 긴장을 경험하게 된다. 흥분시키는 대상이 끝내 관계를 거절함에 따라 결국 리비도적 자아의 추구는 절대적인 실패를 맞게 되는데, 이때 인격의 구조가 붕괴될 수 있다. Armstrong-Perlman이 묘사한 이런 인격의 붕괴는 Fairbairn에 의해서는 기술되지 않았던 부분이다. Fairbairn은 성인인 부모에게 아이가 의존할 수밖에 없다는 것, 즉 의존성의 부분에 초점을 맞추었기 때문이다.

사례 79

M양은 20대 후반의 여성으로 작은 외국어 학원에서 총무로 일하고 있다. M양이 일하고 있는 학원 원장님은 50대 초반의 남성으로 일처리가 세밀하지 못한 분이다. 학원 경영에 대한 아이디어도 별로 없어서 현재 대학교 앞에 있는 학원의 지리적 이점을 살리지 못하고 있다. M양은 단지 같은 성당에 다닌다는 이유만으로 원장을 도와주고 있다. 성당의 한 모임에 같이 속해 있는데, 모임의 토론 중에 학원 원장이 그녀의 말을 몇 번 따뜻하게 지지해 준 적이 있다. 남으로부터 지지받아 본 경험이 거의 없는 M양은 매우 고마움을 느꼈다. 학원을 하고 있다는 것을 알게 된 그녀는 개인적으로 준비 중이던 일을 그만두고 원장님을 도와 학원 일을 하게 되었다.

경영학과를 나왔을 뿐만 아니라 그쪽에 재능이 있는 M양은 헌신적으로 학원 일을 하였고 학원은 빠른 속도로 성장하였다. 원장님이 전혀 신경 쓰지 않게 학원의 아주 세밀한 부분까지 그녀가 미리 알아서 처리해 주었다. M양은 일에 비해 너무 적은 보수를 받았지만 원장님이 만족할 수만 있다면 그것으로 충분한 보상이 된다고 말했다. 그러나 실제 원장님은 M양이 고생하는 것에 대해 별 다른 반응을 보이지 않았다. 그녀는 밤늦게까지 더욱 학원 일에 열중하였고 결국 몸에 무리가 와서 병원에 입원하게 되었다.

M양의 아버지는 의처증 환자였다. 화장품 회사 연구원인 M양의 어머니가 조금만 늦게 들어오면 구타를 하였다. 그럴 때마다 M양은 공포에 떨어야 했기 때문에 어릴 때부터 저녁 때가 되면 어머니에게 전화를 걸

어 퇴근을 재촉하곤 하였다. M양은 반항적인 오빠와 달리 아버지의 비위를 잘 맞춰 줬기 때문에 자신은 아버지의 사랑을 많이 받았다고 말하였다. 아버지가 그녀를 사랑했다는 것은 한두 번 손잡고 동네를 산책했던 기억을 두고 한 말이었다. 실제 M양의 아버지는 예측할 수 없이 아내와 자녀들을 때리거나 느닷없이 그녀의 몸을 수치스럽게 만지는 등 가족 모두에게 고통스러운 존재였다.

병원을 방문한 사람들에게 M양은 마치 모든 고통스러운 기억은 다 잊어먹은 사람처럼, "사람들은 모두 내가 아버지를 미워하고 증오할 것이라고 하는데, 나는 아버지를 가장 사랑해요. 나는 아버지에게 예쁜 막내딸이에요. 사람들은 그것을 몰라요." 라고 말하였다.

M양의 아버지는 가족 모두를 좌절시키는 거절하는 대상이다. 그러나 M양은 아버지에 대한 고통스러운 측면은 분리시켜 억압한 채 흥분시키는 작은 측면을 확대하여 집착하고 있다. 학원 원장님에 대한 헌신은 아버지의 사랑을 얻을 것이라는 환상과 희망이 지속되고 있음을 나타낸다.

리비도적 자아가 흥분시키는 대상에 밀착하여 생기와 안정을 얻으려는 점은 치료에서도 중요한 부분이 된다. 환자는 이런 관계를 강박적으로 반복하려고 하기 때문에 환자를 '흥분시키면서 동시에 거절하는 대상' 으로부터 떨어질 수 있게 하는 것이 중요한 치료가 된다. Fairbairn은 이를 무의식으로부터 억압된 나쁜 대상을 풀어 주는 것이라고 묘사하였다. 그러나 앞서 설명하였듯이 환자는 이미 억압된 나쁜 대상(흥분시키면서 거절하는 대상)과 매우 밀착된 관계를 유지하며 생기와 안정을 추구해 왔기 때문에 이제 와서 억압된 나쁜 대상을 풀어 주는 것은 매우 두렵고 불안한 일이 된다. Fairbairn은 이를 매우 역설적인 상황이라고 묘사하였는데, 환자가 분석을 받으려는 이유가 바로 억압된 나쁜 대상으로부터 풀려 나는 것이기 때문이다. 즉, 내적인 나쁜 대상을 풀기를 원하면서도 막상 그런 풀림을 매우 두려워하고 불안해하는 것이 환자의 심리라는 것이다. 이 점은 이드심리학부터 자아심리학에 이르기까지 모든 정신분석에서 보이는 저항의 공통점이기도 하다. 즉, 환자들은 무의식의 심리적 갈등을 해소하기를 원하면서 동시에 그런 무의식의 내용이 의식화되는 것을 불안해한다.

흥분시키는 대상과 연관되어 희생양 현상이 나타날 수 있음을 언급할 필요가 있다. 임상적으로는 리비도 자아와 동일시한 환자가 중심 자기(중심 자아와 이상적 대상)와 거절하는 자기(거절하는 대상과 반리비도적 자아)의 거절과 공격을 당연시하며 흥분시키는 대상에만 매달릴 때 희생양 현상이 나타날 수 있다.

중심 자아

Fairbairn의 내적 심리구조의 세 번째 요소는 이상적 대상과 연합관계에 있는 중심 자아(central ego)다. 중심 자아는 본래 자기에서 리비도적 자아와 반리비도적 자아가 분리되어 떨어져 나가고 남은 부분을 말한다. 리비도적 자아와 반리비도적 자아가 본래 자기로부터 분리되어 내적으로 억압되어 형성된 내적 심리구조인 반면 중심 자아는 억압과 무관한 부분이다. 다시 말해, 리비도적 자아와 반리비도적 자아가 억압에 의해 새로 형성되는 것이라면, 중심 자아는 처음부터 있던 본래 자기의 일부분인 것이다. 중심 자아가 원래 자기의 일부라면 초기 유아와 같은 중심 자아가 어떻게 성장하여 성인의 성숙한 중심 자아로 형성되어 가는지를 살펴볼 필요가 있다.

부모와 적절하며 만족스러운 상호작용은 아이의 중심 자아를 확장하고 이상적 대상의 '좋음'을 강화시킨다. 이런 과정을 통해 충분히 강해진 중심 자아는 성장과정에서 어쩔 수 없이 겪게 되는 좌절을 견뎌낼 수 있다. 이상적 대상의 선함이 좌절을 주는 대상의 '나쁨'보다 훨씬 우세하기 때문이다. 막상 Fairbairn은 '좋은' 대상의 내재화에 대해 다소 상반된 기술을 하여 혼란을 주었다. Fairbairn(1952, 1963)은 억압되고 내재화되어 내적 심리구조를 형성하는 것은 견딜 수 없이 고통스러운 '나쁜' 대상 경험이라고 말하였다. 같은 의미로 만족스럽고 '좋은' 대상이 내재화되어야 할 적절한 동기를 찾기 어렵다고 기술하기도 하였다. 결론적으로 오직 '나쁜' 대상 경험만이 억압된다는 것이다. 나쁜 대상만이 억압된다는 것은 Fairbairn 이론의 한 특성으로 흔히 거론된다. 그러나 또 다른 부분에서 Fairbairn은 내재화되는 '좋은' 대상은 이상적인 대상과 중심 자아라고 '좋은' 대상도 내재화된다는 것을 분명히 기술하기도 하였다(Rubens, 1994; Celani, 2001).

비구조 내재화 Rubens(1984)는 '비구조 내재화(non-structuring internalization)'란 개념을 도입하여 Fairbairn의 상반된 기술을 설명하려고 하였다. 리비도적 자아와 반리비도적 자아는 '구조 내재화

(structuring internalization)' 에 의해 내적 심리구조로 형성되고, 중심 자아는 '비구조 내재화' 를 통해 심리 내적구조로 속성만 변한다는 것이 설명의 요지다. 앞서 설명하였듯이, 유아는 대응할 수 없이 불쾌한 나쁜 대상 경험을 내재화한다. 이런 나쁜 대상 경험의 내재화 과정이 반복되면서 리비도적 자아와 반리비도적 자아는 본래 자기로부터 분리되어 떨어져 나가고 억압되어 내적 심리구조로 새롭게 형성된다. 자기의 일부가 분리되어 억압되고 이것이 새로운 심리구조를 형성하기 때문에 구조 내재화라고 부르게 된다. 여기서 핵심은 비록 나쁜 경험을 제공하기는 하나 부모는 유아로서 결코 외면할 수 없는 존재이면서 동시에 전체 자기로 통합하기에는 너무 고통스러운 존재라는 점이다. 그렇기에 자기로부터 분리하되 존재 안으로 억압하여 내재화할 수밖에 없다.

그러나 본래 자기에 통합할 수 있는 만족스러운 대상 경험은 분리되어 억압되기보다 전체 자기에 직접 통합된다. 비구조 내재화의 핵심은 억압이나 분리와 무관하다는 것이다. 즉, 자기의 일부가 따로 떨어져 나가 새로운 내적 심리구조를 형성하는 것이 아니라, 좋은 대상 경험은 그 자체로 전체 자기의 본성을 점차 변화시킨다. 사람이 성장하고 성숙하기 위해서는 삶의 경험들이 내재화되고 축적되어야 한다는 것이 자명하다. 비구조 내재화를 통해 좋은 경험들은 학습, 기억, 경험의 조직화, 통합 등으로 지속적인 인격의 발달을 가져온다. 비구조 내재화는 새로운 심리 구조를 형성하는 것이 아니라 전체 자기의 속성이 변화되는 내재화란 의미다.

만족스러운 부모관계는 아이의 중심 자아를 강화시키지만 부모와의 관계에서 좌절 경험은 중심 자아를 약화시킨다. 아이가 부모와의 관계에서 좌절을 경험할 때, 세 자아는 각각 다음과 같은 반응을 보이게 된다. 실제 좌절의 기억을 갖고 있는 아이의 반리비도적 자아는 더욱 강화된다. 강화된 반리비도적 자아를 보상하기 위해 리비도적 자아 또한 대상이 사랑으로 가득 찼다는 환상을 확대하도록 요구받는다. 결과적으로 중심 자아는 약화되고 전체적으로 부차적 자아가 지배적인 인격을 갖게 된다. 중심 자아와 부차적 자아는 상호 상대적인 관계를 갖기 때문에 부차적 자아가 확대되면 중심 자아는 위축된다. 그래서 Fairbairn(1944)은 정신분석 치료의 가장 중요한 기능을 '① 리비도적 자아와 내부 파괴자(반리비도적 자아)에게 양도된 영역을 최대한 되찾아서 본래 자아의 분리를 줄이고 최대한 통합하는 것, ② 흥분시키는 대상과 거절하는 대상을 가능한 한 중심 자아의 영향권 안에 두게 하는 것이다.' 라고 표현하였다.

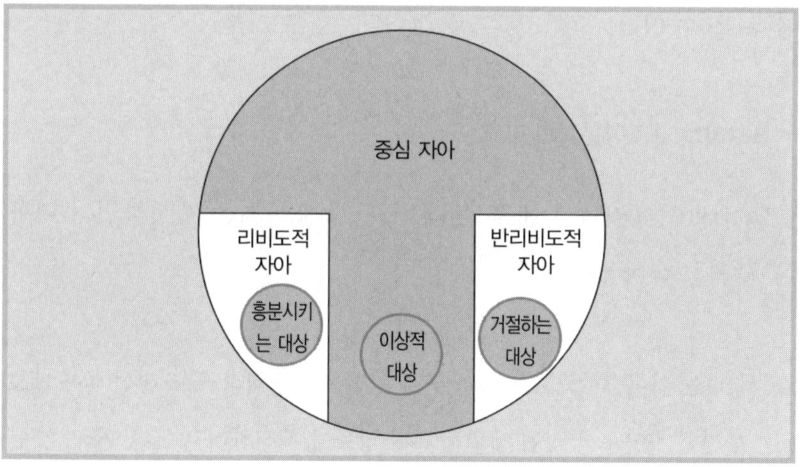

Fairbairn의 내적 심리구조

좌절 경험과 함께 중심 자아의 발달을 약화시키는 또 다른 요인으로 부차적 자아와 각 부분 대상 간의 밀착성을 들 수 있다. Fairbairn은 내적 심리 상황을 묘사하면서 중심 자아를 상대적으로 힘이 있고 자체 독립적인 것으로 묘사하고, 부차적 자아들은 중심 자아의 양옆에서 강압적으로 억압당하는 것처럼 기술하였다.

반면 Scharff와 Birtles(1994)는 흥분시키는 대상과 거절하는 대상과의 관계경험은 너무 과도하고 고통스러운 정서가 특징적이기 때문에 그 끄는 힘이 매우 강렬하다고 생각하였다. 채워지지 않은 사랑에 대한 처절한 욕구와 엄청난 공포와 분노 등 부차적 자아와 부분 대상과의 관계 경험은 너무나 극단적이고 강렬하기 때문에 중심 자아가 정상적인 대상 경험과 자기 경험을 할 수 없게 만든다. 경계선 장애와 같이 심리 구조가 깊이 분리된 환자들을 임상적으로 관찰할 때, Scharff와 Birtles의 의견처럼 중심 자아가 매우 취약하여 자신의 전체 인격을 조절하지 못하는 반면 부차적 자아가 자기를 지배하는 것을 볼 수 있다.

프로이트 구조이론과의 비교

Fairbairn은 1944년 내적 심리 구조 개념을 처음 제시하면서 다음과 같이 기술하였다.

> 나는 자아, 이드, 초자아로 구성된 전통적인 심리 구조 대신에 세 개로 분리된 자아로 구성된 새로운 자아 구조를 제시하려고 한다. 세 개의 분리된 자아는 ① 중심 자아(the 'I'), ② 리비도적 자아, ③ 내부 파괴자

(1954년 반리비도적 자아로 변경)이며, 지속적인 경험을 통하여 나는 이 자아 구조가 보편적으로 적용될 수 있다고 생각하게 되었다.

프로이트의 구조이론이나 Fairbairn의 내적 심리구조 개념은 모두 세 부분으로 이뤄져 있기 때문에 자연스럽게 어떤 유사성이 있지 않을까 비교하게 된다. Fairbairn은 이런 비교를 반복적으로 거부하였는데, 실제 두 사람의 심리 구조에 대한 개념은 많은 차이를 보이는 것이 사실이다.

프로이트의 자아에 가장 가까운 개념은 Fairbairn의 중심 자아다. 외부 실제 세계와 관계하며 목적을 가진 자기 표현과 경험을 하기 때문이다. 하지만 프로이트는 자아를 원본능에서 파생되는 이차적인 구조로 본 반면, Fairbairn에게 중심 자아는 초기부터 존재하는 원래 구조이고 모든 내적 심리구조의 근원이다. Kernberg(1980)는 Hartmann의 미분화된 자아-이드 모체(undifferentiated ego-id matrix) 개념은 프로이

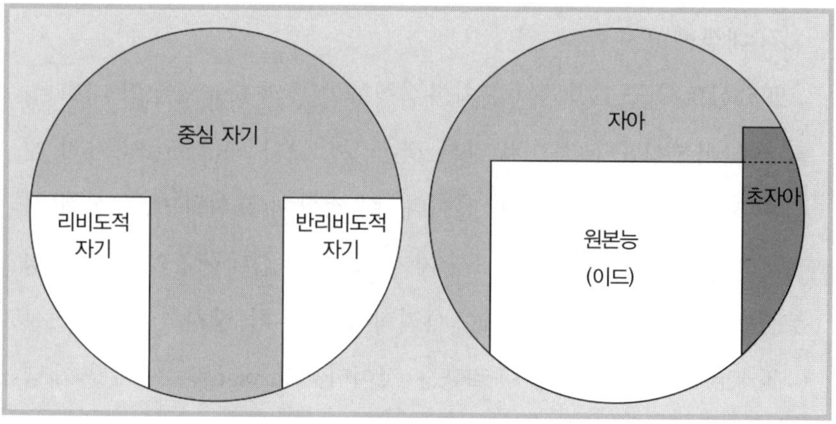

Fairbairn 내적 심리구조　　　　프로이트 구조이론

트의 심리 모델에서 보다 Fairbairn의 모델에 가까운 방향으로 한 걸음 나아간 것이라고 주장하였다. 무엇보다 중요한 차이는 프로이트나 자아심리학자들의 자아는 욕동추구 모델에 근거하는 반면 Fairbairn의 중심 자아는 대상추구 모델에 근거하며 대상관계 속에서의 자기표현 욕구가 일차적이다.

다른 두 구조를 비교하면 두 사람의 차이가 더욱 뚜렷하게 나타난다. 리비도적 자아는 많은 면에서 원본능과 유사하다. 이드가 에너지로 가득 찬 저장소로서 무조건 방출되고 충족되도록 기능한다면, 리비도적 자아는 흥분시키는 대상과 역동적인 관계 속에 있다. 즉, 이드에게 대상은 욕동을 만족시키는 이차적인 것이지만, 리비도적 자아는 처음부터 특정 대상과 특정한 관계 속에 있다.

프로이트의 초자아 개념은 딱히 그런 것은 아니지만 반리비도적 자아와 연합되어 있는 거절하는 대상과 비교할 수 있다. 거절하는 대상이 초자아의 보다 고태적인 요소들을 포함한다면, 초자아 개념 중 자아 이상을 포함하여 도덕적인 측면은 중심 자아가 관계하는 이상적 대상에 비교할 수 있다.

프로이트의 구조이론이나 자아심리학 이론과 Fairbairn의 내적 심리구조 이론이 근본적으로 다른 것은 무엇보다 Fairbairn의 자기 개념은 자기 표상이 아니라는 점이다. 더 정확히 표현하면, 중심적 자기, 리비도적 자기, 반리비도적 자기 등 내적 심리구조의 자기 구성부분(self-component)이 자아심리학에서 흔히 말하는 자기 표상(self-representation)과는 다르다는 것이다. Fairbairn은 자기를 개념적인 표상으로 보지 않았다. 대신 대상세계와의 관계에서 자기를 능동적으로 표현할 수 있는 일차적 기능을 태어날 때부터 갖고 있는 것으로 파악하였다. 다만 병리적인 과정이 개입하게 될 때 그런 과정으로부터 개념적인 표상관계가 비로소 시작된다고 생각하였다. Fairbairn 이론에서 자기는 살아 있고 성장하며 자신을 정의하는 중심으로서 모든 심리과정의 근원이다. 이와 동일하게 자기의 내적 심리구조를 구성하는 구성 부분들도 실제의 자기 부분이지 자기의 표상이 아니다. 자기의 하부 구조도 그 자신의 에너지를 갖고 그 자신의 목적에 따라 움직이는 실체다. 그렇기 때문에 자기 표상 혹은 대상 표상으로 환원될 수 없다.

억압된 나쁜 대상의 귀환

억압(repression)은 내적 심리구조를 창조하는 데 핵심적인 요소다. 왜냐하면 억압에 의해 자기가 분리되기 때문이다. 견딜 수 없고 의식이 수용할 수 없는 대상은 억압되어 분리된다. Fairbairn에게 억압되는 것은 불쾌한 기억이나 욕동 혹은 죄책감 등이 아니라 '나쁜 대상' 이다. 엄밀히 말하면, 나쁜 대상뿐만 아니라 그와 관계를 맺고 있는 분리된 자아 구조도 억압된다. 그 결과 앞서 설명하였듯이 분리된 부차적 자기 구조가 형성된다. Fairbairn은 이런 과정에 의해 자기의 성장이 제한되고 자기 표현이 축소될 수밖에 없기 때문에 그것을 분열성(schizoid)이라고 불렀다.

'억압된 나쁜 대상의 귀환(The return of repressed bad objects)' 이라는 Fairbairn의 개념은 '억압된 것들의 귀환' 이라는 프로이트의 개념을 수정한 흥미로운 생각이다. 프로이트는 무의식, 특히 억압된 본능적 욕동이나 상처의 기억들이 항상 의식으로 들어오기 위해 기회를 노린다고 믿었다. 그러나 Grotstein(1993)은 오랫동안 고착되었던 상처가 왜 의식으로 돌아오려고 하는가에 대한 만족할 만한 정신분석적 설명이 부족하다고 지적하였다. 상처가 의식화되는 것은 고통스러운 일이므로 프로이트의 무의식의 쾌락원리에 맞지 않는다는 것이다. 반면 Grotstein이 볼 때 '억압된 대상의 귀환' 이라는 Fairbairn의 개념이 보다 만족할 만한 설명을 제공해 준다고 보았다. Grotstein이 보기에 부차적 자기 속에는 나쁜 대상에 대해 떨어져 나가기를 원하면서 동시에 다시 연합하고자 하는 집착적인 긴장이 있다. 그러나 궁극적으로 나쁜 대상과의 연합 상태로 되돌아가려는 예정된 프로그램이 부차적 자아에 있는 것으로 느꼈다. 하지만 처음 대상과 자아를 분리시켜 억압한 것은 무의식적인 상처의 기억이기 때문에 억압된 대상이 귀환하는 것은 항상 나타나는 일은 아니다.

나쁜 대상의 귀환은 아주 상반된 상황에서 나타나는 것으로 보인다. 전쟁과 같이 심리적으로 동요되고 취약해지는 상황에 노출되어 결과적으로 나쁜 대상을 억압하는 방어가 약화될 때 억압된 나쁜 대상(엄밀히 말해, 나쁜 대상관계)이 귀환할 수 있다. 반대로 어떤 도전에 직면하여 잠재력을 극대화시키기 위해 인격을 재조직하고 통합할 필요가 있을 때에도 억압된 대상관계가 귀환하게 된다. 그러므로 통과의례처럼 인생의 중요한 시기마다 억압된 대상관계의 귀환이 잘 나타날 수 있다. 다만 인생의 도전을 견뎌내는 개인의 능력에 따라 그 시기는 달라질 수 있다. 분석 상황은 이 둘의 요소를 다 갖고 있기 때문에 억압된 나쁜 대상이 잘 나타날 수 있는 적절한 기회가 된다.

반복강박

반복강박(repetition compulsion) 현상은 억압된 나쁜 대상관계를 나타내는 또 다른 좋은 예가 된다. 반복되는 설명이지만, 억압된 나쁜 대상은 견딜 수 없이 나쁜 대상이면서 동시에 생존을 위해 절대적으로 필요한 존재로 경험된다. 내적 심리구조의 존재 이유는 이런 '나쁜' 관계를 견뎌내는 것이다. 그 결과 반복되는 나쁜 대상관계에 의거하여 자신의 존재를 정의하게 되고, 또 나쁜 대상관계는 내적 심리구조의 '기본 경험 틀'이 된다. 그러므로, 이런 내적 심리구조를 가진 사람은 그 틀에 어울리는 병리적인 경험을 추구하게 된다. Grotstein(1993)은 이를 "나쁜 대상에 대한 중독적인 충성심"이라고 표현하였다.

예를 들어, 부모가 고통을 줄 때 아이는 쾌락을 추구하기 위해 다른 대상을 찾지 않는다. 오히려 아이는 학대하는 그의 부모에게 더욱 매달린다. Fairbairn은 새끼 오리의 각인(imprinting)처럼 아이들도 어린 시절에 가졌던 상호작용에 강하게 집착한다고 생각하였다. 앞서 설명하였듯이, 아이들은 아동기 초기에 경험했던 기본적인 대상관계의 패러다임을 반복한다. 프로이트는 반복강박을 경험을 습득하려는 욕구 표현으로, 자학적인 것으로, 최종적으로는 죽음의 본능으로 설명하려고 시도하였다. Rubens(1994), Mitchell과 Black(1995)에 의하면 반복강박에 대한 Fairbairn의 설명은 프로이트의 설명에 비해 명쾌할 뿐 아니라 임상적인 관찰과 잘 부합된다.

Fairbairn은 어린 시절 내면화된 초기 대상관계에 따라 인간관계를 형성하며 현실세계의 타인들과 과거의 고통스러운 관계 유형을 반복하는 것이 정신병리라고 보았다. 내면화된 초기 대상관계를 반복하려는 환자는 치료자와의 관계에서도 병적인 대상관계를 반복하려 한다.

사례 80

정신치료를 받은 지방 전문대학에 근무하는 30대 후반의 한 여자 교수의 사례다. 환자의 어머니는 차갑고 냉소적이었다. 크게 성공한 사업가인 그녀의 아버지는 어릴 때부터 환자의 자율적이고 주도적인 행동들을 막았다. 대신 자신이 시키는 대로만 하도록 환자를 강요하였다. 행여 환자가 스스로 무엇을 하려 하면 모든 행동에 대해 발작적으로 욕하고 비난하였다. 환자는 어려서부터 부모와의 관계에서 수치심과 모멸감 외에 다른 감정을 느낄 수 없었다고 이야기하였다. 현재의 전문대학 교수 자리도 그녀의 아버지가 알아서 만들어 준 것이다. 환자는 평상시 생활을 할 때 마치 모욕당할 기회를 찾는 사람처럼 보였다. 그리고 수치심을 느끼고 기분이 울적해져야 그나마 사람들과의 관계 속에 있다는 느낌을 받는다는 것이 점차 뚜렷해졌다. 환자는 치료자도 자신이 무능해 보이고 형편없어 보여야 자신을 안됐다고 생각해서 더 많은 관심을 보여 줄 것이라고 생각하고 있었다.

환자는 자기비하적인 행동 양식에 대한 치료자의 해석을 받아들이면서도 실제 치료자와의 관계나 일상 대인관계에서 변화를 보이지 않았다. 때로는 치료자의 해석을 두려운 위협으로 받아들이기도 하였다.

환자는 비록 고통스럽지만 자기비하적인 대상관계라도 못하게 되면 자신이 완전히 버림받은 존재가 될 것이라고 믿고 있었다. 치료자가 기대하는 것과는 달리, 환자는 해석과 통찰을 통하여 자기비하적인 관계를 포기하고 더 나은 대인관계로 나아갈 수 있다는 것을 상상조차 하지 못했다.

대상관계는 태어날 때부터 이미 존재하는 것이 아니라, 어머니와 아이의 관계처럼 상호관계 속에서 형성되는 것이다. 그렇기에 부모와의 관계에서 병적인 대상관계를 형성했던 사람은 그런 관계를 포기한다고 저절로 건강한 대상관계가 형성되는 것이 아니다. 건강한 대상관계는 새로운 관계 속에서 다시 만들어져야 한다.

대상관계이론에서 전이 해석의 초점은 억압된 욕동이 아닌 나쁜 대상관계의 반복이다. 즉, 환자로 하여금 불안과 죄책감을 느끼게 만드는 것은 받아들일 수 없는 충동이 아닌 내면화된 나쁜 대상들이다. 그러나 더 중요한 것은 해석과 통찰만으로는 분석적 변화(즉, 좋은 대상관계)가 저절로 형성되지 않는다는 점이다. 과거 대상과 맺었던 것과는 다른 새로운 관계를 지금 치료자와 시작하고 있다는 '예전과 다른 새로운' 관계 경험이 필요하다. 자신이 이해받고 또 새롭게 교류할 수 있다는, 예전과 전혀 다른 새로운 관계가 가능하다는 것을 경험해야만 내면화된 옛 대상들과의 강렬한 중독적인 관계 양식을 포기할 수 있게 된다. 그리고 지금 치료자와의 새로운 관계 체험을 이루어 갈 수 있게 된다.

도덕적 방어

아이가 부모의 나쁜 측면을 직면할 수밖에 없는 것은 불가피한 일이다. 아이가 이런 나쁜 측면을 어떻게 처리하는가를 설명하는 방식은 분석가마다 차이가 있다.

Fairbairn의 도덕적 방어의 개념은 프로이트의 순수한 쾌락 자아(purified pleasure ego) 개념과 반대되는 것이다. 프로이트는 모든 나쁜 감정들은 외부 대상에 투사하고 자신의 자아는 순수한 쾌락 자아로 유지하려 한다고 생각하였다(Grotstein, 1993).

Klein은 파괴적 충동이 태어날 때부터 존재하므로 자신이 나쁘다고 느끼며 파괴적 충동으로부터 박해당한다고 느낀다. 그러므로 자신의 나쁜 부분은 분리시켜서 투사적 동일시를 통해 처리하려 한다고 생각하였다.

이에 비해 Fairbairn은 유아의 파괴적 공격성은 후기 구강기의 깨물기와 함께 시작한다고 본 Abraham의 개념을 받아들였다. 그렇기에 Fairbairn은 이런 구강기 공격성이 나타나기 이전의 전 양가적(pre-ambivalent) 시기가 있다고 보았다.

비교해 보면, 프로이트의 유아는 별다른 심리도 없이 순수하게 쾌락만 추구하고(욕동 자체이고), Klein의 유아는 자기 자신의 나쁜 파괴적 충동 때문에 나쁜 자기를 제거하려 애쓴다. 반면 Fairbairn의 유아는 아직 공격성이 없는 전 양가적 상태이기 때문에 그 자신이 사랑의 존재라고 느낀다.

그런데 부모가 정서적으로 결핍되었거나 침범해 들어올 때 유아

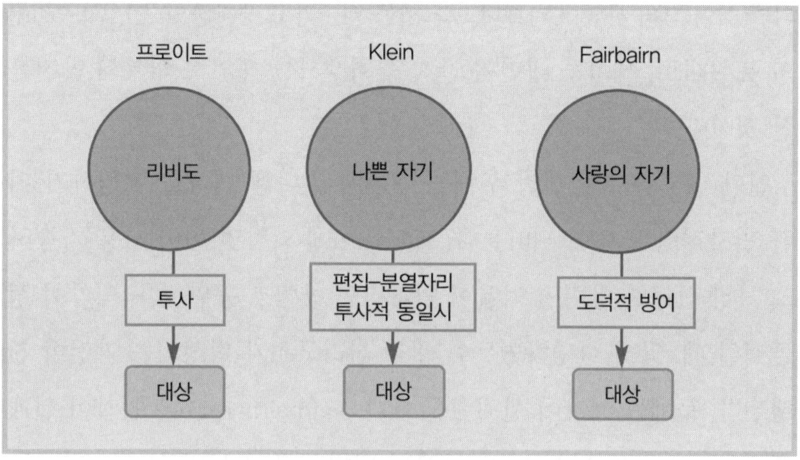

유아의 파괴적 공격성의 처리

프로이트는 순수 쾌락 자아를 유지하기 위하여 나쁜 감정들을 외부 대상으로 투사한다. Klein은 파괴적 충동을 편집-분열자리나 투사적 동일시를 통해 처리한다. Fairbairn은 부모가 심리적으로 침범해 들어올 때 생기는 공격성을 도덕적 방어로 처리한다고 생각하였다.

는 심각한 궁지에 몰리게 된다. 유아는 부모의 세계 속에서 살아가고 있기 때문에 부모 없이 살아간다는 것은 견딜 수 없이 고통스러운 일이다. 그래서 부모의 선함을 유지하려는 환상 속에서 부모의 나쁜 측면들을 분리시켜 심리 내면으로 내재화한다. 즉, 내재화를 통해 '나쁨'은 유아의 내면에 자리 잡는다. 모든 아이들은 그의 부모가 정당하고 의지할 만하다고 느낄 필요가 있다. 만약 아이들이 부모를 그렇게 느낄 수 없다면 '나쁜 무거운 짐(burden of badness)'을 그 자신에게 부과하게 된다(Fairbairn, 1943). 내면에 자리 잡은 부모의 나쁜 것들을 동일시함으로써 이제 나쁜 것은 부모가 아닌 그 자신이고, 유아는 자기 사랑이 나쁘다고 느낀다(Fairbairn은 분열성 상태의 핵심이 그의 사랑이 나쁘다고 느끼는 것이라고 생각하였다.). Fairbairn의 표현대로, 아이는 내면의 안전을 희생하는 대가로 외부의 안전을 산 것이다.

일단 내재화가 이뤄진 후에는 내재화된 나쁜 대상을 처리하기 위한 필사적인 노력이 뒤따른다. Fairbairn에 의하면 이미 사용 가능하고 가장 간단한 방법인 억압이 일차적인 방어로 동원된다. 억압이 성공적일 때, 앞서 설명하였듯이 내적 심리구조가 형성되는 과정이 진행된다. 문제는 억압이 실패했을 때다. Fairbairn(1943)은 억압이 실패했을 때 크게 두 가지 방어 양상이 나타난다고 설명하였다. 하나는 전형적인 네 가지 형태의 병리적 방어—공포증적(phobic), 강박증적(obsessional), 히스테리적(hysterical), 편집증적(paranoid) 방어—가 작동하게 된다(이 장 뒤의 정신병리 부분 참조). 억압이 실패할 때 나타나는 또 다른 방어는 '도덕적 방어(moral defense)' 다. Fairbairn은 도덕적 방어를 '초자아의 방어(defense of the superego)' 혹은 '죄책감의 방어(defense of guilt)' 라고 부르기도 하였다.

Fairbairn은 도덕적 방어를 설명하기 위하여 '나쁨' 을 두 가지 종류로 구분하여 '절대적 나쁨(unconditional badness)' 과 '조건부 나쁨

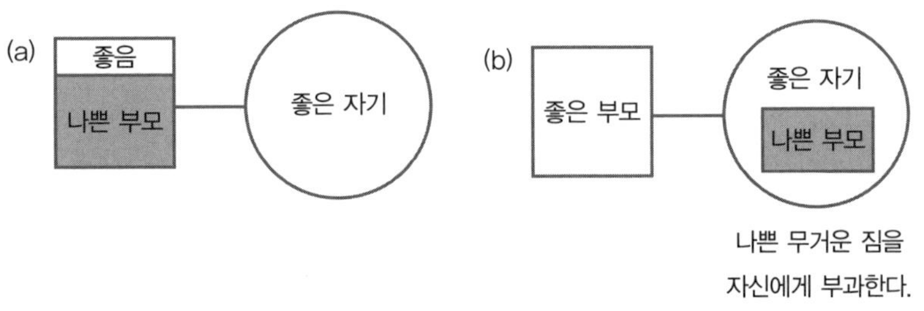

(c)

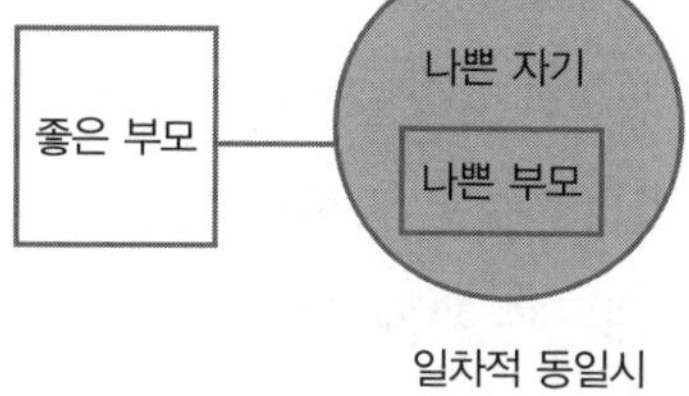

(d)

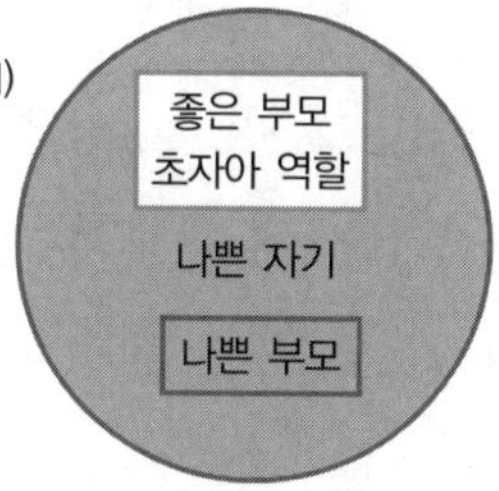

(conditional badness)' 으로 불렀다. 그리고 '절대적 나쁨' 은 '리비도 관점에서 나쁜 것' 이고 '조건부 나쁨' 은 '도덕적 관점에서 나쁜 것' 이라고 구분하였다. 일차적으로 내재화되는 것은 절대적으로 나쁜 대상이다. 왜냐하면 오직 자신을 박해하는 부분만(부모의 나쁜 측면만)이 일차적으로 내재화되기 때문이다(그림 a, 그림 b). 그리고 유아의 대상관계는 동일시, 특히 일차적 동일시에 근거하기 때문에 유아 자신이 곧 절대적으로 나쁜 존재가 된다(그림 c). 이런 절대적으로 나쁜 상태를 경감하거나 제거하기 위해서는 또 다른 방어의 단계가 요청된다. 유아는 이러한 필요성 때문에 부모의 좋은 측면을 내재화하여 초자아의 역할을 하게 한다(그림 d). 이제 유아는 그의 내면에 자리한 초자아에 의하여 판단받는다. 유아가 나쁜 대상에 의지하게 되면 좋은 대상에 의지하는 것에 비해 도덕적으로(조건부로) 나쁜 것이다. 만약 유아가 나쁜 대상에 저항하게 되면 초자아의 관점으로 볼 때 도덕적으로(조건부로) 좋은 것이다. 조건부로 좋은 것이 조건부로 나쁜 것보다 분명히 낫다. 그러나 현재 유아는 내재화된 부모를 효과적으로 억압하지 못하는 상태다. 즉, 내재화된 부모에게 저항하지 못하는 상태다. 다시 말해서, 조건부로 좋을 수 없는 상태다. 조건부로 좋을 수 없을 때는 조건부로 나쁜 것이 절대적으로 나쁜 것보다

낫다는 것 또한 자명하다. 유아는 내재화된 부모인 나쁜 대상과 관계하며 그 자신이 나쁜 자기로 살면서 내재화된 부모의 좋은 측면인 좋은 대상에 의해 판단을 받는다. 결과적으로 유아는 그 자신이 절대적으로 나쁜 존재가 아니라 나쁜 대상과 관계하기 때문에 도덕적으로 나쁜 존재가 된다(그림 e). Fairbairn은 이를 "신에 의해 지배되는 세상에서 죄인으로 사는 것이 악마에 의해 지배되는 세상에서 죄 없이 사는 것보다 낫다."라고 비유적으로 설명하였다. 신에 의해 지배되는 세상에서 죄인으로 사는 것은 나쁜 일이다. 그러나 신에 의해 지배되는 세상, 즉 신의 세계이기 때문에 그곳에는 항상 어떤 안전감이 있다. 뿐만 아니라 그런 세상에는 언제나 구원의 가능성이 존재한다. 반면 악마가 지배하는 세상에서 죄 없이 살면 죄인이라는 나쁨에서는 벗어날 수 있을지 모른다. 그러나 그의 주변 세상이 모두 나쁘기 때문에 그 또한 나쁘다. 무엇보다 그는 안전감을 느낄 수

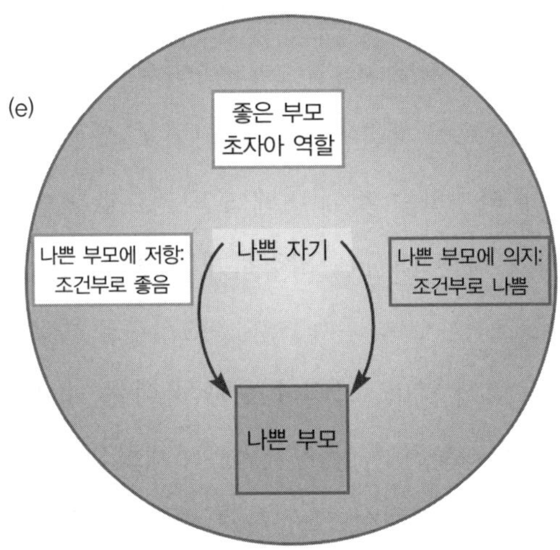

없고 구원의 희망이 없다. 모든 미래는 죽음 혹은 파괴로 열려 있을 뿐이다.

그렇기에 Grotstein(1993)은 학대하는 대상과 무의식적으로 동일시한 결과 느껴지는 수치심에 대한 방어가 도덕적 방어라고 설명하였다.

사례 81

A는 어릴 때부터 기독교 신앙을 믿어 온 30대 후반의 전업 화가다. 그는 한 가지 생각이 반복해서 떠올라 그림을 그리질 못하고 있다. 또 병원에서는 신체적으로 아무 이상이 없다고 하는데 자꾸 어찔어찔하고 손발이 마비되는 느낌이 들어 정신치료를 받게 되었다.

A의 아버지는 큰 회사를 일군 자수성가한 사람이다. 젊어서부터 바람을 피워 작은 부인을 따로 두고 생활하였다. 가끔 집에 들어온 아버지는 어린 A에게 비교적 잘 대해 주었다. 그러나 며칠 안 되어 다시 작은 집으로 갔고, 그럴 때마다 어린 그는 심하게 울며 아버지에게 매달리곤 하였다. 아버지가 집에 오는 경우가 점점 적어지면서 어린 A는 풀이 죽어 지내는 시간이 많아졌다.

10년 전 아버지가 돌아가셨다. 그 후부터 A는 생각이 조금씩 복잡해지기 시작했다. 상기 증상들이 뚜렷이 나타나기 시작한 것은 약 9년 전이다. 그 당시 그는 피폐된 생활을 하고 있었고 작품활동도 제대로 못하였다. 전반적으로 우울증 상태를 보였고, 특히 불면, 식욕부진과 무력감을 호소하였다. 기도를 하려고 해도 도무지 기도가 되지 않는다며 고통스러워하였다. 교회를 나가기 힘들 정도의 무력감이 계속되고, 죽을 것 같은 고통과 절망을 이기려고 폭음을 일삼았다. 그러던 어느 날, 그는 우울증의 고통을 벗어나게만 해 준다면 악마의 도움이라도 받겠다며 순간적으로 마음속에서 악마와 9년간의 계약을 체결하였다. 그가 악마에 굴복하여 9년간 살아가는 대신, 악마는 돌아가신 아버지 대리인으로 그에게 봉사한다는 것이 그가 스스로 작성한 계약 조건이었다.

그동안 우울 증상과 강박 증상 그리고 히스테리로 보이는 신체 증상들이 심해졌다 약해졌다 반복하면서 9년의 세월이 흘렀다. 그가 마음속으로 악마와 체결한 9년의 계약기간이 끝나가는 것을 느끼며, A는 두려움과 불안을 느끼기 시작하였다. 과연 악마가 계약한 대로 순순히 끝내줄 것인지 불안해하였다. 그러면서 자신을 구원해 달라고 하나님께 간절히 기도하기 시작하였다. 하나님께서 악마를 주장하여서 계약으로부터 그를 해방시킬 수 있게 해 달라는 기도였다.

어린 시절 A에게 그의 아버지는 자신에게 잘해 주는 좋은 아버지이면서 동시에 그가 찾을 때 없는 나쁜 아버지다. 아버지는 점점 더 집에 들어오지 않으면서 그를 거절하는 나쁜 아버지로 변해 간다. 어린 A는 아버지의 나쁜 측면을 그의 내면에 내재화하고 아버지의 나쁜 짐을 자신이 진다('우리를 위하여 아버지는 고생하시는데 우리가 말을 듣지 않는 것이다. 힘들게 일하시다 보면 술 먹고 바람 피우고 그럴 수도 있는데 그런 것을 이해 못하는 우리가 잘못이다.'). 결국 아버지는 좋은 대상으로 외부 현실에 존재하고, 어린 A는 나쁜 내적 대상과 동일시를 통해 그 자신이 나쁜 존재가 된다. 그리고 내재화된 나쁜 대상(나쁜 아버지)은 무의식으로 억압하고, 어린 A 자신은 나쁜 대상으로 외부 세계와 관계한다. 이런 상황에서 아버지가 돌아가셨으므로 외부 좋은 대상이 없어진 셈이 된다. 그렇기 때문에 A의 내면 무의식에 억압되어 있던 내재화된 나쁜 아버지가 의식으로 떠오르게 된다. 왜냐하면 대상관계가 사라져 버린 결과 '혼자서 버림받았다는 느낌' 을 느끼기보다는 '나쁜 대상이라 할지라도 관계 속에 있는 것' 이 덜 고통스럽기 때문이다. 이렇게 억압되었던 내재화된 나쁜 대상이 의식되면서('아버지가 무책임하게 우리를 버리셨다.') 아버지에 대하여 공격적인 감정을 느끼게 되고, 동시에 그 자신에 대해서도 공격적인 마음을 갖게 된다('나는 버림받았다.'). 이러한 공격성에 대한 죄책감이 우울증의 원인이 된다.

악마와의 계약은 내재화된 나쁜 대상, 즉 비록 나쁜 아버지일지라도 어떻게든 붙들어 보려는 필사적이고 병적인 시도라고 볼 수 있다. 으레 그렇듯이, A의 경우에도 아버지(즉, 내재화된 대상)는 절대적으로 필요한 대상이면서도 매우 견디기 어려운 대상이다. 악마는 돌아가신 아버지의 나쁜 측면과 그와 연관된 나쁜 감정들을 나타내며, 신은 아버지의 좋은 측면과 좋은 감정들을 나타낸다.

발달이론

Fairbairn은 프로이트의 리비도 발달단계는 대상관계에 근거한 발달단계로 새롭게 이해해야 한다고 생각하였다. 예를 들어, 신생아의 리비도 활동은 입에 의해 주로 이뤄질 수밖에 없다. 다른 신체 능력이 거의 없기 때문이다. 거의 일방적으로 빨아먹는(sucking) 즐거움

외에 다른 즐거움을 얻기가 어렵다. 하지만 이때 입 자체가 쾌감을 생성해 내지 못한다. 어머니 젖을 빨 때 비로소 입 주위에서 쾌감을 느낄 수 있다. 그렇기에 Fairbairn은 리비도의 궁극적인 목표는 대상이라고 생각하였다. 즉, 입은 성감 지역(erotogenic zone)으로서 그 자체가 최종적인 것이 아니라 어머니 젖에 가장 저항 없이 다가갈 수 있는 통로이기 때문에 중요하다는 것이다. 반면에 성인은 매우 다양한 통로를 통해 쾌감을 얻을 수 있다. 그중 핵심적이며 가장 자연스러운 통로가 성기다. 이 경우에도 성기 자체가 쾌감을 창출하지 않는다. 대상과 성교를 할 때 리비도 충족이 뒤따른다. 역시 리비도의 궁극적인 목표는 대상이다(자위행위는 대상관계가 실패했을 때 이차적으로 나타나는 현상이다.). 또한 성인이 리비도를 얻는 방식은 일방적으로 자기중심적일 수 없다. 받기만 하려고 할 경우 오히려 거절당하고 결국 리비도 충족은 좌절될 것이다. 성교의 과정에서도 상호교환하거나 주려고 할 때 오히려 진정한 만족을 얻을 수 있다. 그러므로 성인의 리비도 활동을 성기적(genital)이라고 말하는 것은 성감대라는 한 부분만을 부각시키는 것이 된다. 그렇기 때문에 Fairbairn은 성인의 리비도적 태도는 '성기적' 이라기보다 오히려 '성숙하다'고 표현하는 것이 더 적절하다고 생각하였다.

이와 같은 이유로, Fairbairn(1952)은 자기의 발달이 구강기에서 성기기로 이행하는 것이 아니라 미숙한 대상관계에서 성숙한 대상관계로 나아가는 것이라고 보았다. 다만 그 과정을 '단계적으로 성숙해 가는 의존(levels of dependency)' 이라는 개념으로 설명하였다. 자기의 발달과정이 의존에서 독립으로 나아가는 것이 아니라 유아적 의존단계에서 성숙한 의존단계로 진행하는 것이라는 뜻이다. Fairbairn은 이렇게 의존의 단계가 항상 존재한다는 것을 강조함으로써 모든 의미 있는 인간의 활동은 언제나 관계 속에 있다는 것을 나타내려고 하였다. 그리고 아주 어린 유아에서부터 성인에 이르기까지 모든 행위의 궁극적인 목적이 관계 속에서의 자기 표현(self-expression in relationship)이라는 것 또한 분명히 하고자 하였다.

일반적으로 '독립' 상태를 높게 보고, '의존' 상태를 얕잡아 보는 경향이 있는 것이 사실이다. Fairbairn은 사람은 태어날 때부터 관계 속에서 태어나기 때문에 항상 서로 의존관계 속에 있다고 보았다. 그렇기 때문에 의존 자체가 낮은 것이 아니라 의존의 질, 즉 유아적 의존이 문제라고 생각하였다.

유아적 의존단계

Fairbairn(1943)은 초기 유아가 어머니와 전적으로 융합된 심리 상태를 유지한다고 설명하였다(Greenberg와 Mitchell[1983]은 Mahler의 공생이론보다 20년이나 앞서 이런 이론을 제시한 것에 놀라움을 표현하였다). 그러므로 유아는 어머니와 자신이 분리되어 있다는 것을 경험하지 못한다. 유아는 자신과 분리되어 있다고 느끼지 못하는 대상과 미분화된 대상관계를 맺고 있기 때문에 이 시기의 관계방식을 일차적 동일시(primary identification)라고 부른다. 유아에게 어머니의 돌봄은 생존과 직결되는 것이기 때문에 유아가 어머니와 융합을 이루는 것은 전적인 무력감과 의존성 때문이다. 그래서 유아적 의존은 특히 다음과 같은 원초적인 특징들을 나타낸다. 첫째, 의존이 무조건적이다. 둘째, 의존 욕구의 질이 절대적이다. 즉, 유아의 의존 욕구는 생존 자체와 연결된다. 셋째, 의존 대상 선택의 개념이 없기 때문에 관계가 실패했을 때 대체 의존관계를 갖는다는 것이 불가능하다. 즉, 의존관계의 실패는 죽음과 동일한 것이다.

프로이트는 초기 유아의 상태를 '일차적 자기애' 상태라고 가정하였다. 그것은 모든 리비도가 자기 자신에게만 부착된 상태이며 대상관계가 없이(objectless) 존재하는 상태라는 뜻이다. 반면 Fairbairn의 일차적 동일시는 '주체로부터 아직 분리되지 않은 대상에 리비도를 부착(cathexis)하는 것' 이다. 아이는 태어나는 순간부터 타인에게 강렬하게 관여한다. 유아적 의존단계는 초기 구강기와 후기 구강기에 해당하는데, 후기 구강기에는 관계하는 대상이 달라진다. 초기 구강기의 자연스러운 대상은 젖가슴인 반면, 후기 구강기에는 어머니가 자연스러운 대상이 된다. 젖가슴이라는 부분 대상에서 어머니라는 전체 대상으로 대체된다. 그러나 어머니는 실질적으로는 젖가슴처럼 부분 대상으로 취급된다.

후기 구강기는 초기 구강기에 없던 '깨물기(biting)' 가 출현하는 것이 또한 특징적이다. 깨물기는 파괴적 목적을 가지고 있고 실제 이후 모든 분화된 공격성의 원형으로 간주된다. 초기 구강기는 리비도만 있었기 때문에 대상과의 관계방식이 빨기(sucking), 받기(taking), 합일화(incorporation) 등으로 전 양가적이었다. 그러나 후기 구강기가 전개되며 리비도와 공격성이 함께하는 양가적 감정이 비로소 출현하게 된다.

성숙한 의존단계

정서적으로 건강하게 완전한 발달을 이룬 상태다. 일방적인 유아적 의존과 달리 상호 의존적이다. 또 무조건적인 의존이 아닌 조건적 의존이어서 언제나 또 다른 사람과 관계를 맺을 수 있는 잠재력이 있다. 분화된 개인이 분화된 대상들과 협력관계를 맺기 때문에, 성숙한 의존의 강조점은 받기(taking)에서 주기(giving)와 교환(exchange)으로 바뀐다.

Rubens(1994)는 성숙한 의존 상태란 타인이 서로 가장 친밀하고 상호 의존적인 관계를 맺으면서도 서로 개별적으로 분리되어 있다는 것을 인식할 수 있는 것이라고 설명하였다. 그러므로 개별적으로 분리되었다는 것은 고립이나 단절을 뜻하지 않는다. 오히려 그것은 타인의 주체성을 인식하는 것이다. 타인이 자기 자신만의 의도, 감정, 생각, 의지, 목적 등을 경험하는 주체라는 것을 인식하는 것이다. 달리 말하면, 서로 관계에 의해 약화되지 않는 고유한 개별성을 모두 갖고 있다는 것을 인정하는 것이다. Rubens는 개개인이 서로의 책임감을 인정하고 수용하는가의 여부가 서로 개별적으로 성숙하게 분리되어 있는지를 알아볼 수 있는 시금석이 된다고 생각하였다.

과도기적 의존단계

Fairbairn은 유아적 의존과 성숙한 의존단계 사이에 과도기적 단계가 있다고 가정하였다. 이 단계의 특징은 유아적 의존의 태도들을 점차 포기하면서 성숙한 의존 양식을 더 많이 취하려는 것이다. 그래서 그는 발달이란, 동일시에 바탕을 둔 대상관계를 점진적으로 포기하면서 분화에 근거한 대상관계 양식을 늘려가는 것이라고 설명하였다. 이런 분화된 관계를 맺기 위해서는 일차적 동일시를 하고 있는 대상에 대한 강박적 애착을 포기하는 것이 필요하다. 그러므로 이 시기의 공포는 대상으로부터 분리되고 대상을 아주 상실하는 것이다.

Fairbairn에 의하면 과도기적 단계는 Abraham의 리비도 발달단계 중에 초기 항문기 단계와 후기 항문기 단계 그리고 초기 남근기 단계에 걸친 세 단계에 해당한다. 과도기적 단계는 후기 구강기의 양가감정 대신에 대상에 대한 이분법적 태도가 나타나면서 시작된다. 대상에 대한 이분법이란 사랑과 증오가 동시에 향했던 대상이 두 개의 대상, 즉 수용 대상과 거절 대상으로 나뉘어 대체되는 것을 말한다. 그래서 수용 대상에게는 사랑이 향하고 거절 대상에게는 증오가 향하게 된다. 과도기적 단계에서 성숙하기 위해서는 부모에 대한 유아적 의존을 포기하고 부모로부터 분리된 개별적 존재가 되어야 한다. 또 보상적인 내적 대상들에 대한 강렬한 애착도 포기해야 한다. 그러므로 유아적 의존을 포기하기 위해서는 내적 대상을 축출하는 것이 매우 중요하다. 따라서 항문기가 이 시기에 해당한다. 생물학적인 배변이 본질적으로 정서적인 대상 축출을 상징하는 것이기 때문이다. Fairbairn에 따르면 배뇨 기능도 축출을 상징하는 동일한 의미를 갖는데, 이 기능은 다소 저평가되었다고 주장하였다.

이와 같이 Fairbairn의 발달단계에서 항문기와 남근기는 새롭게 조명된다. 항문기와 남근기는 그 자체로 고유한 '조직(organizations)'으로 간주되지 않는다. 대신 과도기적 단계에서 내적 대상들에 집착하느냐 혹은 그들을 포기하느냐를 놓고 투쟁할 때 대상을 처리하는 유용한 수단이 된다. Fairbairn은 자아가 내적 대상들과의 갈등적 관계를 항문기적 환상이나 남근기적 환상을 통해 표현한다고 생각하였다. 배설물과 페니스는 구강기적 의미를 갖는다. 내적 대상에 대한 유아적 애착은 항문에 의한 보유 환상으로 나타난다. 그리고 내적 대상관계로부터 자유로워지고 싶은 욕구는 항문을 통한 배출 환상으로 표현된다. 남근기 환상도 구강기적 역동을 나타내기 위해 사용된다. 성교는 본질적으로 구강기적인 상호작용으로 간주된다. 대상의 성기는 젖가슴과 동일시되고, 주체의 성기는 입과 동일시된다.

이와 같은 이해를 전제로, Fairbairn은 자신이 제시한 대상관계에 근거한 발달단계를 다음과 같이 요약하였다.

Fairbairn: 대상관계에 근거한 발달관계

1. 유아적 의존단계: 특징적인 태도는 받기다.
   - 초기 구강기: 빨기뿐이기 때문에 전 양가적이다.
   - 후기 구강기: 깨물기(공격성)가 같이 존재하기 때문에 양가적이다.
2. 유아적 의존(받기)과 성숙한 의존(주기) 사이의 과도기적 단계 혹은 유사독립(quasi-independence) 단계: 의존으로부터 벗어나기 위해 합일화한 대상을 외재화하고 대상을 수용 대상과 거절 대상으로 이분화한다.
3. 성숙한 의존단계: 주는 것이 특징적이다. 수용 대상과 거절 대상을 외재화한다.

더불어 Fairbairn은 각 발달단계에 적절한 자연스러운 대상을 다음과 같이 제시하였다.

Fairbairn: 발달단계에 자연스러운 대상

1. 유아적 의존단계 • 초기 구강기: 젖가슴(부분 대상) • 후기 구강기: 젖가슴처럼 취급되는 전체 대상으로서 어머니
2. 유사독립(과도기적) 단계: 내용물처럼 취급되는 전체 대상
3. 성숙한 의존단계: 전체 대상(대상의 성기 포함)

정신병리

Fairbairn은 대상관계의 발달이 유아적 의존단계에서 과도기적 단계를 거쳐 성숙한 의존단계로 진행하는 것이라고 제시하였다. 그는 정신병리도 각 발달단계의 대상관계 방식에 따라 발생하는 것으로 이해하였다. 여기에서는 과도기적 단계에서 나타나는 정신병리와 유아적 의존단계에서 나타나는 정신병리로 구분하여 설명한다.

유아적 의존단계의 정신병리

유아적 의존단계에서 만족스러운 대상관계를 수립하지 못할 때는 두 가지 근본적인 정신병리가 형성될 수 있다. 초기 구강기의 만족스럽지 못한 대상관계는 분열성 상태(schizoid state)를 초래할 수 있고, 후기 구강기의 불만족스러운 대상관계는 우울 상태(depressive state)로 이어질 수 있다. 하지만 이런 정신병리적 영향은 구강기 이후에도 대상관계가 계속 만족스럽지 못할 때에만 나타난다. 그러므로 분열성 상태나 우울 상태는 초기와 후기 구강기 상태가 퇴행적으로 재활성화된 것으로 간주되어야 한다.

유아적 의존단계에서 만족스러운 대상관계를 수립하지 못할 때 유아가 받게 되는 상처는 자신이 진정으로 사랑받지 못한다고 느끼는 것이다. 이런 느낌은 초기 구강기와 후기 구강기에 따라 그 내용에서 중요한 차이를 보인다. 초기 구강기에서 유아는 '자신의 사랑이 나쁘고 파괴적이기 때문' 에 사랑받지 못한다고 느낀다. 이것이 분열성 경향의 기본적인 반응이 된다. 반면에 후기 구강기의 상처는 '자신이 가진 증오가 나쁘고 파괴적이기 때문에' 사랑받지 못한다고 느낀다. 이것이 우울 경향의 기본적인 반응이다. 이런 분열성 경향이나 우울 경향은 구강기 상처를 불러일으키는 상황에 직면하게 될 때 실제적인 분열성 상태나 우울 상태로 발현된다. 하지만 증상 발현에 가장 중요한 요소는 구강기 시기 중 대상이 얼마나 합일화되었는가 하는 정도다. 분열성 경향이 궁극적으로 자아 상실에 뒤따르는 정신병리를 예방하려는 방법이라면, 우울 경향은 대상 상실에 뒤따르는 정신병리를 막아 보려는 방법이다. 이때 바탕에 깔려 있는 분열성 경향과 우울 경향을 해소하기 위해 과도기에서 특징적으로 볼 수 있는 다양한 방어기법들이 동원된다.

초기 구강기 대상관계가 전 양가적이라는 것은 이미 설명한 바와 같다. 전 양가적이라는 것은 리비도로부터 아직 공격성이 분화되지 않았다는 의미다. 그렇기에 대상을 합일화하려는 초기 구강기적 충동은 기본적으로 공격성이 배제된 리비도적인 것이다. 반면 후기 구강기의 경우는 다르다. 합일화와 함께 깨물기가 나타나기 때문이다. 이것이 의미하는 바는 대상에게 향하는 것이 리비도뿐만 아니며 공격성도 직접 향한다는 것이다. 그래서 후기 구강기는 양가적 태도가 특징적이다. 이러한 점들은 실제 대상관계에서 서로 다른 정서적 갈등을 유발한다. 초기 구강기의 갈등은 '합일화를 할 것인가 말 것인가(to incorporate or not to incorporate)' 혹은 '사랑해야 하나 말아야 하나(to love or not to love)' 로 나타난다. 이것은 분열성 상태의 근본적인 갈등이다. 반면 후기 구강기의 갈등은 '합일화를 할 것인가, 파괴할 것인가(to incorporate or to destroy)' 혹은 '사랑할 것인가, 미워할 것인가(to love or to hate)' 로 표현된다. 이는 우울 상태의 특징이다.

① 분열성 상태

대상을 합일화하려는 초기 구강기적 충동이 공격성이 배제된 것이며 리비도적인 것이라는 점은 분열성 상태를 이해하는 데 매우 중요하다. 왜냐하면 초기 구강기에서 대상을 합일화하는 것은 결국 유아가 삼킨 대상이 없어져 버린다는 점에서 대상을 파괴한 것과 같은 결과를 초래하기 때문이다. 유아는 파괴적인 목적이 없었음에도 결과적으로 대상은 파괴되어 사라진 셈이다. 예를 들어, 아이가 케이크를 좋아해서 "나는 케이크를 사랑해."라고 말한 후 케이크를 먹음으로써 없애 버렸다. 실제 벌어진 일은 케이크가 아이에 의해 파괴되고 없어진 것이다. 아이가 케이크를 좋아하기 때문에 정말 원했던 것은 그것을 먹고 동시에 그것을 갖는 것이었다. 그러나 실제 결과는 그의 사랑이 케이크를 사라지게 만들었다. 만약 케이크가 나쁜 것이라면 유아는 그것을 뱉어낼 것이다. 즉, 대상을 거절할 것이다. 그러나 초기 구강기에서는 대상을 깨물지 않고 단지 뱉어서 거절할 뿐이다. 대상이 좋은 것일 경우 합일화하고 나쁜 것일 경우 거절하는 것이 초기 구강기의 특징이다. 이 시기는 대상이 나쁜 것으로 드러나도 거절만 할 뿐 파괴를 기도하지 않는 것이 특징인데, 실제 일어난 일은 비록 우연히 부수적으로 생긴 결과라 해도 좋은 대상이 파괴되고 없어진 것이다. 다시 언급하면, 초기 구강기 대상관계에서 발생하는 갈등은 '합일화를 해야 하나 말아야 하나' 혹은 '사랑해야 하나 말아야 하나' 이다. 그리고 분열성 상태의 가장 큰 문제는 '사랑에 의해 대상이 파괴되지 않게 사랑하는 것' 이다.

분열성 상태에 있는 사람의 가장 큰 비극은 그의 사랑이 대상을 파괴하는 것으로 보인다는 점이다. Fairbairn(1952)은 어린 시절 그 스스로가 이러한 경험을 한 것으로 기록되어 있다.

사례 82

어린 시절 Fairbairn은 한 소녀를 좋아했는데 끔찍하도록 소름끼치는 결말을 맺게 된다. 어느 날 어린 Fairbairn이 길 건너에 있는 소녀를 불렀다. 소리를 듣고 소녀는 길을 건너질러 뛰어오려 하였다. 그때 마차가 달려왔고 소녀는 마차에 깔려 죽었다. 이 경험은 남은 일생 동안 Fairbairn을 괴롭혔다. '내 사랑의 선물은 치명적일 것' 이라는 그의 기이한 공포도 아마 이 경험에서 기인하는 것으로 보인다. 사랑이 대상을 파괴한다는 분열성 상태를 그 자신이 가장 극적으로 경험한 셈이다.

분열성 상태에서는 당연히 외부 실제 대상을 사랑하는 것이 두려워지고 대상에 대해 벽을 쌓게 된다. 대상과 거리를 두고 멀리 떨어지려 하며 대상을 거절한다. 대상으로부터 리비도도 철수하여 모든 감정적, 신체적 접촉을 포기한다(Fairbairn에게 리비도는 자아에 속하며, 성 욕동이 아닌 인간 경험의 일반적인 특성을 설명하는 개념으로 사용된다. 다른 사람을 지향하고 그들과 관계를 맺고자 하는 욕구라고 표현할 수 있다). 외부 세계에 대한 흥미가 사라지고 모든 것이 무의미해진다. 외부 대상으로부터 리비도가 철수한 만큼 내적 대상으로 향한다. Fairbairn은 분열성 상태의 발병 초기 특징이 내향적으로(introverted) 변하는 것이라고 생각하였다. 그렇기 때문에 분열성 상태의 사람들이 가치를 두는 것은 근본적으로 내면의 실재다.

내적 대상세계가 확장될수록 실제 외부 대상세계는 잠식된다. 즉, 분열성 환자는 점점 실제 대상을 상실하게 된다. 이런 대상 상실은 더 나아가 자아의 변화를 초래한다. 얼핏 분열성 상태에서 흔히 발견되는 양상은 우월감이다. 이는 실제적인 우월감인데, 다만 그 대상이 내적 대상에 대한 우월감이다. 반면에 실제 외부 대상에 대해서는 근본적으로 열등감을 보이는 것을 발견할 수 있다. 이런 모든 상황에서 항상 발견되는 것은 분열성 환자들의 자아가 약하다는 것이다. 앞서 설명하였듯이, 분열성 상태의 가장 큰 딜레마는 그의 사랑이 대상을 파괴하는 것으로 보인다는 것이다. 즉, 리비도 자체가 파괴적이며 리비도가 대상으로 향하게 되면 대상 상실이 뒤따르게 된다. 자아는 전혀 그 자신을 표현할 수 없게 되고 완전히 무력해질 수밖에 없다. 예를 들어, "아무 말도 할 수 없어요." "제가 텅빈 것 같아요." "전 아무것도 아니에요, 아무 쓸모가 없어요." 등의 표현을 하게 된다. Fairbairn은 분열성 상태의 가장 특징적인 감정이 '쓸모없음의 느낌' 이라고 생각하였다.

Fairbairn은 외부 대상으로부터 리비도가 철수할 때 자아 자체의 응집력이 느슨해진다고 보았다. 이는 자아의 통합이 대상관계에 의존한다는 것을 생각할 때 이해될 수 있는 것이다. Fairbairn은 리비도가 대상관계로부터 철수하면서 자아 자체가 무의식으로 철수하는 효과를 가져온다고 보았다. 의식적 자아가 리비도를 사용하지 못할 때는 무의식적 자아가 실제 기능하는 자아가 된다. 극단적인 경우 무의식적 자아까지 리비도가 없어질 때 Kraepelin이 말한 조기 치매(dementia praecox)의 양상을 보이게 된다. 자아의 상실을 Fairbairn은 분열성 환자가 겪는 가장 궁극적인 병리적 상태라고 생각하였다. 그렇기에 분열성 상태는 방어적 기법이 아닌 중요한 질병 상태가 된다.

② 우울 상태

초기 구강기에서 부딪히는 가장 큰 문제는 자기 사랑에 의해 대상이 파괴되지 않게 대상을 사랑하는 것이다. 그리고 후기 구강기의 가장 큰 문제는 어떻게 자기 증오로 대상을 파괴하지 않고 대상을 사랑하는가다. 초기 구강기에는 사랑만이 관여하지만, 후기 구강기에는 사랑과 증오가 같이 관여한다. 그렇기 때문에 후기 구강기 대상관계의 어려움은 양가적이라는 것이다.

후기 구강기는 분열성 상태에 비해 보다 분화된 공격성을 갖고 있다. 대상을 거절하는 것에서 더 나아가 대상을 직접 공격(깨물기)할 수 있기 때문이다. 그러나 대상관계에서 문제가 없으려면 대상이 이분화되어야 한다. 그래야 거절하는 대상에게는 증오가 향하게 하고 수용하는 대상에게는 증오가 향하지 않게 한다. 초기 구강기의 대상은 부분 대상으로서 젖가슴이었다. 후기 구강기의 외적 대상은 전체 대상으로서의 어머니다. 그러나 후기 구강기의 리비도는 여전히 구강기적 리비도로서 합일화하려는 것이다. 그러므로 유아는 어머니를 실제적으로는 마치 부분 대상(젖가슴)처럼 대한다. 이런 상황은 자신의 사랑이 파괴적이라고 느끼고 외부 대상으로부터 철수하는 분열성 상태와 사뭇 달라서, 우울한 개인은 어렵지 않게 대상과 접촉할 수 있다. 그리고 대상과의 접촉이 만족스러운 경우 꽤 평온한 심리가 진행될 수 있다. 그러나 대상관계에서 만족스럽지 못한 경우 양가적 태도에서 증오의 측면이 작동하게 된다. 그리고 증오가 외적 대상이 아닌 내적 대상(내면)으로 향할 때 우울 반응이 나타나게 된다.

Fairbairn은 대상관계에서 좌절은 기능적으로 부분적이든 전체적이든 어느 정도는 대상의 상실과 동일하다고 생각하였다. 그리고 심한 우울증은 실제 대상 상실의 결과로 나타나기 때문에 대상 상실이 우울 상태를 야기하는 근본적인 상처로 간주되어야 한다고 주장하였다.

Fairbairn은 신체 질환이나 손상 후에 생기는 우울 반응도 같은 이치라고 설명하였다. 그런 신체 손상을 단순히 상징적인 거세라고 설명하는 것은 충분하지 않다. 신체 질환이나 손상은 대상 상실이 아닌 자기 일부의 상실이다. 그는 우울 상태의 개인이 여전히 상당 부분 대상과 유아적 동일시 상태에 있다는 것을 지적하였다. 즉, 대상과의 경계가 충분히 형성되지 않았을 뿐 아니라 동일시에 근거한 대상관계를 맺고 있기 때문에 신체 상실이 기능적으로는 대상 상실과 동일하다. 특히 자기애적인 의미를 갖는 내적 대상이 존재할 때, 신체 상실은 내적 대상의 상실로 더욱 느껴지게 된다.

갱년기 우울증(involutional melancholia)은 많은 정신과 의사들에게 반응성 우울증(reactive depression)과 다른 상태로 간주되지만, Fairbairn은 그것이 기존의 우울 상태와 크게 다를 바 없다고 생각하였다. 갱년기 우울증은 그 정의상 갱년기와 밀접하게 연관된다. 갱년기는 리비도 충동의 뚜렷한 쇠퇴가 특징적이다. 하지만 공격성이 동일하게 감소하는 것은 아니다. 그 결과 리비도와 공격성의 균형이 깨어지는데, 이는 양가적 상태에서 공격성이 우세해지는 것과 동일하다. 그러므로 우울 경향의 사람이 갱년기를 맞게 되면 공격성이 우세해지고 우울 반응을 나타내게 된다. 그런데 갱년기 우울증이 반응성 우울증보다 예후가 나쁘다고 반문할 수 있다. 이에 대해 Fairbairn은 반응성 우울증에서는 여전히 유용하게 쓰일 수 있는 리비도가 있기 때문에 갱년기 우울증보다 예후가 좋다고 설명하였다. 이런 여러 이유로 갱년기 우울증 또한 대상 상실이 우울증의 가장 기본적인 상처라는 결론을 확인시켜 준다는 것이다.

참고로 Rubens(1998)는 Fairbairn의 이론에 근거하여 우울증을 대상 상실이 초래할 내적 심리구조의 변화에 대한 저항 반응이라고 주장하였다. Fairbairn의 내적 심리구조는 폐쇄된 심리 구조로 어떤 희생을 치르더라도 그 체계를 유지하려 하기 때문에 대상 상실에 뒤따르는 변화에 저항하는 것이 우울 반응이라는 것이다. 이때 나타나는 무력감, 활력 없음 등과 같은 우울 반응은 어느 정도 활기찬 외적 세계와 폐쇄된 내적 심리세계를 차단하는 기능을 한다고 설명하였다.

사례 83

B는 대기업 홍보실에서 근무하고 있는 42세 직장인이다. 13년 전 현재의 아내와 결혼하여 초등학교 5학년과 3학년인 두 아이를 두고 있다. 그는 평소 직장에서 비교적 일을 잘한다는 소리를 듣는 편이었다. 그런데 약 2~3개월 전부터 우울증을 보이기 시작하더니 지금은 직장 일을 제대로 하기 힘든 정도가 되었다. 그는 아내가 자신을 버릴 것 같은 불안 때문에 너무 힘들다고 말하였다.

B의 아내는 부유한 집의 외동딸로 자랐다. 본래 성격이 예민하고 날카로운 편이었다. 평소에도 남편을 그렇게 따뜻하게 대해 주는 편은 아니었지만, 약 5~6개월 전부터는 심하다 싶을 정도로 남편을 무시하였다. 뿐만 아니라 집안일도 소홀히 하고, 두 아이에게 부쩍 신경질을 내고 화를 냈다. B가 보기에 이런 변화는 아내가 유화를 배운다고 백화점 문화센터에 나가기 시작하면서부터 나타났다. 아내는 몇 번 유화를 가르치는 선생님이 멋있는 분이라고 얘기하였다. 처음엔 그러려니 했지만, 요즘 B는 아내가 그 선생님과 연애를 하는 것은 아닌가 하는 불안한 생각을 갖게 되었다. 그러나 평소와 마찬가지로 그는 이런 염려에 대해 아내에게 아무 말도 못한 채 혼자 속을 끓이고 있었다. 왜냐하면 그런 것을 물어보았을 때 아내가 화를 내고 부부싸움으로 번지게 될 것이 두렵기 때문이었다. 그러면서 B는 점차 마음이 불안해지고, 직장에서도

아내에 대한 걱정 때문에 일이 손에 잡히지 않게 되었다. 최근에는 밤에 잠도 잘 들지 못하게 되어 치료를 받게 되었다.

B의 아버지는 막노동을 하였으며 집안에 별로 관심을 보이지 않는 무력하고 무관심한 가장이었다. 아이들에게도 별로 관심이 없었고, 술을 좋아해서 주로 밖으로만 도는 사람이었다. 생계를 위해 조그마한 야채 가게를 하던 어머니는 이러한 아버지 때문에 많이 속상해하였다. 그러나 아이들에게는 비교적 관심과 사랑을 가지고 대하였다. 누나와 나이 차이가 많이 나고 성격이 활발하지 못했던 어린 B에게는 어머니가 유일한 친구였다. 그러나 B의 어머니는 심장질환으로 B가 만 4세 때부터 아프기 시작하여 6세 때 돌아가셨다. 어머니가 돌아가신 후 몇 달 되지 않아서 아버지는 재혼을 하였다. 그러나 B와 그의 누이는 새어머니와 잘 어울리지 못했고, 그의 어린 시절은 침울하고 외로웠다.

다행히 B는 머리가 좋아서 공부를 잘하였고 운동신경도 발달한 편이라서, 중학교 이후에는 자취를 하면서 오히려 밝게 지낼 수 있었다. 중고등학교 친구들과도 그런대로 잘 지내는 편이었으며, 여러 가지 운동을 잘하여서 학교 대표로 활동하였다. 지금도 조기 축구회와 테니스회에 가입하여 운동을 하고 있다.

B는 학교 다닐 때부터 여학생을 만나면 매우 수줍어하며 말을 잘 걸지 못했다. 청소년기에 느껴지는 자연스러운 성적인 욕구에 대해서도 심한 죄의식을 느꼈다. 그리고 성인이 되어 직장생활을 하면서도 여성들을 너무 어려워하였다. 아내는 같은 직장에서 만나 사귀게 되었는데 혼전에 임신된 것을 알고 책임감과 의무감에 결혼을 하였다. 그렇기 때문에 B 부부는 처음부터 문제점을 안고 결혼한 셈이었다. 아내는 평소

에도 B에게 모든 면에서 남편으로서 무능하다고 핀잔을 주었다. 그는 아내의 이러한 불평과 투정에 항상 웃으면서 달래 주었고 어떻게든 아내의 마음을 풀어 주려고 노력하였다. 그렇게 하는 것이 집안을 평화롭게 하고 아이들에게 상처를 주지 않는 것이라고 말하였다. 실제로 남들이 보기에도 지나칠 정도로 B는 아이들과 집안에 충실하였고, 항상 가정을 지키는 것이 가장 중요한 일이라고 말하곤 하였다.

최근 아내는 사람이 멋이 없다, 사는 데도 품위가 있는데 B는 그렇지 못하다는 식으로 남편을 무시하는 말을 대놓고 하였다. 아내는 은연중에 헤어질 수도 있다는 말을 하기도 하였다. 그러면 B는 필사적으로 아내를 달래려고 노력하였다. 마치 무슨 일이 있어도 아내와 헤어지는 일이 생겨선 안 된다는 태도였다.

어머니가 돌아가셨을 때, 어린 B는 죽음의 의미를 충분히 이해할 수 없는 나이였기에 어머니가 자신을 버리고 떠났다고 경험하였다. 그리고 어머니가 자기를 떠난 이유가 자신의 잘못이라고 생각하였다. 아버지가 B가 느끼는 감정을 전혀 감싸 주지 못했기 때문에 거절감은 더욱 증폭되었다.

B는 지금 아내를 자기를 떠나려는 어머니와 동일시하고 있다. 그리고 자기 자신은 어머니를 떠나도록 만든 나쁜 아이로 동일시하고 있다. 즉, 현재 아내와의 관계를 유아 시절 어머니와의 관계와 동일시하고 있는 것이다. 그래서 무슨 희생을 치르더라도 어머니를 붙들어야 한다는 유아적 소망으로 어떻게든 아내가 떠나지 않도록 자기

를 희생하고 있다.

과도기적 의존단계의 정신병리

과도기적 단계는 유아적 의존단계와 성숙한 의존단계 사이의 중간 단계다. 유아적 의존의 특징은 대상과의 동일시다. 동일시란 결국 대상과의 분화의 실패를 의미한다. 반면 성숙한 의존의 특징은 독립된 두 개체가 완전히 분화된 상호 대상관계를 맺는 것이다. 그러므로 유아적 의존을 포기하는 것은 동일시의 관계를 버리고 분화에 근거한 대상관계를 맺는 것이다. 이런 과정이 때로 분열성 환자의 꿈에서 나타나는데, 갈라진 해협이나 벼랑을 가로지르려고 노력하는 주제로 표현된다. 유아적 의존을 포기하려는 과정은 대개 상당한 불안을 동반하게 된다. 이런 불안은 벼랑에서 떨어지는 꿈이나 고소공포증(acrophobia) 또는 광장공포증(agoraphobia)과 같은 공포증 증상으로 나타난다. 유아적 의존을 포기하려는 노력이 실패했을 때는 감옥에 갇히거나 땅속에 묻히는 꿈 혹은 물 속에 잠기는 악몽을 꾸기도 하고 폐쇄공포증(claustrophobia)으로 나타나기도 한다.

유아적 의존으로부터 분화하는 과정은 단순한 분화와 다른 특징적인 양상을 띤다. 유아적 의존에서 동일시하는 대상이 구강기적으로 합일화한 대상이기 때문이다. 예를 들어, 유아가 어머니를 동일시한 결과로 어머니는 유아 안에 내적 대상으로 자리 잡는다. 그리하여 유아는 어머니 품 안에 있고 어머니는 내적 대상으로 유아 안에 있게 된다. 그러므로 대상과 분화하기 위해서는 합일화한 대상을 배출해야 한다. 다시 말해서, 분화는 곧 대상의 축출을 의미한다. 이런 점에서 Abraham의 '항문기'가 근본적 의미를 갖게 된다. 항문기의 중요성이 바로 이런 대상과의 분화를 위하여 내용물을 배출해 내는 것에 집착하는 것이기 때문이다. 이는 항문기라서 내용물을 배출하는 것이 아니라 내용물의 배출에 집착하기 때문에 항문기라는 것이다. Fairbairn은 이를 두고 지금까지 마차가 말을 끄는 것처럼 잘못 이해하였다고 설명하였다.

종합하면, 과도기적 단계의 가장 큰 갈등은 대상과의 동일시라는 유아적 의존을 포기하려는 발전적 충동과 그것을 유지하려는 퇴행적 충동 사이의 갈등이라고 할 수 있다. 그러므로 이 시기에 개인은 필사적으로 대상과 떨어지려 하거나 대상과 재결합하려는 양상을 보이게 된다. 두 태도 중 어느 한 태도가 우세할 수도 있지만, 대개는 두 태도 사이를 왔다 갔다 하는 모습을 보인다. 떨어져 나가는 것과 연관된 불안은 분리의 공포로 나타나고, 동일시와 관련된 불안은 갇힘, 감금, 삼켜짐 등의 공포로 나타난다. Fairbairn은 이런 공포가 근본적으로 공포불안증이라고 보았다. 그래서 공포증 상태(phobic state)는 대상과 분리하려는 발전적 충동과 대상과 다시 동일시하려는 퇴행적 유혹 사이의 갈등으로 추론할 수 있다고 설명하였다.

또 다른 측면에서 동일시가 구강기적 합일화를 의미하기 때문에 대상과의 분리는 내적 대상을 축출하는 것이고 내적 대상과의 연합은 내적 대상을 보유하는 것이다. 이런 관점에서 과도기적 단계의 갈등은 내용물을 축출하려는 욕구와 내용물을 보유하려는 욕구 사이의 갈등이라고 할 수 있다. 이때 축출의 태도와 연관된 불안은 텅

빔, 공허함, 빠져나감 등으로 표현되고, 보유의 태도와 연관된 불안은 터져 버림으로 표현된다(때로 종양과 같은 내부 질환으로 대체되기도 한다.). Fairbairn은 이 양자 사이의 불안이 근본적으로 강박증의 불안이라고 보았다. 즉, 강박증 상태(obsessional state)의 기저에는 내용물로서 대상을 축출하려는 충동과 내용물로서 대상을 보유하려는 것 사이의 갈등이 있다는 것이다.

이상 살펴보았듯이, Fairbairn은 공포증과 강박증을 동일한 갈등을 다루는 두 가지 다른 방식으로 이해하였다. 공포증의 관점에서 보면 대상으로부터 도망치는 것과 되돌아오는 것 사이의 갈등이라고 말할 수 있다. 강박증은 대상의 배설과 보유 사이의 갈등으로 볼 수 있다. 그러므로 공포증은 대상을 중심으로 내가 방어적으로 움직이는 것이기 때문에 수동적이라고 할 수 있고, 강박증은 내가 중심이 되어 대상을 능동적으로 축출하거나 보유하는 것이기 때문에 능동적이라고 할 수 있다. 또 강박증은 대상을 보유 혹은 배설하는 것이기 때문에 상당히 대상을 '조절'하는 것이 된다. 즉, 대상에 대한 상당한 공격성이 내포되어 있는 것을 알 수 있다. 그에 비해 공포증에선 대상으로부터 도망가느냐 혹은 굴복하느냐의 선택뿐이다. 달리 표현하면, 강박증은 본질적으로 가학적이고 공포증은 본질적으로 피학적이다.

히스테리 상태(hysterical state)는 과도기적 단계에서 사용되는 또 다른 기법들을 알게 해 준다. 히스테리의 갈등은 단순하게 대상의 수용과 거절 사이의 갈등이라고 할 수 있다. 대상의 수용은 히스테리에서 특징적인 강렬한 사랑관계로 표현된다. 그러나 이 관계가 감정적으로 지나치게 과장되었다는 것은 거절이 지나치게 과보상된 것임을 알게 해 준다. Fairbairn은 히스테리에서 해리 현상이 자주 나타나는 것으로 이런 점을 확인할 수 있다고 설명하였다. 그에 의하면 해리는 합일화한 성기를 축출(거절)하는 것이다. 즉, 거절당하는 대상은 내적 대상이다. 그에 비해 히스테리가 외부 대상을 과대평가한다는 것은 잘 알려진 사실이다. 이는 수용되는 대상이 외적 대상이라는 것을 말해 준다. 이런 이유로 히스테리 상태는 외적 대상의 수용과 내적 대상의 거절이 특징적이라고 요약할 수 있다.

편집증 상태와 히스테리 상태를 비교해 보면, 히스테리는 외부 세계의 대상을 과대평가하고 편집증에서는 외부 대상을 박해자로 간주한다. 또 히스테리의 해리는 일종의 자기경시의 태도인 반면, 편집증적 개인은 터무니없이 자기를 과장되게 느낀다. 그러므로 편집증은 외적 대상의 거절과 내적 대상의 수용으로 요약할 수 있다.

결론적으로 Fairbairn은 과도기적 단계에서 갈등을 처리하는 네 가지 방식을 요약하였다. 공포증은 대상으로부터 도망치는 것과 대상으로 다가가는 것 사이의 갈등이다. 도망치는 것은 대상을 거절하는 것이고, 다가가는 것은 대상을 수용하는 것이다. 대상을 수용하든 거절하든, 공포증은 대상을 외적 대상으로 대한다. 강박증은 대상 축출과 보유 사이의 갈등이다. 이때 축출하는 것이든 보유하는 것이든 모두 내적 대상이 관여한다. 그리고 히스테리는 외적 대상을 수용하고 내적 대상을 거절(경시)하며, 편집증은 외적 대상을 박해자로 거절하고 내적 대상을 과대평가하며 수용한다. 지금까지 살펴본 과도기적 단계에서 관찰되는 대상관계의 성질과 기법들은 다음과 같이 정리할 수 있다.

과도기적 의존단계의 정신병리와 대상관계

기 법	수용된 대상	거절된 대상
강박증	내면	내면
편집증	내면	외부
히스테리	외부	내면
공포증	외부	외부

part 3_ 대상관계이론

10 Winnicott의 대상관계이론

Winnicott의 생애

Donald Woods Winnicott은 1896년 영국 플리머스에서 상인의 아들로 태어났다. 그는 18세이던 1914년 케임브리지 대학교 의예과에 입학하였다. 학교에 입학함으로써 제1차 세계대전의 징집에서 면제를 받았다. 그러나 1917년 그는 군의관으로 해군에 지원하였다. 전쟁의 말미 약 9개월 동안은 구축함에서 외과 수련의로 일하기도 하였다. 1918년에는 의학 공부를 마치기 위하여 성 바르톨로뮤(St Bartholomew) 병원으로 복귀하였다. 1919년 어느 날, Winnicott은 자신의 꿈을 스스로 기억하지 못한다는 것을 인식하게 되었다. 그리고 그것이 일종의 증상이라는 것을 알게 되었다. 이를 계기로 프로이트의 『꿈의 해석』과 Pfister의 『정신분석 기법』을 읽게 되었다. 그리고 곧 그의 누이인 Violet에게 편지를 보냈다. 편지에서 Winnicott은 정신분석이 이제 그에게 '취미'가 되었으며 정신분석이 최면보다 우월하다고 말하였다. 1922년 그는 왕립의사회의 정회원이 되었으며 전공을 소아과로 선택하였다. 1923년에는 Alice Buxton과 결혼하였으며, 페딩턴 그린(Peddington Green) 어린이병원의 자문 소아과 의사로 위촉받고는 40년간 그곳에서 일하였다. 자문의로 일을 계속하면서 1931년에는 할리 스트리트에서 개업을 하여 겸업하였다.

Winnicott이 프로이트의 책을 발견한 것은 1919년인데, 이때는 Ernest Jones가 영국정신분석협회를 준비하던 시기였다. 1923년 런던 정신분석협회가 설립되었고, 영국에서 처음으로 정신분석 수련과정을 만들려고 준비 중이었다. 채 30이 안 된 나이에 Winnicott은 Jones에게 처음으로 분석적인 자문을 받은 다음 Strachey에게 의뢰되었다. 1926년 런던정신분석협회 안에 수련위원회가 설립되었고, 1927년 Winnicott은 첫 번째 정식 수련생으로 지원하였다. 그는 Searl과 Sharpe로부터 성인 수련에 대해 지도감독을 받았고, Melanie Klein과 Melitta Schmideberg 그리고 Searl로부터 소아 환자에 대한 지도감독을 받았다. 1934년 성인 정신분석가 자격을 취득하였으며 1년 뒤 영국정신분석협회 최초의 남자 아동분석가가 되었다(Abram, 2008).

1933년 Winnicott은 Strachey에게 받아 온 10년간의 분석을 끝냈다. 1935~1940년에는 인증된 분석가로서 일하며 Klein에게 자신의 사례에 대한 자문을 구했다. 이 시기에 Klein은 Winnicott에게 그녀의 아들 Erich를 치료해 주기를 부탁하였다. Winnicott은 치료는 수

락하였으나 그녀가 치료과정을 지도감독 하겠다는 것은 거절하였다(Grosskurth, 1986). Winnicott은 Klein의 강력한 지지자 중의 한 사람인 Joan Riviere에게 두 번째 분석을 받기 시작하였다.

1936년 Winnicott은 영국정신분석협회에서 「조증방어」를 발표하고 정회원으로 선출되었다. 앞선 논문 「식욕과 정서장애」와 마찬가지로, 이 글에서도 Klein의 이론에 여러 면에서 충실한 것을 보여 주고 있고 글의 서두에서 Klein과 Riviere에게 경의를 표하고 있다. 그러나 Winnicott은 점차 그들과 차이를 보이기 시작하였다. 「식욕과 정서장애」에서 Winnicott은 아기의 정서적 발달에 미치는 어머니의 영향을 강조하였다. 「조증방어」에서는 환상에 대한 견해에서 중요한 차이점을 제시하였다. Winnicott이 강조하는 것은 개인의 정신건강에 환경이 지대한 영향을 미친다는 것이다. 같은 맥락에서 Winnicott(1958)은 환상의 기능을 "내적 현실을 다루려는 노력의 한 부분으로서…… 백일몽은 외부 현실을 전지전능감을 가지고 처리하려는 것이다."라고 기술하였다. 또 그는 Klein의 초기 오이디푸스 불안에 대해 동의하였지만 그것이 오이디푸스 갈등이 존재한다는 것에 동의하는 것은 아니라고 강조하였다.

임상의로서의 일뿐만 아니라, Winnicott은 아이를 양육하는 어머니를 위한 BBC 라디오 방송에 시리즈로 출연하는 등 사회적으로도 활발하게 활동하였다. Susan Isaacs는 런던 대학의 '인간 발달과 성장'이라는 강좌에 Winnicott을 초빙하였다. 이 강좌에서 그는 약 20년에 걸쳐 강의를 지속하였으며, 그 내용들은 그의 사후에 『인간 본성』이라는 책으로 출간되었다.

1940년까지 Klein과 협력자로 일하면서 Winnicott이 많은 득을 얻었던 것은 분명해 보인다(Abram, 2008). Klein도 '그녀에게 수련 분석을 받은 5인 중의 한 사람으로 Winnicott을 꼽았다. 하지만 1942년 Klein은 모임에서 그녀에게 헌신하지 않는 것에 실망하고 Winnicott을 자신의 협력자 명단에서 제외시켰다.

1940~1941년에 Winnicott은 Riviere와 분석을 마쳤다. 분석 말미에 Winnicott은 매우 마음이 상했는데 Riviere가 환경을 강조하는 자신의 새로운 견해를 인정하지 않았기 때문이다. Riviere는 한 심포지엄에서 다음과 같은 발표를 하였는데, 이를 통해 분석에 대한 그의 견해를 알 수 있다.

> ……정신분석은…… 실제 세상에 관심을 두지 않는다. 아이나 어른이 실제 세상에 어떻게 적응하는지도 다루지 않는다. 질병과 건강, 덕과 악도 다루지 않는다. 정신분석은 단지 그리고 유일하게 아이의 마음의 환상(imaginings), 환상의 쾌감들(phantasied pleasure) 그리고 두려운 징벌들(dreaded retributions)과 관계할 뿐이다(Winnicott, 1960).

이 표현을 통해 당시 소아 정신분석에서 극명하게 다른 두 접근방법이 있었다는 것을 알 수 있다. 무엇보다 Winnicott은 그의 견해가 Klein이나 Reviere와 뚜렷하게 다르다는 것을 점차 인식하게 되었다.

Winnicott은 프로이트의 초심리학의 기본 개념들을 거부하고 새로운 견해를 제시함으로써 정신분석의 발달에 기여하였다. 그는 먼저 인간을 하나의 심리기제 혹은 장치처럼 보는 프로이트의 견해에 반대하였다. Winnicott이 정신분석을 역동적 심리학이라고 말할 때, 그것은 살아 있는 사람들과 관련된 것이었다. 그는 사람을 과학의 대상이 아니라 관계성을 통해 독특한 모습을 형성하는 특별한 존재로 이해하였다.

Winnicott은 인간의 본성을 프로이트가 생각하듯 기계장치처럼 환원해서 생각해 본 적이 없다. 오히려 사람 사이의 관계성 자체를 충실히 기술하려고 노력하였다. 사람들의 욕구나 소망, 환상 등이 포함되는 실제적인 관계성에 초점을 두었다. Fulgencio(2007)는 사람을 기계적으로 보거나 대상화하지 않고 사람들의 상호관계 경험을 중요하게 생각하는 것이 Winnicott 정신분석이론의 특징이라고 지적하면서, 이는 사람을 존재론적으로 보는 것이라고 하였다.

Winnicott은 자신이 프로이트 학파 혹은 정신분석 학파 출신이라고 하였지만, 어머니의 양육(nurture)에 의해 자기가 형성된다고 생각하는 그의 생각은 인간의 본성(nature)을 핵심으로 설명하는 프로이트의 이론과 정반대에 서 있다고 볼 수 있다. 즉, 프로이트가 인간을 본성

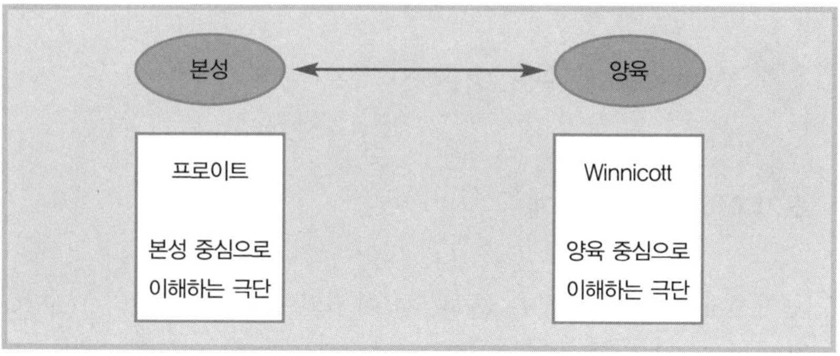

인간 심리 이해의 초점: 프로이트와 Winnicott 비교

중심으로 바라보는 한쪽 극단이라고 한다면, Winnicott은 인간을 양육 중심으로 생각하는 다른 극단이라고 할 수 있다.

소아과 의사이면서 동시에 정신분석가로서 일하면서 Winnicott은 광범위한 종류의 환자들을 접할 수 있었다. 그중에는 심하게 퇴행한 성인 환자, 정신장애가 있는 비행 청소년, 문제 아동들이 포함되어 있었다. Winnicott은 '유아와 그 어머니를 많이 접한 정신과 의사로서의 경험' 과 특히 '전이를 통해 심한 의존을 보이는 퇴행된 경계선 환자의 정신분석 경험' 을 통해 초기 유아기에 대해 많은 것을 알게 되었다.

> 이런 경험들을 통해 알게 된 것은 분석가에게 심한 의존을 보이는 퇴행한 환자들을 통해, 유아를 직접 관찰하거나 그의 어머니를 통해 알 수 있는 것보다 유아의 초기 상태에 대해 더 많은 것을 알 수 있다는 것이다. …… 환자들이 퇴행 상태에서 보이는 전이들이 어머니-유아 관계(mother-infant relationship)의 한 형태이기 때문이다(Winnicott, 1960).

Winnicott의 주요 이론

초기 어머니-유아 관계

초기 Winnicott의 이론은 흔히 "한 아기와 같은 것은 없다(There' s no such thing as a baby)." 라는 그 자신의 말로 요약된다. Winnicott은

이 말의 의미에 대해 "우리가 유아를 발견할 때는 언제나 모성 돌봄을 발견하게 되고, 모성 돌봄이 없으면 유아도 존재할 수 없음을 뜻한다."라고 각주를 달았다(Winnicott, 1958). 말하자면 모성과 떨어져 따로 존재하는 아기는 없다는 뜻이다.

Winnicott은 최초의 자기가 '통합되지 않은' 상태로 삶을 시작한다고 보았다. 이때에는 단지 산만하게 흩어진 경험의 조각들과 파편들만이 있을 뿐이다. 이런 유아의 초기 자기가 진정한 자기로 표현되고 성장할 수 있게 해 주는 것이 바로 모성 경험이다. Winnicott은 유아(infant)의 라틴어 어원인 infans가 '말을 하지 못함' 을 의미한다고 설명하면서, 유아기는 언어 표현에 의해 이해받기보다 모성적 공감에 기초해서 모성 돌봄을 받는 단계라고 지적하였다. 그러므로 그에게는 적절한 모성(부모)의 돌봄은 어떤 것이고, 그것을 통해 유아가 어떻게 성장해 가는가가 주요 관심사였다.

최초 유아의 상태는 타고난 잠재력을 가지고 있으나 아직 자아가 통합되지 않은 상태다. 여기서 타고난 잠재력이란 성장과 발달의 경향성을 의미한다. 잠재력이 있다고 해서 저절로 펼쳐지는 것이 아니고 또 아기 스스로 성장시킬 수 있는 것도 아니다. 타고난 잠재력은 모성 돌봄을 받을 때에 비로소 유아 자신의 것이 될 수 있다. 이런 특성에 대해 Winnicott은 유아는 유아-어머니 관계성의 모체(matrix of infant-mother relationship)로부터 출현한다고 표현하였다(Winnicott, 1958).

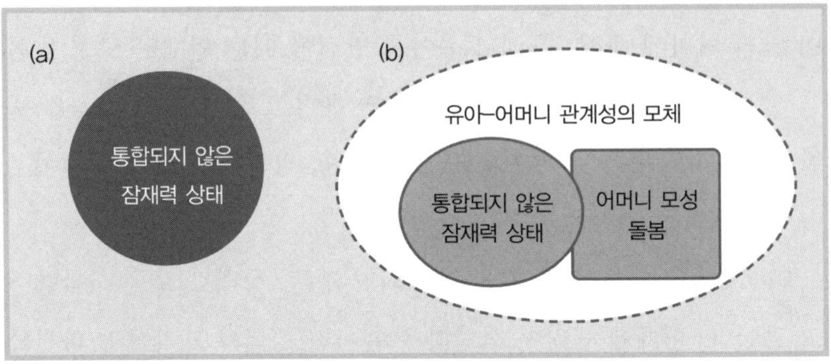

유아-어머니 관계성의 모체

유아는 통합되지 않은 잠재력의 상태로 태어나지만, (a)처럼 홀로 있는 유아는 없다는 것이 Winnicott의 견해다. 유아는 (b)처럼 항상 유아-어머니 관계성의 모체 속에 있으며, 모성 돌봄이 없으면 유아도 없다.

Winnicott에 의하면 초기 유아는 어머니에게 절대적으로 의존하고 있다. 어머니가 유아의 절대적 의존에 잘 맞춰져야 유아의 잠재력이 아기 자신의 것으로 성장할 수 있다. 그런데 유아는 아직 일정하게 통합된 상태가 아니다. 그러므로 어머니가 산만한 유아의 초기 성숙과정에 맞춰 주는 것은 매우 복잡하고 힘든 일이다. 어머니가 아기와 거의 한 몸을 이루지 않으면 불가능한 일이다. Winnicott은 임신 말기부터 출산 후 몇 주 동안 어머니가 아주 헌신적으로 아기에게 몰두하고 아기를 한 몸처럼 돌봄으로써 초기 유아의 성숙을 도와준다고 생각하였다. 그는 이러한 상태를 '일차 모성 몰입(primary maternal preoccupation)' 이라고 불렀다. 일차 모성 몰입 상태에서 어머니는 유아와 매우 극단적으로 동일시하기 때문에 거의 '병적 상태인 것처럼' 보일 정도다. Winnicott은 이 상태의 어머니는 '거의 아이의 입장에서 느끼고 유아의 욕구를 만날 수 있어야 한다.' 고 생각하였다. 마치 어머니의 입장에서 아이와 융합한 것과 같은 상태가 되는데, 이것은 자신의 존재를 상실하는 것과 같다. 그러나 어머니는 자신과 유아가 별개의 존재라는 것을 완전히 인식하지는 못해도 충분히 느끼고 있다. 그래서 아기가 울면 그것을 배고픔 혹은 불편함 등으로 어머니의 입장에서 해석한다. 즉, 타자인 아기의 경험을 자신의 것으로 느낀다. 모성 몰입 상태에서 어머니는 아기와 한 몸을 이루면서 동시에 서로 분리된 별개의 존재라는 것을 느낀다. 이와 같이 일차 모성 몰입 속에는 어머니와 아기가 하나가 되는(one-ness) 순간과 별개의 둘(two-ness)이 되는 순간이 공존한다.

다음은 실제 분석 상황에서 하나가 되는 순간과 둘이 되는 순간이 공존하는 것을 보여 주는 임상 사례다.

사례 84

U는 10대 후반의 남자 대학생이다. 2년 반 정도 분석을 받았고 거의 종결 시점에 와 있다. 분석시간에 꿈을 얘기하였는데 두 개의 섬에 관한 내용이었다. "두 개의 섬은 너무 가까이 있어서 실제론 거의 하나였어요. 뭐라 설명하기가 어려운데, 물 위에서 보면 섬이 두 개인데 물 밑을 보면 하나의 섬이에요. 그러니까 물 밑에 있는 커다란 한 섬에서 물 위로 두 개의 봉우리가 솟아오른 거죠. 물 위에서 보면 두 개의 섬으로 보일 수밖에 없어요. 하지만 실제론 한 섬인 거죠."

분석가의 입장에서 들을 때, U의 설명은 자연스럽게 젖가슴을 떠오르게 한다. 그는 어머니의 젖을 먹으면서 마치 어머니와 하나가 된 듯한 경험과 동시에 어머니와 별개로서 느껴졌던 경험을 얘기하는 것 같다.

꿈은 또한 분석을 통해 형성된 분석가와의 전이를 표현하는 것으로 보인다. U가 이 꿈을 꾼 것은 분석가의 휴가 때문에 분석을 두 번 못하게 된 시점이었다. 종결 시점이란 것을 감안하면, 분석을 두 번 빠지는 것은 치료의 종결을 상징하는 것이라고 볼 수 있다. 꿈을 다루는 과정에서 U는 분석이 잠깐 중단되지만 분석가와 실제론 결코 떨어져 있는 것이 아니라는 것을 의미하는 것이라고 이해하였다. 그리고 각각 떨어져 있는 동안에도 U와 분석가가 단절되지 않고 연결되어 있기 때문에 분석이 중단되어도 견딜 수 있다고 말하였다.

분석가와의 관계에서 하나 됨(one-ness)의 느낌 때문에 U는 각각 별개가 되는(two-ness) 경험, 즉 분석의 중단을 받아들일 수 있는 것으로 보였다. 동시에 서로 별개가 될 수 있다는 것이 안전하게 하나 됨을 경험할 수 있게 해 주는 것으로 보였다. 다시 말해서, 하나 됨의 경험을 자신이 완전한 융합 속에서 사라져 버리는 것으로 경험하지 않고 하나이나 동시에 별개인 것으로 안전하게 경험할 수 있는 것으로 보였다.

유아의 성장

앞서 설명하였듯이, 초기 유아의 상태는 타고난 잠재력만 있는 상태이고 어떤 구체적인 것으로 통합되지 못한 상태다. 유아는 또한 어머니에게 완전히 의존하고 있는 상태다. 이런 상태에서 어머니가 자신에게 몰입해 주면 유아는 그런 어머니와 한 몸(융합)을 이루는 경험을 하게 되는데, 이때 유아는 특별한 느낌을 갖게 된다. 이 느낌을 Winnicott은 존재의 연속성(continuity of being)이라 불렀다. 이는 초기 유아의 내면에서 자발적으로 떠오르는 욕구들이 헌신적으로 몰입하는 어머니에 의해 충족됨으로써 갖게 되는 유아의 주관적 느낌을 말한다(Winnicott, 1965). 이런 존재의 연속성은 일종의 실존이 실존으로서 살아갈 수 있게 해 주는 밑그림이라고 할 수 있다. 그렇기에 존재의 연속성 경험은 유아에게 '창조적인 삶'과 '놀이'를 가능하게 하는 능력의 씨앗과 같다.

타고난 잠재력이 존재의 연속성을 경험할 수 있을 때 비로소 최초의 자기로 형성된다. 이때 타고난 잠재력이 자신만의 심리적 실재(psychic reality)와 신체적 체계(body scheme)를 획득하며 최초의 자기가 된다. Winnicott은 최초의 자기를 중심적 자기(central self) 혹은 참자기(true self)라고 불렀다.

안아주기 환경

Winnicott은 참자기가 형성되는 모든 과정은 유아 자신의 방식과 속도에 맞춰져야 한다는 것을 강조하였다. 즉, 어머니의 욕구에 따라 어머니 방식으로 키워서는 안 되고, 유아의 자발적인 욕구에 맞춰 어머니가 적절한 돌봄을 제공해야 한다는 것이다. 최초로 제공되는 적절한 모성적 돌봄이 일차 모성 몰입이다. 이후에도 유아의 성장과 발달을 위해 '촉진적 환경(facilitating environment)'이 지속적으로 제공되어야 한다. Winnicott은 적절한 부모의 돌봄이 세 단계로 이뤄진다고 보았는데, 안아주기(holding), 함께 지내기(living with), 그리고 아버지, 어머니, 유아 셋이 함께 살기가 그것이다.

'안아주기' 는 일차적으로 신체적 안아주기를 포함하지만, Winnicott이 사용하는 본래 의미는 유아에게 필요한 전체적인 환경을 제공해 주는 것이다. 그렇기 때문에 안아주기를 잘하기 위해서는 유아에게 필요한 것이 무엇인가에 대한 이해가 먼저 필요하다. Winnicott은 유아에게는 상반되게 보이는 두 환경이 필요하다고 생각하였다. 그 두 환경은 융합의 상태와 미분화된 채 자극 없이 있을 수 있는 고요한 상태를 말한다. 유아가 필요로 하는 두 상태에 각각 '대상으로서 어머니' 와 '환경으로서 어머니' 의 역할을 해 줄 때, 유아는 안아주기 환경을 경험하게 된다.

① 대상으로서 어머니(object mother)

Winnicott에 의하면 융합은 어머니와 아이가 하나가 되는 것을 의미한다. 융합의 상태에서 건강한 어머니는 아이와 하나가 되지만 자신이 아기와 떨어져 있는 존재라는 것을 인식한다. 그러나 융합의 상태에서 유아는 자신(me)과 자신이 아닌 것(not-me)을 아직 충분히 인식하지 못한다. 아기는 어머니의 얼굴을 보면서 자신의 얼굴이라고 믿는다. 어머니의 얼굴에는 아기와 연관된 느낌, 감정, 생각 등이 반영된다. 유아는 어머니의 얼굴에 나타나는 느낌, 감정을 자신의 것으로 경험한다. 예를 들어, 아이를 보면서 느끼는 기쁨이 어머니의 얼굴에 나타나면, 아이는 어머니의 얼굴을 보며 자신의 기쁨을 느끼고 경험한다. 어머니의 기쁨이 바로 아기 자신의 기쁨이 된다. 결국 아기는 어머니의 얼굴을 보면서, 마치 어머니의 얼굴이란 거울 속에 비치는 자기의 모습을 보는 것이다. Winnicott은 이런 순간 유아는

"내가 쳐다볼 때 나는 보여요. 그래서 나는 존재해요(When I look I am seen, so I exist)."라고 말한다고 매우 시적으로 표현하였다. 그리고 쳐다보고 보이는(looking and being seen) 것은 일차적 동일시의 초점이 된다고 부언하였다.

만족스러운 융합의 상태를 경험하며 어머니-유아 모체로부터 자기가 출현하게 되는데, Winnicott은 이를 'I' 단계라고 불렀다. 'I' 단계에 뒤이어, 3~6개월 사이에는 'I am' 단계가 나타난다. 'I' 단계가 유아가 하나의 단위(self)를 이룬 상태를 의미한다면, 'I am' 단계는 자기로 형성될 뿐 아니라 자기로 존재하며 살아간다는 것을 의미한다. 하지만 이 단계의 자기는 아직 다듬어지지 않고 매우 취약한 상태이기 때문에 유아를 보호해 주는 환경, 즉 적절한 모성 돌봄이 지속될 때에만 'I am' 단계가 가능하다. 그리고 적절한 모성 돌봄이 지속되면 'I am alone' 단계로 진행되는데, 유아가 이 단계를 경험할 수 있다는 것은 상당한 심리적 성장이 이뤄졌다는 것을 의미한다.

이상 살펴보았듯이, 유아는 자신의 자발적인 욕구와 몸짓에 대해 어머니가 전적으로 동일시해 줌으로써 융합의 상태를 누릴 수 있다. 어머니는 유아의 흥분된 자발적 욕구에 거울 반응을 해 준다. 즉, 유아의 몸짓과 욕구의 대상이 되어 주어야 한다. 그런 뜻에서 이 시기의 어머니 역할을 '대상으로서 어머니'라고 한다.

② 환경으로서 어머니(environmental mother)

Winnicott은 유아에게는 상반되게 보이는 두 환경이 필요하다고 생각하였다. 융합의 상태에서 거울 반응을 받는 흥분된 상태와 함께,

유아는 미분화된 채 자극 없이 홀로 있을 수 있는 고요한 상태 또한 필요로 한다. Winnicott이 말하는 유아로서 홀로 있다는 것은 아무도 없이 혼자 있음을 뜻하는 것이 아니라 어머니가 있는 가운데 홀로 있음을 의미한다. 이를테면 '함께 있으며 홀로 있다.' 는 역설적인 표현이 된다. 어머니와 함께 있으면서 유아가 홀로 있는 경험을 한다는 것의 핵심은 어머니(환경)가 아이를 침범하지 않고 유아가 편안하게 자기에게 몰입할 수 있게 해 준다는 뜻이다. 요구하지 않고 유아와 함께하는 것(non demanding presence)이라고 말할 수 있다. 이렇게 유아가 고요히 있는 시기에 어머니가 유아를 침범하거나 요구하지 않고 하나의 환경으로만 있어 주는 어머니를 환경으로서 어머니라고 한다.

Winnicott은 믿을 만한 어머니와 함께하며 유아가 혼자만의 편안함을 느끼는 상태를 'I am alone' 상태라고 지칭하였다. Winnicott에 의하면 유아의 이 상태는 어른들의 쉼의 상태에 해당된다. 그는 유아의 이 상태를 한때 '자아 관계성(ego-relatedness)' 이라고 즐겨 불렀다. Winnicott은 1957년 영국정신분석학회에서 홀로 있음(자아 관계성)에 대해 처음 발표하였다. 그는 자아 관계성의 성질을 프로이트의 원초경 이론과 Klein의 내적 대상이론의 맥락에서 탐구하였다. 프로이트의 원초경 경험에서 유아는 성교하는 부모 앞에서 홀로 있음을 경험한다. Klein의 좋은 내적 대상은 유아의 내면세계에 좋은 내적 대상이 자리 잡기에 유아가 홀로 있을 수 있음을 말한다. Winnicott의 자아 관계성이 위의 두 이론과 다른 뚜렷한 차이점은 어머니 앞에서 유아가 홀로 있음을 경험한다는 것이고, 이때 어머니가 절대적으로 중요하다는 점이다.

자아 관계성이라는 용어에서 알 수 있듯이, 홀로 있음의 경험은 곧 자기를 경험하는 것이다. 궁극적으로 자기의 정체성과 연결되는 경험이다. 그래서 Winnicott은 자아 관계성의 주제는 사춘기 청소년들과 연결되고 그들을 '홀로 있는 청소년'으로 표현할 수 있다고 하였다. 청소년들이 개인적으로 홀로 있으려 하는 것은 자아정체성을 찾으려는 것이고, 중심적 자기가 침범당하지 않으면서 타인과 소통하려는 방식이라고 이해하였다. 청소년들이 정신분석이론에는 관심을 보이면서도 막상 정신치료는 피하는 것도 같은 이치라고 하였다.

다시 한 번 정리하면, 유아는 자신의 자발적인 욕구와 몸짓에 대해 어머니가 전적으로 동일시해 줌으로써 융합의 상태를 누리는 것과 동시에 아무런 침범도 하지 않는 어머니와 함께하며 홀로 있기를 바란다. 참 좋은 어머니(good enough mother)는 이 두 가지 기능, 즉 유아의 자발적 욕구에 대해 거울 반응을 해 주는 것과 유아가 홀로 있으며 자아 관계성을 느낄 수 있게 해 주는 것을 할 수 있는 어머니를 뜻한다. 후자는 요구하지 않고 유아와 함께하는 것이라고 표현할 수 있다. 달리 표현하면, 유아에게는 흥분된 시기(excited phase)와 고요한 시기(quite phase)가 있다. 흥분된 시기에 어머니는 유아의 몸짓과 욕구에 거울 반응을 해 주어야 한다. 즉, 유아의 몸짓과 욕구의 대상이 되어 주어야 한다. 그런 뜻에서 대상으로서 어머니 역할에 충실해야 한다. 반면 유아가 고요한 시기에는 어머니가 유아를 침범하거나 요구하지 않는 하나의 환경으로만 있어야 하므로 환경으로서 어머니 역할에 충실해야 한다. 유아가 흥분된 시기의 어머니인 대상으

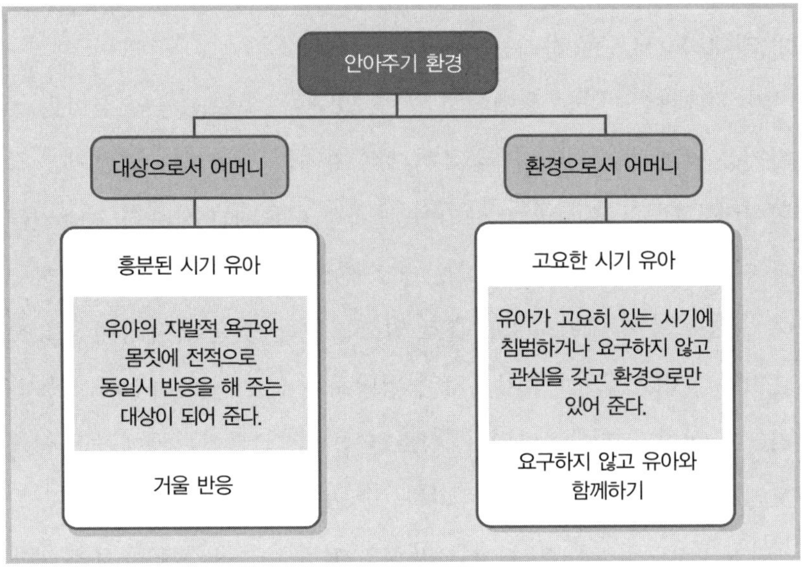

로서 어머니와 유아가 고요한 시기의 어머니인 환경으로서 어머니를 Winnicott은 어머니의 두 측면이라고 표현하였다. 다시 일상적인 용어로 표현하면, 아이가 찾을 때 곁에 있어 주고 찾지 않을 때는 가만히 내버려 둘 수 있는(조용히 함께하는) 어머니가 참 좋은 어머니인 셈이다. 물론 이때도 무관심하게 내버려 둔다는 뜻이 아니라 어머니의 관심 속에서 유아가 홀로 있을 수 있게 해 준다는 뜻이다.

융합의 상태에서 전적으로 동일시하는 부모는 유아의 욕구를 정확히 이해한다. 그러나 융합이 끝나게 되면 부모가 유아를 정확히 이해한다는 것이 매우 어려운 일이다. 이 시점에서 중요한 것은 유아가 어머니에게 신호를 보낼 수 있어야 한다는 것이다. 유아가 보내는 신호에 따라 어머니가 유아를 이해하고 반응해 주는 것과 어머니가 알아서 아이의 상태와 감정을 미리 헤아려 반응하는 것은 미묘한 차이가 있다. 유아가 보내는 신호에 따라 어머니가 반응한다는 것은 유아가 어머니로 하여금 어떤 반응을 하게 하는 몸짓이나 울음 혹은 신호들을 갖게 되었다는 것을 의미한다. 그런데 어머니가 아이를 길러 본 경험 등에 따라 미리 알아서 유아의 욕구를 처리해 주면 유아가 어머니에게 반응을 일으킬 몸짓도 신호도 발달시키지 못한다. Winnicott은 이런 완벽한 어머니는 유아를 거세하는 것보다 더 나쁘다고 표현하였다. Winnicott에 의하면 이럴 경우 유아는 퇴행하여 어머니와 지속적인 융합 상태에 머무르거나 혹은 어머니를 전적으로 거부한다.

어머니가 유아가 보내는 신호에 따라 반응해 줘야 하듯이, Winnicott은 분석가 또한 환자가 단서를 제공하는 범위를 넘어서는 것을 해석해서는 안 된다고 강조하였다. 그에 의하면 분석가의 해석은 해석 가능하도록 자료를 제공하려는 환자의 무의식적인 협조에 기초한다. 만약 환자가 제공한 자료에 근거하지 않고 분석가 자신의 지식이나 특정 이론에 따라 해석을 하면 환자는 일종의 침범을 경험하게 된다. 환자는 분석가가 자신을 분석가에게 의존하게 만든다고 느낄 것이며, 심한 경우 자신을 융합 상태로 퇴행시키려 한다고 느낄 것이다.

참자기와 거짓자기

Winnicott은 1931년 이후 94편의 논문을 발표하였다. 그 논문들의 초점은 유아의 자아와 자기의 발달 그리고 그 과정에 영향을 미치는 어머니의 중심적인 역할이었다. 특히 정서적 발달이론은 자기의 발달에 기초해 설명하였다. Winnicott은 자기의 개념을 참자기(true self)와 거짓자기(false self)라는 쌍을 이루는 개념을 가지고 설명하였다.

참자기의 근원은 타고난 잠재력이다. 생애 초기에 참자기는 심장 활동과 호흡 등 살아 있는 신체 기능에 근거한다. Winnicott은 이 시기의 참자기는 총체적인 감각운동의 살아 있음 그 이상을 의미하지 않는다고 표현하였다. 또한 인격의 본능적인 핵과 같아서 일차과정 사고와 밀접히 연결되어 있다. 통합되지 않은 상태의 유아는 내면에서 자발적으로 떠오르는 욕구들이 헌신적인 모성 돌봄에 의해 충족되며 존재의 연속성을 느낀다. 그러한 주관적인 자기 느낌을 통해 참자기는 통합되고 연결된 전체성을 느끼게 된다.

참자기의 다른 측면은 어머니와의 융합에서 드러난다. 자기와 자기 아닌 것을 구분하지 못하는 이 상태의 유아는 모든 것을 주관적으로 경험한다. 유아는 내면의 자연스러운 욕구들이 충족되는 경험을 통해 자기가 원하는 것은 모두 다 이루어진다는 '주관적 전능감'을 갖게 된다. 예를 들어, 유아가 배고픔을 느끼고 울면 어머니의 젖가슴이 나타나고 유아는 배고픔을 해소한다. 모든 것을 주관적으로 느끼는 유아는 자신이 젖가슴을 나타나게 했다고 느낀다. 다시 말해서, 유아 스스로 젖가슴을 창조했다고 믿는다. 유아가 대상을 원하면 바로 원하는 그대로 대상이 창조된다고 믿는 이런 상태를 Winnicott은 '환상의 순간(moment of illusion)' 이라고 불렀다. 그는 창조의 환상을 경험하기 위해서는 유아가 존재의 핵심(kernel)에 머물 수 있어야 한다고 강조하였다. 그 반대되는 것이 존재의 껍질

(shell)에 머무르는 것인데, 이는 어머니의 자기애적 욕구에 따라 자기를 느끼는 것을 말한다.

참 좋은 어머니는 유아의 전능성에 반응해 주고 그것을 의미 있게 해 준다. 어머니가 유아의 전능성 경험을 반복해서 만족시켜 주기 때문에 유아는 마술적으로 자신을 만족시키는 외적 실체가 있다고 믿게 된다. 이런 믿음을 토대로 유아는 점차 주관적 전능성을 포기할 수 있게 된다. 그 결과 참자기의 자발성이 이제는 외부 세계의 사건들과 결합되어, 유아는 전능한 창조와 통제의 환상을 즐길 수 있게 된다. 즉, 상상력을 가지고 놀이를 즐기고 상징을 사용할 수 있게 된다. 그렇기에 오직 참자기만이 창조적일 수 있고 삶을 생생하게 느낄 수 있다.

반면 거짓자기는 삶의 생생함을 느낄 수 없다. Winnicott에 의하면, 거짓자기 개념을 이해하기 위해서는 참자기가 존재의 핵심에 고립되어 있다는 것을 먼저 이해해야 한다. 자기의 핵을 위협하는 침범이 있을 때는 중심적 자기를 숨기기 위해(보호하기 위해) 거짓자기를 조직화한다. 예를 들어, 참 좋은 어머니가 아닌 어머니는 유아의 전능성의 몸짓에 반응해 주지 못한다. 대신 어머니 자신의 몸짓으로 유아의 몸짓을 대체해 버린다. 자발적 몸짓이 불가능한 유아는 어머니에 순응하여 어머니의 몸짓을 자신의 것인 양 받아들인다. Winnicott은 유아의 이러한 순응을 거짓자기의 초기 단계라고 설명하였다. 이때 순응하는 거짓자기는 아주 중요한 긍정적 기능을 갖고 있는데, 그것은 환경(어머니)에 순응함으로써 위협에 처한 참자기를 숨기는(보호해 주는) 기능이다.

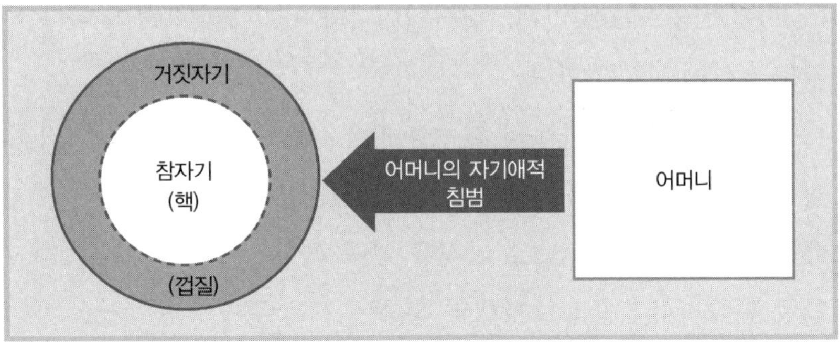

거짓자기의 참자기 보호기능

참자기는 자기의 중심 핵(kernel)에 있다. 자기의 중심을 위협하는 침범이 있을 때 참가지를 보호하기 위해 거짓자기를 조직화한다. 마치 자기의 껍질(shell)을 형성하는 것과 같다.

Winnicott은 거짓자기가 건강한 정상인에서 나타나기도 하지만 참자기를 아주 대신해 버리는 극단적인 경우도 나타난다고 설명하였다. 즉, 그는 거짓자기가 다양한 모습을 갖는다고 생각하였다. 그러한 다양한 수준의 거짓자기를 살펴보면 다음과 같다.

극단적인 거짓자기

거짓자기는 완전히 실제 모습을 대신한다. 참자기는 깊숙이 철저하게 숨겨져 있다. 유아는 자발성을 상실하고 모방과 순응의 삶을 살아간다. 성인은 모방을 통해 개인적인 삶을 살아갈 수 있지만, 실제 친구관계처럼 전체 인격이 만나는 상황이 되면 근본적으로 무언가 결핍된 모습을 보이게 된다. 즉, 깊은 친구관계를 맺지 못한다.

방어로서 거짓자기

거짓자기가 참자기를 완전히 대체하는 것이 아니라 방어한다. 즉, 겉으로 거짓자기의 삶을 살지만 참자기도 잠재적 가능성으로 인정되며 비밀스러운 삶을 살아간다. 비정상적인 환경 조건에도 불구하고 자신을 보호하는 긍정적 목적을 갖고 있는 삶의 모습 등이 이에 속한다.

사례 85

미혼인 Q는 30대 중반의 대학원생이다. 정치학 박사과정 마지막 학기를 남기고 있다. 초등학교부터 대학원 박사과정까지 줄곧 공부만 해온 Q에게 변화가 생기기 시작한 것은 약 3년 전부터다. 어느 날 그는 한 와인 바에서 피아노 연주자로 아르바이트를 시작하였다. 본래 전문가 못지않은 피아노 연주 실력을 갖고 있긴 했지만 경제적으로 넉넉한 그가 아르바이트를 할 이유는 전혀 없었다. 의아해하는 주위 사람들에게 Q는 머리도 식힐 겸 잠시 재미 삼아 시작했다고 말하였다. 그러나 지금까지 그만두지 않고 3년째 와인 바의 피아노 연주자로서 생활을 계속하고 있다. 피아노 아르바이트를 병행하며 그런대로 대학원 생활을 유지하던 Q가 정신치료를 받게 된 것은 약 6개월 전 대학원 수업 중에 심한 불안 증상을 경험했기 때문이다.

Q의 부모는 두 분 다 사회적으로 성공한 사람들이었다. 어머니는 전문대학의 음대 교수였고 아버지 역시 저명한 대학교수였다. 겉으로 보기에 Q는 외동아들로 부러움 없이 자랐다. 그러나 Q는 어려서부터 지금까지 항상 부담감 속에서 자랐다고 말하였다. 먼 친척 되는 아주머니

가 항상 바쁜 부모님 대신 집안 살림을 맡아 했는데, Q의 양육도 그녀의 몫이었다. 그의 부모님은 따로 가정교사를 두어 그가 초등학교 때부터 과외를 받게 하였다. 각종 과목의 과외 공부에 피아노 레슨 등 Q는 어려서부터 꽉 짜인 스케줄에 힘들어하였다. 부모님은 그에게 반드시 대학교수가 되어야 한다는 것을 주입하였고, Q도 그것을 당연하게 받아들였다. 그의 부모님은 공부 스케줄뿐 아니라 Q의 일거수일투족을 일일이 지정해 주는 식이었다. 그리고 그가 부모의 지시에 따르지 않을 때에는 냉혹하리만치 회초리로 때리곤 했기 때문에 순종하지 않을 수 없었다. 대학과 전공학과는 물론 대학원 지도교수까지 부모의 뜻에 따라 선택할 수밖에 없었다.

어린 Q에게 가장 좋았던 순간은 피아노를 치는 시간이었다. 감성이 풍부하고 음악적 재능이 있는 Q는 피아노를 전공하고 싶었지만 부모의 반대로 무산되었다. 그러나 부모 몰래 Q는 피아노를 계속 쳐 왔고, 대학 이후에는 그것이 위로를 얻을 수 있는 거의 유일한 수단이었다. 현재 부모님은 Q의 피아노 아르바이트에 대해 전혀 모르고 있다. 그는 부모의 기대에 맞춘 거짓자기로서의 삶을 어쩔 수 없이 살아가지만 피아노를 치는 순간만큼은 참자기로서 비밀스러운 삶을 즐기는 것으로 보인다.

방어로서 거짓자기가 좀 더 건강한 경우, 거짓자기는 참자기가 환경에 의해 착취당한다고 느낀다. 예를 들어, 너무 변덕스럽게 돌보는 어머니에게 유아는 순응조차 할 수 없다. 지속되는 변덕스러움에 참자기가 착취당한다고 느낄 때, 거짓자기는 참자기를 보호하기 위해 여러 방어를 조직한다. 그런 방어들이 실패할 때 거짓자기는 참자기를 '모욕'으로부터 보호하기 위해 자살을 한다. 이것은 참자기의 와해를 막기 위해 전체 자기를 파괴시키는 것이고, 참자기를 보호하기 위한 유일한 방어라고 생각하는 것이다.

동일시로서 거짓자기

거짓자기가 보다 건강한 경우, 아동기 환경에서 중요했던 인물과의 동일시를 통해 형성된 거짓자기의 삶을 살아간다.

건강한 거짓자기

거짓자기는 감정을 숨김없이 드러내지 않고 공손하고 예의 바른 사회적 태도로 나타낸다. 이것은 사회에 적응할 수 있는 능력이기도 하다. 이런 거짓자기 방어는 잘 승화되어 연기자의 모습으로 나타날 수 있다. 이런 경우에 오직 거짓자기가 승화된 삶으로서 배우의 삶을 살아가는 것과 진정한 자신의 삶을 살아가면서 연기를 하는 것 간에는 차이가 있을 것이다. 오직 승화된 거짓자기의 삶을 살아가는 배우는 연기를 하지 않는 삶 속에서 힘들어한다. 또 배우로서 인정받지 못하고 박수를 받지 못할 때 매우 당혹해한다.

참자기로서 사회 속에서 살아간다는 것은 사회에 순응하면서도 자기 자신으로 진정으로 존재하고 자발적이며 창조적일 수 있음을 의미한다. 즉, 자발성과 진정성을 잃지 않는 것이 참자기의 핵심적인 모습이다. 그리고 창조성을 갖기 때문에 상징을 사용할 수 있다.

이러한 이유로 Winnicott은 건강한 개인은 꿈과 현실 사이의 중간 영역인 문화적 삶을 살 수 있다고 하였다. 반면에 거짓자기의 삶을 살아가는 경우 상징사용 능력과 문화적 생활은 빈약해진다. 대신 극단적으로 산만하거나 집중하지 못한 채 외적 침범에 어떻게 반응할까 몰두하게 된다.

사례 86

Y는 모든 면에서 지배적이고 자기중심적으로 요구하는 어머니 밑에서 성장한 30대 초반의 여성이다. 소위 말하는 일류대학을 나왔고 충분히 직장에 취직할 수 있지만 취업을 하지 않고 있다. 대신 간간이 아이들 과외를 가르치면서 몇 년째 생활하고 있다. Y는 직장생활을 하지 않는 이유와 결혼을 하지 않는 이유를 다음과 같이 말하였다.

"회사 내에서 내 정체성을 상실하고 싶지 않아요. 맘에 들지 않는 사람들과 견디기도 힘들지만 어쩔 수 없이 분위기에 맞춰 주는 것도 싫어요. 결혼도 마찬가지예요. 결혼을 하면 결국 내가 원하는 삶을 포기하고 배우자에게 나를 맞춰 줘야 하지 않나요? 나는 나 나름대로 독립해서 살고 싶어요."

직장생활은 자신의 능력을 발휘하는 곳일 수 있다. 결혼생활도 남편과 상호관계를 나누며 행복을 누리는 것이 될 수 있다. 그러나 Y에게는 모두 어린 시절 어머니에 맞춰 거짓자기로 살아야 했던 그런 관계가 반복될 것으로만 예상하고 있다. 그래서 직장생활을 직장과 상사에 맞춰 줘야 하는 곳으로 인식한다. 결혼도 결혼생활과 배우자에게 맞춰 살며 자신을 상실하는 것으로 인식한다. 거짓자기의 삶이 반복되는 두려움 때문에 전반적으로 삶 자체가 빈약해지는 것을 볼 수 있다.

이행기 대상과 이행기 현상

이행기 대상

이행기 대상(transitional object)은 Winnicott(1953)이 제안한 개념으로 보통 담요나 겉이불 혹은 장난감 곰 등을 뜻한다. 아이는 잠잘 때 똑같은 헌 담요만을 덮으려고 고집하거나 항상 갖고 놀던 낡은 곰 인형을 어떻게든 놓지 않으려는 것을 볼 수 있다. 이것은 헌 담요나 곰 인형이 자기를 만족시켰던 엄마의 젖가슴 혹은 처음 관계를 맺었던 대상을 의미하기 때문이다.

태어난 지 얼마 되지 않는 어린 유아들은 손가락이나 주먹으로 입 주위를 자극하며 구강 성애적 만족을 얻는다. 몇 달이 지나면 그 유아는 자기 손가락 대신에 인형을 갖고 노는 것을 즐기게 된다. Winnicott은 이 두 현상 사이에 연관성이 있다고 생각하였다. 그래서 자기 손가락을 빨며 느끼는 경험과 인형('not-me' object)을 갖고 놀며 얻는 경험 사이의 중간 영역을 나타내기 위하여, 또 구강 성애적 만족과 참된 대상관계 사이의 중간 경험을 얻게 해 준다는 의미로 이행기 대상이라는 용어를 사용하였다. 또 유아의 본래 창조적 활동과 내면화된 것을 투사하여 일어나는 활동의 중간 영역을 나타내기 위하여 이행기 현상(transitional phenomena)이라는 용어를 사용하였다. Winnicott이 사용한 이행기 현상은 엄마와 유아 사이에서 일어나고 있는 것을 객관적으로 거의 인식하지 못하고 있는 상태와 엄마가 자신에게 영향력을 미치고 있다는 것을 아이가 인식하는 상태(감탄사와 같은 짧은 소리를 낸다)의 중간 경험을 나타내는 것이기도 하다.

Modell(1968), Ogden(1992)은 이행기 대상이 갖는 일차적인 심리적 의미가 내부 세계에 의하여 생성된 것과 외부 세계에 존재하는 것 사이에 위치하는 것이라고 말하였다. 이행기 대상은 분명히 외부 세계에 있는 것이지만 자신과 분리되었다는 것을 부분적으로만 느낀다. 이행기 대상이 갖는 성질은 바로 자신의 내면세계를 반영하는 것이기 때문이다. 즉, 이행기 대상이란 자기 내면세계를 투사하여 생성한 것이다. 투사의 내용이 또한 외부 세계로부터 함입한 것이므로 이행기 대상을 형성하는 기제는 함입과 투사라고 말할 수 있다. 또 함입의 과정에는 이행기 대상관계 자체를 내면화하는 것도 포함된다. 이와 같이 이행기 대상은 내면의 세계와 외부 세계에 다 같이 관여한다. 그렇기 때문에 함입물은 자아의 내부 핵심적인 부분으로까지 내면화되지 못하고, 자신의 내면에서 객관적인 어떤 존재로 느껴지게 된다.

이행기 대상이 갖는 또 다른 의미는 그것이 전능감의 손상에서 오는 유아의 좌절을 처리해 준다는 점이다. 앞서 '환상의 순간' 을 통해 유아가 자신이 원하는 것을 창조한다고 믿는 경험에 대해 설명하였다. 이 시기의 유아는 대상을 자기 욕구를 만족시켜 주는 것으로 파악할 수 있을 뿐이다. 엄마가 유아의 욕구에 대하여 충분히 그리고 적절히 반응해 줄 때, 유아는 자신의 욕구를 만족시켜 주는 대상이 창조되었다고 착각하게 된다. Winnicott이 들었던 예는 다음과 같다. 배가 고파지면 유아는 본능적 불쾌감을 느끼며 울게 된다. 곧 엄마의 젖가슴이 물려지고 배고픔이 채워지면서 유아는 본능적 만족을 얻게 된다. 이때 외부 현실을 충분히 지각할 수 없는 유아는 젖가슴이 바로 그때 그곳에 그렇게 창조되었다고 인식하게 된다. 즉, 자기 자신의 일부분인 젖가슴으로부터 젖을 얻었다는 착각을 하게 된다는 것이다.

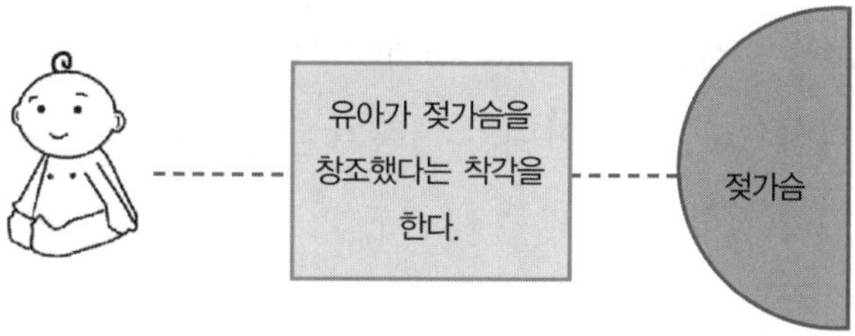

유아는 점점 성장함에 따라 젖가슴이 항상 자신의 욕구를 완벽하게 만족시켜 주지 않는다는 것을 느끼게 된다. 뿐만 아니라 자신의 일부로 여겼던 젖가슴으로부터 떨어져야 하는 젖떼기(weaning)를 경험하게 된다. 이때 유아는 좌절과 불안을 경험하게 되는데, Winnicott은 이행기 대상을 통하여 이런 과정에서 느껴지는 불안을 처리하게 된다고 생각하였다. 즉, 유아는 자신의 욕구를 항상 만족시켜 주었던 젖가슴이 그때 그렇게 창조되었다고 착각하듯이 장난감 곰을 자신의 욕구를 만족시켜 주는 젖가슴으로 착각하게 된다.

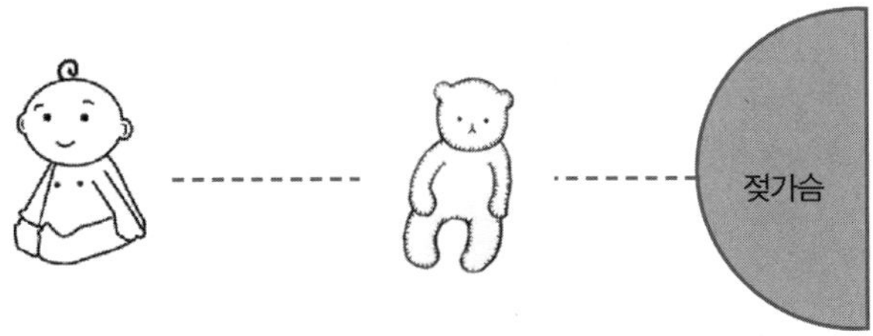

이행기 대상으로서 장난감 곰

Winnicott은 이행기 현상이 4~6개월부터 8~12개월 사이에 시작된다고 생각하였다. 그는 아이가 이행기 대상과 맺는 관계의 특징을 다음과 같이 열거하였다.

- 유아는 이행기 대상에 대해 마음대로 할 수 있는 권리가 당연히 있다고 여긴다.
- 이행기 대상은 따뜻한 사랑을 받을 수도 있지만 잔인하게 손상될 수도 있다.
- 이행기 대상은 유아가 바꾸지 않는 한 절대 바뀌어서는 안 된다.
- 이행기 대상은 본능적인 사랑과 미움 그리고 공격까지도 견뎌내야 한다.
- 이행기 대상은 유아에게 따스함을 주고 움직임과 질감을 느끼게 해 주어야 한다. 혹은 생명력을 가졌거나 그 나름대로 현실적인 무엇으로 보여야 한다(Ogden[1992]은 내재화된 대상은 이런 따스함과 질감과 같은 물리적 속성을 상실한다는 점에서 이행기 대상과 차이가 있다고 설명하였다.).

- 이행기 대상은 우리의 관점에서 비롯되는 것도 아니고 유아의 관점에서 오는 것도 아니다. 그렇다고 내면으로부터 오는 것도 아니다. 또한 환각도 아니다.
- 이행기 대상은 서서히 탈리비도 부착이 이루어진다. 건강한 경우, 이행기 대상은 '내면으로 사라지는' 것이 아니다. 그렇다고 이행기 대상과 관련된 감정이 억압되는 것도 아니다. 그것은 잊히는 것이 아니기 때문에 애도 반응도 없다. 이행기 대상은 단지 그 의미를 상실하게 된다. 문화 전반의 '내부 심리적 실재'와 '외부 세계'의 전반적인 중간지대 속으로 확산되며, 이행기 대상은 그 의미를 상실한다고 볼 수 있다.

요약하면, 일반적으로 이행기 대상은 아이가 중요하게 경험했던 다른 대상을 의미한다. 그리고 아이가 이행기 대상을 갖고 놀면서 그런 중요한 인물을 아직도 자신이 조절할 수 있다고 느끼는 것에 의미가 있다. 즉, 장난감 곰을 껴안기도 하고 던지기도 하면서 아이는 자신이 대상을 조절하고 있다고 느낀다. 그러면서도 그 대상은 사라지지 않고 항상 자기 주위에 있다고 느낀다. Winnicott은 유아가 대상을 창조할 때 동시에 대상은 그곳에서 창조되기를 기다리는 모습을 역설이라고 말하면서, "이행기 현상의 핵심적인 모습은 그것이 역설이라는 것과 그 역설을 수용하는 것"이라고 표현하였다.

이행기 대상에 대한 유아의 느낌은 부분적으로는 현실이고 부분적으로는 환상인데, 이는 아이가 실제 대상에 관심을 쏟을 수 있으면서 동시에 좋은 대상을 내면화하여 환상의 세계를 만들 수 있는 능력이 있다는 것을 나타낸다. 이와 관련하여 Greenberg와 Mitchell(1983)은 이행기 현상에서 가장 중요한 것은 대상 자체가 아닌 대상과 관계하는 그 내용이라고 지적하면서 환상적인 전능감과 외부 현실 사이에서 어떻게 성장을 이루어 가는가가 중요하다고 하였다. Winnicott은 이러한 환영의 과도기적 세계가 창조적인 환상, 문화, 예술의 기원이 되며 객관적으로 외부 현실을 창조한다고 생각하였다.

1차 이행기 대상과 2차 이행기 대상

Busch(1973)는 담요와 같은 초기 유아의 대상물과 인형과 같은 후기 아동의 대상물 사이에는 중요한 차이가 있다고 주장하였다. LaMothe(2000)는 초기 대상물과 후기 대상물의 기능이나 특징들을 구분하기 위하여 1차 이행기 대상(primary transitional object)과 2차 이행기 대상(secondary transitional object)으로 용어를 구분하여 사용하였다. 발달 시기적으로는 아직 언어를 사용하기 전 단계로 자기 자신에 대해 생각하고 반성할 수 있는 능력이 형성되기 전 시기에 나타나는 것이 1차 이행기 대상이고, 상징화가 가능하여 언어를 사용할 수 있게 되고 자기 자신에 대해 반성할 수 있는 시기에 나타나는 것이 2차 이행기 대상이다.

① 1차 이행기 대상

공생단계에서 유아는 아직 자기 자신과 다른 사람을 구분하여 경험할 수 있는 자기-타인 분화가 미숙한 상태다. 그렇기 때문에 자신이 엄마를 찾으며 눈을 움직일 때 엄마가 마법처럼 나타난다고 느끼고, 자신이 엄마 가슴으로 다가가면 동시에 젖이 가까이 다가선다고 느낀다. 즉, 자신이 바라는 것과 엄마가 바라는 것이 하나라고 생각하는 것이다. 그래서 자신이 움직이면 세상도 움직이고, 자신이 느끼면 세계도 느끼고, 자신이 숨쉬면 세계도 숨쉰다고 느낀다. 그래서 유아의 공생의 세계는 전능함으로 충만해 있다. 그러나 점차 성장함에 따라 유아는 엄마를 자신과 분리된 독립적 대상으로 지각하게 되고, 그럼으로써 점차 자기 마음대로 할 수 있는 대상이 아니라는 것을 인식하게 된다. 이 시점에 바로 1차 이행기 대상이 나타난다.

유아는 엄마가 자신이 필요할 때 항상 도와주는 대상이 아니라는 것을 분명하게 느끼게 되면서 공생의 단일체가 깨어진 것을 느낀다. 동시에 개인적인 전능감이 깨지면서 자기 자신의 한계를 느끼게 되고 불안을 느낀다. 1차 이행기 대상은 이 시기의 유아들이 느끼는 불안을 진정시켜서 아이들이 편안하도록 도와주는 기능을 한다. 이는 1차 이행기 대상이 유아가 처음 관계를 맺었던 엄마의 젖가슴을 뜻하기 때문이다. 또한 엄마가 자신을 돌보아 주었던 관계 자체 혹은 그 방식을 나타내기도 한다. 즉, 유아는 공생단계에서 엄마와 느꼈던 전지전능함처럼 1차 이행기 대상도 자신이 원하는 것과 같이 원하고 기능한다고 느끼는 것이다. 그렇기 때문에 유아는 엄마의 보살핌을 받으며 느꼈던 전능감과 생생한 살아 있음의 경험을 1차 이행기 대상으로부터 느낄 수 있다. 좀 더 정확히 표현하면, 엄마와 느꼈던 생생한 전능감이 1차 이행기 대상에 전달되어 있다. 그렇기에 유아는 1차 이행기 대상이 자신과 독립된 별개의 대상이라고 느끼면서 동시에 1차 이행기 대상으로부터 엄마와 공생하며 느꼈던 미분화된 생동감을 얻을 수 있는 것이다. 결과적으로 1차 이행기 대상은 유아가 자신의 감정을 다스리기 위하여 사용한 첫 번째 내가 아닌 대상(not-me object)이 된다. 이러한 과정은 유아가 다른 독립된 대상들을 다룰 수 있는 기능의 발달에 기여하게 된다.

1차 이행기 대상의 기능을 좀 더 넓고 깊이 있게 살필 필요가 있다. 유아는 엄마와의 관계에서 느꼈던 전능감을 상실하게 된다. 유아는 그 전능감을 엄마가 아닌 1차 이행기 대상에 결합시킨다. 그리고 자신이 원하는 대로 사용함으로써 자신의 전능감을 다시 경험하게 된다. 즉, 1차 이행기 대상을 사용함으로써 대상에 대해 자신의 조절감과 전능감의 영역을 갖게 되는 것이다. 구체적으로 표현하면, 이행기 대상을 껴안거나 쓰다듬으면서 새로운 환상의 세계와 대상을 창조할 수도 있고 이행기 대상을 쥐어뜯거나 집어 던지면서 대상을 파괴시킬 수도 있는 여지를 갖게 된다. 그러나 이런 창조와 파괴는 실제 외부 대상에서 일어나는 것은 아니다. 1차 이행기 대상을 껴안거나 쥐어뜯으면서 유아는 그의 마음속에서 창조와 파괴를 경험한다. 즉, 인지 능력이 충분히 발달하지 못한 유아가 내면에서 갖게 되는 실질적 느낌과 자신의 외부 현실을 완전히 구분하지 못하고 겹쳐서 경험하는 것이 1차 이행기 대상 경험의 특징이다. 어찌되었든 유아는 1차 이행기 대상을 장난스럽게 갖고 놀면서 외부 대상에 대해 자신감과 신뢰를 경험하기 시작한다.

이러한 외부 대상에 대한 유아의 자신감과 신뢰의 경험은 전적으로 참 좋은 부모(good-enough parent)의 반응에 달려 있다. 낡고 헌 담요를 아이가 이상하게 고집하더라도 부모가 그것을 뺏거나 갖고 놀지 못하게 해서는 안 된다. 오히려 아이가 이행기 대상으로부터 생생한 전능감을 느끼고 즐기는 것을 옆에서 봐 주고 같이 즐길 수 있어야 한다. 달리 표현하면, 이행기 대상을 갖고 노는 아이에게 반영(mirroring)해 줄 수 있어야 한다. 아이가 이행기 대상을 즐기는 것을 엄마가 인정하고 받아 준다는 것은 어떤 의미가 있는가? 여기서 다시 한 번 엄마와의 관계에서 느꼈던 전능감의 상실로부터 이행기 대상이 시작된다는 것을 상기할 필요가 있다. 그런데 유아는 전능감의 상실을 맛본 바로 그 엄마 앞에서 새로운 대상으로부터 전능감을 다시 경험하고 있다. 즉, 공생으로 밀착되어 있던 엄마와 아이 사이에 이제는 이행기 대상이 자리 잡은 것이다. 또한 아이는 엄마와 자신 사이에 이행기 대상과의 관계라는 새로운 영역을 얻게 된다.

만약 부모가 아이로부터 낡고 헌 담요를 뺏고 아이가 원하지 않는 새 담요를 덮어 주면, 아이는 새 담요를 통해 낯설고 때로는 적대적인 느낌을 받게 될 것이다. 뿐만 아니라 엄마와 새 담요를 자신으로부터 전능감을 뺏어간 위험하고 두려운 대상으로 경험할 것이다. 이렇게 되면 아이는 외부 대상으로부터 자신감을 얻을 수 없게 되고 외부 대상을 신뢰할 수도 없게 될 것이다. 이와 같이 부모가 심각한 충격을 줄 때, Winnicott(1971)은 "아이는 어머니와 관계를 맺으려 하지 않고 자기 자신의 생각 속에 자신을 가두게 된다."고 말하였다.

Mahler 등(1975)의 분리-개별화 과정 중 연습기 단계에 있는 아이들은 새로운 기술에 몰두하느라 엄마가 사라진 것도 잊어버리고 좌절에도 잘 견딘다. 그러나 재접근 시기의 아이들은 자신의 취약함을 새롭게 느끼면서 다시 엄마에게 의존하게 된다. 즉, 이 시기의 아이들은 새로운 능력과 기술을 통해 얻은 자율성과 다시 엄마와 친밀해지고 싶은 마음 사이에서 갈등을 겪는 것처럼 보인다. 이것은 자기감이 점점 증가하는 동시에 공생에서 누렸던 좋은 것들을 다시 누리고 싶은 간절한 바람도 있기 때문이다.

아이들은 엄마를 조르는 것이 늘어남에 따라 엄마가 자기가 원하는 대로 다 해주지는 않는다는 것을 더욱 분명히 느끼게 된다. 즉, 엄마가 완전한 자신만의 근거지가 아니라는 것을 느끼면서 점점 엄마를 자신과 별개의 한 사람으로 보고 관계를 맺어 갈 수 있게 된다. 더불어 이렇듯 자신이 분리되어 있고 작은 존재이고 전능하지 않다는 것을 알게 되면서 무력감과 분노발작 같은 공격성을 보이게도 된다.

이와 같이 자신과 분리된 엄마가 자신이 필요할 때 언제나 도움을 받을 수 있는 대상이 아님을 더욱 분명히 깨닫게 되는 '화해의 위기' 를 맞은 아이들은 이행기 대상에 더욱 애착을 갖게 된다(Clair, 1986). 그래서 이 단계의 아이들은 장난감 곰을 가지고 대부분의 시간을 보내곤 한다. 특히 차를 타고 갈 때와 같이 아이가 운전하는 부모의 관심을 충분히 받을 수 없는 상황에서는 담요나 장난감 곰이 아이에게 더욱 필요하게 된다.

Winnicott은 아기의 옹알이나 좀 더 큰 다음에 아기가 잠들기 전에 부르는 불분명한 온갖 노래들이 모두 중간 현상에 속한다고 설명하였다. 아기는 뜻을 아는 말이나 노래를 하는 것이 아니다. 아기는 그런 옹알이나 노래를 하며 자신과 외부 세계 사이에 제3의 공간, 즉 이행기 영역을 창조하고 그 속에서 전능감을 경험한다고 볼 수 있다. 같은 이치로, Winnicott은 아기가 잠들기 전에 자장가를 불러 주는 것을 이행기 행동(transitional activities) 혹은 의식(ceremony)이라고 불렀다. 자장가는 어머니와 유아 사이에 훨씬 쉽게 구체적인 이행기 영역을 형성해 준다. 유아는 그 속에서 어머니의 절대적인 사랑을 받는 경험을 하며 어머니와 떨어지는 불안을 해소할 수 있다.

② 2차 이행기 대상

아이들은 상징화를 하게 되면서 언어를 사용할 수 있게 되고, 또 자신에 대해 반성할 수 있는 능력이 생기게 되면서 2차 이행기 대상이 나타나게 된다. 이러한 2차 이행기 대상의 출현은 전언어적으로 살아 있는 느낌을 경험하던 아이가 이제는 보다 복잡하고 다양하게 삶의 생기를 나누는 경험을 할 수 있게 되었다는 것을 의미한다. 달리 말하면, 2차 이행기 대상을 통하여 아이는 보다 복잡한 상징적인 대상이나 행동들을 배우게 된다. 더 중요한 것은 2차 이행기 대상 경험을 통하여 내가 느끼는 생명력과 현실감의 경험을 내가 아닌 대상에게 언제 그리고 어떻게 결합시킬 수 있는지를 배운다는 점이다. 뿐만 아니라 그런 생생한 생명력과 현실감의 경험을 다른 사람들과 나눌 수 있는 방법도 배우게 된다는 점이다.

2차 이행기 대상으로부터 아이는 일상적인 언어나 상징적인 놀이에서 사용하는 대상이나 관계들의 기본적인 틀을 제공받는다. 부모 앞에서 놀고 있기는 하나, 아이의 이러한 상징적인 놀이는 아이만 알고 있는 특이한 것이기 때문에 같이 나누기가 힘들다. 하지만 결국 아이가 부모와의 관계에서 경험했던 것들, 즉 내면화된 복잡한 가족적인 의미나 문화적인 의미 그리고 다양한 기호나 부호들을 사용한다는 점에서 2차 이행기 대상을 갖고 노는 아이의 행동은 부모와 공유되고 있는 셈이다. 달리 표현하면, 아이는 2차 이행기 대상을 가지고 상징적인 놀이를 하면서 신뢰와 불신 등 보다 복합적인 사회관계를 자기 것으로 만들고 또 적응해 간다. 그리고 보다 복잡한 상호 소통에 대해서도 이해하게 되고 적응하게 된다. 그러므로 아이는 2차 이행기 대상과 상징적인 놀이를 통하여 아이는 상징적인 대상들을 다룰 수 있는 조절감을 경험하게 된다. 이는 아이로 하여금 자기 자신의 전능감을 느낄 수 있는 상징적인 세계를 다시 한 번 구축할 수 있게 해 준다. 결국 자신만의 특이한 2차 이행기 대상과 놀이는 전언어적 방식으로 느꼈던 생명력을 상징적 대상들과 언어에 전달하고 결합시킬 수 있는 기회를 제공해 주는 것이다. 즉, 상징적인 놀이에 의하여 아이는 자신의 생명력과 현실감의 경험을 상징들이나 상징적인 대상들과 행위들 그리고 언어에 이르기까지 확대하게 된다.

Winnicott(1971)은 그의 논문 「놀이와 현실」에서 놀이와 게임놀이를 구분하였다. 그에 의하면 게임놀이(play)는 말 그대로 게임을 하는 놀이를 뜻하며, 놀이(playing)는 일상에서 창의적인 경험인 이행기의 경험을 말한다. 놀이는 어린 시절에 국한되지 않고 어려서부터 성인기까지 이어지는 경험이다. Winnicott의 아내 Clare는, 놀이가 심리내적 현실과 외부적인 현실이 삶의 경험 속에서 공유되는 곳, 즉 이행기 또는 중간대의 영역(transitional or intermediate area)에서 자신을 어떻게 활용하는가를 의미한다고 말하였다. 삶에서 놀이를 적절하게 활용하기 위해서는 삶의 경험들(긍정적, 부정적)을 감내할 수 있는 능력이 필요하다.

Winnicott은 놀이가 다음과 같은 특징을 갖는다고 설명하였다.

- 아동이 하는 놀이는 그 자체에 몰입하는 것이 특징적이며, 처음에는 그 내용을 심각하게 여기지 않는다.
- 놀이가 일어나는 영역은 아동의 심리내적인 정신세계가 아니다. 놀이는 개인의 바깥에서 나타나지만, 그것이 외부 세계에서 일어남을 뜻하지 않는다. 그것은 이행기 영역(transitional space)을 의미한다.
- 놀이를 할 때 아동은 자신의 공상이나 꿈을 위하여 외부의 상황을 이용하며, 선택된 외부 상황에 공상의 의미와 감정을 부여한다.
- 이행기 대상이 놀이로 직접 발달하고, 놀이로부터 함께 나누는 놀이로 발전하며, 이로부터 문화적 경험을 향해 발달한다.
- 놀이는 신뢰감을 의미하며, 타인에게 거의 절대적으로 의존하는 아기와 아기의 요구에 적절하게 반응하는 엄마 사이에 존재하는 잠재적인 영역에 속한다.
- 놀이는 신체를 포함한다. 신체를 사용하여 장난감과 같은 놀이의 대상을 조작해야 하고, 일부는 일정한 신체적인 흥분과 연관이 있기 때문이다.
- 놀이는 필수적으로 만족스러워야 한다. 놀이가 아동에게 불안감을 야기하는 경우에도 마찬가지다. 그러나 아동이 도저히 감당할 수 없는 불안감이 존재하면 놀이를 망칠 수 있다.
- 아동이 하는 놀이는 본질적으로 신명이 나며 또 예측 불가능한 것이다. 이런 특징은 본능적인 욕동에서 생기는 것이 아니라 아

동이 주관적으로 느끼는 감정과 객관적으로 실재하는 것들로부터 받아들이는 것들이 마음속에서 상호작용하면서 나타나는 것이다.

상징적 놀이라고 해서 아이들의 놀이가 '그런 척하는 방식(pretend mode)'으로 이루어진다는 것을 부정하는 것은 아니다. 단지 그것을 이차적으로 고려해야 한다는 것이다. 그런 척하는 방식이란 구체적으로 그렇다고 생각하고 믿지만 그것이 현실과 일치하는지는 따지지 않는 방식을 말한다(Fonagy, 1996). 달리 말하면, 어떤 대상을 아이가 생생하게 현실로 경험하면 그것이 실제 사실과 일치하는지는 부차적인 것이라고 생각하는 것이다. 예를 들어, 냉장고가 성이라고 생각하고 신나게 놀고 있는 아이에게 "너는 정말 냉장고가 성이라고 믿니?"라고 물어보면 아이는 당연히 아니라고 답할 것이다. 사실적인 관점에서 냉장고는 성이 아니기 때문에 냉장고를 성처럼 생각하고 노는 아이의 생생한 경험은 착각이며 그런 척하는 것이다. 그러나 중요한 것은 그런 놀이를 하면서 아이는 생생하게 살아 있음과 현실감을 느끼며 충만한 삶의 생기를 느낀다는 것이다. 그렇기에 신나게 놀고 있는 아이에게 "너 지금 착각하고 있는 것 아니니? 네가 지금 경험하고 있는 것이 사실이니?"라고 물어볼 부모는 아마 거의 없을 것이다. 건강한 어머니라면 오히려 흐뭇하게 바라볼 것이다.

2차 이행기 대상의 또 다른 측면은 내가 아닌 대상(not-I object)과 자기로서 나(I-ness)를 동시에 인식하는 것과 관련된다. 내가 아닌 대상을 인식하는 것은 아이에게 불안을 일으킨다. 왜냐하면 자신의 한계를 인식하게 되고, 내가 아닌 대상에 의존하여 자기 감각(sense of I-ness)을 느끼게 된다는 것을 깨닫기 때문이다. 부모가 없거나 부모와의 관계에 변화가 생겼을 때, 2차 이행기 대상은 아이를 진정시켜 주고 평안을 가져다줄 뿐 아니라 상호적으로 '나(I)' 인식을 느끼게 해 준다. 즉, 아이는 2차 이행기 대상을 '내가 아닌(not-I)' 이라고 먼저 인식한다. 그리고 돌이켜서 그 대상이 자신을 '나(I)' 로서 인식한다고 믿는다. 이러한 믿음이나 상호 인식의 경험은 아이가 자신의 기능이나 능력을 표현할 때 부모가 그것을 얼마나 인식하고 수용해 주느냐와 연관된다. 다시 말해서, 부모와 아이가 애착을 형성하고 서로 인정해 주는 관계가 상징적인 놀이의 영역에 그대로 전달되는 것이다. 결론적으로 2차 이행기 대상 경험은 아이와 부모가 신뢰하고 지지받는 상호 인정의 관계를 경험하는 것을 의미한다. 동시에 그 경험에는 문화적 상징, 언어 그리고 관습적인 의식의 경험도 포함된다. 2개의 인형을 가지고 혼자 놀고 있는 네 살짜리 여자 아이를 예로 들어 보자. 아이는 각각의 인형 앞에 놓인 장난감 접시에 과자를 놓고 잔에 우유를 따르면서 각 인형과 대화를 나눈다. 이때 인형을 다루는 것이 자기 자신이면서 인형 또한 자기 자신을 나타내기 때문에, 이러한 상징적 놀이를 통하여 여자 아이는 자신(I)을 인식할 수 있고 동시에 자신이 인식됨을 느끼게 된다. 궁극적으로 이러한 경험들은 보다 복잡하고 넓은 문화적 환경에서 타인과 관련하여 내(I)가 될 수 있는 것을 가능하게 해 준다.

이러한 변천의 과정에서 부모는 아이가 2차 이행기 대상을 선택하고 그 대상을 갖고 노는 것에 대해 의문을 제기하거나 다른 것을 강요하거나 아이의 놀이를 방해해서는 안 된다. 오히려 아이가 이행기 대상을 필요로 한다는 것과 그런 대상과 놀고 싶어 한다는 것을 지속적으로 인정해 줌으로써 아이가 신뢰심과 안정감을 가지고 자신의 주관적인 살아 있음의 경험을 자신이 아닌 대상에까지 상징적으로 연결할 수 있게 해 주어야 한다. 다시 말하면, 내가 아닌 대상에 대하여 아이가 어떤 자아정체성을 갖게 되고 어떤 능력을 느끼게 되는가는 부모가 때에 맞춰 얼마나 아이의 필요성과 정체성을 적절하게 받아들여 주는가에 달려 있다. 그러므로 이러한 참 좋은 부모는 아이들이 자기 됨과 자기 능력을 경험하는 데 필요한 신뢰라는 터전을 제공해 줌으로써 내면에서 느껴지는 생명력을 내가 아닌, 상징적인 그리고 언어로 표현할 수 있는 대상에까지 확대하게 한다. 즉, 그러한 확대의 위험을 아이로 하여금 기꺼이 감수할 수 있게 해 준다. 그리고 이러한 확대를 통하여 초기의 미분화되었던 생명력과 현실감은 보다 상징적이고 분화된 모습을 갖게 되고, 궁극적으로는 삶의 생기라는 주관적인 느낌이나 현실감을 다른 사람들과 상호 공유할 수 있는 수준까지 나아가게 된다. 이런 능력은 우정과 사랑 같은 상호관계를 가능하게 해 주는 근본적인 힘이 된다. 아이에게 이런 능력을 가능하게 해 주는 것이 또한 안아주기 환경이라고 말할 수 있다.

Tyson과 Tyson(1990)은 이 시기에 부모가 아이들을 인정해 주는 것이 아이들에게 자기 성찰의 능력과 자기 마음을 가지고 있다는 느낌을 제공한다고 주장한다. 자기 성찰의 능력과 자기 마음을 가지고 있다는 느낌은 둘 다 자신이 살아 있음을 생생하게 느끼는 데에 중요한 것들이다. 더 나아가 부모가 아이를 참 좋게(good-enough) 인정해 줄 때, 아이는 자기를 인정해 주는 부모한테서 삶의 생기를 느끼게 된다. 결국 엄마와 아빠는 즐겁게 이행기 대상을 갖고 노는 아이에게 흥미와 기쁨으로 인정해 주고, 아이는 그러한 부모의 생기 속에서 인정받는 자신을 경험하게 된다. 즉, 아이는 '부모의 눈 속에서 생생하게 살아 있는 나' 를 보게 되는 것이다. 이러한 '반영' 의 경험이 궁극적으로는 다른 여러 사람들과의 관계에서 가치 있고 중요한 존재로 인정받는다는 느낌을 가능하게 해 준다.

아이들은 복잡한 상징들과 의식적인 행위들 그리고 언어를 배우는 과정에서 필연적으로 실망하고 환멸을 느끼게 된다. 아이들의 이러한 분노와 마음의 상처를 잘 다독거려 주면서, 참 좋은 부모는 아이들에게 다시 한 번 신뢰와 부모의 헌신을 느끼게 해 준다. 그리고 나아가 손상된 부모-아이 관계가 치유될 수 있는 기회를 제공해 준다. 이런 경험은 자신의 주관적인 경험과 현실감을 다른 대상에게 더욱 확대할 수 있는 자신감을 갖게 해 주어 다른 많은 대상들과 삶의 생기를 공유하고 나눌 수 있는 데까지 이르게 한다.

반대로 부모가 2차 이행기 대상에 대한 아이의 필요성을 적절하게 인정해 주지 않을 때, 상징들이나 언어를 사용하는 아이의 능력은 저하된다. 이 말은 신뢰감과 자신감이 결핍된 아이가 살아 있음의 내적 느낌을 상징, 언어 혹은 의식적인 행위들에 연결시킬 수 없다는 것을 뜻한다. 보다 중요한 것은 마음의 상처가 이런 종류의 상징적 놀이를 얼어붙게 하여 상호 대상이나 행동이나 경험들을 공유하기에는 이 세상이나 주위 사람들이 너무 위험하다고 느끼게 만든다는 점이다. 결국 아이는 자기만의 소외되고 경직된 방식의 상징적인 놀이에 매달리게 되고, 언어나 상징도 서로 공유하기 위해서 사용하기보다 자기 자신을 방어하기 위해서 사용하게 된다.

엄마가 아이의 필요에 대해서 적당하게 반응하지 못할 때, 아이의 프로그램화된 자아 기능이 제대로 발전하지 못하는 것은 일반적인 현상으로 보인다. 2차 이행기 대상에 대한 필요성을 인정받지 못하는 것은 물론이고, 부모와의 상호작용이 부족하고 귀여움 받기나 스킨십 등이 부족한 아이들은 환경에 대한 관심이 떨어지고 활동이 현저히 줄어드는 것을 볼 수 있다. 뿐만 아니라 때로 혼자 몸 흔들기만 계속 하는 등 자기만의 세계에 빠진 듯한 모습을 나타낸다. 어른들에서도 이런 예를 볼 수 있다. "우리 결혼은 죽은 결혼이나 마찬가지에요."라고 말하는 부부들이 그에 해당된다. 아마도 그들은 서로 대화를 나눌 것이다. 그러나 친밀함을 나누지는 못한다. 그들은 서로에게 너무 화가 나 있고 실망하고 있고 마음이 상해 있어서 그들의 부부생활에서 더 이상 살아 있는 생생한 느낌을 느끼기 어렵다. 그리고 서로를 향한 노력도 하기 어렵다. 무엇보다 그러한 노력이 상대방에게 묵살될지도 모른다는 두려움 때문에 위험을 감수하고서라도 자신의 살아 있는 느낌을 상대방에게 전달하려는 시도를 하기가 매우 어렵다.

사례 87

G는 여러 사람들이 있는 곳에 가면 극도의 긴장과 불안을 느낀다. 얼마 전 지하철을 타고 가던 중에 갑자기 어찔해지면서 극심한 불안을 경험한 후 치료를 받게 되었다. G가 한 살경에 어머니가 병으로 돌아가셨

다. G의 아버지는 매우 무책임한 사람으로 어린 G를 처형에게 맡기고 집을 나가 버렸다. 그런데 이모와 이모부도 건강한 어른들이 아니었다. 특히 이모부는 알코올중독자로서 아이들을 건강하게 양육할 상태가 아니었다. 그들은 걸핏하면 아이들에게 "우리가 아니면 너희들은 길거리에서 떠돌아 다닐 수밖에 없어."라는 식으로 위협하였다. 또 간혹 G의 친부의 소식이라도 들려오면 불같이 화를 내고, 언짢은 일이 생길 때마다 "너는 왜 죽지 않고 살아서 속 썩이냐?"라고 말하였다. 부모와 갑자기 떨어져 차갑고 냉정한 이모와 살게 되면서, G는 이 세상을 믿지 못할 곳이라고 생각하게 되었다.

치료 중에도 G는 지속적인 불안을 나타냈고, 특히 다른 사람들과 있을 때 불안해하였다. 이런 점은 그의 부인이나 9세 된 아이와 있을 때도 마찬가지였다. 그러나 아내와 사랑의 감정을 느끼며 얘기할 때나 아이와 놀 때 그리고 자신감을 가지고 일할 때는 불안을 느끼지 않았다. 때론 그런 상황들을 공상하기만 하여도 불안이 줄어들었다.

G는 밤마다 아무도 모르게 진통제를 한 알씩 먹었다. 그런데 신기하게도 약을 먹자마자 불안이 사라지는 것을 느꼈다. 그는 자신이 평안을 얻을 수 있는 유일한 길이 바로 약이라고 생각하였다. 점차 약의 효과가 나타나기 시작하면 자기 자신에 대해 더욱 생동감을 느끼고 자신감을 느꼈는데, 그는 이런 점을 남에게 전혀 내색하지 않았다. 그가 이런 삶의 생동감을 숨기는 이유는 남에게 알리면 그마저 빼앗길지 모른다는 두려움 때문이었다.

G의 삶에서 다른 사람에 대한 신뢰는 거의 찾아볼 수 없었다. 당연히 다른 사람들과의 관계에서 자발성이나 즐거움 같은 것도 없었다. 그는

믿을 만하고 의지할 만한 안전한 대상이 없는 세상에서 겨우 생존을 유지하고 있는 셈이었다. 약을 먹는 것 자체가 그의 불안을 해소시켜 준다는 점에서 그가 1차 이행기 대상 형성에 실패했다는 것을 알 수 있다. 두 가지 점에서 이를 알 수 있는데, 첫째는 아주 어린 나이에 G가 부모와 떨어져서 이모네 집에 갔으나 그곳에서도 차가운 냉대만 받았다는 점을 들 수 있다. 즉, 어린 G가 만난 이 세상의 대상들은 자신의 삶의 좋은 느낌들을 전달하거나 같이 나눌 만한 대상들이 되지 못했다. 그러므로 알약은 G에게 그의 불안을 담아내는 완전히 안전한 대상이 된다. 알약이 그의 불안을 받아들여서 낮 동안에는 마음을 진정시켜 주며 내면으로는 은밀한 삶의 좋은 느낌들을 제공해 주는 것이다. Scott(1984)은 약물이 성인들에 의하여 이행기 대상으로 종종 사용됨을 지적하였다. 그러나 알약에 어떤 상징적인 의미가 별로 없다는 점에서 그것은 G에게 전언어적 심리 기능을 할 뿐이다. 둘째는 G의 미분화된 어린 시절의 심리 구조가 그의 전능감을 벗어난 대상들에게까지 그의 삶의 경험들을 확대시킬 만큼 발전하지 못했다는 점이다. 즉, 그는 알약을 사용해서 개인적인 안정감과 자신만의 삶의 느낌을 얻고 있지만 그 경험을 다른 대상에게까지 전달하여 편안한 대상으로 느끼진 못하고 있다. 아마도 G가 느끼는 고통과 번민은 어린 시절 부모와의 관계에서 느꼈던 미분화된 경험들의 잔재일 것이다. 다시 말해서, 어린 시절 부모와의 관계에서 삶의 좋은 느낌을 나눌 수 없었던 것처럼 지금도 G를 둘러싸고 있는 대상들과 그는 삶의 좋은 느낌들을 나눌 수가 없는 것이다. 어쩌면 그는 주위 대상들과 삶의 생동감을 같이 나누고 경험할 수 있는 가능성이 어느 정도 있다는 것을 알고 있을지 모른다. 단지 그런 위험을 무릅쓰기를 두려워하는 것인지도 모른다.

치료 중에 G는 자신의 경험들을 매우 잘 이야기하였다. 그러나 치료자는 몇 개월이 지나자 당황하게 되었다. G로부터 많은 얘기를 들으면서도 왠지 모르게 그로부터 멀리 떨어져 있거나 단절된 것 같은 느낌이 들었기 때문이다. 그러던 어느 날, G는 무대 위에 있고 치료자는 객석에 앉아 있는 이미지가 갑자기 치료자에게 떠올랐다. 치료시간 중에 G는 마치 공연하듯이 이야기를 하고 있었다. 다시 말해서, 그는 언어와 의식적인 행위를 일종의 이행기 현상으로 사용하고 있었던 것이다. 그리고 그 스스로는 그러한 이행기 현상에 사로잡혀서 자기 몰입적인 상징놀이를 하고 있었던 셈이다. 그러므로 언어나 상징들은 생명력이나 현실감을 나누기 위한 것으로 사용되지 못하고 있었다. 그 이유는 어린 시절 G의 경험에서 비롯된다고 볼 수 있다. 어린 G는 이모와 이모부 아래에서 고통을 받았다. 그들은 G의 필요성이나 욕구에 대해서 무관심하고 냉담했다. 기껏해야 조건적으로 그를 받아들여 주었다. 당연히 그는 주위의 누구와도 삶의 생기를 나눌 수 없었다. 그리하여 G는 홀로 소외된 채 안전한 자기만의 상징적인 놀이의 세계에 머무르게 된 것이다.

공격성

Winnicott의 공격성(aggression) 개념은 프로이트나 Klein의 공격성 이해와 차이가 있다. 프로이트는 1920년 『쾌락원리를 넘어서』 이후에 인간의 본능을 리비도와 공격성의 이중본능이론으로 설명하면서,

공격성을 죽음의 본능에 뿌리를 두는 것으로 이해하였다. Klein 또한 공격성을 죽음 본능의 표현으로 생각하였다. 그러나 Winnicott(1965)은 이러한 프로이트와 Klein의 견해를 폐기해야 할 개념들이라고 주장하였다.

Winnicott(1939)은 공격성을 특정한 본능적 욕동이 아닌 일반적인 생명력과 활동성의 표현이라고 생각하였다. 그는 최초의 공격성을 일차 공격성(primary aggression)이라고 불렀다. 그의 초기 저술에서 일차 공격성은 '생명의 힘' 혹은 '세포의 활력' 등을 가리키는 것으로 사용되었다(Abram, 2008). 또 최초의 공격성은 식욕과 본능적 사랑인 구강 사랑의 일부분으로 여겼다. 그래서 그는 일차 식욕 사랑(primary appetite-love), 구강 사랑(mouth-love), 본능적 공격성(instinctual aggressiveness), 이론적 탐욕(theoretical greed) 등의 용어를 사용하기도 하였다. 이런 표현들을 통해 볼 때, Winnicott은 초기 공격성을 신생아의 넘쳐나는 생명력으로 이해하고 탐욕스럽게 어머니 젖을 빨아먹는 모습을 최초의 공격성 표시로 이해한 것으로 보인다.

프로이트와 Klein은 공격성이 리비도와 죽음의 본능이라는 상반된 두 개의 본능적인 힘 중에 파괴적 속성을 가진 죽음의 본능으로부터 기원한다고 생각하였다. 그러나 Winnicott은 그렇게 구분될 수 없는 어떤 생명력의 힘으로 최초 공격성(일차 공격성)을 이해하였다. 그런 활기찬 힘에서 나오는 생명력 있는 유아의 행동을 부모의 눈으로 보니까 공격적으로 보일 뿐이라는 것이다. 다시 말해서, 물고 빨고 하는 유아의 거친 몸짓(일차 공격성)은 관찰자의 눈으로는, '잔인하고 해치고 위험한 것' 이지만, 유아의 입장에서는 '우연' 일 뿐이다. 유아가 의도를 가지고 공격하는 것이 아니라 우연이라는 것이 Winnicott의 공격성 이론의 핵심적인 내용이다. 사실 초기 유아는 자기가 어머니에게 잔인하다는 것을 알 만큼 어머니로부터 충분히 분리되지 않은 상태다.

Winnicott은 공격성의 논문을 발표하기 3년 전인 1936년의 논문에서 설압자 게임(spatula game)을 소개하며 유아의 타고난 공격성이 어머니와의 관계에 따라 어떻게 변하고 발전하는지를 보여 주었다.

설압자 게임이란, 일정하게 '고안된 환경(Set situation)' 에서 벌어지는 일이다. Winnicott은 어머니가 자신과 반대쪽 책상 모서리에 앉아서 유아를 치료자 방향 반대쪽 무릎 위에 앉아 있도록 요청하였다. 결과적으로 유아와 Winnicott 사이에 어머니가 앉아 있는 셈이다. 그는 반짝거리는 쇠로 만든 L자형 설압자를 책상 위 한쪽 모퉁이에 놓고 어머니에게 아이가 그것을 만지고 싶게끔 아이를 그쪽으로 옮기도록 부탁하였다. 이때 어머니의 특징이 먼저 나타날 때도 있다. 예를 들어, 설압자에 의한 오염을 불안해하거나 물건을 입으로 가져가는 것을 나쁘다고 생각하는 어머니들은 미리 유아가 설압자를 만지지 못하게 한다. 때로 또 다른 식으로 충동적으로 행동하는 어머니들도 있다. 그러나 Winnicott은 어떤 유형의 어머니든 보통은 유아가 자유롭게 행동할 수 있게 허용하고 관찰해 보라는 자신의 지시를 잘 따랐다고 기술하고 있다.

이제 초점이 되는 것은 어머니 무릎 위에 있는 유아의 반응이다. 맞은편에는 낯선 남자 어른이 앉아 있고 책상 위에는 빛나는 설압자가 있다. Winnicott에 의하면 보통의 유아는 다음과 같은 '정상적인 일련의 반응'을 나타낸다.

사례 88

- 단계 1: 유아는 설압자에 손을 댄다. 그리고 순간적으로 행동을 멈춘다. 설압자에 손을 댄 채 몸을 꼼짝하지 않고 눈을 동그랗게 떠서 Winnicott이나 자신의 어머니를 쳐다본다. 빤히 살펴보며 기다리다가 유아는 설압자로부터 관심을 거두고 어머니 블라우스에 얼굴을 묻는다. 이때 어머니에게 적극적으로 유아를 안심시키지 말라고 지시할 수 있다. 매우 흥미롭게도 유아는 서서히 자연스럽게 설압자에 다시 관심을 보이기 시작한다(유아가 보였던 꼼짝하지 않고 있는 모습을 Winnicott은 '망설임의 시기'라고 불렀다.).
- 단계 2: 유아는 서서히 용감해져서 갑자기 설압자를 들어 입 안에 넣는다. 입에서 침이 흥건히 흘러내리고 유아는 설압자를 씹거나 혹은 아버지가 파이프를 피는 것 같은 흉내를 낸다. 유아는 자신감에 찬 모습을 보이며 몸을 자유롭게 흔들고 설압자를 갖고 놀기 시작한다. 유아는 설압자가 자기 손아귀에 있다는 것, 즉 아마도 그의 힘 안에 있다는 것을 느끼는 것처럼 보인다. 그리고 자기를 표현할 목적으로 그것을 쓸 수 있다는 것도 느끼는 것처럼 보인다. 유아는 설압자로 책상 위를 치기도 하고 근처에 있는 그릇에 부딪혀 보기도 한다. 될 수 있으면 크게 소리를 내려고 하는 것처럼 보인다. 때로는 치료자나 어머니의 입에 갖다 대는데, 이때 치료자나 어머니가 마치 음식을 먹는 것처럼 흉내 내면 유아는 매우 좋아한다. 유아는 치료자나 엄마와 음식 먹는 놀이를 하기 원하는

것이 분명하다. 만약 먹는 흉내를 내지 않고 진짜 설압자를 입 안에 삼켜서 놀이를 망치게 하면 아기는 거의 뒤집어진다(Winnicott은 망설임의 시기에 설압자를 억지로 아이의 입에 대려고 여러 번 시도하였으나 불가능하였다고 강조하고 있다.).

- 단계 3: 유아는 마치 실수인 것처럼 설압자를 떨어뜨린다. 설압자를 다시 올려주면 유아는 기뻐하며 다시 떨어뜨린다. 하지만 이번에는 덜 실수처럼 보인다. 다시 제자리에 놔 주면 유아는 의도적으로 설압자를 떨어뜨린다. 그러면서 아주 즐거워하며 그것을 공격적으로 없애려고 한다. 특히 바닥에 부딪힐 때 나는 금속성 소리를 좋아한다. 점차 유아는 설압자를 갖고 진료실 바닥에 앉아서 다시 입으로 깨물고 부딪히며 놀이를 한다. 그러다가 싫증이 나면 손에 닿는 다른 물체에 손을 뻗친다.

Winnicott은 이런 반응이 5~13개월 사이의 유아에서 보이는 정상 반응이라고 설명하였다. 그리고 망설임의 시기가 너무 지나치거나 아예 없는 경우를 정상에서 벗어난 것으로 보았다.

Winnicott은 망설임이 정상으로 보이기는 해도 분명한 불안의 징후라고 보았다. 그리고 일단 충동적으로 움직인 후 망설이게 되는 것은 초자아의 영향으로 해석하였다. 그는 유아가 설압자를 입에 가져갔을 때 어머니가 좋아하지 않고 화를 낼 것을 두려워해서 그랬을 가능성도 있다고 덧붙였다. 그러나 어머니의 태도가 유아의 행동에 영향을 주었든 그렇지 않든 간에, 망설임은 유아가 자신의 행동이 어머니에게 미치는 영향을 알고 있다는 것이다. 즉, 자신의 행동에 화내는 어머니 혹은 복수하는 어머니를 예상한다는 것을 의미한다는 것이다. 실제 이런 경험이 있었던 유아는 그런 어머니에 대한 기억 때문에 망설인 것이다. 그러나 실제 그런 경험이 없는 유아의 망설임은 유아의 마음에 환상이 있다는 것을 의미한다. 이런 환상은 외부 환경과 연관될 뿐만 아니라 환상적으로 내재화한 사람들의 운명이나 상호관계와도 연관된다.

설압자가 젖가슴을 의미할 수 있다는 것은 분명하다. 어렵지 않게 설압자가 페니스를 상징한다고 연상할 수도 있다. Winnicott은 설압자가 사람을 의미할 수도 있다고 지적하였다. 그는 단계 3에 대해 별도로 한 번 더 기술하였다. 그는 유아가 설압자를 떨어뜨리거나 던지는 것을 그의 공격성을 들끓게 만드는 외적 실제 어머니와 내적 어머니를 제거하는 것으로 해석하였다. 동시에 유아가 상실할까 두려워하는 내적 어머니를 외현화하는 것으로 생각하였다. 그래서 자신이 던져도 파괴되지 않는 것을 경험하며 내적 · 외적 대상들과 다시 관계를 재설정하게 된다고 보았다. 즉, 유아는 내적 어머니의 운명에 대해 안심할 수 있게 되는 것이다.

Winnicott은 공격성과 관련하여 네 가지 측면을 살펴보아야 한다고 제시하였다. 네 가지 측면은 공격성이 성애적 요소와 융합을 이루는가의 여부, 공격성이 어떤 외부 대항에 직면하는가, 그런 과정에서 실제 외부에 존재한다고 느낄 수 있는 외적 대상이 제공되는가, 그리고 공격성은 쾌감이 아니라 대상을 필요로 한다는 것이다.

Winnicott은 성애적(erotic) 요소와 공격적(aggressive) 요소의 융합

을 당연한 것이 아닌 축하해야 할 성취라고 보았다. 그러나 건강한 사람에게도 성애적 본능과 공격성의 융합은 힘든 일이며 성취되지 못한 채로 남아 있을 수 있다고 지적하였다. 융합을 이루지 못한 심한 정신병리를 가진 환자들은 분석가에게 성애적 관계와 공격적 관계를 교대로 보인다. Winnicott은 심하게 퇴행한 환자가 보이는 이런 모습은 초기 아기와 유사하다고 지적하였다. 그는 초기 성장과정에서 성취하지 못한 융합은 분석가와의 전이관계에서 성취되어야 한다고 생각하였다.

Winnicott은 분석가와의 성애적 관계와 공격적 관계가 무엇을 의미하는지 정확하게 설명하지 않았다. 그러나 공격적 관계는 어머니와의 '잔인한(ruthless)' 관계를 의미하고, 성애적 관계는 아기가 감각적으로 공존하는 상태(sensuous co-existence), 즉 일차 모성 몰입과 연결된 것으로 해석할 수 있다.

성애적 본능과 공격성의 융합에 대한 개념을 제시한 지 약 10년 뒤에 Winnicott은 '관심의 단계(stage of concern)'에 대해 기술하였다. Klein의 우울자리를 Winnicott은 관심의 단계라고 불렀다. 이 시기는 아이가 어머니의 인격을 인식할 만큼 충분히 통합된 상태라고 보았다. 그래서 관심의 단계에서는 죄책감을 느낄 수 있는 능력을 갖게 된다. 임상적으로는 죄책감과 애도의 감정 그리고 구토와 같은 신체증상을 보이는데, 신체증상은 죄책감의 신체적 표현으로 볼 수 있다. 이때 죄책감은 흥분된 관계에서 사랑하는 사람에게 손상을 입혔다는 감정이다. 손상을 회복시키려는 유아의 행동이 허용되는 환경에서 공격성은 사회적 기능으로 전환된다.

관심의 단계를 설명하면서 Winnicott은 초기 융합을 다른 측면으로 확대하였다. 그에 의하면 초기 유아에게는 대상으로서 어머니와 환경으로서 어머니라는 두 명의 어머니가 있다. 앞에서 설명하였듯이, 대상으로서 어머니는 유아가 흥분했을 때 경험하는 어머니이고, 환경으로서 어머니는 고요하고 평화로운 순간에 경험하는 어머니다. 아이가 관심의 느낌을 발달시키기 위해서는 아이의 마음에 두 어머니를 함께 떠올릴 수 있는 능력이 필요하다. Abram과 Hjumand(2007)는 융합의 과제는 두 어머니를 함께 불러오는 과제의 예비단계라고 보았다.

일차 공격성은 외부 환경이 어떤 대항을 하는가에 따라 삶의 힘에서 잠재적 공격성으로 바뀔 수 있다. 지나친 대항은 공경성을 성애적 본능과 융합할 수 없게 한다. 즉, 외부 대항이 지나치게 침범하면 유아는 반응(respond)을 하지 못하고 단지 반작용(react)을 보이게 된다. Winnicott에 의하면 침범에 반작용을 한다는 것은 자기 느낌과 존재의 연속성(continuity-of-being)이 방해받는 것을 의미한다. 그렇기 때문에 공격성과 리비도의 융합이 실패하고 결과적으로 자기의 침해가 초래된다. Winnicott(1958)은 운동성과 성애성은 생물학적 요소가 결정하지만, 공격적 잠재성은 생물학적인 요소에 의존하지 않고 초기 환경적 침범에 의존한다는 것을 강조하였다.

Winnicott(1956)은 프로이트의 쾌락원리에 동의하지 않았다. 그는 프로이트에 동의하지 않는다는 것을 명확히 하지 않았으나, Klein에 반대하는 의견에서 이런 관점을 설명하였다.

(유아가) 충동적 행동을 보일 때 대항하는 반응이 나타나면 충동성이 공격성으로 변한다. 이런 경험엔 현실감이 있으며, 공격성은 신생아를 기다리는 성애적 경험과 매우 쉽게 융합한다. 내가 제시하려는 것은 공격을 발현하게 하는 이런 충동성은 유아로 하여금 단순히 만족시키는 대상(satisfying object)이 아닌 외적 대상(external object)을 필요로 하게 만든다(Winnicott, 1956).

신생아의 충동성의 배경에는 어머니의 일차 모성 몰입이 있다. 거의 '비정상적' 이라고 할 정도로 아기와 동일시하며 융합해 주는 어머니가 있다. 이것이 Winnicott이 말한 신생아를 기다리는 성애적 경험이다. 충동에 대한 대항은 이런 충분히 좋은 환경에서 표현되기 때문에 곧 어머니의 안아주기 속에서 처리된다. 예를 들어 유아의 공격성에 대해 어머니는 "아이고, 우리 똥강아지 화났어." 하며 받아 줄 것이다(공격성과 성애적 경험이 융합된다.). 동시에 '나-아닌 것(not-me)' 의 경험이 시작된다. 만약 성애적 만족만 계속 이뤄진다면 쾌감만 탐닉하며 융합 속으로 들어갈 뿐 현실관계는 불가능해진다.

Winnicott(1936)은 유아 공격성을 이해할 수 있는 또 다른 예로 성인의 성교행위를 들었다.

성인의 성숙한 성교에서는 순전히 성애적 만족 때문에 특정한 대상을 필요로 하는 것은 아니다. 오히려 융합된 충동 속에 있는 공격적 요소 혹은 파괴적 요소가 파트너에게 존재감과 만족과 생존의 느낌을 갖게 해 준다(Winnicott, 1936).

성관계에서 상대방을 순전히 성적 만족의 대상으로만 경험한다면 상대는 욕구 만족의 도구로 쓰일 뿐 그 존재감을 느낄 수 없다. 상대는 자신과 별개의 존재로 경험되지 않고 자기 마음대로 할 수 있는 자신의 연장으로 경험된다. 혹은 상대방은 자신의 성적 만족감 속에서 사용되고 버려지든지, 쾌감의 흔적 속에 잠시 남아 있다가 사라져 버릴 것이다. 성교는 성애적 만족을 포함하지만 실제 상당히 공격적이고 파괴적 행동이 행해지는 과정이다. 그런 거의 몽롱하다고 할 정도로 충동적인 상태에서 행해지는 공격적이고 파괴적인 몸짓은 상대방이 그것을 다 받아 줄 것이라는 무의식적인 전제가 있기에 가능하다. 그리고 그런 공격적 몸짓은 바로 성적 만족을 얻는 몸짓이다. 즉, 성교 중에 보이는 강렬한 충동은 성애적 충동과 공격성이 융합된 충동이다. 그리고 공격성이 동시에 존재하기에 성애적 충동만 있다면 사라져 버릴 대상을 '나-아닌 것'으로 경험할 수 있게 해준다. 그런 의미에서 사랑을 완성시키는 성교는 성교 후에 상대방의 존재감을 더욱 느끼게 하고, 진정한 만족을 주고, 어떤 행위에도 불구하고 서로 유지되는 관계(살아남음)를 느끼게 해 준다.

대상관계와 대상 사용

잔인한 사랑

Winnicott은 일차 공격성에 따라 행동하는 유아를 '원시적인 잔인한 자아(primitive ruthless self)' 라고 불렀다. 그리고 초기 유아의 '본능적 사랑' 은 '잔인하다(ruthless)' 고 기술하였다. 정상적인 초기 유아는 어머니와의 '잔인한 관계' 를 즐기는데, 대부분 놀이 속에서 이러한 관계를 즐긴다. Ogden(1992)은 잔인하게 취급받는 어머니는 지칠 줄 모르고 파괴되지 않는 전능한 내면의 어머니가 투사된 '주관적 대상(subjective object)' 이라고 설명하였다. 환상 속의 어머니가 갖고 있는 지칠 줄 모르고 파괴되지 않는 점 때문에 유아는 연민(ruth)을 느낄 필요가 없다. 즉, 유아는 어머니가 잔인한 관계를 당연히 견딜 것이라고 느끼기 때문에 잔인한 것이다. 다시 말해서, 유아의 잔인성은 상대에 대한 파괴적 본능에서 오는 것이 아니라 전능한 어머니에 대한 전적인 믿음에 근거하는 것이다.

Winnicott(1956)은 어머니가 '잔인한 유아' 에게 어떻게 반응하는가에 따라 타고난 공격성이 유아의 정서발달에 미치는 영향은 결정적으로 달라진다고 설명하였다. 예를 들어, 어머니가 유아의 잔인함을 견디지 못할 때, 즉 유아가 어머니와 마음 놓고 놀이를 할 수 없을 때, 유아는 잔인한 자기를 숨기고 단지 해리된 상태의 삶에서만 그런 모습을 보인다. 반면 어머니가 유아의 잔인함을 함께 즐길 수 있을 때, 공격성은 건강하게 인격 속으로 통합되고 잔인성은 예술가의 창조성과 긍정적으로 연결된다. 또 Winnicott은 잔인성이 건설적인 활동의 한 근원이며 건설적 측면과 파괴적 측면이 함께 포함된다고 생각하였다.

Winnicott은 40년 이상을 공격성과 연관된 주제에 대해 연구하였다. Abram(2008)은 그런 사고의 결과를 가장 잘 담고 있는 논문이

「대상 사용과 동일시를 통한 관계 맺기」라고 주장하였다. 이 논문은 1968년 뉴욕정신분석협회에서 발표되었다. 이 논문에서 Winnicott은 '파괴' 나 '생존' 같은 일상적인 용어들을 역설적인 의미로 사용하였다. 또 '대상관계(object-relating)' 와 '대상 사용(object-usage)' 등 새로운 용어를 고안하기도 하였다. 이런 점들 때문에 청중들은 그의 논문을 이해하기가 어려웠고 뉴욕정신분석협회의 초기 반응은 좋지 않았다. 그만큼 공격성에 관한 그의 생각이 집약되어 있는 대상관계와 대상 사용의 개념을 이해한다는 것은 쉽지 않은 일이다.

Winnicott이 사용하는 파괴(공격성)의 개념을 이해하기 위해서는 두 종류의 파괴를 구분해야 한다. 그는 무의식적인 환상 속의 파괴와 실제 현실에서 일어나는 파괴를 구분하여 설명하였다. 이런 구분에 대한 인식이 1963년 그의 동료에게 보낸 편지에 기록되어 있다. 그는 편지에서 자신이 꾼 꿈을 기술하였다. 그는 세 부분으로 구성된 꿈을 꾸었다. 첫 부분에서 그는 파괴된 세상의 일부분으로 나왔고, 두 번째 부분에서는 파괴하는 사람으로 나왔다. 그리고 세 번째 부분에서는 꿈에서 깨어났다. 그는 "이 꿈이 특별히 중요했다."라고 말했다. 왜냐하면 그 꿈을 통해 대상관계에서 대상 사용으로 정서적 발전을 이뤄 가는 과정에서 공격성이 갖는 의미를 깨닫게 되었기 때문이다.

> ……나는 내가 파괴되고 또 파괴하는 존재인 꿈을 꾼 것을 안다. 거기에 해리 현상은 없었다. 그러므로 꿈의 세 부분은 서로 연결되어 있다.

> 꿈의 세 번째 부분에서 갑자기 깨닫게 되었다. 파괴성이 주관적 세계 혹은 전능감의 영역 밖에 있는 대상과의 관계 맺기와 연관된다는 것을 알게 되었다. 달리 말하면, 먼저 생동감 있는 창조성이 있는데 이 세계는 오직 주관적 세계다. 그다음 객관적으로 인식되는 세계가 있다. 그리고 (주관적 세계의) 완전한 파괴가 있다(Winnicott, 1971).

Winnicott이 꾼 꿈의 처음 두 부분은 자신이 파괴당하기도 하고 또 파괴자가 되는 전능의 세계다. 하지만 그 전능의 세계는 꿈속의 세계이고 그만의 주관적 세계다. 꿈을 깨지 않는 한, 그는 현실의 객관적인 세계로 나아갈 수 없다. 꿈을 깨는 순간에는 현실적인 대상 경험이 가능하지만 꿈속에서 누리던 대상관계는 다 사라져 버린다. 즉, 주관적인 꿈속의 대상들은 다 없어져 버린다(파괴된다).

초기 시절, 유아는 자기(Me)와 자기 아닌 것(not-me)을 구분하지 못하기 때문에 대상을 주관적으로 인식할 수밖에 없다. Winnicott은 이 시기에 세상과 관계하는 방식을 대상관계라고 불렀다. 그리고 촉진적 환경에서 참 좋은 어머니에 의해 잘 성장한 유아는 비로소 세계를 객관적으로 인식하게 되는데, 이 시기에 대상과 관계하는 방식은 대상 사용이라 명명하였다. 유아는 자신과 어머니를 구분하지 못하는 상태일 때 어머니를 자신의 전능감 속에서 주관적으로 관계한다(대상관계). 유아가 어머니를 독립된 대상으로 객관적으로 인식할 수 있어야만 대상 사용이 가능하다.

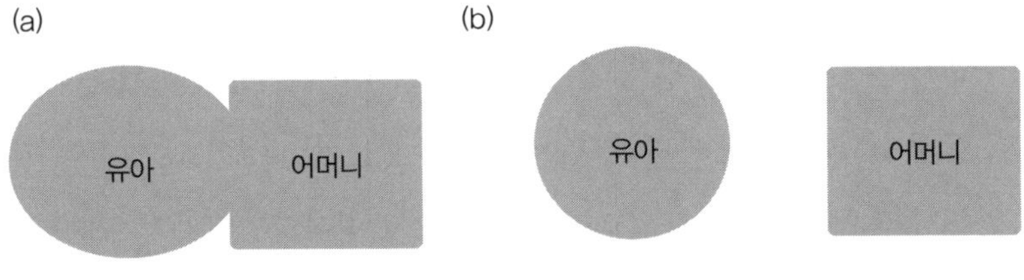

(a)는 자기와 어머니를 구분하지 못하는 상태로 어머니와 주관적인 관계, 즉 대상 관계를 맺는다. (b)는 자기와 어머니를 구분할 수 있는 상태로 객관적인 대상 사용의 관계방식을 맺을 수 있다.

Winnicott은 대상관계에서 대상 사용으로 변화가 일어나는데 이것이 주체가 대상을 파괴하는 것을 의미한다고 설명하였다. 이 부분이 이해하기 어렵고 혼란스러운 부분이다. Winnicott 자신도 이런 점을 느꼈던 것으로 보인다. 『대상 사용과 동일시를 통한 관계 맺기』에서 그는 다음과 같이 기술하고 있다.

> 이 변화(관계에서 사용으로의 변화)는 주체가 대상을 파괴하는 것을 의미한다. 이 부분에서 안락의자에 앉아 있는 철학자는 대상이 주체에 의해 파괴되었다면 실제 대상 사용이란 없는 것이 아니냐고 주장할 수 있다. 철학자가 의자에서 내려와 마루 위에 앉아 보면 중간 자리가 있다는 것을 발견하게 된다. 달리 말하면, '주체가 대상과 관계' 한 후에 '주체가 대상을 파괴' (대상이 외적인 존재가 되는 것)하는 것을 발견하게 된다; 그다음 '주체에 의한 파괴로부터 대상은 생존한다.' 하지만 대상이 생존하지 못할 수도 있다. 이제 대상관계이론 안에 새로운 양상이 나타난다. 주체가 대상에게 말한다. "나는 너를 파괴했어." 그런데 대상은

> 거기에 있으면서 이 말을 듣고 있다. 이제 주체는 말한다. "안녕, 대상." "나는 너를 파괴했어." "나는 너를 사랑해." "내가 너를 파괴했는데도 너는 생존했기 때문에 너는 나에게 가치가 있어." "내가 너를 사랑하는 동안 나는 (무의식적인) 환상 속에서 너를 줄곧 파괴하고 있어." 여기에서 개인을 위한 환상이 시작된다. 이제 주체는 살아남은 대상을 사용할 수 있게 된다. 여기서 중요한 것은 주체가 대상을 파괴했다는 점과 함께 대상이 전능적 통제의 영역 밖에 위치하게 되었다는 점이다. 역으로 표현해서, 대상을 주체의 전능 통제의 영역 밖에 두는 것이 바로 대상을 파괴하는 것이라고 말하는 것 또한 중요하다(Winnicott, 1971).

Winnicott은 대상관계와 대상 사용의 예를 다음과 같이 들었다. 똑같이 젖을 먹지만, 대상관계에 있는 유아는 엄마의 젖을 먹는 것이 아니라 자기 젖을 먹고 있다. 아직 자기와 젖가슴을 구분하지 못하기 때문이다. 이 유아가 어머니의 젖가슴으로부터 젖을 먹고 있다는 인식을 갖기 위해서는 이런 주관적인 상태로부터 벗어나야 한다. 즉, 대상을 주관적 전능 통제의 영역 밖에 둬야 한다. 이것이 바로 Winnicott이 말하는 대상을 파괴하는 것이다. 더 정확히 표현하면, 주관적 대상을 환상 속에서 파괴하는 것이다. 이 과정을 Ogden(1992)은 내적 대상으로서 어머니를 환상 속에서 파괴하는 것이라고 표현하였다. 그리고 이런 파괴는 전능한 내적 대상에 대한 의존을 포기하는 것이라고 하였다. 그런 의미에서 또한 내적 대상을 파괴하는 것이 된다. Winnicott은 대상관계가 먼저 있고 그 끝에 대상 사용이 있다고 설명하였다. Ogden은 Winnicott의 이론을 좀 더 포괄적으로

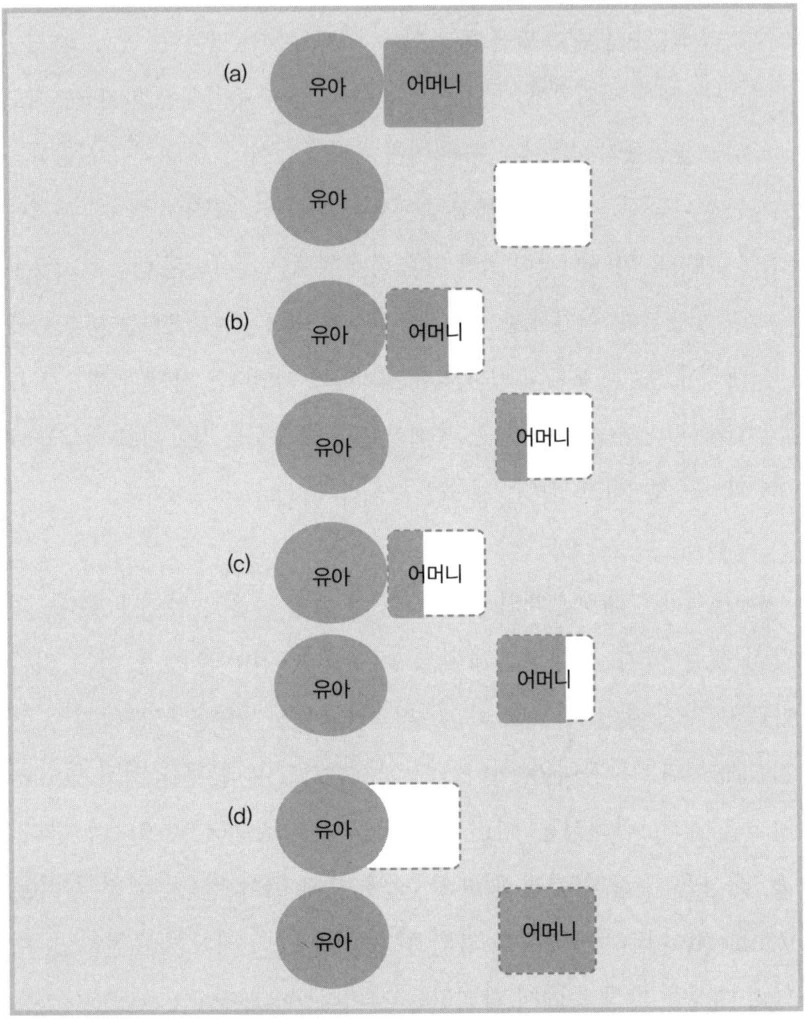

대상관계로부터 대상 사용으로의 변화과정

주관적 대상관계로부터 객관적 대상 사용으로 변화과정을 나타내고 있다. (a) 주관적 환상 속에서 대상관계만 맺고 있다. 아직 대상 사용의 방식은 이뤄지지 않는 상태다. (b) 주관적 환상 속에서 대상이 파괴된 만큼 객관적인 현실 대상이 형성되는 것을 나타낸다. (c) 주관적 환상 속에서 대상관계를 맺고 있는 대상 파괴가 좀 더 진전되었고, 그만큼 객관적 대상 사용이 가능한 대상이 증가하였다. (d) 주관적으로 관계하던 대상은 환상 속에서 완전히 파괴되고 객관적인 대상 사용 방식으로 관계하는 대상만 존재한다.

인용하여 대상관계와 대상 사용 사이에 이행기 대상 경험이 있다고 설명하였다.

대상 파괴가 대상을 유아의 전능 통제의 영역 밖에 두는 것을 의미한다면 대상이 파괴되지 않고 생존한다는 것은 대상이 보복하지 않는다는 것을 의미한다고 Winnicott은 설명하였다. 그에 의하면 아기가 엄마에게 의존하는 생애 초기 시기에 아기가 발달하고 또 아기를 돌보는 모든 영역은 공격성의 발달과 연관된다. 그렇기에 아기가 일차 공격성을 보일 때 그것을 견디고 화내지(보복하지) 않는 것(살아남는 것)이 엄마가 해야 할 중요한 부분이다. 이 시기의 아기는 아직 비교적 연약한 상태이기 때문에 아기의 파괴적 공격성을 견디는 것은 그리 어려운 일이 아니다. 그렇지만 깨물고 상처를 주는 아기의 공격성에 교육적 혹은 도덕적 잣대로 반응하게 될 위험은 항상 있다. 이런 경우 엄마는 아기의 공격에 생존(survival)한 것이 아니라 반응(react)한 것이 된다. 실제 파괴가 갖는 의미는 아기의 파괴적 충동을 뜻하는 것이 아니라 공격성을 견디지 못한 대상이 태도의 변화를 보이고 질적인 변화를 일으키는 것을 말한다.

참 좋은 어머니

'참 좋은 어머니(good enough mother)' 는 Winnicott의 다양한 개념들을 한마디로 가장 잘 집약하고 있는 표현이다. 건강한 상태보다 정신병리에 더 많은 관심을 보인 대부분의 다른 분석가들과 달리, Winnicott은 건강한 심리성장에 더 초점을 두고 연구한 분석가다. 당연히 그의 초점은 유아의 자아와 자기의 발달 그리고 그 과정에 영향을 미치는 어머니의 중심적인 역할이었다. 프로이트는 타고난 본능과 욕동에 의하여 성격과 정신병리가 절대적인 영향을 받는다고 생각하였다. 프로이트에게 어머니는 욕동을 만족시키는 대상으로 이차적인 중요성을 가질 뿐이다. 반면 Winnicott에 의하면 어머니의 양육과정은 아이의 심리성장과 정서발달에 절대적으로 중요하다. 그렇기에 Winnicott은 유아의 성장과정에서 '참 좋은 어머니' 의 역할을 강조하였다. 그가 말하는 참 좋은 어머니란 아이의 심리 성장과 발달에 가장 적절하게 반응하는 양육자를 말한다. 참 좋은 어머니는 유아의 전능감에 반응해 주며 그것을 의미 있게 해 준다. 유아는 어머니와의 관계에서 반복적으로 전능감을 경험하며 참자기가 발달하고 자신에게 적절한 삶을 살게 된다. 유아는 자발적 욕구가 충족되는 경험을 통해 전능한 창조와 통제의 환상을 즐긴다. 이런 과정을 거치며 유아는 점차 놀이를 즐기고 상상력을 사용할 수 있게 된다.

반대로 참 좋은 어머니가 아닌 경우, 어머니는 유아의 욕구와 몸짓에 적절히 반응해 주지 못함으로써 유아가 전능감을 느낄 수 없다. 거꾸로 유아는 어머니에 순응하여 어머니의 몸짓을 자신의 것으로 받아들인다. 유아의 이러한 순응은 거짓자기의 초기 단계를 이룬다. 거짓자기는 실제 자기를 대신하는 극단적인 경우부터 참자기를 방어하는 덜 극단적인 경우 그리고 보다 건강한 거짓자기인 경우까지 다양하게 나타날 수 있다.

Winnicott은 참 좋은 어머니에 대해 매우 다양한 관점에서 아주 다양하게 언급하고 있다. 그가 설명한 여러 내용들을 살펴볼 때, 참 좋

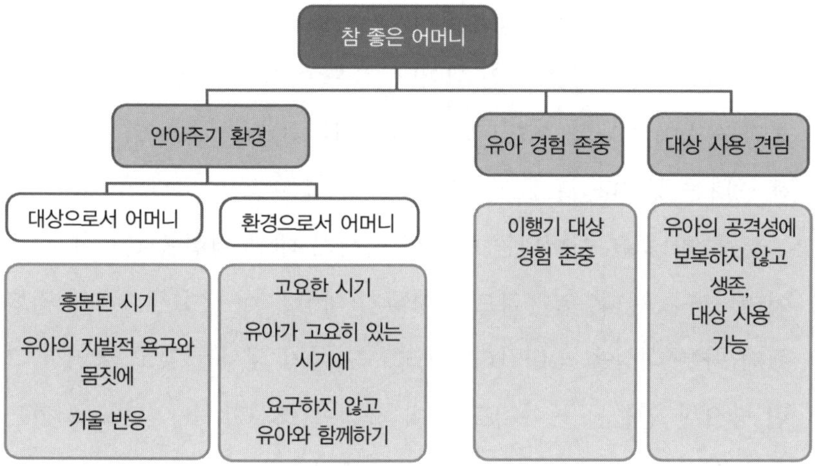

은 어머니의 개념은 다음과 같이 정리할 수 있다.

첫째, 참 좋은 어머니는 유아의 자발적 욕구에 대해 거울 반응(mirroring)을 해 주고 또 유아가 홀로 있으며 자아 관계성을 느낄 수 있게끔 해 주는 어머니를 말한다. 후자는 요구하지 않고 유아와 함께하는 것으로 표현할 수 있다. 달리 말하면, 유아에게는 흥분된 시기와 고요한 시기가 있다. 흥분된 시기에 어머니는 유아의 몸짓과 욕구에 거울 반응을 해 주어야 한다. 즉, 유아의 몸짓과 욕구의 대상이 되어 주어야 한다. 그런 뜻에서 대상으로서 어머니 역할에 충실해야 한다. 반면 유아가 고요한 시기에는 어머니가 유아를 침범하거나 요구하지 않는 하나의 환경으로만 있어야 한다(environmental mother). Winnicott은 유아가 흥분된 시기의 어머니 즉 대상으로서 어머니와 유아가 고요한 시기의 어머니 즉 환경으로서 어머니를 어머니의 두 측면이라고 표현하였다. 다시 한 번 일상적인 용어로 표현하면, 아이가 찾을 때 곁에 있어 주고, 찾지 않을 땐 가만히 내 버려둘 수 있는 어머니가 참 좋은 어머니인 셈이다. 물론 이때도 무관심하게 내 버려 둔다는 뜻이 아니라, 어머니의 관심 속에서 유아가 홀로 있을 수 있게 해 준다는 뜻이다.

둘째, 참 좋은 어머니는 유아의 이행기 대상 경험을 존중해 주는 어머니를 뜻한다. 일반적으로 이행기 대상은 아이가 중요하게 경험했던 다른 대상을 의미한다. 그리고 이행기 대상을 갖고 놀면서 그런 중요한 인물들을 아직도 아이 자신이 조절할 수 있다고 느끼는 것에 의미가 있다. 이러한 느낌은 부분적으로는 현실적이고 부분적으로는 환상인데, 이는 아이가 실제 대상에 관심을 쏟을 수 있으면서 동시에 좋은 대상을 내면화하여 환상의 세계를 만들 수 있는 능력이 있다는 것을 나타낸다. Winnicott은 어머니가 유아와 '공모하여' 이행기 대상을 인정하고 존중해 줄 때, 이러한 환영의 과도기적 세계가 창조적인 환상이나 문화 그리고 예술의 기원이 되며, 또한 객관적으로 외부 현실을 창조한다고 생각하였다.

마지막으로, 참 좋은 어머니는 유아의 공격성을 보복하지 않고 견뎌 냄으로써(생존함으로써) 유아가 대상을 사용할 수 있게 도와주는 어머니를 뜻한다. 어머니가 잔인한 아이의 사용에도 불구하고 살아남을 때, 아이는 자기의 (환상 속의) 파괴에도 불구하고, (실제 세계에서) 살아 남는 다른 사람을 알게 된다. 이러한 환상의 전능한 창조와 자신이 행한 파괴에도 불구하고 살아남은 대상이라는 일련의 과정을 통해, 자신의 전능한 통제 너머에 존재하는 현실을 감각하고 타인을 인식하게 된다.

Part 4

사례분석: 심리 역동의 이해

4부에는 모두 네 개의 사례가 제시되어 있다. 첫 사례는 자아심리학의 입장에서 설명한 강박 증상을 가진 30대 중반의 기혼 여성 사례다. 남편에 대한 분노를 항문기적으로 표출하는 것과 강박증의 형성과정을 엿볼 수 있다. 두 번째 김 씨 사례는 Fairbairn의 내적 심리구조와 Klein의 투사적 동일시에 대한 이해를 필요로 하는 사례다. 세 번째 연구원 R씨의 사례는 내적 대상 표상과 자기 표상이 실제 대인관계에 미치는 영향이 비교적 잘 나타나는 사례다. 마지막 컴퓨터 프로그래머 J양의 사례는 거짓자기 주제와 관련된 사례다. 일상생활뿐만 아니라 치료자와의 관계에서도 그대로 재현되는 거짓자기 관계를 볼 수 있다.

사례 1. 강박증 O씨

O씨는 남매를 둔 36세 주부다. 결혼 초부터 남편이 이교대로 일을 해서 밤에 혼자 있는 시간이 많았다. 게다가 남편이 친구들과 어울리는 것을 좋아하여 그녀는 집에서 혼자 보내는 시간이 많았다. O씨의 친구들이 신혼인데도 남편이 집에 없다고 얘기할 땐 기분이 나빴다. 남편과 다투기도 해 봤지만 소용이 없었다.

6년 전 둘째를 세 살 터울로 낳았다. 여전히 남편은 집에 무관심했고, O씨는 남편에 대해 포기했다고 말하였다. 그녀는 자기에겐 아이밖에 없으며 애들 키우고 아이들 커 가는 것 보는 것이 인생의 유일한 낙이라고 말했다. 그녀는 이때부터 아이들이 바깥에서 놀다가 집에 들어오면 놀이터의 모래가 옷에 묻었다고 유난스럽게 손과 발을 씻게 하고 아이들이 지나간 자리도 지나치게 걸레질을 하였다.

신부들은 많은 꿈을 갖고 결혼을 한다. 프로이트는 성 욕동은 리비도의 단지 한 표현일 뿐이며, 리비도는 사랑 혹은 사랑의 힘처럼 보다 광의적으로 고려되어야 한다고 말하였다(p. 95 참조). 프로이트의 표현을 고려하면, 신부들이 많은 꿈을 갖고 있다는 것은 곧 충족되기를 바라는 많은 리비도를 갖고 있다는 뜻이 된다. 그들은 사랑받고 남편을 사랑하는 아내가 되고 싶은 욕망이 있다. 예쁜 아이들도 낳고 싶고 좋은 엄마도 되고 싶은 욕동이 있다. 그리고 아름다운 집을 갖고 싶고 주위 사람들에 꿀리지 않고 대등하게 혹은 더 낫게 살고 싶은 욕동도 있다. 일차적으로 이러한 욕동은 무조건 충족되기를 바란다(p. 133 일차과정 논리 참조).

O씨의 신부로서의 욕동은 처음부터 좌절되었다. 사랑을 받고 남편을 사랑하는 아내로서 욕동은 좌절되었다. O씨가 남편과 다투었다는 것은 분노를 남편에게 직접 표현하고 이야기를 통해 현실적으로 부부 사이를 개선하려는 자아의 노력이다.

부부 사이는 개선되지 않고 6년째 남편의 무관심은 계속되고 있다. 아이가 둘이 되면서 아이에게 집중하는 일도 벅차다. 그동안 신부로서뿐만 아니라 아내로서의 리비도 좌절도 지속되고 있다. 그녀가 남편에 대한 리비도와 공격성을 방어적으로 처리하기 시작하는 것을 엿볼 수 있다. 남편을 포기했다는 것과 아이밖에 없고 아이만이 유일한 낙이라고 하는 것은 남편을 부정(denial)하는 것이다. 마치 남편이 없는 것처럼 여긴다는 것이고 남편에 대한 공격성의 표현이다. 아이들의 옷에 묻은 모래나 집 안이 더렵혀지는 것에 민감해지기 시작하는 것도 관찰할 수 있다.

> 약 4년 전, O씨의 남편은 부모님이 사 주신 아파트를 중고차 사업을 하겠다면서 팔았다. O씨는 사업하는 것보다 매달 월급을 받는 것이 낫다고 반대하였다. 남편은 그녀의 의견을 한마디로 묵살하고는 결국 집을 팔았다. 당시 그녀는 남편에 대해 너무 화가 나고 미래에 대해 불안하여 잠을 설치하기도 하였다. 집을 금방 구하지 못한 O씨는 친정에서 몇 달을 보내게 되었다. 남편은 사업을 위한 인맥관리를 한다며 며칠씩 집에 들어오지 않는 날이 다반사였다. 이즈음부터 남편은 사업이 잘 되

지 않는다며 아예 생활비를 주지 않았다. 어쩔 수 없이 친정에 손을 내밀기도 하면서 그녀는 큰 스트레스를 받았다.

하필 O씨의 생일날 남편이 외도하는 것이 우연히 친척에게 발각되어 친정이 발칵 뒤집혔다. 그녀는 분을 삭일 수 없었으나 남편이 아예 집에 들어오질 않아 싸우고 싶어도 싸울 수가 없었다.

아파트를 팔고 고정적인 월급을 받지 못함으로써 O씨의 현실환경이 더욱 불안해졌다. 남편은 O씨의 의견을 묵살하고 더욱더 자기 멋대로만 한다. 사랑받지 못하는 것은 물론 아내로서 최소한의 존중도 받지 못하는 상태다. 생활비까지 주지 않아 친정에 손을 내밀면서 창피하고 수치스러운 모습까지 보이게 되었다. 거기다 아내의 생일에 집에 들어오지 않은 것에 그치지 않고 외도까지 하다가 발각되었다. O씨의 분노나 증오심은 극에 달했지만 남편이 아예 집에 들어오지 않기 때문에 남편에게 퍼부을 수가 없다.

3년 전부터 O씨는 극도로 청결에 대한 집착을 보였다. 본래 그녀는 그렇게까지 깔끔한 편은 아니었다. 그러나 이제는 외출했다 집에 들어오면 몸을 깨끗이 씻는 것은 물론 지갑까지 철저하게 닦았다. 방바닥에 조그마한 먼지 하나도 못 견디고 박박 닦아내야 안심이 되었다. 다른 사람이 집에 오면 다시 청소를 해야 된다며 사람들이 집에 찾아오는 것도 싫어했다. 다른 사람이 만졌던 물건을 만지는 것을 꺼렸으며, 휴지도 첫 번째 휴지는 버리고 두 번째부터 사용을 했다. 문손잡이를 만지지 않기 위해 아예 집 안의 문을 모두 다 열어 두고 지냈다. 화장실 청소를 하면

더러운 물이 옷에 튄다면서 샤워를 할 때 화장실 청소와 빨래도 같이 하였다. 작년 봄에 O씨는 새집으로 이사를 갔다. 새집 거실에 짐을 쌓아두고 하나씩 풀었다. 워낙 하나하나 깨끗이 닦으면서 짐을 푸느라 이사한 지 4개월이 지났지만 아직도 짐을 다 풀지 못하였다. 그녀는 가스레인지를 연결하는 사람이 오는 것도 싫어하여 짐 정리가 다 되면 부르겠다고 남편이 가스배관공을 부르는 것을 막았다. 그리하여 그녀는 이사한 지 넉 달이 넘도록 휴대용 가스레인지로 음식을 했다. 이사를 간 집이 넓어서 청소를 하는 데 시간이 많이 걸렸으며, 특히 다락방은 먼지가 잘 앉는 것 같다며 청소한 후에도 찜찜해하였다. O씨는 이때부터 하루에 대여섯 시간을 청소하는 데 소모하였다.

O씨가 청결에 집착하는 것을 볼 수 있다. 그전에는 먼지가 방바닥에 있는지 없는지 별로 눈에 띄지도 않았다. 설사 먼지가 좀 보여도 대충 넘어갈 수 있었다. 그러나 이제는 작은 먼지도 잘 포착된다. 그만큼 더러움에 민감해졌다는 뜻이다. 또 먼지가 그냥 먼지로 보이지 않고 깨끗이 치워야 할 것으로 느껴진다. 뭔가 매우 불쾌한 감정을 불러일으키기 때문이다. 무엇 때문일까?

그동안 남편과의 관계 그리고 결혼생활을 통하여 매우 고통스러운 리비도 좌절이 있었다. 분노와 증오를 느낄 정도로 남편에 대한 공격성이 가득 찼으나 남편이 아예 들어오지 않기 때문에 적절히 처리해오지 못했다. 남편에 대한 분노의 감정을 가장 성숙하게 처리하는 방식은 분노를 표현하고 남편과 대화로 풀어 가는 것이다. 그런데 남편이 아예 집에 들어오지 않기 때문에 이런 식으로 성숙하게 처리할 수 없다. 어쩔 수 없이 O씨는 분노나 공격성을 달리 처리할 수밖에 없다. 주위 물건이나 환경의 더러움에 극히 민감한 것을 통해 그녀가 남편에 대한 분노를 항문기적으로 처리하고 있음을 알 수 있다. 구강기 공격성이 대상을 씹어서 삼키는 것으로 표현된다면, 항문기 공격성은 나쁜 것을 뿜어내는 것과 배출해 버리는 것으로 표현된다. 먼지나 더러움을 보며 O씨가 못 견뎌하는 것은 그것이 자신이 뿜어낸 증오나 분노에 의해 더럽혀졌다고 느끼기 때문이다. 물론 이것은 무의식적인 과정에서 일어나는 일이다. 무의식적으로 분노나 증오를 항문기적으로 배출했다고 느끼는 그녀는 자신이 주위를 더럽히지는 않았는지 민감해진다. 그리고 더럽혀진 부분이 있다고 느낄 때 아주 깨끗이 닦아낸다. 더럽혀진 것을 취소(undoing)하는 방어기제다. 그렇기에 O씨의 하루는 씻고 닦고 치우는 것으로 채워진다. 하루 종일 씻고 닦느라(행동) 감정을 느낄 틈이 없다. 힘들고 행복하지 못한 결혼생활은 고통스러운 감정을 불러일으킨다. 그러므로 행동에만 몰두하며 감정적인 부분은 격리(isolation)시켜 의식에서 포착되지 않게 한다. 이 역시 방어기제다.

> 약 1년 전부터 O씨는 무심코 길을 지나가는 사람들에게 '죽어' 란 단어가 머릿속에 떠오르기 시작하였다. 그럴 때마다 그녀는 당황스럽기도 하고 죄책감도 느껴져 마음속으로 '건강하세요.' 혹은 '오래 사세요.' 라고 기도하듯이 혼잣말을 하였다. O씨는 남편과 아이에게도 불현듯 '죽어' 란 단어가 머릿속에 떠올라 당황스럽다고 호소하였다. 예전에 남편에게 화가 나거나 시어머니 잔소리에 화가 날 때, O씨는 아무도 없는

곳에서 혼잣말로 욕설을 하곤 했다. 그때는 죄책감이 들진 않았고 오히려 속이 후련하게 풀리는 기분이었다고 표현하였다.

O씨는 옷이 자신이 개어 놓은 것과 다르게 놓여 있으면 다시 개어 놓아야 했으며 집 안의 모든 물건이 항상 자신이 정돈한 위치에 있어야 했다. 그녀는 빨래를 할 때에도 겉옷 따로, 속옷 따로, 양말 따로 빠느라 시간이 많이 걸렸다. 옷 정리에 두세 시간을 소모하였으며 식사 준비 등의 가사일을 하다 보면 하루가 바쁘게 지나간다고 하였다. 그녀는 이때부터 자신이 좀 과도하게 청소를 하고 손을 씻는다는 생각이 들었으나 자제가 안 되었고 오염에 대한 불안이 점점 더 심해졌다.

무의식의 분노나 공격성이 O씨의 자아를 뚫고 문득문득 의식으로 올라오는 것을 볼 수 있다. 그만큼 자아가 약해진 것을 보여 준다. '건강하세요' 라고 말하는 것은 마음속으로 공격한 것을 취소하는 것으로 볼 수 있다. '오래 사세요' 라고 말하는 것은 공격한 것에 대한 취소이자 반동형성의 의미도 있다. 전에 아무도 없는 곳에서 혼잣말로 욕을 할 때는 시원했다. 속 시원하게 뱉어낸 것이 자아의 통제하에 이루어졌기 때문이다. 지금은 반대로 자아의 통제가 흔들리는 것 때문에 당황스럽고 불안을 느끼게 된다. 무의식 속에 분노와 공격성이 가득하고 그것이 자꾸 배출된다고 느끼는 O씨로서는 내면의 공격성이 노출되지 않게 극도로 조심할 필요가 있다. 즉, 그것을 철저하게 통제해야 한다. 항상 반듯하게 옷을 개거나 완벽하게 정리정돈을 하는 것은 철저한 통제를 의미한다. 완벽하지 않으면 자칫 무의식의 공격성이 튀어나올 수 있기 때문이다. 그렇기 때문에 평소

생활을 할 때 공격성이 느껴지면 정반대로 더 잘해 준다. 반동형성(reaction formation)이란 방어기제다.

O씨가 보이는 철저하게 씻고 깨끗하게 닦고 완벽하게 정리하는 증상들은 강박증 증상이다. 자신이 부적절하게 씻고 닦는다는 것을 인식하고 괴로워하면서도 반복하는 것(이를 '자아 이질적'이라 한다)이 강박증의 또 다른 특징이다. 격리와 취소 그리고 반동형성은 강박증의 대표적인 방어기제다. O씨 사례는 강박증의 형성과정을 보여 주는 좋은 예가 된다.

사례 2. 세일즈맨 김 씨

7년 전에 결혼을 한 36세의 김 씨는 미용실을 상대로 미용 물품을 판매하는 세일즈맨이다. 기혼인 김 씨는 그동안 많은 여성들과 혼외정사를 가져왔다. 그는 다른 여성과 정사를 갖지 못하는 기간이 길어지면 안절부절못하며 불안한 모습을 보였다. 얼마 전 한 기혼 여성과 관계를 가졌는데 그녀가 이혼을 하고 김 씨와 결혼하겠다고 하자 위협을 느끼며 불안과 우울 증상이 시작되었다. 그 후 일하기 힘들 정도로 우울 증상이 심해졌다.

김 씨의 개인력의 일부를 보면, 만 두 살 때 남동생이 태어났는데 어린 그는 심한 동요를 보이며 불안정해하였다. 어머니가 동생을 돌볼 때 어머니 품으로 파고들며 동생을 밀쳐내려 했고, 혼자 있을 때에도 어머니와 떨어지지 않으려는 모습을 보였다.

김 씨는 어머니가 용서할 줄 모르는 매우 강한 분이었다고 표현하였다. 어머니는 그가 어릴 때부터 뭐든지 잘하기를 바랐다. 공부든 운동이든 하나라도 잘하지 못하면 호되게 야단맞았다. 아버지는 가정에 무관심하였다. 특별한 직업도 없었고 집에도 잘 들어오지 않는 한마디로 무능한 가장이었다. "아버지는 없는 사람이나 마찬가지다. 너는 아버지처럼 되어서는 안 된다. 네가 집안의 기둥이 되어 엄마를 기쁘게 해 줘야 한다." 김 씨가 어린 시절에 어머니로부터 수시로 듣던 이야기다. 부모는 걸핏하면 소리 지르고 다투었다. 그럴 때마다 어머니는 그를 붙들고 신세 한탄을 하였고, 그는 그런 어머니의 하소연을 들어주어야만 했다.

김 씨 자신도 부인과 잘 지내는 편이 아니다. 결혼 초기에는 그와 부인이 맞벌이를 하였는데 첫아이를 낳고 나서 부인이 직장을 그만두었다. 김 씨는 부인이 직장생활을 계속하기를 바랐지만, 아내는 남편이 벌어오는 대로 살겠다며 직장을 그만두었다. 아이는 하나만 낳고 더 낳지 않았다. 김 씨는 아내의 바가지가 더 심해졌다고 투덜거렸다. 설거지와 같은 사소한 집안일까지 도와달라고 칭얼거리고, 영화를 보러가자는 등 바람을 쏘여 달라는 등 날이 갈수록 아내가 그에게 의존적으로 매달린다고 불평하였다. 객관적으로 보아도 아내의 요구는 점점 과도해지는 것으로 보였다. 김 씨는 점점 집에 대해 무관심해하며 아예 집에 들어가려 하지 않았다. 그는 아내 때문에 쌓이는 불만을 사귀는 다른 여자들에게 털어놓으며 스트레스를 해소한다고 말하였다.

자아심리학의 관점

김 씨의 아버지는 가장 역할을 못하는 심리적으로 무능한 아버지였다. 김 씨의 어머니는 무능한 남편으로부터 결혼생활의 만족을 얻지 못하였다. 부부싸움 후 어린아이를 붙들고 하소연을 하는 등 어린 김 씨에게 남편의 역할을 부여하였다. 어린 김 씨도 젖을 먹는 동생을 밀쳐내는 등 어머니를 독점하고자 하는 면이 뚜렷하였다. 전통적인 프로이트 심리학의 관점으로 보면, 그의 주된 문제는 해결되지 못한 오이디푸스 갈등이다. 즉, 반복되는 그의 혼외정사는 근친상간적인 욕구를 극복하려는 반복강박으로 볼 수 있다. 한편으로는 지배적인 어머니로부터 벗어나는 환상적인 만족을 반복적으로 추구하는 것으로 볼 수 있다.

대상관계이론의 관점

아버지가 심리적으로 무능한 아버지(ineffective father)이기도 하지만, 오이디푸스 갈등 이전 시기 어머니와의 대상관계에 초점을 둔다. 김 씨의 어머니는 매우 상반된 두 모습을 갖고 있다. 어린 김 씨에게 아버지 역할을 부여하고, 또 남편과 달리 자신을 기쁘게 해 주기를 요구한다. 또 부부싸움 후 어린 김 씨를 붙들고 하소연을 하는 등 여러 면에서 특별한 지위를 부여한다. 본래 어머니를 독점하고자 하는 심리가 강했던 어린 김 씨는 어머니를 충족시켜 독점적인 보살핌을 얻으려 한다(리비도적 대상). 반면 모든 면에서 끊임없이 잘할 것을 요구하고 결코 만족할 줄 모르기 때문에 어린 김 씨를 깊이 좌절시키는 어머니이기도 하다(반리비도적 대상).

김 씨는 리비도적 대상으로서의 어머니와 반리비도적 대상으로서의 어머니를 각각 그가 만나고 정사를 벌이는 여자들과 그의 부인에게 투사하여 관계를 맺고 있다. 즉, 그는 혼외정사를 벌이는 여자들과 그의 부인을 각각 분리된 대상(splitted object)으로 경험하고 있다. 이를 통해 김 씨가 어린아이였을 때 너무 상반된 어머니의 두 모습을 통합하지 못한 채 각각 분리시켜 관계를 맺어 온 것을 알 수 있다. 혼외정사를 나누는 여자들은 그가 만족시키고 싶어 하는 리비도적 대상으로서의 어머니다. 또 그가 만족을 줄 때 비록 일시적이지만 그에 대한 대가로 그를 독점적으로 보살펴 주는 이상적인 어머니다. 정사는 융합을 통해서 이상적인 어머니로부터 독점적인 보살핌의 느낌을 추구하려는 시도로 볼 수 있다. 그러나 정사 후 실제 여자들과 관계를 경험하는 순간 독점적 보살핌의 환상은 깨어지고, 그는 또 다른 이상적인 대상을 찾아 나선다. 정사의 순간에 여자들은 그를 흥분시키는 젖가슴이며 리비도적 대상이다. 결국 그의 수많은 여자관계는 흥분시키는 어머니로부터 독점적인 관심을 받고 추켜세워지는 환상(내적 대상관계)을 반복하는 것이다.

반면 김 씨는 부인을 그를 좌절시키는 반리비도적 대상으로 경험하고 있다.

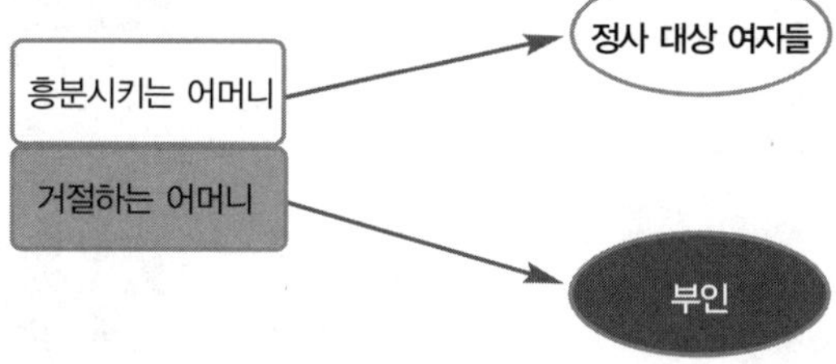

아내는 맞벌이를 그만둠으로써 김 씨에게 경제적 · 심리적으로 큰 짐을 지웠다. 일상생활에서 아내는 김 씨에게 많은 것을 요구하고 그는 그 요구를 충족시킬 수가 없다. 결국 그에게 아내를 만족시키지 못하는 무능한 남편이란 좌절감을 느끼게 만드는 것은 아내다. 아내가 김 씨에게 지나치다 싶을 정도록 과도하게 의존적인 요구를 하는 것은 그의 투사적 동일시의 결과라고 볼 수 있다.

어린 김 씨가 두 살 때 동생이 태어났다. 어머니로부터 받던 완전한 의존과 무조건적인 보살핌을 동생에게 빼앗겼다. 그는 '완전한 의존과 무조건적인 보살핌을 받지 못하는 나' 를 아내에게 투사하면서 투사적 동일시가 시작된다(결과적으로 완전한 의존과 무조건적인 보살핌의 욕구를 방어적으로 아내에게 투사한 것과 동일하다)(투사). 그 결

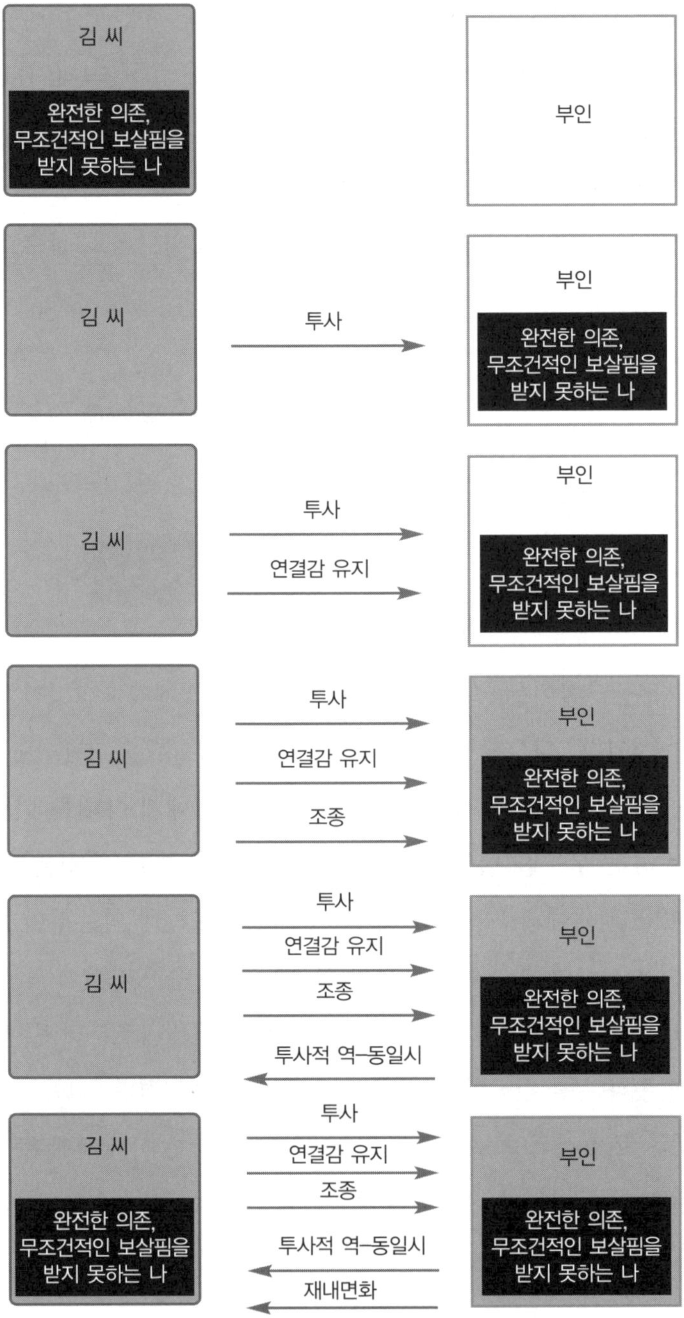
김 씨
완전한 의존,
무조건적인 보살핌을
받지 못하는 나
부인
김 씨
투사
부인
완전한 의존,
무조건적인 보살핌을
받지 못하는 나
김 씨
투사
연결감 유지
부인
완전한 의존,
무조건적인 보살핌을
받지 못하는 나
김 씨
투사
연결감 유지
조종
부인
완전한 의존,
무조건적인 보살핌을
받지 못하는 나
김 씨
투사
연결감 유지
조종
투사적 역-동일시
부인
완전한 의존,
무조건적인 보살핌을
받지 못하는 나
김 씨
완전한 의존,
무조건적인 보살핌을
받지 못하는 나
투사
연결감 유지
조종
투사적 역-동일시
재내면화
부인
완전한 의존,
무조건적인 보살핌을
받지 못하는 나

과 김 씨는 아내가 너무 자신에게 의존하고 지나치게 보살펴달라고 요구한다고 느낀다(연결감 유지). 그래서 아내로부터 더욱 떨어져 나가려 하고 아예 집에 들어오지 않는 식으로 반응한다(조종). 김 씨가 점점 집안일에 소홀히 하자, 아내는 그에게 더욱 매달리고 의존적으로 변한다(투사적 역-동일시). 완전한 의존과 무조건적인 보살핌을 요구하는 아내의 모습을 보면서(재내면화) 김 씨는 아내로부터 더욱 도망가려고 한다.

또 다른 측면에서 아내는 그를 좌절시키는 낡아 버린 손상된 젖가슴이다. 반리비도적 대상으로서의 어머니가 투사되었기 때문에 처음부터 아내는 김 씨를 좌절시키는 젖가슴이었다. 혼외정사가 계속되면서 그의 아내는 남편에 의해 손상되고 더럽혀지는 아내가 된다. 혼외정사가 늘어날수록 김 씨는 아내를 손상된 아내로 경험하게 된다. 이제 그는 두 가지 자리(position) 경험을 통하여 아내에 대해 서로 다른 경험을 하게 된다.

편집-분열자리 경험을 통해 아내에 대한 자신의 증오와 분노를 아내에게 투사하여 아내가 자신을 파괴시키려 한다고 생각한다. 맞벌이도 그만두고 자신에게 의지하려고만 하는 여자, 즉 자신을 힘들게 만들고 결국 자기 인생을 망치는 존재로 여긴다. 그에 더하여 자신의 혼외정사 때문에 아내가 많은 손상을 받은 상태이므로 자신이 아내를 손상시킨 것처럼 아내도 자신을 해칠 것이란 두려움을 느끼게 된다.

우울자리 경험을 통해 김 씨는 아내를 손상시켰다는 죄책감을 느끼게 된다. 그러나 그는 아내를 회복시킴으로써 죄책감을 극복하려

하기보다 아내를 무시하고 모든 여자들을 통제할 수 있다는 조증 방어로 죄책감을 처리하고 있다.

사례 3. 연구원 R씨

R은 백신을 만드는 제약회사의 선임 연구원으로 근무하고 있는 35세 남성이다. 그는 연구원으로서 능력을 인정받고 있고 동료들과의 관계도 무난한 편이다. R은 팀장으로서 직장 상사를 자주 만나는 편이다. 그런데 직장 상사 앞에만 가면 긴장이 되었고, 특히 공식적인 자리에서 연구 내용을 발표할 때는 심하게 경직되었다. 결국 연구한 내용을 효과적으로 전달하지 못하는 등 직장생활이 어려워지자 정신치료를 받게 되었다.

R은 강원도에서도 오지에 속하는 시골에서 성장하였다. 위로 누나만 한 명 있고 외아들로 자랐다. 농사를 짓는 그의 아버지는 거의 알코올중독이었고, 어머니는 아버지 대신 온갖 힘든 일을 하며 생계를 꾸려야 했다. 어린 시절 부모에 대한 R의 기억은 아버지가 어머니를 때리고 학대하고 어머니는 별다른 저항 없이 당하기만 했던 것이 전부다. 아버지가 술에 빠져 살기도 했지만, 부모님이 모두 어떻게든 움직여야 먹고 살 수 있었기 때문에 자식들에게 관심을 가질 수 있는 형편이 아니었다.

R은 집이 너무 가난한 것을 수치스러워 했다. 그는 가난과 연관된 기억으로 어릴 때 속내의를 입지 않았던 것과 가방 사건을 회상하였다. 그가 속내의를 입지 않게 된 것은 초등학교 저학년 시절의 어느 체육시간과 연관이 있다. 체육시간에 담임선생님이 모두 겉옷을 벗고 러닝셔츠만 입고 나오라고 했는데 R은 자신의 내의가 헤어진 것이 너무나 창피해서 도무지 겉옷을 벗고 나갈 수가 없었다. 결국 몸이 아프다는 핑계를 대고 체육시간 내내 교실에 머물러 있었다. 운동을 좋아했던 그는 친구들과 같

이 놀고 싶었지만 해진 러닝셔츠를 보이는 것이 너무 싫고 창피하였다. 그 후로 R은 아예 속 러닝셔츠를 입지 않고 다니는 것이 버릇이 되었다.

가방 사건은 어머니에 대한 마음 아픈 기억이기도 하다. 초등학교 2학년까지 R은 누나가 쓰던 가방을 그대로 물려받아 썼다. 여자 가방으로 산 것이라 여러모로 어린 그의 마음에 들지 않았다. 그러나 그는 어려서부터 집이 가난하다는 것을 조숙할 정도로 잘 알고 있었다. 물론 몇 번 부모님에게 가방을 사 달라고 투정을 한 적도 있었다. 그럴 때마다 부모님으로부터 돌아오는 것은 모진 욕뿐이었다. R은 아주 어릴 적부터 미리 욕심을 억누르거나 포기해야 한다는 것을 배웠다. 하루는 어머니가 밭의 옥수수를 다 따면 새 가방을 사 주겠다고 어린 그에게 말하였다. 어린 그에겐 꿈과 같은 제의였다. 그는 이틀 동안 꼬박 일해 옥수수를 다 땄다. 그러나 어머니는 가방에 대해 아무런 말도 없었다. 자신의 욕구를 억누르는 것에 익숙해 있던 어린 R은 역시 어머니에게 아무 말도 못하였다. 말해도 서로 마음만 상한다는 것을 어렸지만 알고 있었다. 그래서 그는 눈물만 찔끔 흘리고 아무 말도 못한 것을 기억하고 있다.

R : 대구 지하철 사건을 보며 나에겐 보통 사람들이 느끼는 기본적이고 보편적인 감정이 없는 것은 아닌가 하는 생각이 들어 괴로웠습니다.

치료자: 무엇 때문에 그렇게 생각하게 되었습니까?

R : 많은 사람들이 죽었으니 죽은 사람들에 대해 안됐다는 마음이 먼저 들어야 하는데, 난 범인인 방화범이 불쌍한 사람이라고 먼저 느껴졌습니다. 기본적으로 죽은 사람들에 대해 먼저 연민

을 느껴야 하지 않나요?

치료자: 전에도 얼핏 유사한 느낌을 주는 이야기를 한 것이 기억납니다. 고등학교 때 R씨는 공부를 잘했는데 막상 어울리는 것은 공부를 잘하지 못하는 아이들, 즉 학교에서 인정받지 못하는 아이들이라고 하였습니다. 또 회사에서도 미화원에게 항상 잘 대해 준다고 하였습니다. 많은 희생자보다 지금 방화범에 대해 먼저 불쌍한 감정을 느끼게 되는 것도 그런 점들과 연관된 것으로 보이는군요.

R : 좀 이해가 됩니다. 사실 나는 회사에서 간부급에 속합니다. 그렇지만 회사 임원에게 꾸벅하기보다 오히려 노조 성향이 있는 편입니다. 회사는 어떻게든 일을 많이 시키고 돈을 많이 벌게 하는 것에만 관심이 있지만, 나는 많이 나눠 주는 것에 초점을 두어야 한다고 생각합니다.

치료자: 강자보다는 약자를 먼저 생각한다는 뜻인가요?

R : 약자에게 연민을 느낀다기보다 나 스스로 약자라고 느껴져서 그런 것 같습니다. 아내도 자존감을 높이라고 많이 말합니다. 자존감이 깎인 상태입니다.

치료자: 약자에게 연민을 느끼기보다 자기 자신을 약자로 느낀다는 건 실제 자기 자신이 누구인지 따져보기 전에 자신을 약자로 동일시하게 된다는 뜻이군요. 자존감이 깎였다는 것은 본래 모습보다 낮게 평가되었다는 것을 의미하는데, 그에 대해서 좀 더 이야기해 주시겠습니까?

R : 사실 제약회사 연구원은 사회적으로 안정된 신분입니다. 그러

나 그에 비해 나에겐 사회에 역행하는 안티적인 마음이 있다고 느껴집니다. 일종의 반항하는 행동을 하려는 경향이라고 볼 수 있습니다. 방화범도 결국 사회에 역행하는 행동을 한 것이 아닙니까? 이번 사건을 보면서 하나님이 사람을 창조하신 것까지 생각하게 되었습니다. 하나님이 사람을 좋게 만들어 주시지 않으셨습니까. 하나님이 사람에게 주신 그런 좋은 창조적 성향이 성장과정 중에 잘 발전하면 좋은데, 그 사람은 자라면서 그런 성품이 왜곡되고 또 지금은 사회에서 방치되면서 괴로운 열매를 맺게 되었다고 생각하는 겁니다.

치료자: 방화범에 대한 생각을 하며 자신과 연관지어 생각하게 된 점이 있습니까?

R : 내 경우도 왜곡되었다고 생각합니다. 내 욕구를 억눌러 왔습니다. 어렸을 때 너무나 가난했기 때문에 갖고 싶은 것들을 미리 알아서 억눌렀습니다. 가난한 환경이 너무 싫었고, 가난한 환경 속의 나도 너무 싫었습니다.

치료자: 가방 사건, 해진 러닝셔츠 때문에 체육시간 내내 꾹 참고 교실에서 있어야만 했던 일 등 가난했기 때문에 자신의 욕구를 억눌러야 했던 이야기들을 해 주신 것이 떠오릅니다. 그런 경험을 하면서 '가난한 환경 속의 R'을 자기 자신으로 받아들인 것 같군요. 실제 R씨의 모습이 무엇인지, 즉 R씨가 얘기했듯이 하나님이 주신 자신의 본래 모습이 무엇인지 제대로 알기도 전에 '가난한 환경 속의 자신'을 실제 자신의 자아상으로 갖게 된 것 같죠? 그래서 자신을 약자, 욕구를 억눌러야만 하

는 사람, 환경에 의해 불쌍한 위치에 놓인 사람 등으로 이해하게 된 것 같습니다.

R : '가난한 환경 속의 나'가 내 틀이 된 것 같습니다. 아내는 부동산에 관심을 갖는데, 나는 절대 금지합니다. 나마저 부동산에 참여하여 나보다 못한 서민을 울려선 안 된다는 생각 때문입니다. 사실 부자도 아니지만 그렇게 형편이 어려운 것도 아닌데, 지금 생각해 보니까 항상 나 자신을 불쌍한 서민으로 느끼고 있는 것 같습니다.

R의 아버지 역시 경제적으로 무능하였을 뿐만 아니라 심리적으로 무능하였다. R이 느끼는 수치스러운 가난은 부모, 특히 아버지의 무능 때문이다. 가난 때문에 그는 많은 욕구를 억압하고 억제해야만 했다. 단지 욕동을 억압해야 했을 뿐만 아니라 러닝셔츠 사건 등을 통해 심한 수치심과 심리적 상처까지 경험해야 했다. 가난이 수치스러운 만큼 그런 가난을 제공한 아버지에 대한 분노와 증오가 클 수밖에 없다.

아버지는 거의 없는 존재와 마찬가지였고, R은 그런 아버지에 의해 버림받은 것이나 마찬가지였다. 아버지 대신 집안을 이끌어야 했던 어머니는 어쩔 수 없이 R에게 소홀할 수밖에 없었다. 그러나 어머니는 그와 심리적인 관계는 유지하였다. 한편 아버지에게 학대당하는 어머니를 보며 아버지에 대한 R의 분노와 적개심은 더욱 강화되었다. 아버지는 이제 어머니와 연합하여 대항하고 처벌하고 싶은 대상이다. 또 무책임한 아버지 대신 차라리 자신이 어머니를 돕는 아버지 역할을 하기를 바라는 오이디푸스 갈등이 컸을 것이다.

직장 상사는 대표적인 아버지상이다. 즉, 직장 상사 앞에서 느끼는 긴장과 두려움은 아버지에 대한 분노와 적개심에 대해 처벌받는 두려움이다. 아버지에 대한 불안이 직장 상사에게 전치(displace)되고 상징화(symbolize)된 것이다. 일종의 거세공포다.

사회는 확장된 아버지상이다. 방화범은 무책임하고 돌봐 주지 않는 사회(확장된 아버지)에 의해 버림받은 존재다. 회사 역시 아버지 개념의 연장선상에 있는 확대된 아버지상이다. 가난한 미화원 또한 아버지(회사)로부터 돌봄을 제대로 받지 못하는 버림받은 존재다. 이것이 R이 방화범과 미화원을 자기 자신과 동일시하는 이유다.

방화범이나 미화원과 같은 약자를 동일시하는 것은 R의 심리내적 표상이 어떤지를 보여 준다. 무책임하고 돌보지 않고 상처를 주는 부모의 양육을 받으며, R은 많은 욕구를 좌절당하고 피해 받고 버림받은 느낌을 경험하였다(그림 a).

(a)

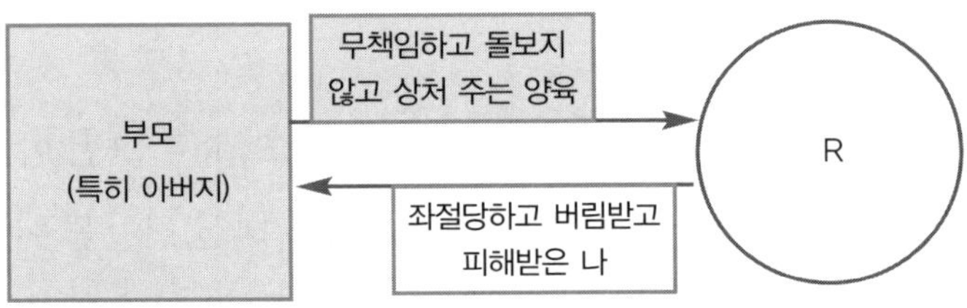

반복되고 지속되는 이런 경험은 R의 내면에 무책임하고 돌보지 않고 상처 주는 부모상과 동시에 좌절당하고 버림받고 피해 받은 자기상을 형성하게 된다(그림 b).

(b)

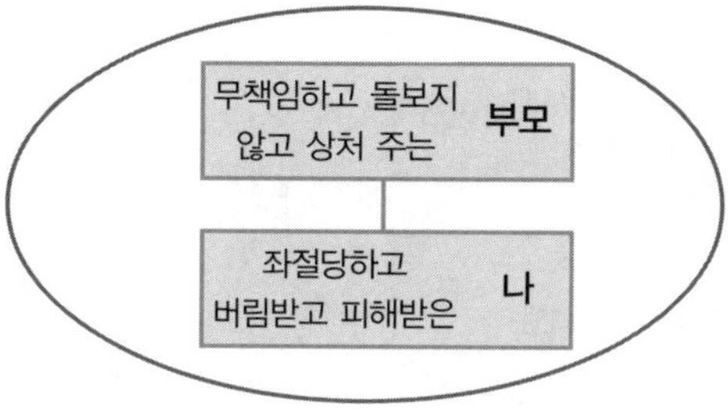

현재 R은 그를 사랑하는 아내와 아들이 있는 행복한 남편이요 아버지다. 안정된 직장의 중견 직장인으로 경제적 여건도 중산층에 속한다. 그리고 방화범은 사람들에게 큰 피해를 준 범죄자다. 이것이 그의 현실 속의 객관적인 모습이다(그림 c).

(c)

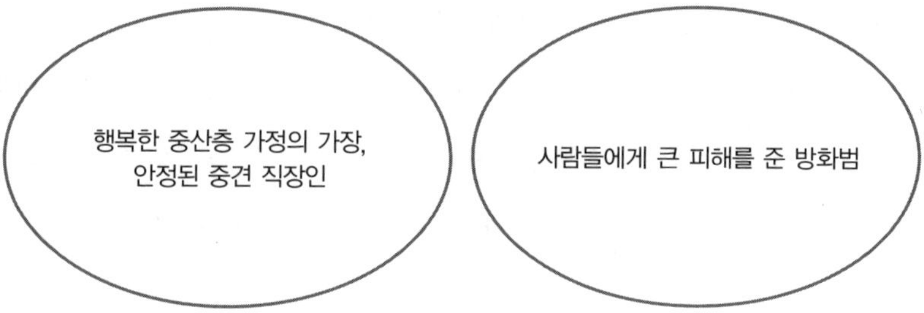

그러나 내면의 심리에서 R은 아버지에 의해 돌봄을 받지 못하고 버림받은 존재, 가난한 부모에 의해 피해 받은 존재로 느낀다. 많은 욕구를 억제할 수밖에 없었기 때문에 자신의 성품이 왜곡되게 성장하였다고 느낀다. R의 내적 심리 표상은 사회의 약자, 환경에 의해 피해 받은 사람, 욕구의 억눌림 때문에 왜곡된 방화범이나 미화원의 모습과 동일한 모습이다(그림 d).

(d) 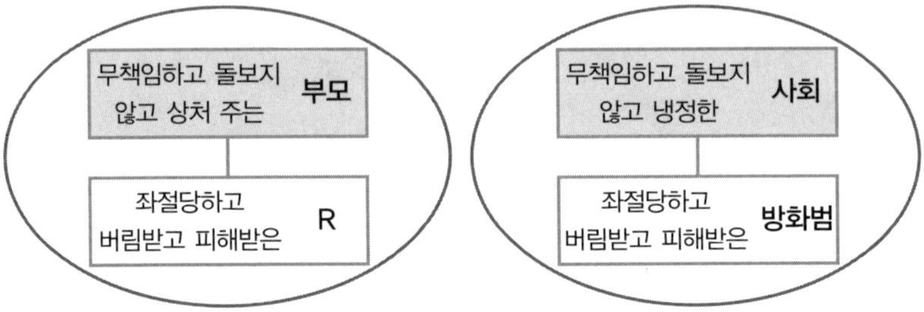

매일 어엿한 중견 직장인으로서 생활하면서도 심리내적으로 R은 어린 시절 부모와의 관계에서 형성된 '가난하고 버림받고 왜곡되게 성장한 자기' 라는 표상으로 살아가고 있다.

R은 중학교 교사인 부인과 8년 전에 결혼하였고 현재 여섯 살 된 아들을 하나 두고 있다. 부인은 출산 후엔 전업주부로 집안일만 하다가 약 1년 전부터 다시 중학교 특수교육 교사로 일하고 있다. R의 아내는 매우 가정적인 여성이었지만 아무래도 일을 하기 전에 비해 아이에게 소홀하게 되었다. 이에 대해 그는 매우 불만을 느끼고 있다. 부모의 사랑과 관심을 받지 못했다고 느끼는 그는 자신만은 아이에게 좋은 부모가 되려고 매우 노력하였다. 아이와 눈높이를 맞추기 위해 만화영화도 같이 보고 가능한 한 아이와 많이 놀아 주고 시간을 보내려고 하여 아내가 시샘을 할 정도였다. 특히 아들은 어려서부터 영재라고 알려져 부모의 사랑을 많이 받고 자랐다. 그런데 요즘 아이가 영재교육을 받는 학원에서 공부도 소홀히 하고 숙제도 제대로 하지 않는 모습을 보이기 시작하였다. R은 아이가 이런 것이 자기 부인 때문이라며 심하게 화를 냈다. 특수교사로 나가기 시작하면서 엄마가 아이에게 소홀해진 탓이라는 주장이었다.

> 부인은 다소 소홀해진 면은 인정하지만 아이에게 절대 문제가 될 정도는 아니라고 항변하였다. 객관적으로 보아도 어려서부터 영재교육에 매달려 왔던 아이가 지쳐서 공부를 하지 않으려는 것이지 엄마 탓은 아닌 것 같았다. 그러나 R은 아이는 부모의 모든 관심의 초점이 되어야 한다는 것을 강조하며 계속 부인에게 화를 냈다.

실제 현실에서 아내가 아이를 잘 양육하고 있다는 것을 R도 잘 알고 있다. 그러므로 아이가 공부를 소홀히 하는 것을 알았을 때 "아이한테 무슨 일이 생겼어?" 하고 아내와 상의하는 것이 자연스럽다. 설사 아내가 특수교사 때문에 아이에게 좀 소홀히 한다는 생각이 들더라도 좀 더 관심을 가져달라고 요구하면 될 일이다. 그런데 그는 실제 상황에서 아이가 충분히 관심을 받고 있지 못하다는 생각이 들자 아내에게 몹시 화를 냈다. 아이가 관심을 제대로 받지 못한다고 생각할 때 아이를 마치 어린 시절 불우했던 자신처럼 느끼기 때문이다. 동시에 아이에게 소홀한 아내는 어린 시절 자신에게 소홀했던 부모처럼 느껴지기 때문이다. 즉, 지금 R이 아내에게 향하는 분노 속에는 어린 시절 부모에게 느꼈던 분노가 같이 묻어나고 있다. 이것은 가시가 박혀 있는 손바닥으로 책상을 치는 것과 같다. 손바닥이 책상에 부딪히는 아픔은 별것 아니지만, 살 속에 박혀 있는 가시 때문에 심한 고통을 느낄 것이다. 미처 해결하지 못한 부정적인 내적 자기 표상이나 아직 처리되지 않고 남아 있는 심리적 상처는 살 속에 박혀 있는 가시와 같다. 손바닥이 책상을 치듯 마음이 심리적 자극을 받게 되면, 지금 당장 당하는 아픔은 별것 아닌데도 과거의 심리적 상처가 가시처럼 극심한 고통을 가져온다. 당연히 해결되지 않은 과거의 상처가 큰 부모일수록 자기 아이가 같은 고통을 반복하지 않기를 바란다. 이 말은 은연중에 아이를 어린 시절의 자신과 동일시한다는 뜻이다. 그래서 아이 스스로 처리할 만한 어려움도 미리 차단해 주는 등 과잉보호를 하게 된다.

"지난주에 저희 교회에서 심령부흥 집회가 있었습니다. 외부 목사님이 오셔서 말씀을 전했습니다. 다른 사람들은 잘 모르겠지만 저는 집회가 끝난 후 굉장히 화가 났습니다. 꽤 알려진 목사님이라고 하는데 성도들에게 너무 완전하게 최고의 신앙인이 되기를 요구한다는 생각이 들었습니다. 말씀 내용 자체는 좋은데 너무 이상적인 거예요. 그러니까 실제 생활에서 실천할 수 없는 얘기만 계속하니까 화가 나는 겁니다. 제 아내도 강사의 얘기가 너무 현실과 동떨어진 면이 있다는 점을 인정했습니다. 나중에 다른 교인들도 저와 비슷한 반응을 보였다는 얘기를 들었습니다.

몇 주 전에도 부부학교가 있었습니다. 그때도 굉장히 울분이 치솟는 거예요. 그러나 저는 화가 난다고 말로 표현을 하진 못하거든요. 하지만 화난 표정이 나타나니까 아내가 염려를 하더라고요. 너무 화가 나니까 저 자신도 이해를 못하겠고 아주 당황스럽기만 한 거죠.

이번 부흥집회 목사님에게 느꼈던 것과 비슷한데요, 자기 기분만 내지 실제 듣는 사람에게 도움을 주지 못한다고 느껴지는 것입니다. 부부학교도 이것저것 들쑤셔만 놓고 뒷감당을 해 주지 않는 거예요. 부부학교 강사가 요구하는 것들이 실천할 수 없는 것들이라고 느껴지는 겁니다."

내용 자체는 좋지만 너무 이상적이어서 도무지 실천할 수 없는 이야기를 전한 부흥집회 목사님과 부부학교 강사에 대해 R은 분개하고 있다. 자기 기분만 냈지 실제 듣는 사람에게 도움을 주지 못하고 마음만 들쑤셔 놓고 뒷감당은 해 주지 않는다고 불평하였다. 듣는 청중들의 입장을 섬세하게 보살펴 주지 않는 무책임한 행동이라고 매우 화를 냈다. 그에게는 지금 눈앞의 부흥집회 목사님과 부부학교 강사가 무책임했던 어린 시절의 아버지로 느껴지기 때문이다. 그렇기에 그러려니 하고 넘어가지 못하고 몹시 화를 내고 있다. 부흥집회나 부부학교를 참석하면서, R은 무의식적으로 소홀하고 무책임했던 아버지와 달리 섬세하게 보살펴 주는 좋은 아버지를 만나기를 기대했다고 볼 수 있다. 동시에 섬세하게 보살핌 받고 사랑받는 경험을 원했을 것이다.

그런데 막상 부흥집회의 목사님이나 부부학교 강사가 그가 무의식적으로 기대했던 좋은 아버지 역할을 못해 주니까 어릴 적 아버지에게 느꼈던 분노가 치밀어 올랐다고 볼 수 있다.

앞에서 아이를 어린 시절의 자기 자신과 동일시한다고 표현하였지만, 그 심리적 의미는 자신과 아이의 경계가 일순간 흐려진다는 것이다. 부흥집회 목사님이나 부부학교 강사에게 섬세하게 보살펴 주는 이상적인 아버지이기를 바란다는 것은 상당한 의존적인 퇴행이다. 전문적인 연구소 일을 할 만큼 R은 매우 성숙한 성인이지만, 때로는 자기와의 대상 경계가 흐려지고 상당한 의존적 관계로 퇴행할 만큼 내적 심리 표상의 영향을 받고 있는 것을 볼 수 있다.

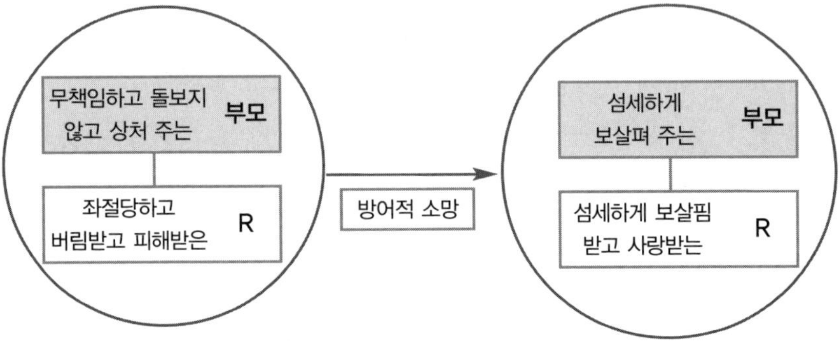
무책임하고 돌보지 않고 상처 주는
부모
좌절당하고 버림받고 피해받은
R
방어적 소망
섬세하게 보살펴 주는
부모
섬세하게 보살핌 받고 사랑받는
R

사례 4. 컴퓨터프로그래머 J양

J양은 소규모 벤처기업에서 일하고 있는 26세 된 컴퓨터프로그래머다. 전문대학을 졸업한 후 그녀의 전공을 살려 현재의 직장에서 몇 년째 일하고 있다. 직장에선 자기가 손해를 보더라도 항상 상대에게 먼저 맞춰 주려고 하였기에 남에게 욕을 먹는 일이 거의 없다. 수시로 당직을 바꿔 달라는 동료의 부탁을 거의 거절하지 않았고, 때론 사정이 있다는 남의 당직을 대신 서 줄 때도 있었다. 동료들과 같이 식사하러 갈 때도 J양이 식사비를 내는 경우가 훨씬 많았다. 직장 동료들은 마음이 착하다고 칭찬하였지만, 그녀는 내심 그런 자신의 모습을 싫어하였다. 왜 남의 부탁을 다 들어주느냐는 질문에 막상 부탁을 거절하면 죄책감이 느껴져 그럴 수가 없다고 말하였다. 일하는 능력도 비교적 우수하여 직장생활에서 많은 인정을 받는 편이다. 그러나 간혹 잘못한 일에 대해 지적을 받게 되면 실수하는 자기 자신이 너무 싫다면서 아주 못 견뎌하였다. 그리고 지적받은 일을 쉽게 잊지 못하고 하루 종일 그 생각에 사로잡혀 괴로워하였다.

J양은 특별한 계기 없이 약 2년 전부터 자신의 인생이 별로 의미가 없다는 생각에 사로잡히게 되었다. 우울 감정이 심해지면서 점차 의욕도 떨어지고 사람도 만나기 싫어지며 만사가 귀찮아졌다. 이런 상태가 계속되며 직장에서 능률까지 떨어지자, J양은 전 치료자에게 정신치료를 받기 시작하였다.

J양은 현재 대인관계에서 무의식적으로 반복하고 있는 유아적인 모습들을 볼 수 있다(이런 반복되는 유아적인 모습은 어린 시절 형성된 지배적인 내적 대상관계다.).

- 전체적으로 성인으로서 다른 사람들과 대등한 관계를 맺지 못하고 있다.
- 남들의 욕구를 들어주거나 남들의 입장을 지나치게(건강하지 않게) 고려해 준다.
- 자신이 손해를 보거나 피해를 보면서도 남의 부탁을 거절하지 못한다.
- 남의 부탁을 정당하게 거절했음에도 불구하고 죄책감을 느낀다.
- 잘못을 지적받았을 때 업무나 행동에 대한 지적으로 받아들이기보다 자기 자신에 대한 지적으로 받아들인다. 그리고 타인의 지적 자체를 너무 괴로워한다.
- 다른 사람과의 관계에서 갈등이 생겼을 때 모든 것이 자기 탓이라고 생각한다.

얼핏 이러한 J양의 행동은 착하고 선한 모습이다. 그리고 남들은 그녀가 착하다고 칭찬을 해 준다. 그러나 막상 그녀 자신은 그런 자신의 모습을 싫어하고 있다. 이런 차이는 무엇을 의미할까? 선한 행동을 하고도 그런 행동을 하는 자신을 싫어한다는 것은 자신이 원치 않게 선한 행동을 했다는 것을 의미한다. 즉, 자신도 모르게 어쩔 수 없이 그런 행동을 했다는 뜻이다. 달리 말하면, 원치 않는 행동을 하게 만드는 어떤 힘이 J양의 마음속에 있다는 의미다. 남에게 맞춰 주는 그녀의 모습은 거짓자기의 모습을 나타낸다.

J양의 아버지는 시골 공무원으로 가족들에게 거의 폭군처럼 군림하였다. 자신의 집안이 양반집 가문인 것을 강조하면서 자식들은 부모 말에 무조건 순종하기를 요구하였다. 어린 J가 아버지의 말에 대해 자신의 의견을 내놓으면 어린 것이 아버지한테 말대답을 한다고 욕을 하였다. 뿐만 아니라 화려한 색깔의 옷을 입으면 화냥년처럼 옷을 입고 다닌다고 심한 욕설을 퍼부었다. 그렇기 때문에 J양은 회색빛 블라우스에 감색 치마와 같이 항상 교복을 입듯이 평소 옷을 입고 다녔다.

J양의 어머니는 아버지처럼 심한 욕설은 하지 않았지만 그녀를 매우 못마땅해하였다. 재미없고 자기주장만 내세우는 아버지와 자주 심하게 다투고 나면, 어머니는 '고약한 지 애비 피를 받아서 쪼그만 게 못되게 군다.' 며 어린 J에게 화풀이를 하였다. 남편에 대한 반발의 의미도 있지만 본래 집안일에 별로 관심이 없었던 어머니는 J양이 초등학교를 다닐 때부터 그녀에게 집안일을 시켜 놓고 자신은 밖에서 놀다 들어오곤 하였다. 그리고 저녁에 집에 들어왔을 때 조금이라도 맘에 들지 않게 해 놓은 일이 있으면, '딸이라고 하나밖에 없는 것이 지 어미 집안일도 도와주지 않는다.' 고 어린 J를 혼내곤 하였다. J양의 어머니는 툭 하면 "내가 집을 나가 버리는 게 차라리 낫지. 내가 서방을 보고 살아 자식 덕을 볼 거야." 하며 신세 한탄을 하였다. 그럴 때마다 어린 J는 어머니가 자기를 버리고 실제로 집을 나갈까 봐 극심한 불안에 사로잡혔다. 그래서 어머니가 빨래를 깨끗이 해 놓으라고만 말해도 어린 J는 빨래는 물론 방

이나 마루 등 집안 구석구석까지 미리 알아서 깨끗이 치워 놓았다. 그리고 '아버지와 매일 다투기만 하는 어머니로선 집에 있기 싫을 수밖에 없는데 내가 그것 하나 맞춰 주지 못한다.' 고 생각하며 어떻게든 어머니에게 좋은 딸이 되려고 노력하였다.

대학을 다니면서부터 J양은 어머니의 요구에 대해 저항을 보이기 시작하였다. 저항이라기보다 학교 시험공부 때문에 도무지 집안일을 할 수 없다는 자기 표현이었다. 그러나 어머니는 '대학생이라고 지 어미 말 무시한다.' 고 길길이 뛰며 욕을 바가지로 퍼부었다. 그럴 때마다 J양은 어머니가 원하는 대로 해 주지 않아서 어머니를 화나게 만들었다는 죄책감을 느끼면서도 어머니에 대해 심한 분노를 느꼈다.

여기서 어린 시절 부모와의 관계를 통해 원치 않는 행동을 반복하게 만드는 J양의 내적 대상관계가 형성된 것을 알 수 있다. 아버지는 자신의 의견과 가치관에 대해 일방적으로 순종하기를 요구하였다. 아버지는 자신의 견해와 다른 어떤 의견도 받아들이지 않았다. J양이 자신의 의견을 얘기하면 심하게 비난하였다. 뿐만 아니라 옷 색깔과 같은 J양의 개인적인 기호조차 받아들이지 않고 공격하였다. 이런 경험을 통해 그녀는 자신의 의견이나 주장을 얘기하면 공격당하거나 비난받는다는 것을 알게 되었다. 또 자신이 좋아하는 것은 아버지가 좋아하지 않는다는 느낌을 갖게 되었다. 더 나아가 아버지가 자신의 생각, 느낌 그리고 자신의 존재 자체를 거절한다고 느꼈다. 결국 자기 자신을 비난받는 존재, 즉 나쁜 아이로 느끼고 자기주장을 하는 것은 나쁜 것으로 인식하게 되었다. J양은 자신의 생각이나 감정은 숨기고 아버지에게 맞춘 거짓자기로서 살 수밖에 없었다.

어머니는 아버지와 싸우고 나서 J양에게 화풀이를 하였다. 즉, 남편에 대한 분노와 적개심을 만만한 J양에게 퍼부었다. 뿐만 아니라 자기 말을 잘 들어주는 어린 딸을 통해 자기의 욕구가 원하는 대로 충족되는 것을 누렸다. 어머니가 아버지와의 관계에서 충족되지 못한 자기애적 욕구(퍼붓지 못한 공격성 포함)를 J양을 통하여 충족하려 했다는 것을 알 수 있다. 이것은 어린 J가 소중한 자녀로서(주체로서) 양육받은 것이 아니라 어머니의 자기애적 욕구를 충족시키고 처리하는 대상으로서 취급당했다는 것을 의미한다.

이런 점은 아버지와의 관계에서도 마찬가지다. J양과 아버지의 관계는 상당히 일방적인 관계다. 아버지가 일정한 자신의 가치관 혹은 규칙을 요구하고 J양으로 하여금 일방적으로 따르라고 요구하였다. 일정한 규칙을 부과하고 그것을 따르기를 요구하는 것은 항문기적인 관계를 요구하는 것이다. 그 요구에 따르면 사랑을 받고 그렇지 않고 저항하면 버림을 받는 관계다(p. 99 참조). 이렇게 되는 이유는 아버지 자신이 자녀와 성숙한 상호관계를 할 만한 심리적 준비가 안 되어 있기 때문이다. J양의 아버지가 양반 등을 강조하는 것은 그만큼 심리적으로 억압된 부분이 많다는 것을 의미한다. 억압된 것이 많을수록 아집과 편견이 크기 때문이다(p. 180 참조). 결국 아버지는 자신의 아집과 편견을 확인하는 대상으로 J양을 사용하고 있다.

아버지와 어머니 모두 J양에게 그들이 시키는 대로 무조건 따르라고 강요하였다. 어린 J에게 부모의 요구는 이해하기 이전에 무조건 따라야 하는 것이다. 왜냐하면 육체적 생존을 위해서 우유가 필요하

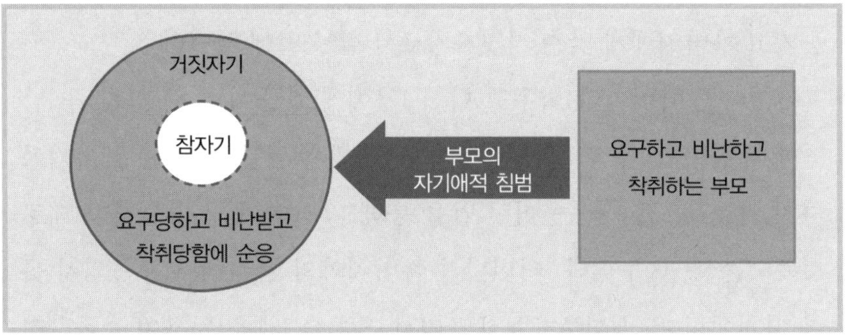

J양의 거짓자기 삶

J양의 부모는 자녀를 이해하기보다 요구하고 비난하고 착취하였다. 어린 J에게 부모의 요구는 이해하기 이전에 무조건 따라야 하는 것이다. 왜냐하면 정신적 생존을 위해 꼭 필요하기 때문이다. 자기의 중심을 위협하는 부모의 침범에 대항하여, J양은 거짓자기를 형성하여 자신의 참자기를 보호한다.

듯이 정신적 생존을 위해서는 부모의 사랑과 인정이 필요하기 때문이다. 어머니와의 관계에서도 J양은 거짓자기로서 살 수밖에 없었다.

거짓자기로서 부모에 맞춰 살아왔다고 하여 J양이 아무런 감정도 느끼지 않고 무덤덤하게 지냈다는 것은 아니다. 당연히 그녀는 그러한 부모에 대해 분노도 느끼고 증오심도 느낀다. 단지 그런 감정들이 방어적으로 처리되어 의식화되지 않을 뿐이다. 그녀가 부모에 대한 분노와 증오를 어떻게 처리하였는지를 이해하는 것은 정신치료의 중요한 부분이 된다.

부모와의 관계에서 좌절을 느낀 J양이 어머니를 직접 공격하면 어떻게 될까? 만약 J양이 어머니를 나쁜 존재로 비난하고 공격한다면 어머니가 자신에게 사랑과 인정을 주는 좋은 존재가 아니라는 것을 선포하는 것과 같다. 다시 말해서, J양 자신의 정신적 생존을 공급해 주는 대상을 부정하는 것이 된다. 결국 그녀는 부모가 아닌 외부 대상으로부터 사랑과 인정을 구할 수밖에 없다. 그래서 가출을 하여 가정 밖의 세상에서 정신적 생존을 모색하게 된다. 그러나 사랑과 인정을 주는, 즉 자신을 만족시켜 주는 대상을 만나기란 매우 어렵다. 그래서 그녀는 직접적으로 자신을 만족시킬 수밖에 없게 된다. 즉, 담배나 술이나 약물 등을 사용하여 자신을 진정시키고 스스로를 만족시키려고 노력하게 된다.

그러나 J양은 부모와의 관계에서 오는 좌절을 그러한 방식과는 다르게 해결한 것을 볼 수 있다. '아버지와 매일 다투기만 하는 어머니로선 집에 있기 싫을 수밖에 없는데 내가 그것 하나 맞춰 주지 못한다.' 고 스스로를 나쁜 딸로 만든 것이다. 한편 말을 듣지 않으면 떠나 버리겠다는 어머니의 위협에 어린 J는 정말로 버림받을지 모른다는 심한 불안을 느꼈다. 이때 어머니는 분명히 나쁜 존재다. 그러나 어린 J로서는 달리 '나쁜 어머니' 를 처리할 길이 없다. 그래서 어머니가 나쁜 것이 아니라 자신이 나쁜 것이라고 처리하였다. 즉, '어머니는 사실 아버지 때문에 어쩔 수 없이 저럴 수밖에 없는 분이다, 어머니가 나쁜 게 아니다, 그런 것을 이해하지 못하고 말을 듣지 않는 내가 나쁜 애다.' 와 같이 처리하였다. 결국 '나쁜 어머니' 가 '좋은 어머니' 로 정결하게 변화되고 그녀 자신이 나쁜 존재가 되었다. 이렇게 함으로써 J양은 좋은 어머니의 말을 듣는 한 안전함을 계속 누릴 수 있게 된다. 비록 그녀 자신은 나쁜 아이가 되었으나 어찌됐든 '좋은 어머니' 가 있는 한 안전함이 있고 '좋은 어머니' 와의 관계를 통해 변화의 가능성이 있는 것이다. 그러나 '나쁜 어머니' 가 지배하

(a)
(b)

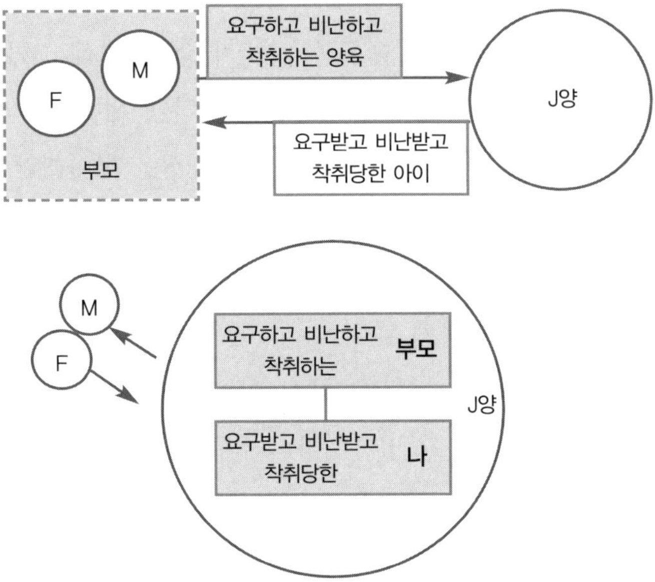

(a) J양은 어린 시절 부모와의 관계에서 요구하고 비난하고 착취하는 양육을 받았다.

(b) 그런 양육과정은 J양의 심리에 내재화되어 '요구하고 비난하고 착취하는 부모상'과 '요구받고 비난받고 착취당하는 자기상'이 형성된다.

는 세상에는 안전도 변화 가능성도 없다. 이것은 전형적인 도덕적 방어다(p. 438 이하 참조).

어린 J는 안정과 희망을 잃지 않기 위해서 부모를 좋은 대상으로 계속 유지하고 자신을 나쁜 애로 처리해 왔던 도덕적 방어를 어른이 되어서도 다른 사람들과의 관계에서 반복하고 있다. 그래서 당직을 바꿔 달라는 것과 같은 다른 사람들의 요구는 다 이유가 있다고 생각한다. 그리고 그것을 들어주지 못하는 자신이 나쁘다고 생각한다.

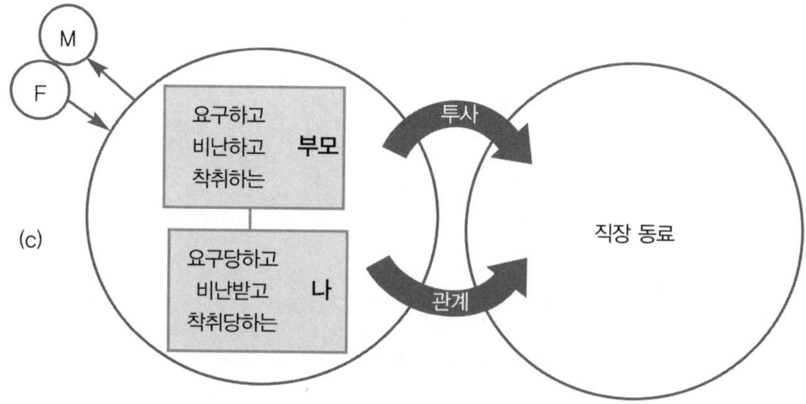

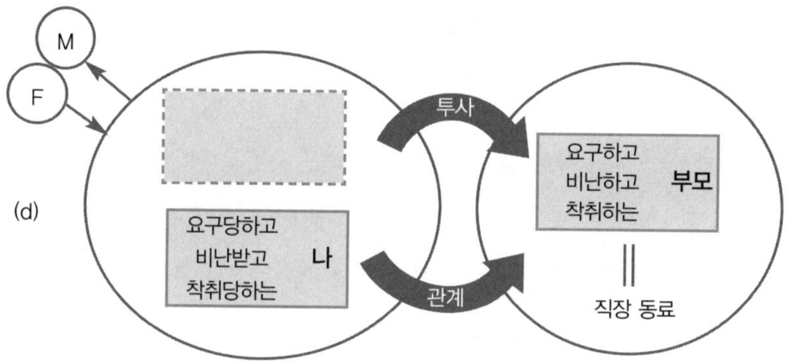

(c) 직장생활 내에서 대인관계를 할 때, J양은 직장 동료들을 있는 그대로 대하지 못하고 마치 어린 시절 부모처럼 무의식적으로 대한다.

(d) 그 결과로 직장 동료는 요구하고 비난하고 착취하는 부모가 되고, J양 자신은 요구받고 비난받고 착취당했던 어린 시절의 부모와의 관계를 반복하게 된다. 이러한 심리 현상은 '현실의 외적 대상관계를 맺지 못하고, 심리 내면에 자리 잡은 내적 대상관계를 반복한다.' 로 표현할 수 있다.

동시에 자신의 요구나 의견을 얘기하면 공격받고 비난받고 버림받는다는 어린 시절의 경험을 다른 대상관계에서도 반복하고 있다. 즉, 거절과 버림받음의 두려움 때문에 부적절하게 손해를 보고 자신이 피해를 입는 방식을 취하고 있다.

J양은 전 치료자와 몇 년 전까지 정신치료를 지속하였다. 정신치료가 1년 반 정도 진행된 시점이었다. 항상 자신의 인생이 무의미하다고 생각하고 있는 J양에게 전 치료자는 놀라운 표현을 하였다. 그녀 스스로 자신의 인생에서 많은 것을 할 수 있는 능력이 있다는 것과 특히 남에게 많은 도움을 줄 수 있는 잠재력을 지니고 있다는 것이었다. 치료자는 그 근거로서 그녀의 착한 심성과 가족 및 직장 사람들과의 관계에서 보이는 따뜻한 배려를 들었다. 이러한 긍정적인 언급은 전 치료자에 의하여 간간이 J양에게 전달되었다. 자신을 긍정적인 존재로 확인해 주는 것에 목말라 있는 사람에게 이와 같은 언급은 마치 시원하고 맛있는 주스와 같은 것일 수밖에 없다. 특히 간간이 반복되는 치료자의 긍정적인 확인을 받으며 J양은 기분이 들뜨기까지 하였다. 그녀는 치료자가 자신이 가지고 있는 잠재력을 알아주고 또 자신을 긍정적으로 인정해 주는 것에 대해 너무나 감사했고 또 큰 힘을 얻었다고 말하였다.

정신치료가 약 2년이 지날 즈음, 전 치료자는 J양이 여러 사람들을 위해서 일할 수 있는 직업을 가지면 자신의 삶을 더욱 충만하게 느낄지 모르겠다는 뜻의 암시적 표현을 하였다. 전 치료자의 이 말에 강한 영향을 받은 J양은 기계를 만지는 컴퓨터프로그래머 대신에 사람들과 접촉하는 다른 일을 찾아볼 생각을 하게 되었다. 그래서 J양은 직장이 끝난 뒤 저녁시간을 이용하여 사회사업 훈련을 받기 시작하였다. 사회사업 훈련을 받기 시작하면서 그녀는 자신의 인생에 새로운 방향이 생긴 것 같다며 상당한 활력을 느끼는 것 같았다. 그리고 사회사업 훈련과정을 마친 J양은 아예 그쪽으로 전업을 하고 싶다는 생각을 하게 되었다. 그래서 현재 일하고 있는 직장은 프리랜서처럼 프로젝트가 있을 때만 참여하여 일하기로 하고 사회사업기관에서 새 일을 시작하였다.

J양은 26세 된 성인이지만, 그녀의 대인관계 속에는 지속적으로 반복되고 있는 유아적인 경향이 있다. 그리고 정신치료에서 문제가 되고 있는 부분은 어른스럽게 직장 일을 잘하고 있는 J양이 아니다. 문제는 전문가로서 유능하게 일을 해내는 어른스러운 모습과 달리 대인관계에서 보이는 유아적인 모습이다. 이러한 유아적인 경향은 어린 시절 부모와의 관계에서 형성된 거짓자기 관계다. 그러므로 직장생활에서 보이는 착한 심성과 남들에 대한 따뜻한 배려는 거짓자기의 모습이다.

Winnicott은 정신분석 작업이 환자의 거짓자기 토대 위에서 행해진다면 그 작업은 좋은 결과를 얻지 못하고 끝없이 진행될 것이라고 경고하였다. 직장생활에서 보이는 J양의 모습은 거짓자기다. 전 치료자는 그런 그녀의 거짓자기와 정신치료를 하는 셈이다. 이런 상황에서 정신치료는 그녀의 거짓자기만 강화시킬 위험이 크다.

사회사업 일을 시작한 지 얼마 후 J양은 다음과 같은 꿈을 꾸었다.

나는 풀밭을 찍은 사진을 스크린에 비추고 있었다. 놀랍게도 그 사진은 3차원으로 보였다. 너무나 흥분한 나는 이 사진을 좀 보라며 아버지를 불러왔다. 하지만 아버지는 사진이 다른 보통 사진과 다를 게 하나도 없는데 웬 호들갑이냐고 야단쳤다. 어머니는 사진이 실제 풀처럼 3차원으로 보인다고 말했지만, 곧 사진을 이리저리 제 맘대로 만지기 시작하더니 조각조각 찢어서 던져 버렸다. 너무나도 경이롭게 보이던 사진은 결국 완전히 파괴되었다.

J양은 "나는 너무나 화가 나서 꿈에서 깨어났어요."라고 꿈에 대해 부연설명을 하였다. 전 치료자는 J양만 사진을 3차원으로 볼 수 있었던 점을 중요하게 생각하였다. 아버지는 아예 사진을 3차원으로 보지 못했고, 그래서 그 사진을 볼 수 있는 그녀에게 면박만 주었다. 어머니는 3차원으로 사진을 보긴 하였으나 결국 사진을 찢어 버렸다. 즉, 그 가치를 파괴해 버린 것이다. 이런 점에서 이 꿈은 남들과 달리 3차원을 볼 수 있는 J양 내면의 능력이 투사된 것으로, 부모가 적절히 그런 점들을 인정해 주지 않았기에 그런 좋은 잠재력을 갖고 있음에도 현재 발휘하지 못하고 있는 것을 나타낸다고 전 치료자는 해석해 주었다. J양의 의견에 대해서 항상 욕을 퍼붓는 아버지나 그녀의 마음을 갈가리 찢어놓는 어머니의 실제 모습은 꿈속에 나타난 두 사람의 모습과 너무나 일치하였다. 이런 점 때문에 전 치료자의 해석은 J양에게 아주 인상 깊게 들렸다. 그녀는 이 꿈을 반복하여 이야기하였는데, 그때마다 그것을 통해 자신의 좋은 잠재력을 느낄 수 있게 된 것이 정신치료의 큰 소득이라고 말하였다.

하지만 실제 생활에서 J양은 오히려 예전보다 더 만족을 느끼지 못하였다. 현재 일하고 있는 사회사업기관에서 일을 하면서부터 자신이 마치 사기꾼인 것처럼 느끼게 되었다. 그녀는 그 이유를 아무리 생각해도 알 수가 없다고 하였다. 전 치료자는 지속적으로 J양이 자신에 대해 긍정적으로 느끼도록 많은 도움을 주었으나 큰 변화가 없었다. 얼마 지나 전 치료자가 지방으로 내려가게 되어 자연스럽게 정신치료가 종결되었다. 그 후 우울 증상이 다시 나타나자 J양은 새로운 치료자와 정신치료를 시작하게 되었다.

여기서 전 치료자는 여전히 거짓자기를 J양의 전체 자기로 믿고 있다. J양은 그런 치료자에게 적극적으로 협력하며 거짓자기로서의 자기 모습을 강화시키고 있다. J양과 전 치료자는 거짓자기 관계를 반복하고 있다. 그녀는 전이관계 속에서 치료자를 그녀가 맞춰 주어야 했던 부모처럼 관계하고 있다. 그러나 거짓자기의 삶은 존재의 연속성을 느낄 수 없다. 거짓자기로서 사회사업 일을 하는 J양은 다른 생활 영역에서 느껴지는 자신과 연속성을 느낄 수 없다. 또한 거짓자기는 자신의 삶을 스스로 이끌어 가고 있다는 전체성, 생활을 하면서 느끼는 생동감 등을 느낄 수 없다.

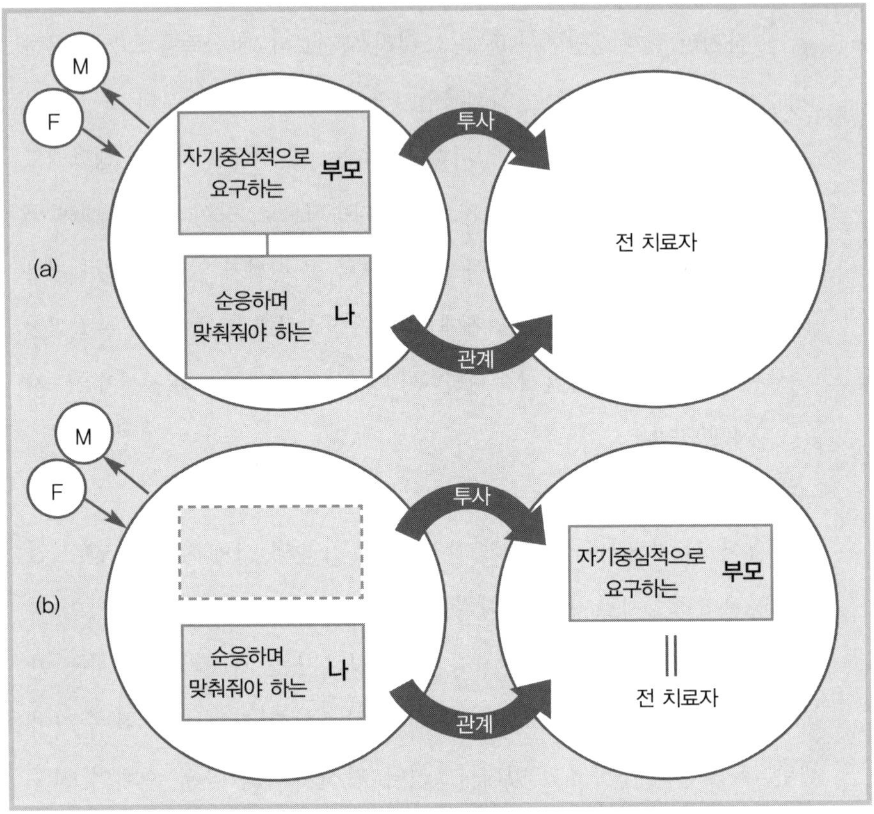

전 치료자와의 관계에서 반복되는 어린 시절 부모와의 관계

(a) 어린 시절 J양은 자기중심적으로 요구하는 부모에게 순응하며 맞춰줘야 했다.
(b) 정신치료 상황임에도 불구하고 전 치료자를 마치 자신이 맞춰줘야 했던 어린 시절의 부모처럼 대했다.

J양은 전 치료자와 정신치료를 다시 시작한 지 얼마 후에 전 치료자와 다루었던 꿈을 다시 떠올렸다. 그것이 그녀 자신의 내면의 좋은 점들이 투사된 것이며 그런 좋은 잠재력을 부모가 알아주지 않았기 때문에 실생활에서 자신의 것으로 발휘하지 못하고 있다는 전 치료자의 해석은 나름대로 가치 있는 해석이라고 볼 수 있다. 이런 해석의 근거는 J양만

이 사진을 3차원으로 보고 또 그것을 소중하게 즐길 수 있었다는 것이었다. 그러나 꿈의 내용에는 또 다른 중요한 점이 포함되어 있다. 즉, J양의 3차원 사진, 좋은 잠재력이 아버지에 의해 무시당했을 뿐만 아니라 어머니에 의해 심하게 간섭받고 방해받았다는 점이다. J양이 이 꿈을 꾸기 얼마 전에 전 치료자의 암시적인 권유에 의해 직업을 사회사업 쪽으로 바꾼 것을 생각하면, 무의식적으로는 전 치료자에 의해서도 자신의 잠재력이 간섭받고 방해받았다고 느낀 것을 알 수 있다.

뿐만 아니라 3차원 사진, 즉 J양의 잠재력이 갈가리 찢어진 것을 주목할 필요가 있다. 어쩌면 이것은 전 치료자의 암시적 권유에 따른 결과로 J양의 거짓자기 적응이 산산이 부서진 것을 나타낸 것일지 모른다. 실제 그녀는 새로운 치료자에게 요즘 가슴 속에 있는 그 무엇인가가 산산이 조각난 것 같은 느낌이 들어 괴롭다고 말하였다.

Winnicott(1965)은 분석 중에 병리적인 환경에서 취약해진 환자의 자아에 미치는 분석가의 영향을 세 단계로 나누었다. 분석 초기 단계에서는 환자의 자아 강화를 목표로 삼는다. Winnicott은 이를 발달 초기에 유아의 자아를 강화시키는 어머니의 역할과 같다고 하였다. 이 단계는 비교적 짧게 지나간다. 여기서 다시 강조해야 할 것은 분석 초기에 치료자가 강화시키려는 것은 거짓자기가 아닌 참자기라는 것이다. 그러므로 Winnicott은 거짓자기가 너무 두드러진 경우 참자기가 지금 존재하지 않는다는 것을 인식시키는 것이 핵심이라고 말하였다. 꿈속 사진처럼 J양의 참자기가 지금 갈가리 찢어져 존재하지 않는다는 것을 인식하는 것이 출발점이라는 것이다.

새로운 치료자와의 정신치료를 시작한 지 얼마 지나지 않아, J양은 정신치료 시간에 10분 혹은 20분씩 지각을 하기 시작하였다. 그리고 어떤 경우엔 아예 치료시간에 안 오기도 하였다. 치료자는 반복되는 J양의 지각 때문에 치료시간 자체가 줄어들어 효과적인 정신치료가 방해받는 것을 알게 되었다. 그래서 그녀의 지각이 갖는 무의식적인 저항의 의미를 탐구하기로 하였다. 그 결과 자꾸 지각을 하게 되는 것이 정신치료를 하러 오는 것이 부담스럽기 때문이란 것을 알게 되었다. 그 이유는 전 치료자는 원래 저녁시간까지 진료를 하는 개인의원 선생님이라서 미안한 줄 몰랐지만, 새로운 치료자는 낮 직장 일을 끝낸 후 일부러 자신을 위해서 저녁시간을 내어 정신치료를 해 주는 것이 미안하다는 것이었다. 이 점이 점점 부담스럽게 느껴지고, 어떤 때는 자신이 치료자가 가족들과 나눌 행복을 뺏는다는 느낌까지 들어 죄책감까지 느껴진다고 말하였다. 그래서 정신치료 시간에 오는 것이 망설여진다는 것이었다.

J양은 전이 경험을 통해 치료자를 자기의 필요를 요구했던 부모처럼 느끼고 있다. 부모의 자기애적 욕구를 요구받았던 것처럼, 그녀는 정신치료 자체를 자신이 해내야 할 의무처럼 느끼고 있다. 또 부모에 순응했듯이 치료자에게 순응해야 한다고 믿고 있다.

환자는 어린 시절 부모와의 관계에서 형성된 내적 대상관계를 일상생활 속 대인관계에서도 반복한다. 이는 일상생활 속 전이라고 말할 수 있다. 또 치료자와의 전이관계에서도 동일한 내적 대상관계를 반복한다. 부모와의 관계, 일상생활에서의 대인관계, 치료자와의 관계를 연결하는 삼각형을 '통찰의 삼각형' 이라고 한다.

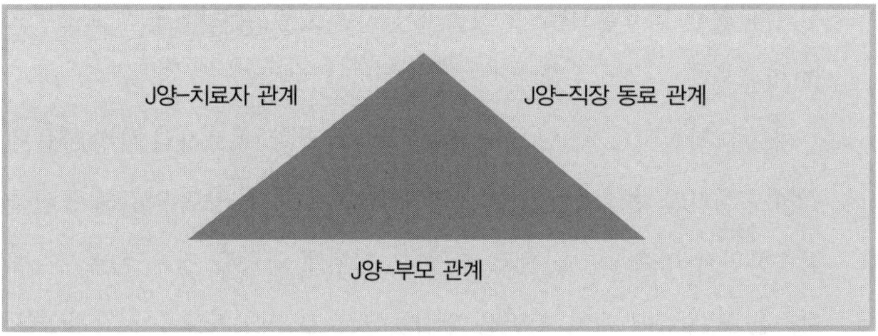

통찰의 삼각형

치료자를 자신이 맞춰 주어야 할 부모처럼 느끼고 있다는 해석을 통하여 현재 진행되고 있는 치료자와 자신의 관계의 무의식적인 의미를 이해하게 된 J양은 거의 지각을 하지 않고 제시간에 오게 되었다. 그러나 몇 달이 지나자 정신치료 시간 중에 짜증스러워하는 모습들을 간간이 나타내기 시작하였다. 때로는 정신치료 내용과 상관없이 한숨을 쉬기도 하고 집중을 잘 못하는 모습을 보였다. 자유연상의 자발성도 줄어들고 얘기의 내용도 점점 감소하였다. 그녀가 보인 이러한 저항의 이유는 정신치료비와 관련된 것이었다. 새 치료자와 서로 의논하여 치료비를 정했지만, J양의 입장에서는 전 치료비보다 조금 더 많은 액수가 되었다. 반면 J양의 처지는 사회사업기관에서 일을 하면서 수입이 전보다 줄어들어 치료비가 점점 부담스럽게 느껴지게 된 것이다. 그래서 정신치료를 하면서도 치료비 생각 때문에 집중도 잘 안 되고 짜증이 났다는 것이다. 치료자는 치료비와 관련하여 정신치료 시간 중에 보였던 J양 행동의 무의식적인 의미를 해석해 주고, 그녀와 의논한 후 치료비를 현재 그녀의 경제 수준에 부담되지 않게 다시 조정하였다. 이후 J양은 치료

시간에 훨씬 집중을 잘하며 처음 정신치료를 할 때보다 훨씬 효율적으로 치료시간을 이끌어 갔다.

새로운 정신치료가 3년이 넘어갈 무렵, 한 번은 치료자의 사정 때문에 급하게 시간을 변경해야만 할 일이 생겼다. 그래서 J양이 약간의 불편을 감수하면서 약속시간을 새로 잡았다. 그렇게 약속을 잡은 치료시간에 그녀는 치료자에 대한 불만을 말하는 것으로 정신치료를 시작하였다. 급한 일이 있어서 약속시간을 변경하였겠지만 자신은 그것 때문에 손해를 보았다고 약간 화가 난 표정으로 항의하듯 말하였다. 이에 치료자는 정신치료 시간을 변경하게 된 자신의 사정을 다시 한 번 자세히 이야기하고 정중하게 이해를 구하였다. 그리고 그녀가 시간 변경에 대해 치료자에게 화를 내고 항의한 것은 자기 주장을 한 것이고 스스로를 보호하는 것이라고 이야기해 주었다. 치료자의 설명을 들은 J양은 사실은 자신도 그런 점을 느낀다고 말하였다. 또 실제 생활에서도 그런 점에서 많은 변화가 있다고 말하였다. 무엇보다 그녀는 스스로 새로운 진로를 선택하였는데 자신이 가장 하고 싶어 했던 컴퓨터 관련 일이었다.

앞에서 분석 중에 환자의 자아에 미치는 분석가의 영향 중 초기 단계에 대해 설명한 바 있다. 분석가가 환자의 자아에 미치는 영향의 다음 단계는 상당히 오랫동안 지속되는 단계로 환자가 독립된 참자기를 성취하기 위해 분석과정에서 다양한 실험을 하는 단계다. 이런 실험이 가능하기 위해서는 분석과정에 대한 확신이 필요하다. 즉, 분석가가 참 좋은 치료자로서 안아주기 환경(holding environment)을 제공해 주어야 한다(p. 479 이하 참조). 이런 관계 속에서 환자는 진정으로 누군가와 소통한다는 것을 느낄 수 있다. 달리 표현하면, 유아기에 숨겨져 있던 J양의 참자기가 안전하게 분석가와의 소통을 시작하게 된다.

마지막 단계는 환자가 성취한 독립적인 참자기가 더욱 개인적 특성을 갖기 시작하며 참자기로서 자신의 삶을 살아가는 단계다. 거짓자기에서 참자기로 변화가 일어나기 위해서는 분석가와의 새로운 관계 경험을 통해 새로운 심리 구조가 형성되어야 한다.

그동안 부모와 관계에서 형성된 J양의 내적 심리구조는 다음과 같다.

- 자기중심으로 요구하는 부모, 공격하고 비난하고 거절하는 부모(나쁜 대상)
- 이해받기보다 비난받고 거절당했던 자기, 부모의 요구에 맞춰온 거짓자기
- 요구하고 공격하고 비난하고 거절하던 부모의 태도

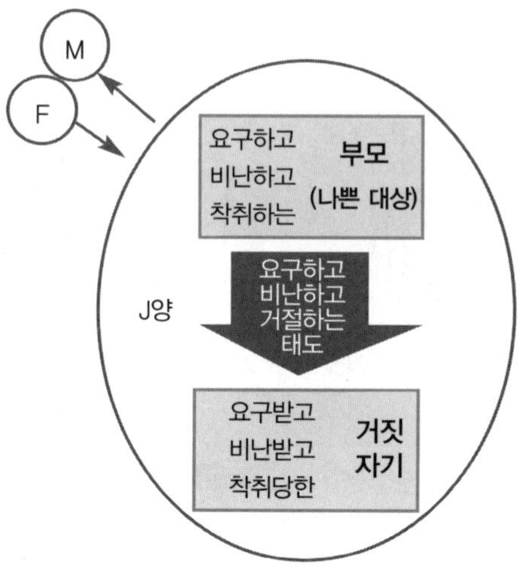

J양의 이러한 내적 심리구조는 직장생활을 통하여 더욱 강화되었다. 처음에는 대신 당직을 서 주고 일을 처리해 주는 J양에 대해 직장 동료들이 매우 고마워한다. 점점 이런 일이 반복되면서 그녀가 대신 당직 서는 것을 당연한 것처럼 여기기 시작한다. 피치 못할 사정 때문에 행여 당직을 거절하기라도 하면 이젠 적반하장격으로 그녀에게 화를 낸다. 즉, 직장 동료들이 마치 요구하고 비난하는 부모처럼 굴게 된다. 이런 이유로 직장생활을 하면서 J양은 부모와의 관계에서 형성한 내적 대상관계를 반복하고 강화하게 된다.

반면 치료자와의 관계는 다르게 진행된다. J양은 이미 형성된 병리적인 내적 대상관계를 반복하려 하지만, 치료자는 부모나 직장 동료와 다르게 반응한다. 부모나 직장 동료처럼 요구하지 않고 그녀를 이해하려고 한다. 무조건 맞춰 주려고 하는 그녀의 병리적 반응을 이용하거나 착취하지 않고 해석해 준다. 치료자와의 관계에서 경험

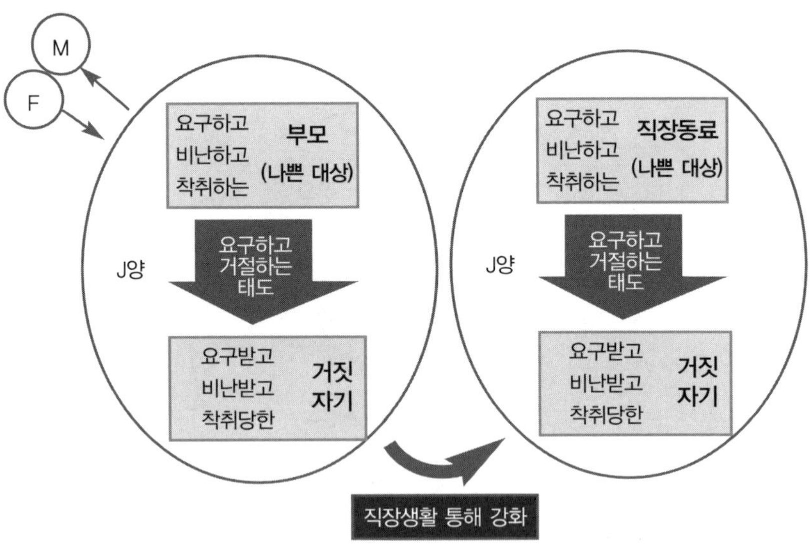

하는 안아주기 환경을 통하여 J양은 거짓자기로서 치료자에게 맞춰야 할 필요성이 없어진다. 이런 과정에서 치료자는 J양에게 두 가지 대상이 된다. 하나는 심리내적 부모가 투사된 대상으로 여전히 맞춰 줘야 할 대상이다. 다른 하나는 참 좋은 어머니로 느껴지는 실제 외적 대상이다. 이런 상황에서 J양은 자기 표현이나 자기 요구를 하며 대상관계에서 대상 사용의 단계로 나아간다. 자신의 요구나 주장(부모와의 관계에서 이렇게 해본 경험이 없는 J양은 자신의 요구나 주장을 잔인한 것으로 경험한다)에 대해 치료자가 보복하지 않고 그것이 파괴되지도 않는 것(치료가 종결되는 것)을 보며 공격성이 건강하게 인격 속으로 통합된다. 지금까지 J양에게 치료자는 '내가 맞춰 주기만 하면 붙들 수 있었던 부모'와 같았다. 즉, 그녀는 치료자를 주관적으로 통제할 수 있는 대상인 것처럼 느꼈다. 이제 비로소 실제 존재하는 외적 대상인 치료자를 만나게 된다. 실재하는 외적 대상관계가 시작되면서 주관적 통제 안에 있던 환상의 대상이 사라지게 되는 것을 Winnicott은 대상 파괴라고 하였다(p.524이하 참조).

다시 설명하면, J양은 처음에 치료자는 맞춰 줘야만 한다고 믿고 있는 내적 대상인 부모와 동일하다. 그러나 점점 안아주기 환경을 경험하고 참 좋은 어머니로서 치료자를 만나며 실재하는 외적 대상인 치료자를 느낀다. 또 해석을 통하여 거짓자기와 병리적인 내적 대상관계를 이해하게 된다. J양은 환상 속 내적 대상으로서의 어머니를 파괴하고(의존을 포기하고) 실재하는 치료자와 새로운 관계를 시작한다.

새로운 분석관계 경험과 해석에 따른 통찰을 통해 J양에게는 다음과 같은 새로운 심리 구조(참자기)가 형성된다.

- 안아주기 환경을 제공해 주는 참 좋은 어머니와 같은 치료자(좋은 대상)
- 정신치료자와의 새로운 관계 체험에서 얻어진 새로운 자기(참자기)
- 정신치료자의 공감하고 수용하는 과정과 해석

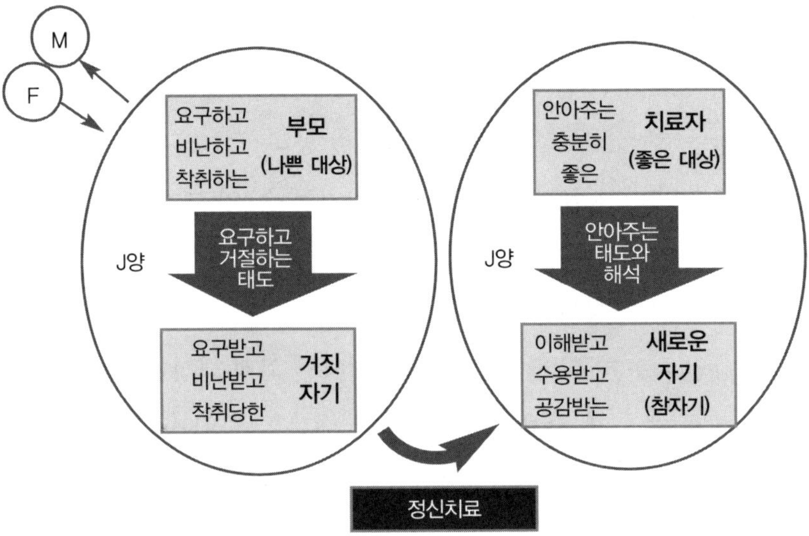

이렇게 얻어진 내적 심리구조(참 좋은 어머니-참자기 관계)를 다른 사람과의 관계에서 적용하며 훈습의 과정을 겪어 간다. 한편 부모에게 거짓자기로서 맞춰 주었던 관계가 치료자와 그리고 일상생활에서 반복되는 것을 해석을 통해 이해하게 된다. 이런 통찰을 통해 그녀는 반복되는 거짓자기 관계를 중단하게 된다. 그리고 공감하고 수용해 주는 분석관계 경험을 바탕으로 다른 사람들과도 서로 공감하고 수용하는 관계가 가능해진다. 나아가 참자기가 확고해짐에 따라 건강하게 자기 표현과 주장을 하게 되고, 대인관계에서 부적절한 거짓자기 반응이 줄어들고 건강한 관계 체험이 가능해진다.

참고문헌

제1부: 프로이트 정신분석이론

박민철(2007). 프로이트의 삶과 업적. 신경정신의학 2007, 18, 3-13.

조두영(1988). Anna O 증례연구-정신분석 최초사례연구-. 대한의학협회지, 31, 170-185.

Abraham R (1982/1983). Freud's Mother Conflict and The Formulation of The Oedipal Father. *Psychoanal*(Rev.), *69*, 441-453.

Anderson W (2001). *Freud, Leonardo Da Vinci, and The Vulture's Tail*. New York: Other Press.

Bergmann MS (1993). Reflections on the History of Psychoanalysis. *J. Amer.*

Psychoanal. Assn., *41*, 929-955.

Breger L (2000). *Freud: Darkness in the Midst of Vision*. New York: Wiley.

Brenner C (1980). Metapsychology and psychoanalytic theory. *Psychoanal.* Q.49, 189-214.

Brenner C (1994). The mind as conflict and compromise formation. *J Clin Psychoanal*, *3*, 473-478.

Brenner C (2002). Conflict, compromise formation and the structural theory. *Psychoanal Q*, *71*, 397-418.

Fine R (1979). *A History of Psychoanalysis*. New York: Columbia University Press.

Freud S (1895). *Project for a scientific psychology*. SE-1(Standard Edition of the Complete Psychological Works of Sigmund Freud, vol 2 ed by Strachey J London, Hogarth Press.)

Freud S (1895). *Studies on Hysteria*. SE-2.

Freud S (1896). *Heredity and the Aetiology of the Neuroses*. SE-3.

Freud S (1900). *The Interpretation of Dreams*. SE-4/5.

Freud S (1905). *Three essays on the theory of sexuality*. SE-7.

Freud S (1910). *A special type of object-choice made by man*. SE-11.

Freud S (1910). *The future perspects of psychoanalytic therapy*. SE-11.

Freud S (1911). *Formulations on the two principles of mental functioning*. SE-12.

Freud S (1914a). *Moses of Michelangelo*. SE-13.

Freud S (1914b). *On the history of the psycho-analytic movement*. SE-14.

Freud S (1914c). *On Narcissism: An Introduction*. SE-14.

Freud S (1915). *Instincts and their vicissitudes*. SE-14.

Freud S (1915). *The unconscious*. SE-14

Freud S (1916). *Introductory lectures on psychoanalysis*. SE-15.

Freud S (1921). *Group psychology and analysis of ego*. SE-18.

Freud S (1923). *The ego and the Id.* SE-19.

Freud S (1925). *An Autobiographical Study.* SE-20.

Freud S (1933). *New introductory lectures on psycho-analysis and other works.* SE-22.

Gabbard GO (1995). Theories of Personality and Psychopathology: Psychoanalysis. In: *Comprehensive Textbook of Psychiatry*, 6th ed., ed .by Kaplan HI, Sadock BJ. Baltimore: Williams & Wilkins.

Gay P (1989). *Freud: A life for our time.* London: macmillan.

Greenberg JR, Mitchell SA (1983). *Object relations in psychoanalytic theory.* Massachusets: Harvard University Press.

Greenson R (1967). *The Technique and Practice of Psychoanalysis.* New York: International Universities Press.

Grigg KA (1973). All Roads Lead to Rome: The Role of the Nursemaid in Freud's Dreams. J. Amer. *Psychoanal.* Association., 21, 108-126.

Jacobs M (2003). *Sigmund Freud.* London: Sage.

Jones E (1953). *The life and work of Sigmund Freud.* London: Hogarth Press.

Masson J (Ed)(1985). *The complete letters of Sigmund Freud to Wilhelm Fliess.* Cambridge, Mass. Belknap Press.

Mitchell SA, Black MJ (1995). *Freud and beyond.* New Yo가: Basic Books.

Neu J (1991). *The Cambridge companion to Freud.* Cambridge University Press.

Ostow M (1989). Sigmund and Jakob Freud and the Philippson Bible. Int. Rev. *Psycho-Anal., 16,* 483-492.

Paul R (2003). Psychoanalytic theories–Historical developments and basic concepts. In: Tasman A, Kay J, Lieberman JA. Psychiatry, 2nd ed. New York: John Wiley & Sons Ltd.

Sadow L, Gedo JE, Miller J, Pollock GH, Sabshin M, Schlessinger N(1968). The process of hypothesis change in three early psychoanalytic concepts. *J Amer Psychoanal Assn, 16*: 245-273.

Sandler J, Dare C, Holder A (1972). Frames of reference in psychoanalytic psychology. *Brit J Med Psychol 45*, 133-142.

Szasz T (1978). *The Myth of psychotherapy*. New York: Anchor Press.

Tyson P, Tyson R (1990). *Psychoanalytic Theory of Development*. New Haven: Yale University Press.

제2부: 현대 자아심리학

Abend S (1990). Unconscious fantaies, structural theory, compromise formation. *J Am Psychoanal Assoc, 38*, 61-73.

Adler G (1985). *Borderline Psychopathology and Its Treatment*. New Jersey : Jason Aronson.

Arlow J (1963). Cinflict, regression, and symptom formation. *Int J Psychoanal, 44*, 12-22.

Bell SJ (1970). The development of the concept of object as related to mother-infant attachment. *Child Development, 41*, 291-311.

Beres D (1962). The unconscious fantasy. *Psychoanal Q, 31*, 309-328.

Blanck G, Blanc R (1974). *Ego psychology: Theory and practice*. New York: Columbia University Press.

Blos P (1967). The second individuation process of adolescence. *Psychoanal Study Child, 22*, 162-187.

Bowlby J (1969). *Attachment and Loss, Vol 1: Attachment*. New York: Basic Books.

Brenner C (1971). The psychodynamic concept of aggression. *Int J*

Psychoanal, 52, 137-144.

Brenner C (1994). The mind as conflict and compromise formation. *J Clin Psychoanal, 3*, 473-478.

Brenner C (2002). Conflict, compromise formation and the structural theory. *Psychoanal Q, 71*, 397-418.

Brenner C (2006). Is the structural model still useful? *Int J Psychoanal, 84*, 1093-1096.

Colarusso CA (1990). The third individuation: The effect of biological parenthood on separation-individuation process in adulthood. *Psychoanal Study Child, 45*, 179-194.

Colarusso CA (1997). Separation-individuation process in middle adulthood: The fourth individuation. In SA Kramer, (ed.), *The Season of life*. New Jersey: Jason Aronson.

Fairbairn WRD (1941). *An Object Relations Theory of Personality*. New York: Basic Books.

Freud A (1936/1966). *The Ego and the Mechanisms of Defense*. New York.

Freud S (1914). *On Narcissism: An Introduction*, SE-14. London: Hogarth Press.

Freud S (1917). *Mourning and melancholia*. SE-14.

Freud S (1923a). *The ego and the Id*. SE-19.

Freud S (1923b). *Two Encyclopaedia Articles*, SE-18. London: Hogarth.

Freud S (1926). *Inhibitions, symptoms and anxiety*. SE-20.

Freud S (1930). *Civilization and Its Discontents*, SE-21. London: Hogarth Press, 1958.

Greenacre P (1957). The childhood of the artist: Libidinal phase development and giftedness. *Psychoanal Study Child, 12*, 27-72.

Grotstein JS (1996). Object relations theory. In: Nersessian E, Kopff RG (Eds.),

Textbook of psychoanalysis. Washington: American Psychiatric Press.

Hamilton NG (1990). *Self and Others: Object Realtions Theory in Practice*. New Jersey: Jason Aronson.

Hartmann H (1939). *Ego psychology and problem of adaptation*. New York: International Universities Press.

Horner AJ (1984). *Object Relations and the Developing Ego in Therapy*. New Jersey: Jason Aronson.

Jacobson E (1964). *The Self and The Object World*. New York: International Universities Express.

Kaplan HI, Sadock BJ (1995). *Comprehensive Textbook of Psychiatry*. Baltimore: Williams & Wilkins.

Kernberg OF (1976). *Object Relations Theory and Clinical Psycho-Analysis*. New Jersey : Jason Aronson.

Kernberg OF (1980). *Internal World and External Reality*. New York : Basic Books.

Klaus MH, Jerauld R, Kreger N, McAlpine W, Steffa M, Kennell JH (1972). Maternal attachment: The importance of the first postpartum days. *New Eng J Med, 286*, 460-463.

Klein M (1959). Our Adult World and Its Roots in Infancy. In: *Envy and gratitude and other works, 1946-1963*. New York: The free Press.1975.

Levy S, Inderbitzin L (2003). Ego psychology and modern structural theory. In: Tasman A, Kay J, Lieberman JA. Psychiatry. 2nd ed. New York: John Wiley & Sons Ltd.

Mahler MS, Pine F, Bergman A (1975). *The Psychological Birth of the Human Infant*. New York: Basic Books.

Masterson JF, Rinsley DB (1975). The borderline syndrome: The role of the mother in the genesis and psychic structure of the borderline personality. *Int J Psychoanal, 56*, 163-177.

Mitchell SA, Black MJ (1995). *Freud and Beyond*. New York: Basic Books.

Piaget J (1937). *The Construction of Reality In The Child*. New York: Basic Books, 1954.

Sadock BJ, Sadock VA (2007). *Synopsis of Psychiatry*. Philadelphia: Lippincott Williams & Wilkins.

Spitz R (1945). Hospitalism: an inquiry into the genesis of psychiatric conditions in early childhood. *Psychoanalytic Study of the Child, 1*, 53-73.

Spitz RA (1965). *The First Year of Life: A Psychoanalytic Study of Normal and Deviant Development of Object Relations*. New York: International Universities Press.

Tyson P, Tyson R (1990). *Psychoanalytic Theory of Development*. New Haven : Yale University Press.

Winnicott DW (1953). Transitional object and transitional phenomena : a study of first not-me possession. *Int J Psychoanal, 34*, 89-97.

Winnicott DW (1960). The Theory of the Parent-Infant Relationship. *Int J Psychoanal 41*, 585-595.

제3부: 대상관계이론

Klein

Bion WR (1959). Attacks on linking. *Int J Psychoanal, 40*, 308-315.

Bion WR (1962). *Learning from experience*. London.

Fine R (1979). *A history of psychoanalysis*. New York: Columbia University Press.

Freud S (1917). *Mourning and Melancholia*, SE-14. London: Hogarth Press, 1958.

Gabbard GO (1995). Theories of personality and psychopathology: psychoanalysis. In: Kaplan HI, Sadock BJ (eds.), *Comprehensive textbook of psychiatry*, 6th ed. Baltimore: Williams & Wilkins.

Goretti GR (2007). Projective identification: A theoretical investigation of the concept starting from 'Notes on some schizoid mechanism'. *Int J Psychoanal, 88*, 387-405.

Grinberg L (1979). Countertransference and projective counteridentification. *Contemp Psychoanal, 15*, 226-247.

Grosskurth P (1986). *Melanie Klein: her world and her work*. New York: Aronson.

Grotstein J (1993). A reappraisal of W.R.D. Fairbairn. *Bulletin of the Menninger Clinic, 57*, 421-449.

Grotstein JS (1998). Splitting and projective identification. Cited from Hamilton NG. *Self and others: Object relations theory in practice*. Northvale NJ: Jason Aronson Inc.

Hamilton NG (1980). The trickster: the use of folklore in psychoanalytic psychotherapy. *Bullet Menninger Clinic, 44*, 364-380.

Hamilton NG (1990). *Self and others: Object relations theory in practice*. Northvale NJ: Jason Aronson Inc.

Hinshelwood RD (1994). *Clinical Klein—From theory to practice*—New York: Basic Books.

Kernberg OF (1965). Notes on countertransference. *J Am Psychoanal Assoc, 13*, 38-65.

Kernberg OF (1986). Projection and Projective Identification, Cited from Goretti GR(2007). Projective identification: A theoretical investigation of the concept starting from 'Notes on some schizoid mechanism'. *Int J Psychoanal, 88*, 387-405.

Klein M (1932). *The Psycho-Analysis of Children*. London: Hogarth.

Klein M (1935). A contribution to the psychogenesis of manic-depressive states. *Int J Psychoanal, 16*, 145-174. In: *The Writings of Melanie Klein, Vol 1: Love, Guilt and Reparation*. London. Hogarth, 1975.

Klein M (1940). Mourning and its relation to manic-depressive states. *Int J Psychoanal., 21*, 125-153. In: *The Writings of Melanie Klein, Vol 1:Love, Guilt and Reparation*. London: Hogarth, 1975.

Klein M (1946). Notes on some schizoid mechanism. In: *Envy and gratitude and other works, 1946-1963*. New York: Delacorte Press, 1975.

Klein M (1957). Envy and Gratitude. *The Writings of Melanie Klein*, Vol 3, pp. 176-235. London: Hogarth Press, 1975.

Klein M (1959). Our Adult World and Its Roots in Infancy. In: *Envy and gratitude and other works, 1946-1963*. New York: The Free Press, 1975.

Knight R (1940). Introjection, projection and identification. *Psychoanal Q, 9*, 334-341.

Malin A, Grotstein JS (1966). Projective identification in the therapeutic process. *Int J Psychoanal, 47*, 26-31.

Massidda GB (1999). Shall we ever know the whole truth about projective identification? (Letter) *Int J Psychoanal, 80*, 365-367.

Meissner WW (1980). A note on projective identification. *J Am Psychoanal Assoc, 28*, 43-67.

Mitchell SA, Black MJ (1995). *Freud and Beyond:* New York: Basic Books.

Moore B, Fine B (1990). *Psychoanalytic terms and concepts*. New Haven CT: Yale University Press.

Ogden TH (1979). On projective identification. *Int J psychoanal, 60*, 357-373.

Ogden TH (1983). The concept of internal object relations. *Int J Psychoanal, 64*, 227-241.

Ogden TH (2004). On holding and containing, being and dreaming. *Int J Psychoanal, 85*, 1349-1364.

Rosenfeld H (1954). Considerations regarding the psychoanalytic approach to acute and chronic schizophrenia. *Int J Psychoanal, 35*, 135-140.

Rosenfeld H (1983). Primitive object relations and mechanisms. *Int J psychoanal, 64*, 261-267.

Schafer R (1979). Personal communication, 1974. Cited from Ogden TH. On projective identification. *Int J psychoanal, 60*, 357-373.

Seelig B, Ginsburg S (2003). Object relations theory. In: Tasman A, Kay J, Lieberman JA. *Psychiatry*, 2nd ed. New York: John Wiley & Sons Ltd.

Segal H (1993). On the clinical usefulness of the concept of the death instinct. *Int. J. Psychoanal, 74*, 55-61.

Spillius EB (1983). Some development from the work of Melanie Klein. *Int J Psychoanal, 64*, 820-832.

Spitz RA (1965). *The first year of life: A psychoanalytic study of normal and deviant development of object relations*. New York: International Universities Press.

Fairbairn

Armstrong-Perlman E (1991). The allure of the bad object. In: *Fairbairn and the Origins of Object Relations*. ed. by Grotstein JS, Rinsley DB. New York: Guilford Press, 1994.

Celani D (2001). Working with Fairbain's ego structures. *Contemp Psychoanal, 37*, 391-416.

Fairbairn WRD (1940). Schizoid factors in the personality. In: *An object-relations theory of the personality*. New York: Basic Books, 1952.

Fairbairn WRD (1941). A revised psychopathology of the psychoses and psychoneuroses. In: *An object-relations theory of the personality*. New York: Basic Books, 1952.

Fairbairn WRD (1943). The repression and the return of bad objects (with special reference ti the "war neuroses") In: *Psychoanalytic studies in personality*. London: Routledge & Kegan Paul, 1952.

Fairbairn WRD (1944). Endopsychic structure considered in terms of object-relationships. In: *Psychoanalytic studies in personality*. London: Routledge & Kegan Paul, 1952.

Fairbairn WRD (1946). Object-relationships and the dynamic structure. In A*n object-relations theory of the personality*. New York: Basic Books, 1952.

Fairbairn WRD (1952). *An object-relations theory of the personality*. New York: Basic Books.

Faibairn WRD (1954). Observations on the Nature of Hysterical States. In: Scharff D, Birtles E (eds.), *From instinct to self: selected papers of WRD Fairbairn*. Northvale NJ: Jason Aronson, 1994.

Faibairn WRD (1958). On the Nature and Aims of Psychoanalytic Treatment. *Int J Psychoanaly, 39*, 374-385.

Fairbairn WD (1963). Synopsis of an Object-Relations Theory of the Personality. *Int. J. Psycho-Anal., 44*, 224-225.

Greenberg JR, Mitchell SA (1983). *Object Relations in Psychoanalytic Theory*. Massachusetts: Harvard University Press.

Grotstein J (1993). A reappraisal of W.R.D. Fairbairn. *Bulletin of the Menninger Clinic 1993, 57*, 421-449.

Grotstein JS, Rinsley DB (1994). *Fairbairn and the Origins of Object Relations*. New York: Guilford Press.

Kernberg OF Mitchell SA (1980). *Internal World and External Reality*. New York: Jason Aronson.

Mitchell SA, Black MJ(1995). *Freud and Beyond.* NY: Basic Books.

Rubens RL (1994). Fairbairn' s structural theory. In: Grotstein JS, Rinsley DB. *Fairbairn and the Origins of Object Relations.* New York: Guilford Press.

Rubens RL (1998). Fairbairn' s theory of depression. In: Skolnick, N, Scharff D, (eds.), *Fairbairn Then and Now.* New York: Analytic Press.

Scharff D, Birtles E (1994). *From instinct to self: selected papers of WRD Fairbairn.* Northvale NJ: Jason Aronson.

Strachey J (1961). Editor' s introduction to "The ego and the id", by S. Freud. SE-19, 3-11.

Winnicott

Abram J (2008). Donald Woods Winnicott (1896-1971): A Brief Introduction. *Int. J. Psycho-Anal., 89*, 1189-1217.

Abram J, Hjulmand K (2007). *The Language of Winnicott: a dictionary of Winnicott's use of words.* London: Karnac Books.

Busch F (1973). Primary transitional object. *J. Am. Acad. Child Psychiat.*,12, 193-214.

Clair MS (1986). *Object Relations and Self Psychology: an Introduction.* California: Brooks/Cole Publishing Company.

Fonagy P (1996). Playing with reality: theory of mind and the normal development of psychic reality. *Int. J. Psychoanal., 77*, 217-233.

Fulgencio L (2007). Winnicott' s Rejection of the Basic Concepts of Freud' s Metapsychology. *Int. J. Psycho-Anal., 88*, 443-461.

Greenberg JR, Mitchell SA (1983). *Object Relations in Psychoanalytic Theory.* Massachusetts: Harvard University Press.

Grosskurth P (1986). *Melanie Klein:her world and her work.* New York: Aronson.

Hamilton NG (1990). *Self and Others: Object Realtions Theory in Practice.* New Jersey: Jason Aronson Inc.

LaMothe R (2000). The birth of reality. *Am. J. Psychotherapy.*, *54*, 355-371.

Mahler MS, Pine F, Bergman A (1975). *The Psychological Birth of the Human Infant.* New York: Basic Books.

Modell AH (1968). Object Love and Reality. Cited from Meissner SJ. Notes on identification: II. clarification of realted concepts(1971). Pschoanaltic Quarterly, 40, 277-302.

Scott EM (1984). Some suggestions based on the association of personality disorders and alcoholism. Citrd from Hamilton NG. *Self and Others: Object Realtions Theory in Practice.* New Jersey: Jason Aronson Inc, 1990.

Tyson P, Tyson R (1990). *Psychoanalytic Theory of Development.* New Haven: Yale University Press.

Winnicott DW (1935). Manic defence. In. *Collected papers: Through paediatrics to psychoanalysis.* London: Hogarth Press, 1958.

Winnicott DW (1936). Appetite and emotional development. In: *Collected papers: Through paediatrics to psychoanalysis.* London: Hogarth Press, 1958.

Winnicott DW (1941). The observation of infants in a set situation. In: *Collected papers: Through paediatrics to psychoanalysis.* London: Hogarth Press, 1958.

Winnicott DW (1945). Primitive emotional development. In: *Collected papers: Through paediatrics to psychoanalysis.* London: Hogarth Press, 1958.

Winnicott DW (1950). Aggression in relation to emotional development. In: *Collected papers: Through paediatrics to psychoanalysis.* London: Hogarth Press, 1958.

Winnicott DW (1953). Transitional object and transitional phenomena: a study of first not-me possession. *Int. J. Psychoanal.*, *34*, 89-97.

Winnicott DW (1956). Primary maternal preoccupation. In: *Collected papers: Through paediatrics to psychoanalysis*. London: Hogarth Press, 1958.

Winnicott DW (1960). The theory of the parent-infant relationship. *Int J Psychoanal*, *41*, 585-595.

Winnicott DW (1965). *The maturational process and the facilitating environment. Studies in the theory of emotional development*. London: Hogarth.

Winnicott DW (1971). *Playing and Reality*. Middlesex: Penguin.

찾아보기

인명

내 용

사례 찾아보기

제1부

제2부

제3부

제4부

저자 소개

최영민

서울대학교 의과대학교를 졸업하였다. 정신과 전문의이며 의학박사다.

설리반의 이론과 현대 인간관계 정신분석을 지향하는 인간관계 분석치료회에서 수련을 받았으나(1992~1995), 특정 학파에 소속하지 않고 정신분석 각 학파의 개념들을 비교분석하는 작업을 계속해 오고 있다. 궁극적으로 기독교 신앙 안에서 정신분석 개념들을 통합하는 것을 목표로 연구하고 있다. 『영성지향심리치료』(하나의학사, 2008), 『새로운 나를 여는 열쇠』(역, 열음사, 1993) 등 9권의 저서 및 역서가 있으며, 「정신병리적 종교성에 대한 정신분석적 시각」(2008) 「상호주관성: 정신분석 패러다임의 변화」(2008) 「자아심리학과 대상관계이론의 비교」(2002) 「기독교 신앙이 외래 정신분열병 환자의 치료에 미치는 영향」(공동연구, 1998) 등 54편의 논문을 저술하였다. 현재 인제대학교 의과대학 정신과 주임교수이며, 상계백병원 정신과 과장이다.

대상관계이론을 중심으로
쉽게 쓴 정신분석이론

2010년 7월 20일 1판 1쇄 발행
2025년 8월 25일 1판 18쇄 발행

지은이 • 최 영 민
펴낸이 • 김 진 환
펴낸곳 • (주) 학지사
04031 서울특별시 마포구 양화로 15길 20 마인드월드빌딩 5층
대표전화 • 02) 330-5114 팩스 • 02) 324-2345
등록번호 • 제313-2006-000265호
홈페이지 • http://www.hakjisa.co.kr
인스타그램 • https://www.instagram.com/hakjisabook

ISBN 978-89-6330-466-3 93180

정가 17,000원